U0531924

《中华人民共和国监察法》解读与适用

秦前红　主　编
刘怡达　副主编

法律出版社
LAW PRESS·CHINA
北京

图书在版编目（CIP）数据

《中华人民共和国监察法》解读与适用／秦前红主编；刘怡达副主编． -- 北京：法律出版社，2025．
ISBN 978 - 7 - 5197 - 9527 - 6

Ⅰ．D922.114.5

中国国家版本馆 CIP 数据核字第 20248Q6R61 号

《中华人民共和国监察法》解读与适用	秦前红 主 编	责任编辑 董 昱　杨锦华
《ZHONGHUA RENMIN GONGHEGUO JIANCHAFA》JIEDU YU SHIYONG	刘怡达 副主编	装帧设计 汪奇峰　臧晓飞

出版发行	法律出版社	开本	710 毫米×1000 毫米　1/16
编辑统筹	法规出版分社	印张	22.75　　字数　315 千
责任校对	张红蕊	版本	2025 年 2 月第 1 版
责任印制	耿润瑜	印次	2025 年 2 月第 1 次印刷
经　　销	新华书店	印刷	天津嘉恒印务有限公司

地址：北京市丰台区莲花池西里 7 号（100073）
网址：www.lawpress.com.cn　　　　　　　销售电话：010 - 83938349
投稿邮箱：info@lawpress.com.cn　　　　　客服电话：010 - 83938350
举报盗版邮箱：jbwq@lawpress.com.cn　　　咨询电话：010 - 63939796
版权所有·侵权必究

书号：ISBN 978 - 7 - 5197 - 9527 - 6　　　　　　定价：78.00 元

凡购买本社图书，如有印装错误，我社负责退换。电话：010 - 83938349

前　　言

　　为了固化国家监察体制改革的成果，推进反腐败工作法治化、规范化，十三届全国人大一次会议于2018年3月20日根据《宪法》制定了《监察法》。作为一部对国家监察工作起统领性和基础性作用的法律，《监察法》的颁行对构建集中统一、权威高效的中国特色国家监察体制发挥了重要作用，有力促进了纪检监察工作的规范化、法治化、正规化。特别是在2020年6月20日和2021年8月20日，全国人大常委会根据《监察法》先后制定了《公职人员政务处分法》和《监察官法》，反腐败法规制度体系日益健全。

　　实践发展永无止境，改革创新永无止境。在以习近平同志为核心的党中央坚强领导下，纪检监察体制改革不断深化。这客观上要求持续推进反腐败国家立法，既确保重大改革于法有据，亦及时把改革成果上升为法律制度。对此，习近平总书记于2024年1月8日在二十届中央纪委三次全会上强调，"围绕一体推进不敢腐、不能腐、不想腐等完善基础性法规制度"，并指出要"与时俱进修改监察法"。党的二十届三中全会2024年7月18日通过的《中共中央关于进一步全面深化改革、推进中国式现代化的决定》，同样提出了"修改监察法"的明确要求。为贯彻党的二十届三中全会作出的决策部署，适应新时代新征程上国家监察工作高质量发展的新要求，十四届全国人大常委会第十三次会议于2024年12月25日对《监察法》进行修改。

　　从修改幅度和修改方式来看，全国人大常委会此次进行的乃是部分补充和修改，这有利于保持《监察法》这一基本法律的稳定。当然，这次修改不仅回应了《监察法》颁布施行以来遇及的重点难点问题，而且将最新的改革经验和实践成果加以固化。为此，修改后的《监察法》中同样有大量新的制度设计，特别体现在派驻机构设置、监察调查措施、监察执法程序和监察自我监督等诸多方面。有鉴于此，我们组织编写了《〈中华人民共和国监察法〉解读与适用》一书，对新修改的《监察法》进行逐条解读。这既有助于帮助大家学习和理解《监察法》的规定，也可起到宣传和普及《监察法》的作用，还是加强中国特色纪检监察学学科体系、学术体系、话语体系建设的有益之举。

本书是集体创作的成果，具体编写分工如下：

第一章　总则，秦前红
第二章　监察机关及其职责，刘怡达
第三章　监察范围和管辖，秦前红、李顺
第四章　监察权限，周航、王译
第五章　监察程序，石泽华、陈俊宏
第六章　反腐败国际合作，张演锋
第七章　对监察机关和监察人员的监督，岳书慧、张演锋
第八章　法律责任，张晓瑜
第九章　附则，秦前红

全书由秦前红负责确定编写提纲并统稿。陈旻媛、孙旭辉、蔡炜铃、黄思睿等收集了相关资料。

由于时间仓促及水平有限，本书难免存在疏漏和错误，敬请读者批评指正。

秦前红
2024 年 12 月 28 日
于武汉大学纪检监察研究院

目　录

第一章 总　则	第 一 条	【立法目的】/1
	第 二 条	【指导思想】/5
	第 三 条	【性质和职能】/11
	第 四 条	【依法独立行使监察权】/15
	第 五 条	【监察原则】/20
	第 六 条	【一体推进"三不腐"】/27

第二章 监察机关及其职责	第 七 条	【监察机关设置】/31
	第 八 条	【国家监察委员会】/33
	第 九 条	【地方各级监察委员会】/37
	第 十 条	【上下级关系】/40
	第十一条	【法定职责】/43
	第十二条	【派驻派出】/47
	第十三条	【授权监察】/52
	第十四条	【监察官制度】/56

第三章 监察范围和管辖	第十五条	【监察对象】/61
	第十六条	【级别管辖】/66
	第十七条	【指定管辖】/70

第四章 监察权限	第 十 八 条	【监察调查权】/75
	第 十 九 条	【谈话、函询】/78
	第 二 十 条	【谈话、讯问】/83
	第二十一条	【强制到案】/86
	第二十二条	【询问】/88
	第二十三条	【责令候查】/91
	第二十四条	【留置】/96
	第二十五条	【管护】/100
	第二十六条	【查询、冻结】/102
	第二十七条	【搜查】/107
	第二十八条	【调取、查封、扣押】/113
	第二十九条	【勘验检查、调查实验】/116
	第 三 十 条	【鉴定】/121
	第三十一条	【技术调查措施】/128
	第三十二条	【通缉】/132
	第三十三条	【限制出境】/135
	第三十四条	【涉嫌职务犯罪的被调查人从宽处罚情形】/139
	第三十五条	【职务违法犯罪的涉案人员从宽处罚情形】/144
	第三十六条	【证据】/147
	第三十七条	【公职人员涉嫌职务违法或者职务犯罪问题线索移送及管辖】/153
第五章 监察程序	第三十八条	【报案与举报】/158
	第三十九条	【监督管理】/161
	第 四 十 条	【线索处置】/164
	第四十一条	【线索初步核实】/168
	第四十二条	【立案】/172

| | 第四十三条　【调查取证】／177
| | 第四十四条　【调查程序】／181
| | 第四十五条　【调查限定原则】／185
| | 第四十六条　【强制到案、责令候查、管护的审批
| | 　　　　　　及时间】／187
| | 第四十七条　【留置措施的报批】／190
| | 第四十八条　【留置时间】／191
| | 第四十九条　【公安机关协助】／196
| | 第 五 十 条　【管护或者留置的执行】／200
| | 第五十一条　【审理审议】／204
| | 第五十二条　【调查处置】／208
| | 第五十三条　【违法财物处置】／218
| | 第五十四条　【审查起诉】／220
| | 第五十五条　【被调查人逃匿或者死亡情况的处理】／226
| | 第五十六条　【处理决定的救济】／231

第六章
反腐败国际合作
| | 第五十七条　【国际交流、合作】／236
| | 第五十八条　【国际执法司法合作和司法协助】／240
| | 第五十九条　【国际追逃追赃防逃组织协调】／245

第七章
对监察机关
和监察人员的监督
| | 第 六 十 条　【人大监督】／250
| | 第六十一条　【社会监督】／255
| | 第六十二条　【特约监察员监督】／260
| | 第六十三条　【内部监督】／264
| | 第六十四条　【禁闭】／268
| | 第六十五条　【监察人员法定义务】／272
| | 第六十六条　【登记备案制度】／277
| | 第六十七条　【回避制度】／281

	第六十八条	【离任后的义务】/285
	第六十九条	【申诉权】/290
	第 七 十 条	【错案追责】/295

第八章
法律责任

	第七十一条	【拒不执行监察决定、无正当理由拒不采纳监察建议的法律责任】/299
	第七十二条	【妨害监察行为的法律责任】/302
	第七十三条	【诬告陷害行为的法律责任】/306
	第七十四条	【负有责任的领导人员和直接责任人员的法律责任】/310
	第七十五条	【刑事责任】/320
	第七十六条	【国家赔偿责任】/323

第九章
附　则

| | 第七十七条 | 【具体授权】/329 |
| | 第七十八条 | 【施行日期】/330 |

附录　《监察法》修改前后对照表/333

第一章 总　　则

> **第一条** 为了深入开展廉政建设和反腐败工作，加强对所有行使公权力的公职人员的监督，实现国家监察全面覆盖，持续深化国家监察体制改革，推进国家治理体系和治理能力现代化，根据宪法，制定本法。

条文主旨[①]

本条是关于立法目的和立法依据的规定。

条文解读

为固化国家监察体制改革试点工作的成果，十三届全国人大一次会议2018年3月20日制定了《监察法》，这是一部对国家监察工作起统领性和基础性作用的法律。《监察法》实施以来，以习近平同志为核心的党中央对持续深化国家监察体制改革作出重要部署，反腐败斗争面临新的形势和任务，全面建设社会主义现代化国家对纪检监察工作高质量发展提出新的要求，迫切需要与时俱进地对《监察法》作出修改完善。为此，2024年9月10日，《中华人民共和国监察法（修正草案）》提请十四届全国人大常委会第十一次会议初次审议。2024年12月25日，十四届全国人大常委会第十三次会议通过《全国人民代表大会常务委员会关于修改〈中华人民共和国监察法〉的决定》，对《监察法》进行了首次修改。通常来说，法律

---

① 目录及正文中的条文主旨为编者所加，总结了条文的主要内容，仅供参考。

文本第 1 条规定的是立法目的和立法依据这两方面的内容。

1. 《监察法》的立法目的

全国人大制定《监察法》，全国人大常委会修改《监察法》，主要基于以下 4 个方面的立法目的。

一是深入开展廉政建设和反腐败工作。党的十八大以来，经过坚持不懈的强力反腐，反腐败斗争取得压倒性胜利并全面巩固，但形势依然严峻复杂。以习近平同志为核心的党中央高度重视反腐败国家立法，在十八届中央纪委二次全会上，习近平总书记强调，"要善于用法治思维和法治方式反对腐败，加强反腐败国家立法，加强反腐倡廉党内法规制度建设，让法律制度刚性运行"。①《监察法》以法律形式明确了反腐败工作的一系列重大问题，是反腐败国家立法，为开创反腐败工作新局面、夺取反腐败斗争压倒性胜利提供了坚强法治保证。较之于 2018 年《监察法》，2024 年修改后的《监察法》把"深入开展廉政建设和反腐败工作"作为第一项立法目标加以规定，这无疑更加彰显了深入开展反腐败工作的坚强决心。再者，与 2024 年 9 月公开征求意见的《中华人民共和国监察法（修正草案）》不同，最终表决通过的法律文本还增加了"开展廉政建设"的内容，这表明《监察法》的实施需要做到"反腐"和"建廉"两手抓。

二是加强对所有行使公权力的公职人员的监督，实现国家监察全面覆盖。在国家监察体制改革之前，行政监察机关是各级人民政府的组成部门，其监察对象比较狭窄，主要是各级行政机关的工作人员及其任命的其他人员。在国家监察体制改革以后，各级监察委员会由同级人大产生，监察对象由此扩展，实现了对所有行使公权力的公职人员的全面覆盖。这是因为有权必有责、用权受监督，既然是在行使公权力，那便应当接受国家监察机关的监督。根据《监察法》第 15 条的规定，公务员、参照《公务员法》管理的人员，法律、法规授权或者受国家机关依法委托管理公共事务的组织中从事公务的人员，国有企业管理人员，公办的教育、科研、文

---

① 中共中央文献研究室编：《习近平关于全面深化改革论述摘编》，中央文献出版社 2014 年版，第 71 页。

化、医疗卫生、体育等单位中从事管理的人员，基层群众性自治组织中从事管理的人员，以及其他依法履行公职的人员，均属于监察机关的监察对象。

三是持续深化国家监察体制改革。改革只有进行时、没有完成时，国家监察体制改革亦是如此。习近平总书记2018年12月13日在十九届中共中央政治局第十一次集体学习时指出，"坚持目标导向，坚持问题导向，继续把纪检监察体制改革推向前进"。① 可以说，2018年《监察法》出台以来，国家监察体制改革自始处在持续深化的过程中。于此背景下，《监察法》要通过适时修改，以便实现立法和改革决策相衔接，进而做到重大改革于法有据、立法主动适应改革发展需要。一方面，《监察法》要不断固化改革所取得的各项成果，比如2024年修改后的《监察法》对高等学校监察派驻作出明确规定，便体现了高校纪检监察体制改革的成效。另一方面，《监察法》需要为改革提供法治引领，比如此次修改《监察法》充实反腐败国际合作相关规定，以此为反腐败国际合作工作的开展提供法治遵循。

四是推进国家治理体系和治理能力现代化。党的二十届三中全会审议通过了《中共中央关于进一步全面深化改革、推进中国式现代化的决定》，紧紧围绕推进中国式现代化这个主题擘画进一步全面深化改革战略举措。国家监察立法与国家治理现代化有着极为密切的关联：一方面，国家监察立法的不断完善，本身就是国家治理现代化的内容。这是因为包括《监察法》在内的法律制度，乃是国家治理体系的重要组成部分；而《监察法》的遵守和施行，则是国家治理能力的重要体现。另一方面，国家监察立法为国家治理现代化提供坚实保障。这是因为纪检监察机关是党内监督和国家监察的专责机关，在党和国家监督体系中处于主干位置、发挥保障作用。对于党中央作出的有关国家治理现代化的各项决策，各级监察委员会通过履行《监察法》赋予的监督、调查、处置职责，以高质量监督助推国家治理现代化。例如，在党的二十届三中全会胜利闭幕后，中央纪委常委

---

① 习近平：《在新的起点上深化国家监察体制改革》，载《求是》2019年第5期。

会2024年7月19日召开会议，传达学习贯彻党的二十届三中全会精神。会议明确提出"聚焦'国之大者'强化政治监督，以高质量监督执纪执法保障改革部署落地见效"。

2.《监察法》的立法依据

《监察法》的立法依据是《宪法》。《宪法》是国家的根本法，具有最高的法律效力。一切立法均应符合《宪法》并以《宪法》为根据，《立法法》第5条即明确规定"立法应当符合宪法的规定、原则和精神"。全国人大及其常委会制定或修改《监察法》，同样应以《宪法》为根据。

第一，制定或修改《监察法》的职权由《宪法》赋予。无论是全国人大制定《监察法》，还是全国人大常委会修改《监察法》，其所行使的职权均是由《宪法》赋予的。即《宪法》第58条规定："全国人民代表大会和全国人民代表大会常务委员会行使国家立法权。"需要说明的是，此次修改《监察法》的主体是全国人大常委会，根据《宪法》第67条第3项的规定，全国人大常委会对全国人大制定的法律进行修改，只能是部分补充和修改，且不得同该法律的基本原则相抵触。

第二，《监察法》的规定不得与《宪法》相抵触。我国《宪法》是具有最高法律效力的根本法，包括《监察法》在内的一切法律、行政法规和地方性法规都不得同《宪法》相抵触。在十三届全国人大一次会议上，首先于2018年3月11日通过《宪法修正案》，在《宪法》中增加有关"监察委员会"的规定，而后于2018年3月20日通过《监察法》。此种先后顺序的安排"为监察法立法提供有力宪法依据，充分体现了以法治思维、法治方式推进改革，充分体现了党中央依宪治国、依宪执政的坚定决心"。[1] 同时是对《宪法》之根本法地位的尊崇，确保《监察法》的制定能够做到于宪有据。

第三，《监察法》的规定是对《宪法》的具体化。通过立法实施宪法，可谓是宪法实施的重要方式。此即习近平总书记指出的，"通过完备的法

---

[1] 《第十三届全国人民代表大会宪法和法律委员会关于〈中华人民共和国监察法（草案）〉审议结果的报告》，载全国人民代表大会常务委员会办公厅编：《中华人民共和国第十三届全国人民代表大会第一次会议文件汇编》，人民出版社2018年版，第269页。

律推动宪法实施",① "把宪法规定、宪法原则、宪法精神贯彻到立法中"。② 虽然2018年3月11日通过的《宪法修正案》增写了"监察委员会"一节,但是,作为根本法的《宪法》无法对国家监察体制作出事无巨细的规定,故《宪法》第124条第4款明确规定"监察委员会的组织和职权由法律规定"。于是,全国人大及其常委会作为行使国家立法权的国家机关,制定了《监察法》等诸多法律,以便对有关监察委员会的《宪法》规定予以具体化。

关联法条

《宪法》第124条;《立法法》第5条。

第二条 坚持中国共产党对国家监察工作的领导,以马克思列宁主义、毛泽东思想、邓小平理论、"三个代表"重要思想、科学发展观、习近平新时代中国特色社会主义思想为指导,构建集中统一、权威高效的中国特色国家监察体制。

条文主旨

本条是关于国家监察工作坚持党的领导和指导思想的规定。

条文解读

本条旗帜鲜明地宣示了中国共产党对国家监察工作的领导,明确要求国家监察工作应以习近平新时代中国特色社会主义思想为指导,以便构建起集中统一、权威高效的中国特色国家监察体制。

---

① 习近平:《在首都各界纪念现行宪法公布施行30周年大会上的讲话》,人民出版社2012年版,第9页。

② 习近平:《谱写新时代中国宪法实践新篇章——纪念现行宪法公布施行40周年》,载《人民日报》2022年12月20日,第1版。

1. 坚持中国共产党对国家监察工作的领导

党政军民学，东西南北中，党是领导一切的。无论是国家监察体制改革还是国家监察立法，均贯彻了坚持中国共产党领导的要求。中共中央办公厅印发的《关于在北京市、山西省、浙江省开展国家监察体制改革试点方案》，拉开了国家监察体制改革试点工作的大幕。2017年6月15日，习近平总书记主持中共中央政治局常委会会议，审议并原则同意全国人大常委会党组关于监察法草案几个主要问题的请示。这些都是国家监察工作坚持中国共产党领导的典型例证。

国家监察体制改革的持续深化，使党管干部原则从党管干部的培养、提拔、使用，延伸到管干部的教育、监督和管理。对违纪违法作出处理，是完善坚持党的全面领导体制机制的重要举措，目的是实现对所有行使公权力的公职人员监察全覆盖，加强党对反腐败工作的统一领导。① 纪委监委作为反腐败工作机构，作为党的政治机关，必须始终把坚持党的领导作为立身之本、履职之要。在领导体制上，国家监察委员会在党中央领导下开展工作；地方各级监察委员会在同级党委和上级监察委员会双重领导下工作，监督执法调查工作以上级监察委员会领导为主，线索处置和案件查办在向同级党委报告的同时应当一并向上一级监察委员会报告。

中国共产党对国家监察工作的领导，在纪检监察工作实践中有诸多具体的表现。例如，根据《中国共产党纪律检查机关监督执纪工作规则》第38条第1款的规定，对符合立案条件的，承办部门应当起草立案审查调查呈批报告，经纪检监察机关主要负责人审批，报同级党委主要负责人批准，予以立案审查调查。又如，根据《中国共产党处分违纪党员批准权限和程序规定》第6条的规定，给予各级党委管理的党员撤销党内职务、留党察看或者开除党籍处分，须经同级纪委审查同意后报请这一级党委审议批准。

十三届全国人大一次会议通过的《宪法修正案》，在《宪法》第1条

---

① 参见中共中央纪律检查委员会中华人民共和国国家监察委员会法规室编写：《〈中华人民共和国监察法〉释义》，中国方正出版社2018年版，第56－58页。

第 2 款新增"中国共产党领导是中国特色社会主义最本质的特征"一语。此次会议表决通过的《监察法》对坚持中国共产党领导的原则作出规定，可谓是对《宪法》上述规定的实施。2019 年 1 月 31 日印发的《中共中央关于加强党的政治建设的意见》明确要求"贯彻落实宪法规定，制定和修改有关法律法规要明确规定党领导相关工作的法律地位"，此后越来越多的法律明确了坚持中国共产党领导的原则。

2. 国家监察工作的指导思想

现行《宪法》序言第 7 自然段明确了国家的指导思想，即"在马克思列宁主义、毛泽东思想、邓小平理论、'三个代表'重要思想、科学发展观、习近平新时代中国特色社会主义思想指引下"。《监察法》对国家监察工作的指导思想作出规定，既是在实施《宪法》的上述规定，更是国家监察工作朝着正确方向开展的必然要求。

党的十八大以来，国内外形势变化和我国各项事业发展都给我们提出了一个重大时代课题，这就是必须从理论和实践结合上系统回答新时代坚持和发展什么样的中国特色社会主义、怎样坚持和发展中国特色社会主义。围绕这个重大时代课题，我们党坚持以马克思列宁主义、毛泽东思想、邓小平理论、"三个代表"重要思想、科学发展观为指导，坚持解放思想、实事求是、与时俱进、求真务实，坚持辩证唯物主义和历史唯物主义，紧密结合新的时代条件和实践要求，以全新的视野深化对共产党执政规律、社会主义建设规律、人类社会发展规律的认识，进行艰辛理论探索，取得重大理论创新成果，形成了习近平新时代中国特色社会主义思想。

在习近平新时代中国特色社会主义思想的主要内容当中，有许多是与国家监察工作密切相关的，比如"十个明确"当中的"明确全面从严治党的战略方针，提出新时代党的建设总要求，全面推进党的政治建设、思想建设、组织建设、作风建设、纪律建设，把制度建设贯穿其中，深入推进反腐败斗争，落实管党治党政治责任，以伟大自我革命引领伟大社会革命"，"十四个坚持"当中的"坚持全面从严治党"，以及"十三个方面"当中的"全面从严治党"等。

在 2024 年 1 月召开的二十届中央纪委三次全会上，习近平总书记发表重要讲话，深刻阐述了党的自我革命的重要思想，科学回答了我们党为什么要自我革命、为什么能自我革命、怎样推进自我革命等重大问题，明确提出推进自我革命"九个以"的实践要求，分别是以坚持党中央集中统一领导为根本保证，以引领伟大社会革命为根本目的，以习近平新时代中国特色社会主义思想为根本遵循，以跳出历史周期率为战略目标，以解决大党独有难题为主攻方向，以健全全面从严治党体系为有效途径，以锻造坚强组织、建设过硬队伍为重要着力点，以正风肃纪反腐为重要抓手，以自我监督和人民监督相结合为强大动力。习近平总书记关于党的自我革命的重要思想，构成了习近平新时代中国特色社会主义思想的新篇章，是国家监察工作必须坚持的指导思想。

3. 构建集中统一、权威高效的中国特色国家监察体制

习近平总书记强调："深化国家监察体制改革，就是明确要建立集中统一、权威高效的中国特色社会主义监察体系。"① 这既是对国家监察体制改革之目标的概括，也是对中国特色国家监察体制之特征的总结。较之于国家监察体制改革之前的行政监察体制，集中统一、权威高效的中国特色国家监察体制主要有以下 4 个方面的体现。

第一，解决了监察范围过窄的问题。原《行政监察法》第 15 条和第 16 条规定了行政监察部门的监察对象，主要是行政机关的公务员，以及行政机关任命的其他人员。此种监察对象的规定，使监察权的管辖范围存在较大的盲点，比如中国共产党机关、人大及其常委会机关、人民法院、人民检察院等的公务员，并不属于行政监察的监察对象。特别是自党的十八大以来，全面从严治党深入推进，党内监督全覆盖已经形成，而对公职人员的监察一直存在覆盖不够的缺憾。为解决党内监督和国家监察"一条腿长、一条腿短"的问题，以"实现对行使公权力的公职人员监察全面覆盖"为目标的国家监察体制改革由此展开。

第二，解决了反腐力量分散的问题。在国家监察体制改革之前，各级

---

① 习近平：《论坚持全面依法治国》，中央文献出版社 2020 年版，第 203 页。

人民政府下辖的行政监察部门、预防腐败部门，各级人民检察院内设的查处贪污贿赂、失职渎职以及预防职务犯罪等部门，均承担了部分反腐败的职能。可以发现，当时的反腐败力量乃是一种相对分散的状态，难以形成反腐倡廉的合力，甚至会相互掣肘。深化国家监察体制改革，就是要把分散的行政监察部门、预防腐败部门和检察机关的查处贪污贿赂、失职渎职以及预防职务犯罪等部门工作力量整合起来，把反腐败资源集中起来。

第三，解决了监察手段单一的问题。虽然原《行政监察法》赋予行政监察部门检查权、调查权、建议权和行政处分权等，但是，由于这些监察手段比较有限和单一，且大多偏重事后监督，导致一些方式方法在实践中形同虚设，难以落实。[①] 与此不同的是，在国家监察体制改革试点阶段，试点地区组建的监察委员会即获得了12项调查措施，包括谈话、讯问、询问、查询、冻结、调取、查封、扣押、搜查、勘验检查、鉴定、留置等，全国人大2018年3月制定的《监察法》对其加以确认。随着全国人大常委会2024年12月对《监察法》作出修正，监察机关的调查措施变得更加多样化，比如新增了强制到案、责令候查和管护等措施，监察手段不再单一。

第四，解决了纪法衔接不畅的问题。纪律与法律衔接不畅的问题，在国家监察体制改革之前并不鲜见，实践中存在的"带着党籍蹲监狱"的问题便是典型例证。这既有实体方面的原因，比如党的纪律和国家法律之间存在一片广阔的空白地带，以至于出现"犯罪有人管、违法无人过问"的现象；亦有程序方面的原因，特别是违纪、职务违法和职务犯罪行为分别由不同的主体来处置。为了解决纪法衔接不畅的问题，国家监察体制改革把"纪检监察合署办公"作为重要方法论，建立统一决策、一体化运行的执纪执法权力运行机制，持续为纪法贯通铺设制度轨道。

实务难点指引

习近平总书记2019年7月9日在中央和国家机关党的建设工作会议上

---

① 参见马怀德：《全面从严治党亟待改革国家监察体制》，载《光明日报》2016年11月12日，第3版。

指出:"处理好党建和业务的关系。解决'两张皮'问题,关键是找准结合点,推动机关党建和业务工作相互促进。"① 本条要求国家监察工作以马克思列宁主义、毛泽东思想、邓小平理论、"三个代表"重要思想、科学发展观、习近平新时代中国特色社会主义思想为指导,因而纪检监察干部在具体的工作当中,同样需要妥善处理好党建和业务的关系。特别是要做到真学真用,坚持用习近平新时代中国特色社会主义思想指导纪检监察工作。例如,习近平总书记在党的二十大报告中指出,"落实'三个区分开来',激励干部敢于担当、积极作为"。纪检监察机关应在执纪执法工作中贯彻该要求。对此,广东省广州市纪委监委便曾制发关于适用"三个区分开来"的《法规工作提示》,指导规范该市纪检监察机关开展容错纠错工作。②

实践样本

为加强党对国家监察工作特别是对深化国家监察体制改革的领导,中共中央办公厅印发的《关于在北京市、山西省、浙江省开展国家监察体制改革试点方案》明确要求:"中央成立深化监察体制改革试点工作领导小组,对试点工作进行指导、协调和服务。试点地区党组织要担负起主体责任,对试点工作负总责,成立深化监察体制改革试点工作小组,由省(市)委书记担任组长。"随着国家监察体制改革的持续深化,经党中央批准,于2023年整合设立纪检监察体制改革专项小组。③

关联法条

《宪法》序言第7自然段;《中国共产党章程》总纲第2自然段;《监察官法》第2条;《中国共产党纪律检查委员会工作条例》第2、4、5、6条。

---

① 习近平:《论坚持党对一切工作的领导》,中央文献出版社2019年版,第317页。
② 参见何霜、洪帅:《为担当干事者撑腰鼓劲》,载《中国纪检监察报》2024年9月16日,第4版。
③ 参见刘延飞:《奋力谱写新征程纪检监察工作高质量发展新篇章》,载《中国纪检监察报》2024年1月8日,第1版。

> **第三条** 各级监察委员会是行使国家监察职能的专责机关,依照本法对所有行使公权力的公职人员(以下称公职人员)进行监察,调查职务违法和职务犯罪,开展廉政建设和反腐败工作,维护宪法和法律的尊严。

条文主旨

本条是关于监察委员会性质和职能的规定。

条文解读

《宪法》第 124 条第 4 款规定,"监察委员会的组织和职权由法律规定"。《监察法》便扮演了监察委员会组织法的角色,因而需要对监察委员会的性质和职能作出规定。

1. 监察委员会的性质

在国家监察体制改革试点过程中,关于监察委员会的性质和定位问题一直纷争不断,监察委员会或被定性为"反腐败机构",或被认为是"监督执法机关",或被定位为"政治机关"等。[①] 由此可见,对于监察委员会这一最"年轻"的国家机关,如何合理确定其性质属实不易。全国人大 2018 年 3 月通过的《宪法修正案》,对监察委员会的性质作出了最直白的规定,即在第 123 条规定,"中华人民共和国各级监察委员会是国家的监察机关"。在此基础上,《监察法》进一步明确了监察委员会的性质,即规定"各级监察委员会是行使国家监察职能的专责机关"。可从以下 3 个方面理解监察委员会的性质。

第一,将各级监察委员会定性为"专责机关",可以有效实现党内监督与国家监察的有机统一。《中国共产党章程》第 46 条第 1 款规定,"党的各级纪律检查委员会是党内监督专责机关",这是最根本的党内法规对纪律检查委员会性质的规定。按照国家监察体制改革的思路,各级监察委

---

① 参见秦前红主编:《监察法学教程》,法律出版社 2023 年版,第 186 页。

员会与同级党的纪律检查委员会实行合署办公的体制，于是，将监察委员会和党的纪律检查委员会均定性为"专责机关"，既契合了合署办公的要求，也有利于党内监督与国家监察的统一。

第二，各级监察委员会是行使"国家监察职能"的国家机关。全国人大2018年3月通过的《宪法修正案》，在第3章"国家机构"当中新增"监察委员会"作为第7节，这表明监察委员会在性质上属于国家机关。在这个意义上来说，尽管各级监察委员会与同级党的纪律检查委员会实行合署办公的体制，但仍不可忽视监察委员会作为国家机关的性质。正是缘于此，监察委员会的职权应由国家法律赋予，比如习近平总书记在党的十九大报告中指出，"制定国家监察法，依法赋予监察委员会职责权限和调查手段"。①

第三，与"专门机关"和"专职机关"等表述不同的是，"专责机关"的定性不仅强调监察委员会的专业性特征、专门性职责，更加突出强调了监察委员会的责任，行使监察权不仅仅是监察委员会的职权，更重要的是职责和使命担当。② 正是缘于此，《监察法》第5条还对"权责对等，严格监督"的原则作出了规定。再者，把监察委员会定性为"行使国家监察职能的专责机关"，意味着唯有各级监察委员会才有权行使监察职能，其他任何国家机关、社会组织和个人均不得僭越监察委员会的法定职权。

2. 监察委员会的职能

根据本条的规定，各级监察委员会的职能有4个，分别是对公职人员进行监察，调查职务违法和职务犯罪，开展廉政建设和反腐败工作，维护《宪法》和法律的尊严。

第一，依照《监察法》对所有行使公权力的公职人员进行监察。国家监察体制改革解决了行政监察之监察对象范围过窄的问题，《监察法》把所有行使公权力的公职人员均纳入监察对象的范围。需要注意的是，《监

---

① 习近平：《决胜全面建成小康社会 夺取新时代中国特色社会主义伟大胜利——在中国共产党第十九次全国代表大会上的报告》，人民出版社2017年版，第68页。

② 参见中共中央纪律检查委员会中华人民共和国国家监察委员会法规室编写：《〈中华人民共和国监察法〉释义》，中国方正出版社2018年版，第63页。

察法》在规定监察对象时，并非使用诸如"公务员""国家工作人员""国家机关工作人员"等常用概念，而是使用了"公职人员"这一监察法上的独特概念。① 如果说《监察法》第 15 条的列举是对公职人员外延的规定，那么本条则是对公职人员内涵的界定，即"行使公权力者"便是公职人员。正因如此，在国家监察工作实践中，判断某个人是不是公职人员进而成为监察对象，关键是看该主体是否行使公权力、履行公务，而不能仅看其是否具有公职。②

第二，调查职务违法和职务犯罪。监察委员会有权对公职人员的两类行为进行调查，分别是职务违法行为和职务犯罪行为。其中，职务违法是指公职人员利用行使公权力之便实施的，尚未达到《刑法》关于职务犯罪之追诉标准的违法行为。至于职务犯罪有哪些，根据《监察法实施条例》第 26—31 条的规定，主要包括贪污贿赂犯罪，滥用职权犯罪，玩忽职守犯罪，徇私舞弊犯罪，在行使公权力过程中涉及的重大责任事故犯罪，以及在行使公权力过程中涉及的其他犯罪。尚需说明的是，监察委员会行使的是调查权而非侦查权。因而在案件调查过程中，"既要严格依法收集证据，也要用党章党规党纪、理想信念宗旨做被调查人的思想政治工作，靠组织的关怀感化被调查人，让他们真心认错悔过，深挖思想根源，而不仅仅是收集证据，查明犯罪事实"。③

第三，开展廉政建设和反腐败工作。诚然，调查公职人员涉嫌职务违法和职务犯罪，是监察委员会的一项经常性工作，但监察委员会不是单纯的办案机关。除了精准有力惩治腐败，监察委员会还应开展廉政建设等方面的工作。简而言之，监察委员会理应担负起"反腐"和"建廉"两方面的使命。例如，监察委员会有权对公职人员开展廉政教育，这自然属于廉政建设工作的范畴。又如，《监察法实施条例》第 20 条规定："监察机关

---

① 参见屠凯：《公职人员：监察法的独特概念》，载《新文科教育研究》2022 年第 2 期。
② 参见姚文胜：《准确把握监察对象的两个维度》，载《中国纪检监察报》2018 年 8 月 1 日，第 8 版。
③ 中共中央纪律检查委员会中华人民共和国国家监察委员会法规室编写：《〈中华人民共和国监察法〉学习问答》，中国方正出版社 2018 年版，第 14 页。

应当以办案促进整改、以监督促进治理，在查清问题、依法处置的同时，剖析问题发生的原因，发现制度建设、权力配置、监督机制等方面存在的问题，向有关机关、单位提出改进工作的意见或者监察建议，促进完善制度，提高治理效能。"这同样是监察委员会开展廉政建设工作的体现。

第四，维护《宪法》和法律的尊严。根据现行《宪法》序言第 13 自然段的规定，一切国家机关"都必须以宪法为根本的活动准则，并且负有维护宪法尊严、保证宪法实施的职责"。监察委员会作为非常重要的国家机关，自然也应担负起维护《宪法》和法律尊严的职责。一方面，各级监察委员会依据《宪法》和法律行使职权，全面履行《宪法》和法律赋予的各项职责，便是在维护《宪法》和法律的尊严；另一方面，公职人员的职务违法和职务犯罪行为，乃是对《宪法》和法律之底线的突破，各级监察委员会对此类行为进行监督、调查和处置，同样是在维护《宪法》和法律的尊严。

实务难点指引

本条规定的是"依照本法对所有行使公权力的公职人员（以下称公职人员）进行监察"，这其实是在"公职人员"与"行使公权力者"之间画上了等号。正因如此，作为监察对象的"公职人员"就不是一个静态不变的范畴，这无疑加大了国家监察工作实践中对监察对象的把握难度。概言之，只要该主体是在行使公权力，哪怕并不具有公职身份，亦应属于监察对象；相应地，尽管该主体具有公职身份，但其行为并非在行使公权力，而是一般意义上的私主体生活行为，那便不应纳入监察委员会的调查范围。可以说，从动态维度把握公职人员的范围非常重要。例如，某位单纯从事教学科研工作的大学教师并非公职人员，因而不属于监察对象，可是假如其参与了招生考试、招标采购、后勤基建等与公权力相关的事宜，那便成了行使公权力的公职人员，也就是监察对象。

典型案例

聘用人员可以成为监察对象。在行政执法工作中，行政机关常聘用一些人员从事执法辅助工作，亦即人们常说的"编外人员""临时工"。比如，"协管员""辅警"虽然没有正式编制，但他们也参与到行政执法活动中，行使了公权力，如果其涉嫌的职务违法或者职务犯罪损害了公权力的廉洁性，监察机关可以依法调查。只要行使了公权力，无论什么人，都应当受监督，"临时工""非党员"这些身份都不是躲避监督的挡箭牌。2018年1月，某省某市某区某镇城管辅助执法队组长A被该区监察委员会采取留置措施。在该案中，A既不是公务员也非中共党员，但其具有行使巡查、管控违章建筑的公权力，因公权力的行使，而受到监察机关的调查处置。①

关联法条

《宪法》序言第13自然段；《中国共产党章程》第46条；《监察法》第5条；《监察法实施条例》第25—31条；《中国共产党纪律检查委员会工作条例》第3条。

> **第四条** 监察委员会依照法律规定独立行使监察权，不受行政机关、社会团体和个人的干涉。
>
> 监察机关办理职务违法和职务犯罪案件，应当与审判机关、检察机关、执法部门互相配合，互相制约。
>
> 监察机关在工作中需要协助的，有关机关和单位应当根据监察机关的要求依法予以协助。

条文主旨

本条是关于监察委员会依法独立行使职权的规定。

---

① 参见廖凯：《如何判断一名"履行公职的人员"是否属于监察对象——必须聚焦是否"行使公权力"这个关键》，载《中国纪检监察》2018年第11期。

条文解读

为了使国家监察工作免受不当干扰，本条确立了监察委员会依法独立行使职权的原则。同时，监察委员会各项职权的充分履行，有赖于其他国家机关的配合和制约。

1. 监察委员会依法独立行使职权

现行《宪法》第127条第1款规定："监察委员会依照法律规定独立行使监察权，不受行政机关、社会团体和个人的干涉。"由此使得监察委员会依法独立行使职权乃是一项宪法原则，《监察法》第4条第1款对该原则予以了重申。根据《宪法》和《监察法》的相关规定，该原则主要有以下3个方面的内涵。

第一，监察委员会独立行使职权的前提是"依法"。《宪法》和《监察法》赋予监察委员会相对独立的地位，是为了避免其履职行为受到外来的不当干扰，进而能够做到依法办案。可以说，监察委员会在行使职权时要始终做到"依法"，这是其获得相对独立地位的前提。因此，监察委员会在行使《宪法》和法律赋予的各项职权时，必须严格依照法律的规定进行，既不得滥用职权或超越职权，亦不可放弃本应行使的职权。

第二，监察委员会独立行使职权必须排除"干涉"。除了强调监察委员会具有的相对独立地位，还要明确为其排除相应的"干涉"。根据《宪法》第127条第1款和《监察法》第4条第1款的规定，应当排除的"干涉"来自行政机关、社会团体和个人。具体来说，此处的"干涉"主要是指"行政机关、社会团体和个人利用职权、地位，或者采取其他不正当手段干扰、影响监察人员依法行使职权的行为，如利用职权阻止监察人员开展案件调查，利用职权威胁、引诱他人不配合监察机关工作"。① 根据《中国共产党纪律处分条例》第142条第1款的规定，违反有关规定干预和插手执纪执法活动，向有关地方或者部门打听案情、打招呼、说情，或者以

---

① 中共中央纪律检查委员会中华人民共和国国家监察委员会法规室编写：《〈中华人民共和国监察法〉学习问答》，中国方正出版社2018年版，第65页。

其他方式对执纪执法活动施加影响,会根据情节轻重处以严重警告、撤销党内职务、留党察看和开除党籍的处分。

第三,监察委员会独立行使职权需要接受"领导"和"监督"。监察委员会所具有的独立地位并非绝对的,此种独立性并不能够拒斥同级党委和上级监察委员会的领导,也不可排除同级人大及其常委会的监督。坚持中国共产党的领导是国家监察工作应遵循的基本原则,各级监察委员会应在同级党委的领导下开展工作。同时,现行《宪法》第125条第2款明确了上下级监察委员会之间的"领导与被领导"的关系,《监察法实施条例》第10条更是要求"监督执法调查工作以上级监察委员会领导为主"。再者,按照民主集中制的国家机关组织原则,监察委员会由同级人大产生,自然应当接受人大及其常委会的监督。《监察法》第7章专门规定了"对监察机关和监察人员的监督",其中就有许多是人大及其常委会对监察委员会的监督,比如人大常委会听取审议监察委员会的专项工作报告等。此外,监察机关还应依法接受民主监督、舆论监督和群众监督等。

2. 监察机关与其他国家机关的配合制约关系

监察委员会依法独立行使职权并非意味着"自我封闭",相反,监察权的高效行使离不开其他国家机关的配合和制约。正因如此,现行《宪法》第127条第2款规定:"监察机关办理职务违法和职务犯罪案件,应当与审判机关、检察机关、执法部门互相配合,互相制约。"《监察法》第4条第2款对此予以重申,由此确立了监察机关与审判机关、检察机关、执法部门之间的配合制约关系。

第一,配合制约关系发生在监察机关与审判机关、检察机关、执法部门之间。其中,监察机关、审判机关、检察机关的指向并无疑问,可能存疑的是此处的"执法部门"究竟指什么,哪些部门属于这里的"执法部门"?[①] 特别是最广义上的"执法部门",其实就是执行法律的部门,那么监察机关、审判机关、检察机关似也属于"执法部门"的范畴。结合文义

---

① 参见周佑勇、周维栋:《宪法文本中的"执法部门"及其与监察机关之配合制约关系》,载《华东政法大学学报》2019年第6期。

解释和体系解释的结论，此处的"执法部门"是指除监察机关、审判机关、检察机关之外的，其他履行执行法律之职责的部门。具体来说，应与监察机关互相配合和制约的"执法部门"，既包括行政机关的执法部门，比如"公安机关、国家安全机关、审计机关以及市场监管部门、安全监管部门等行政执法部门"，① 亦包括法律法规授权履行执法职责的其他组织。

第二，"互相配合"是监察机关与审判机关、检察机关、执法部门之间关系的重要方面。所谓"互相配合"，指的是监察机关与审判机关、检察机关、执法部门在办理职务违法和职务犯罪案件时，应当互相提供合理合法的支持，不能相互推诿、彼此扯皮、各行其是。特别是职务违法和职务犯罪案件通常较为复杂，假如没有审判机关、检察机关、执法部门的配合，监察机关恐难以有效完成相应的工作。例如，当监察机关决定对在逃的应当被留置人员进行通缉，此时公安机关执行通缉便属于"互相配合"。当然，因为《宪法》和《监察法》规定的均是"互相配合"，所以当审判机关、检察机关、执法部门有正当合理的需求时，监察机关也应积极配合。

第三，"互相制约"是监察机关与审判机关、检察机关、执法部门之间关系的重要方面。如果说"互相配合"是为了更加高效地行使职权，那么"互相制约"则是为了避免权力被滥用。因此，在强调"互相配合"的关系之时，切不可忽视"互相制约"的宪法要求，以避免"互相配合、互相制约"异化为"配合有余而制约不足"。② 无论是《监察法》还是《刑事诉讼法》，均有不少对"互相制约"关系的具体制度设计。例如，根据《监察法》第54条第3款的规定，对于监察机关移送审查起诉的职务犯罪案件，检察机关若认为需要补充核实，则应退回监察机关补充调查。又如，即便监察机关认为公职人员涉嫌职务犯罪并经检察机关提起公诉，而审判机关认为证据不足、不能认定被告人有罪，亦应根据《刑事诉讼法》第200条第3项的规定作出证据不足、指控的犯罪不能成立的无罪判决。

---

① 中共中央纪律检查委员会中华人民共和国国家监察委员会法规室编写：《〈中华人民共和国监察法〉学习问答》，中国方正出版社2018年版，第65页。

② 参见秦前红：《监察改革中的法治工程》，译林出版社2020年版，第76-77页。

3. 有关机关和单位对监察机关的协助义务

不同的机关和单位之间有着各异的分工，因而某个机关和单位欲完成某些相对复杂的工作，必然需要其他机关和单位的协助。为此，《监察法》第4条第3款规定，"监察机关在工作中需要协助的，有关机关和单位应当根据监察机关的要求依法予以协助"。

第一，提供协助是法定义务。法律文本中的"应当"乃是一种法定的"必须为"，即确定的是一项必须履行的法律义务。为此，有关机关和单位为监察机关提供协助，乃是其法定义务。同时，义务的不履行意味着要承担相应的法律责任，因此，有关机关和单位无正当理由拒绝监察机关合法的协助要求，将依法承担一定的责任。例如，根据《监察法》第72条第1项的规定，不按要求提供有关材料，拒绝、阻碍调查措施实施等拒不配合监察机关调查的行为，将被责令改正并依法进行处理。当然，有关机关和单位提供协助需以监察机关的要求为前提。

第二，提供协助须依法进行。对于监察机关的协助要求，有关机关和单位应当予以满足，但是提供协助必须符合法律的规定。例如，《监察法》第27条第3款规定："监察机关进行搜查时，可以根据工作需要提请公安机关配合。公安机关应当依法予以协助。"当监察机关要求公安机关协助进行搜查工作时，公安机关在协助时应遵守《公安机关办理刑事案件程序规定》等的规定。此外，对于监察机关提出的不合法的协助要求，有关机关和单位不得提供协助。

第三，协助的主体相当广泛。《监察法》第4条第3款规定的协助主体是"有关机关和单位"，这意味着协助的主体相当广泛，并不限于该条第2款规定的"审判机关、检察机关、执法部门"。在纪检监察工作实践中，银行业金融机构是比较常见的协助主体。有些地方还有专门的制度化安排，比如地方监察委员会、国家金融监督管理总局地方监管分局联合印发银行业金融机构协助监察机关开展快速查询工作的意见。此外，协助的方式同样多元，根据《监察法实施条例》第9条第2款的规定，此种协助包括"协助采取有关措施、共享相关信息、提供相关资料和专业技术支持"等。

实务难点指引

无论是监察机关提出协助的要求，还是有关机关和单位予以协助，都必须严格依法进行。一方面，监察机关必须依法提出协助要求，特别是法律法规对协助要求有明确规定时，监察机关的协助要求便应符合这些规定。比如，根据《监察法实施条例》第163条的规定，监察机关请求移民管理机构执行限制出境措施，应当向移民管理机构出具有关函件和《采取限制出境措施决定书》等。据此规定，假若监察机关未出具相关法律文书，那么移民管理机构便有权拒绝提供协助。另一方面，有关机关和单位必须依法提供协助，对于监察机关不合法的协助要求应予拒绝。例如，当不动产登记机构收到监察机关协助要求时，其提供协助的行为必须符合《不动产登记暂行条例》和《国家监察委员会办公厅、自然资源部办公厅关于不动产登记机构协助监察机关在涉案财物处理中办理不动产登记工作的通知》等的规定。

关联法条

《宪法》第125—127条；《刑事诉讼法》第7条；《反有组织犯罪法》第6条；《审计法》第48条；《监察法实施条例》第8、9、225、229条；《中国共产党纪律检查委员会工作条例》第30条；《中国共产党纪律检查机关监督执纪工作规则》第11条第2款。

第五条 国家监察工作严格遵照宪法和法律，以事实为根据，以法律为准绳；权责对等，严格监督；遵守法定程序，公正履行职责；尊重和保障人权，在适用法律上一律平等，保障监察对象及相关人员的合法权益；惩戒与教育相结合，宽严相济。

条文主旨

本条是关于国家监察工作基本原则的规定。

条文解读

国家监察工作应在科学原则的指引下开展，本条明确了国家监察工作应遵循的 5 项基本原则。

1. 严格遵照《宪法》和法律，以事实为根据，以法律为准绳

监察机关的职权由《宪法》和法律规定，其行使监察权、开展国家监察工作，必须严格遵照《宪法》和法律的规定，既不得超越权限或滥用职权，也不得怠于行使法定职责。以习近平同志为核心的党中央高度重视国家监察工作的法治化，习近平总书记 2024 年 1 月 8 日在二十届中央纪委三次全会上强调，"要进一步健全反腐败法规制度。围绕一体推进不敢腐、不能腐、不想腐等完善基础性法规制度"。① 当前，诸如《监察法》《公职人员政务处分法》《监察官法》等法律相继出台，"反跨境腐败法"等法律也在着手制定，国家监察委员会亦出台了《监察法实施条例》，此类法律法规应当成为国家监察工作的重要遵循。

"以事实为根据，以法律为准绳"，是一项非常重要的法律原则特别是司法原则，在《民事诉讼法》《刑事诉讼法》《行政诉讼法》中均有体现，比如《刑事诉讼法》第 6 条规定，"人民法院、人民检察院和公安机关进行刑事诉讼，必须依靠群众，必须以事实为根据，以法律为准绳"。《监察法》也将"以事实为根据，以法律为准绳"作为一项基本原则加以规定。其中，"以事实为根据"指的是，公职人员是否存在职务违法或职务犯罪，在进行判断时应当以客观存在的事实作为根据，对事实情况既不夸大也不缩小。所谓"事实"，是指有证据证明的事实，而不是靠主观想象、猜测和怀疑。"以法律为准绳"既是指监察机关开展的各项工作应当以法律为标准，也是指监察机关在查明事实的基础之上，对公职人员行为的定性和处理，应当把法律的规定作为标准和准据，不得夹杂主观好恶、领导看法等其他法外因素。"以事实为根据"和"以法律为准绳"是一个整体，

---

① 《深入推进党的自我革命　坚决打赢反腐败斗争攻坚战持久战》，载《人民日报》2024 年 1 月 9 日，第 1 版。

"事实"是前提和基础,"法律"是标准和尺度。

2. 权责对等,严格监督

习近平总书记指出:"我们要健全权力运行制约和监督体系,有权必有责,用权受监督,失职要问责,违法要追究,保证人民赋予的权力始终用来为人民谋利益。"《宪法》和《监察法》赋予了监察委员会广泛的监察权,可谓是集监督、调查、处置职责于一身,兼有职务违法和职务犯罪调查职责。于国家机关而言,其在享有职权的同时亦必须承担相应的责任,或者说其职权本身就是责任。"权责对等"的要求有两方面的体现:一是监察机关享有的广泛职权亦是当为的义务,即其不得放弃行使法律赋予的职权,不得消极不作为、慢作为;二是监察机关行使职权若存在违法或不当,将要依法承担相应的法律责任。

信任不能代替监督,唯有健全对监察机关的监督机制,对监察权施以严格的监督,才能确保监察权不被滥用。为此,《监察法》第7章就"对监察机关和监察人员的监督"事项作出专门规定。此次修改《监察法》,亦新增了数种监督机制,比如第62条规定的特约监察员制度,以及第64条规定的对涉嫌严重职务违法或职务犯罪监察人员的禁闭措施。此外,其他法律中亦有不少规定与"对监察机关和监察人员的监督"相关,比如根据《立法法》第118条的规定,国家监察委员会制定的监察法规应报全国人大常委会备案。尚需说明的是,《监察法》第7章规定的部分监督措施还待进一步具体化。例如,《监察法》第61条规定:"监察机关应当依法公开监察工作信息,接受民主监督、社会监督、舆论监督。"为使监察工作信息制度有效运行,可考虑由国家监察委员会出台监察法规作出具体规定。

3. 遵守法定程序,公正履行职责

该基本原则是全国人大常委会2024年12月修改《监察法》时新增的。从某种意义上说,法治就是程序之治,没有程序法治就没有真正的法治。习近平总书记在谈及法治与程序的关系时也曾强调:"要守法律、重程序，这是法治的第一位要求。"① 监察机关作为行使国家监察职能的专责机关，也必须恪守程序法治的基本要求。腐败虽然是尤为严重的违法犯罪活动，但反腐行动和腐败治理同样需要注重法治的方式，尤其是注重通过程序的方式来促成腐败治理法治化的实现。不能片面强调腐败案件的特殊性而忽略程序法治，查处反腐案件也要遵循程序法治的要求。② 为此，《监察法》第 5 章即是对"监察程序"的专门规定。总体来说，规范监察程序的重要性有 3 个方面：一是有利于监察职权的高效行使，二是有利于防范监察职权的滥用，三是有利于保障公民特别是监察对象的合法权益。

《荀子》有言："公生明，偏生暗。"公平正义是法治的追求，也是法治的应有之义。《监察法》把"公正履行职责"作为一项基本原则，要求监察机关及其工作人员在履行职责时不得存在偏见，不得与所处理的事项有利益上的牵连。一是监察机关及其工作人员应当公平对待各方当事人，不偏不倚地行使职权、履行职责。比如根据《监察官法》第 5 条的规定，监察官应当客观公正地履行职责。二是当公正履行职责存在质疑时应当予以澄清或回避。比如根据《监察法》第 67 条的规定，如果存在有可能影响监察事项公正处理的情形，相关的监察人员应当回避。

4. 尊重和保障人权，在适用法律上一律平等，保障监察对象及相关人员的合法权益

习近平总书记指出，"中国共产党和中国政府始终尊重和保障人权"。③ 作为一项宪法原则，现行《宪法》第 33 条第 3 款明确规定，"国家尊重和保障人权"。在《监察法》制定时，便有人建议把"尊重和保障人权"写进《监察法》，认为"只有以惩治腐败与保障人权相结合的原则指导办案程序，才能禁止刑讯逼供和其他非法取证行为的发生，从而保证反腐败的

---

① 中共中央文献研究室编：《习近平关于全面依法治国论述摘编》，中央文献出版社 2015 年版，第 125 页。

② 参见陈光中、兰哲：《监察制度改革的重大成就与完善期待》，载《行政法学研究》2018 年第 4 期。

③ 中共中央党史和文献研究院编：《习近平关于尊重和保障人权论述摘编》，中央文献出版社 2021 年版，第 4 页。

办案质量，最大限度地防范冤错案件的发生"。① 全国人大常委会 2024 年 12 月对《监察法》作出修改，明确规定了"尊重和保障人权"之基本原则。据此，监察机关既应尊重人权，特别是不得肆意侵犯人权；亦应积极地保障人权，即便是那些涉嫌职务违法和职务犯罪的监察对象，当其最基本的人权面临侵害时同样需要提供保障。例如，《监察法实施条例》第 100 条规定，"留置过程中，应当保障被留置人员的合法权益，尊重其人格和民族习俗，保障饮食、休息和安全，提供医疗服务"。

平等是公民的一项基本权利，《宪法》第 33 条第 2 款规定，"中华人民共和国公民在法律面前一律平等"。该原则是指监察机关在行使职权时，对一切公民，不分民族、种族、职业、出身、性别、宗教信仰、教育程度、财产情况、职位高低和功劳大小，都应一律平等地适用法律，不允许有任何的特权。任何人违反了法律构成职务违法或职务犯罪，都应受到追究，并承担相应的法律责任，而不能有任何例外。在国家监察工作当中，任何人的合法权益均受国家法律的保护而不能因人而异。正因为国家监察工作在适用法律上一律平等，所以"任何人都不能心存侥幸，都不能指望法外施恩，没有免罪的'丹书铁券'，也没有'铁帽子王'"。②

保障监察对象及相关人员的合法权益，可谓是对"尊重和保障人权"的具体化。在现代法治国家，哪怕是打击犯罪也绝不容许用"不择手段、不问是非、不计代价"的方法，相反应当保障相关人员的合法权益。在制定《监察法》过程中，最初并未直接规定"保障监察对象及相关人员的合法权益"，而是在十三届全国人大一次会议对草案进行审议时，"一些代表提出，草案的不少规定体现了对被调查人的权益保障，建议将保障被调查人合法权益作为一项原则在总则中加以明确。宪法和法律委员会经研究，

---

① 陈光中、姜丹：《关于〈监察法（草案）〉的八点修改意见》，载《比较法研究》2017 年第 6 期。

② 中共中央纪律检查委员会、中共中央文献研究室编：《习近平关于严明党的纪律和规矩论述摘编》，中央文献出版社、中国方正出版社 2016 年版，第 87 页。

建议采纳上述意见"。① 在 2018 年 3 月制定的《监察法》中，该原则的表述是"保障当事人的合法权益"，此处的"当事人"被认为是"既包括被调查人也包括涉案人员等其他人员"。② 全国人大常委会 2024 年 12 月修改《监察法》时，把"当事人"一词改为"监察对象及相关人员"，此般修改使得合法权益受保障的主体变得更加明确。

5. 惩戒与教育相结合，宽严相济

惩前毖后、治病救人是我们党的一贯方针。毛泽东同志对此有形象比喻，即"我们揭发错误、批判缺点的目的，好像医生治病一样，完全是为了救人，而不是为了把人整死。一个人发了阑尾炎，医生把阑尾割了，这个人就救出来了"。③ 监察机关调查和处置公职人员的职务违法及职务犯罪行为，同样不应把惩戒当作唯一目的，而应秉持惩戒与教育相结合的原则，即在惩罚职务违法和职务犯罪的同时，发挥教育的功能。此种教育除了是对违法犯罪公职人员本身的教育，更在于对其他公职人员乃至社会公众的教育，力争实现"查处一案、教育一片、规范一方"的目的。此外，惩戒与教育相结合的原则还表现为，国家监察工作不能仅是对违法犯罪的事后惩戒，还应通过教育等方式达致事前预防的目的。

宽严相济是一项具有中国特色的刑事政策，其内涵可概括为：该严则严，当宽则宽；严中有宽，宽中有严；宽严有度，宽严审时。④ 在国家监察工作中，"宽"指的是对于可以宽大处理的情形，监察机关则应依法从宽处理；"严"则是指对于应当严肃处理的情形，监察机关则须从严处理。例如，《公职人员政务处分法》第 11 条规定了"可以从轻或者减轻给予政务处分"的情形，第 13 条规定了"应当从重给予政务处分"的情形，这

---

① 《第十三届全国人民代表大会宪法和法律委员会关于〈中华人民共和国监察法（草案）〉审议结果的报告》，载全国人民代表大会常务委员会办公厅编：《中华人民共和国第十三届全国人民代表大会第一次会议文件汇编》，人民出版社 2018 年版，第 269 页。

② 中共中央纪律检查委员会中华人民共和国国家监察委员会法规室编写：《〈中华人民共和国监察法〉释义》，中国方正出版社 2018 年版，第 69 页。

③ 毛泽东：《整顿党的作风》，载《毛泽东选集》（第 3 卷），人民出版社 1991 年版，第 828 页。

④ 参见马克昌：《宽严相济刑事政策研究》，清华大学出版社 2012 年版，第 74 - 75 页。

些都是宽严相济原则在国家监察工作中的具体表现。

实务难点指引

纪检监察机关充分践行"惩戒与教育相结合，宽严相济"的原则，就要运用好监督执纪"四种形态"。在既往的实践中，监督执纪"四种形态"的运用还存在不够精准等问题。为解决这些问题，中共中央办公厅印发了《纪检监察机关准确运用"四种形态"实施办法（试行）》，该办法系统总结纪检监察机关运用"四种形态"的经验做法。无论是"惩戒与教育相结合，宽严相济"原则的践行，还是监督执纪"四种形态"的运用，均应贯穿纪检监察工作始终，落实到线索处置、初核、立案、采取调查措施、案件审理等案件调查处理全过程。

实践样本

纪检监察机关坚持惩戒与教育相结合，抓实回访教育，开展谈心谈话，帮助受处分人员深入认识工作中的错误和偏差，督促其及时采取补救措施，引导被处分人员放下包袱，轻装前进，切实履责。对此，四川省成都市纪委监委强化制度建设，出台谈心谈话等工作办法，构建组织人事、工青妇、社区等单位参与联动机制，开展对受处分人员教育管理和关心关爱工作。例如，A 是该市某镇基层干部，当地某生猪养殖扶贫项目建设前，他没有认真履行核查等程序导致项目用地侵占基本农田，因此受到处分。A 思想包袱重，妻子也觉得委屈，认为"基层工作既多又杂，稍不注意还要挨处分"。得知这个情况后，镇纪委上门家访，边解读纪法政策，边做思想工作，表示："纪律处分不是对以前工作和付出的否定，是及时警醒和纠偏纠错。""作为妻子，希望你能多开导他，在生活上对他多关心关爱。"在镇纪委和单位领导同事鼓励下，A 调整心态，牵头推动当地果园改造。2022 年 3 月，该镇获评成都市乡村振兴示范镇，所辖部分村获省、市乡村振兴示范村等称号。①

---

① 参见徐菱骏：《谈心谈话解心结》，载《中国纪检监察报》2022 年 7 月 19 日，第 1 版。

关联法条

《宪法》第5、33条；《刑事诉讼法》第2、6条；《公职人员政务处分法》第4—6条；《监察官法》第5条；《监察法实施条例》第4、5、7条；《中国共产党党员权利保障条例》第41条；《中国共产党纪律处分条例》第4、5条；《中国共产党纪律检查委员会工作条例》第4条；《中国共产党纪律检查机关监督执纪工作规则》第3、4条。

> **第六条** 国家监察工作坚持标本兼治、综合治理，强化监督问责，严厉惩治腐败；深化改革、健全法治，有效制约和监督权力；加强法治教育和道德教育，弘扬中华优秀传统文化，构建不敢腐、不能腐、不想腐的长效机制。

条文主旨

本条是关于国家监察工作一体推进"三不腐"方针的规定。

条文解读

反腐败斗争是一个治标和治本相统一的过程。习近平总书记2015年6月26日在十八届中共中央政治局第二十四次集体学习时强调，"在腐败存量比较大的情况下，只有以治标为先，才能遏制腐败现象滋生蔓延的势头"。[①] 2018年1月11日，习近平总书记在十九届中央纪委二次全会上指出，"深化标本兼治，夺取反腐败斗争压倒性胜利"。[②] 坚持一体推进不敢腐、不能腐、不想腐，是国家监察工作坚持标本兼治、综合治理的重要方略。本条把一体推进"三不腐"的相关经验和做法用法律的形式固定下来，成为国家监察工作的基本方针。

---

① 习近平：《论坚持全面依法治国》，中央文献出版社2020年版，第151页。
② 习近平：《重整行装再出发，以永远在路上的执着把全面从严治党引向深入》，载《习近平著作选读》（第2卷），人民出版社2023年版，第123页。

1. 不敢腐：强化监督问责，严厉惩治腐败

"强化监督问责，严厉惩治腐败"的规定，主要是针对"不敢腐"的问题。习近平总书记指出，"我们强调的不敢腐，侧重于惩治和威慑，坚持什么问题突出就重点解决什么问题，让意欲腐败者在带电的高压线面前不敢越雷池半步，坚决遏制蔓延势头"。① 为此，监察机关要全面履行监督、调查、处置职责，不断监督问责，严厉惩治腐败，充分显现不敢腐的震慑效应。《监察法》赋予监察机关相应的监察职权，就是为了确保惩治腐败的有效性和威慑力，同时，监察机关也必须全面依法履行这些法定职责。近年来，全国人大常委会数次修改《刑法》，修改贪污受贿犯罪的定罪量刑标准，加大对行贿犯罪的处罚力度，确立终身监禁制度，这些同样是为了不断强化不敢腐的震慑。

2. 不能腐：深化改革、健全法治，有效制约和监督权力

"深化改革、健全法治，有效制约和监督权力"的规定，主要是针对"不能腐"的问题。习近平总书记指出，"我们强调的不能腐，侧重于制约和监督，扎紧制度笼子，让胆敢腐败者在严格监督中无机可乘"。② 腐败的本质是权力出轨、越轨，许多腐败问题都与权力配置不科学、使用不规范、监督不到位有关。因此，不能腐的刚性制度约束，便是要通过深化改革阻断腐败滋生蔓延，比如持续深化行政审批制度改革，让权力得到分解和制约；还要通过健全法治把"权力关进法律的笼子里"，比如出台《重大行政决策程序暂行条例》，让行政决策权在阳光下运行。

当然，解决"不能腐"的问题，形成不能腐的刚性制度约束，不只是国家监察体制改革和国家监察立法的任务，而是要通过全面深化改革和全面依法治国来达成。《监察法》之所以对此作出规定，既是因为不能腐的刚性制度约束离不开国家监察工作的有效开展，也是因为"反腐败不是靠某一个机关就能完成的事，必须动员各方面广泛参与，群策群力，建立起

---

① 中共中央党史和文献研究院编：《习近平关于依规治党论述摘编》，中央文献出版社2022年版，第180页。

② 中共中央党史和文献研究院编：《习近平关于依规治党论述摘编》，中央文献出版社2022年版，第180页。

规范权力运行的制度机制"。①

3. 不想腐：加强法治教育和道德教育，弘扬中华优秀传统文化

"加强法治教育和道德教育，弘扬中华优秀传统文化"的规定，主要是针对"不想腐"的问题。习近平总书记指出，"我们强调的不想腐，侧重于教育和引导，着眼于产生问题的深层次原因，对症下药、综合施策，让人从思想源头上消除贪腐之念"。② 反腐倡廉是一个复杂的系统工程，需要多管齐下、综合施策，但从思想道德抓起具有基础性作用。诚如王守仁所言，"破山中贼易，破心中贼难"，如果把腐败视为一种"贼"的话，只有通过法纪教育和思想道德建设，才能从本源上做到"破心中贼"。正因如此，根据《监察法》第 11 条第 1 项的规定，"监督"作为监察委员会的首要职责，就包括"对公职人员开展廉政教育"的内容。中共中央办公厅印发《关于在全党开展党纪学习教育的通知》，自 2024 年 4 月至 7 月在全党开展党纪学习教育，同样是通过法纪教育来增强"不想腐"的自觉。

实务难点指引

如何增强"不想腐"的自觉，党中央提出了"加强廉洁文化建设"的要求，中共中央办公厅印发《关于加强新时代廉洁文化建设的意见》。党的二十届三中全会通过的《中共中央关于进一步全面深化改革、推进中国式现代化的决定》同样要求"加强新时代廉洁文化建设"。在当前廉洁文化建设过程中，尚存在重视不够、照抄照搬、简单机械、有形无心等问题，比如 A 单位的清廉公约上，竟然出现"建设廉洁 B 单位"的错误。为高质量建设新时代廉洁文化，一要因地制宜，即建设清廉文化，应当结合当地、本单位、本行业的特色；二要因人制宜，因为文化的本质是"化人"，建设清廉文化必须紧密结合受众的特征；三要因时制宜，在一些重要时间节点宣传廉洁文化往往能够事半功倍，比如在近年来，每逢中央纪

---

① 中共中央纪律检查委员会中华人民共和国国家监察委员会法规室编写：《〈中华人民共和国监察法〉释义》，中国方正出版社 2018 年版，第 73 页。

② 中共中央党史和文献研究院编：《习近平关于依规治党论述摘编》，中央文献出版社 2022 年版，第 180 页。

委或地方纪委召开全会,都会有反腐纪录片播放。

关联法条

《宪法》第24条;《监察官法》第9条第1款第1项;《监察法实施条例》第5条;《中国共产党纪律检查委员会工作条例》第29条。

第二章　监察机关及其职责

> 第七条　中华人民共和国国家监察委员会是最高监察机关。
> 省、自治区、直辖市、自治州、县、自治县、市、市辖区设立监察委员会。

条文主旨

本条是关于各级监察委员会设置的规定。

条文解读

组建各级监察委员会是国家监察体制改革的重要内容，例如，全国人大常委会2017年11月通过的《全国人民代表大会常务委员会关于在全国各地推开国家监察体制改革试点工作的决定》明确规定，"在各省、自治区、直辖市、自治州、县、自治县、市、市辖区设立监察委员会，行使监察职权"。本条由两款构成，分别规定了国家监察委员会和地方各级监察委员会的设置问题。

1. 国家监察委员会是最高监察机关

2018年3月23日，中华人民共和国国家监察委员会在北京揭牌。至此，国家、省、市、县四级监察委员会全部组建产生，在党和国家机构建设史和纪检监察史上具有里程碑意义，国家监察体制改革由试点迈入全面深化新阶段。[①] 对于本条第1款的规定，可从以下两个方面来理解。

---

① 参见姜洁、朱基钗：《健全党和国家监督体系的创制之举——国家监察委员会产生纪实》，载《人民日报》2018年3月25日，第1版。

一方面，国家监察委员会的性质是最高监察机关。现行《宪法》第123条规定，"中华人民共和国各级监察委员会是国家的监察机关"，并在第125条第1款明确了国家监察委员会的性质，即"中华人民共和国国家监察委员会是最高监察机关"。由此可见，在整个监察机关体系当中，国家监察委员会居于最高地位。与此类似，根据《宪法》的相关规定，中央层面的国家机关均具有"最高"的性质和地位，比如国务院的最高国家行政机关地位，最高人民法院的最高审判机关地位，最高人民检察院的最高检察机关地位。国家监察委员会之所以被定性为最高监察机关，是因为其由作为最高国家权力机关的全国人大产生。正是缘于此，国家监察委员会领导地方各级监察委员会的工作，负责全国范围内的监察工作。

另一方面，国家监察委员会是最高监察机关的专有名称。在国家监察体制改革试点过程中，对于最高监察机关的名称，曾有"最高监察委员会"和"中央监察委员会"等理论方案。党的十九届三中全会2018年2月通过的《深化党和国家机构改革方案》明确提出"组建国家监察委员会"，全国人大2018年3月通过的《宪法修正案》和《监察法》同样使用"国家监察委员会"一词。如此一来，国家监察委员会便成为最高监察机关的专有名称，当涉及相关表述时便不应误用和混用。例如，不应再用"最高监察委员会"或"中央监察委员会"来指代最高监察机关，地方各级监察委员会名称中不得再用"国家监察委员会"的后缀。

2. 地方各级监察委员会的设置问题

现行《宪法》第30条对行政区域划分作出了规定，即全国分为省、自治区、直辖市，省、自治区分为自治州、县、自治县、市，县、自治县分为乡、民族乡、镇，直辖市和较大的市分为区、县，自治州分为县、自治县、市。根据《监察法》第7条第2款的规定，地方层面设置省级、设区的市级、县级共三级监察委员会，比如广东省监察委员会、西安市监察委员会、岳麓区监察委员会，而乡、民族乡和镇不设置监察委员会。至于如何对乡、民族乡和镇的公职人员进行监察，其实可根据《监察法》第12条的规定，由所在的县级监察委员会派出监察机构。

实务难点指引

根据本条第 2 款的规定，省级、设区的市级、县级的监察机关应命名为监察委员会。可根据《监察法实施条例》第 12 条第 2 款的规定，省级和设区的市级监察委员会依法向地区、盟、开发区等不设置人民代表大会的区域派出监察机构或者监察专员。此类派出监察机构在实践中同样以"监察委员会"来命名，比如新疆维吾尔自治区的和田地区监察委员会，内蒙古自治区的阿拉善盟监察委员会，黑龙江省的大兴安岭地区监察委员会等。对于这些由省级和设区的市级监察委员会派出的监察机构，在实践中应如何命名，特别是能否命名为监察委员会，有待共同研究解决。

关联法条

《宪法》第 123、125 条；《中国共产党章程》第 45 条第 1 款；《中国共产党纪律检查委员会工作条例》第 5 条第 1 款。

第八条 国家监察委员会由全国人民代表大会产生，负责全国监察工作。

国家监察委员会由主任、副主任若干人、委员若干人组成，主任由全国人民代表大会选举，副主任、委员由国家监察委员会主任提请全国人民代表大会常务委员会任免。

国家监察委员会主任每届任期同全国人民代表大会每届任期相同，连续任职不得超过两届。

国家监察委员会对全国人民代表大会及其常务委员会负责，并接受其监督。

条文主旨

本条是关于国家监察委员会产生和组成的规定。

条文解读

国家监察委员会是最高监察机关，本条比较全面地规定了国家监察委员会的产生和组成问题。

1. 国家监察委员会由全国人大产生

现行《宪法》第3条第3款规定："国家行政机关、监察机关、审判机关、检察机关都由人民代表大会产生，对它负责，受它监督。"作为最高监察机关的国家监察委员会，便是由作为最高国家权力机关的全国人大产生。也正是因为国家监察委员会是由最高国家权力机关产生的，所以其负责全国的监察工作。

国家监察委员会由全国人大产生，集中表现为国家监察委员会的组成人员由全国人大选举或由全国人大常委会任免。根据现行《宪法》第124条第2款的规定，监察委员会由主任、副主任若干人和委员若干人组成，国家监察委员会亦是如此。其中，国家监察委员会主任由全国人大选举产生，国家监察委员会副主任和委员则是由全国人大常委会任免。具体来说，根据《全国人民代表大会议事规则》第38条第1款的规定，全国人大选举国家监察委员会主任，首先要确定正式候选人的名单，即国家监察委员会主任的人选，由主席团提名，经各代表团酝酿协商后，再由主席团根据多数代表的意见，确定正式候选人名单。而后采用无记名投票方式，得票数超过全体代表的半数的始得当选。国家监察委员会副主任和委员，则由国家监察委员会主任提名，并经全国人大常委会会议通过后任免。

2. 国家监察委员会主任的任期

根据现行《宪法》第124条第3款的规定，国家监察委员会主任每届任期同全国人大每届任期相同，且连续任职不得超过两届。《监察法》第8条第3款对此予以重申。根据现行《宪法》第60条的规定，全国人大每届任期为5年，但若遇及不能进行选举的非常情况经表决可推迟选举，这意味着国家监察委员会主任每届任期通常为5年，且连续任职一般不超过10年。需要注意的是，对于国家监察委员会副主任和委员的连续任职问题，《宪法》和《监察法》均没有加以限制，这主要是"为了保证国家监察机关职权行使的连续性"。① 与此类似,根据《宪法》的规定,最高人民法院副院长、最高人民检察院副检察长连续任职同样没有"不得超过两届"的限制。

3. 国家监察委员会对全国人大及其常委会负责,并接受其监督

在人民代表大会制度之下,"一府一委两院"由人大产生,对人大负责,受人大监督。对此,习近平总书记2024年9月14日在庆祝全国人民代表大会成立70周年大会上指出,"各级行政机关、监察机关、审判机关、检察机关要自觉接受人大监督"。② 相应地,国家监察委员会要对全国人大及其常委会负责,并接受全国人大及其常委会的监督。

国家监察委员会对全国人大及其常委会负责,此处的"负责"有两方面的内容:一是最高监察机关应当向最高国家权力机关报告工作,比如根据《监察法》第60条第2款的规定,国家监察委员会需要向全国人大常委会报告专项工作。二是对于不负责的国家监察委员会组成人员,全国人大及其常委会可以依法罢免或撤职。例如,《全国人民代表大会议事规则》第44条就有对国家监察委员会主任罢免案的规定。

国家监察委员会接受全国人大及其常委会的监督,此处的"监督"主要包括法律监督和工作监督这两方面的内容。③ 其中,法律监督既包括对国家监察委员会制定的规范性文件进行备案审查,比如监察法规须提交给全国人大常委会进行备案并接受审查;也包括对国家监察委员会遵守和执行法律情况的监督,较为常见的是进行执法检查。至于工作监督,则是指全国人大及其常委会对国家监察委员会日常工作进行监督,比如全国人大常委会听取和审议国家监察委员会的专项工作报告,就有关问题对国家监察委员会进行专题询问并要求进行回答,围绕有关重大问题开展特定问题调查等。

---

① 中共中央纪律检查委员会中华人民共和国国家监察委员会法规室编写:《〈中华人民共和国监察法〉释义》,中国方正出版社2018年版,第80页。

② 习近平:《在庆祝全国人民代表大会成立70周年大会上的讲话》,载《人民日报》2024年9月15日,第2版。

③ 参见何华辉主编:《人民代表大会制度的理论与实践》,武汉大学出版社1992年版,第187—192页。

实践样本

全国人大常委会听取和审议国家监察委员会的专项工作报告，是国家监察委员会对全国人大及其常委会负责并接受其监督的重要形式。2020年8月10日，在十三届全国人大常委会第二十一次会议上，时任国家监察委员会主任的杨晓渡代表国家监察委员会做《国家监察委员会关于开展反腐败国际追逃追赃工作情况的报告》。次日，全国人大常委会会议分组进行了审议，委员们对国家监察委员会成立以来的追逃追赃工作给予充分肯定。委员们同时指出，反腐败国际追逃追赃工作形势依然严峻复杂、任务依然繁重。一方面，国际环境复杂多变，境外追逃追赃工作变得更加困难、曲折。另一方面，工作任务依然艰巨，目前尚未追回的外逃人员多是难啃的"硬骨头"，追赃工作相对滞后，防逃工作也面临新的挑战。审议中，委员们从健全追逃追赃领导体制和协调机制，深化反腐败国际司法执法合作，进一步完善国内法律制度和工作机制，加强队伍专业化建设等方面提出了意见建议。①

2024年12月22日，在十四届全国人大常委会第十三次会议上，国家监察委员会主任刘金国代表国家监察委员会做《国家监察委员会关于整治群众身边不正之风和腐败问题工作情况的报告》。此系国家监察委员会成立以来，第二次向全国人大常委会进行专项工作报告。该报告指出："党的二十大以来，国家监委和各级监察机关持续用力做好群众身边不正之风和腐败问题整治工作。全国监察机关共查处群众身边不正之风和腐败问题76.8万件、处分62.8万人，移送检察机关2万人，让群众真切感到正风反腐加力度、清风正气在身边。今年以来，国家监委在全国部署开展集中整治，直接查办督办重点案件2633件，协同有关部门抓好整治骗取套取社保基金等15件具体实事，派出8个督导组推动系统上下全面发力，重点领

---

① 参见曾萍：《做好首次听取国家监委专项工作报告各项工作　确保国家监察权正确行使》，载《中国纪检监察》2020年第16期。

域突出问题得到有效纠治。"①

关联法条

《宪法》第 3 条第 3 款、第 62 条第 7 项、第 63 条第 4 项、第 67 条第 6 项、第 67 条第 11 项、第 124 条、第 126 条；《监察官法》第 19 条第 1 款；《全国人民代表大会议事规则》第 38 条第 1 款、第 44 条第 1 款；《监察法实施条例》第 251—254 条。

> 第九条　地方各级监察委员会由本级人民代表大会产生，负责本行政区域内的监察工作。
>
> 地方各级监察委员会由主任、副主任若干人、委员若干人组成，主任由本级人民代表大会选举，副主任、委员由监察委员会主任提请本级人民代表大会常务委员会任免。
>
> 地方各级监察委员会主任每届任期同本级人民代表大会每届任期相同。
>
> 地方各级监察委员会对本级人民代表大会及其常务委员会和上一级监察委员会负责，并接受其监督。

条文主旨

本条是关于地方各级监察委员会产生和组成的规定。

条文解读

地方层面设置省级、设区的市级、县级共三级监察委员会，本条比较全面地规定了地方各级监察委员会的产生和组成问题。

---

① 张天培：《十四届全国人大常委会第十三次会议审议多部报告：审议关于整治群众身边不正之风和腐败问题工作情况的报告　重点领域突出问题得到有效纠治》，载《人民日报》2024 年 12 月 24 日，第 4 版。

1. 地方各级监察委员会由本级人大产生

按照民主集中制的国家机构组织原则，"一府一委两院"的国家机关均是由本级人大产生。在中央层面，国家监察委员会由全国人大产生；相应地，地方各级监察委员会由本级人大产生。全国人大2022年3月修改了《地方各级人民代表大会和地方各级人民政府组织法》，对县级以上地方人大如何产生本级地方监察委员会作出了具体规定。地方各级监察委员会由本级人大产生，主要是指地方各级监察委员会的组成人员由本级人大及其常委会选举或任免，即地方各级监察委员会的主任由本级人大选举产生，副主任和委员则由本级人大常委会根据监察委员会主任的提名来任免。另需注意的是，新疆生产建设兵团并未设立人大及其常委会，故《监察官法》第19条第3款规定："新疆生产建设兵团各级监察委员会主任、副主任、委员，由新疆维吾尔自治区监察委员会主任提请自治区人民代表大会常务委员会任免。"

本条第1款还规定地方各级监察委员会"负责本行政区域内的监察工作"，这是对地方各级监察委员会职责的整体规定，同时确立了属地管辖的监察管辖原则。正因如此，《监察法》第16条第1款明确规定，"各级监察机关按照管理权限管辖本辖区内本法第十五条规定的人员所涉监察事项"。《监察法实施条例》第45条同样规定，"监察机关开展监督、调查、处置，按照管理权限与属地管辖相结合的原则，实行分级负责制"。据此规定，于某一具体的公职人员而言，其工作单位所在地的监察机关通常有管辖权。

2. 地方各级监察委员会主任的任期

与国家监察委员会主任相同，地方各级监察委员会主任的每届任期同本级人大每届任期相同。而根据现行《宪法》第98条的规定，地方各级人大每届任期5年，故而地方各级监察委员会主任的每届任期一般是5年。当地方各级人大换届之时，同级地方各级监察委员会主任亦需进行换届选举，即在本届人大一次会议上选举产生新一届监察委员会主任。与国家监察委员会主任不同的是，地方各级监察委员会主任并没有"连续任职不得超过两届"的限制。与此类似，根据现行《宪法》《人民法院组织法》

《人民检察院组织法》的相关规定，最高人民法院院长和最高人民检察院检察长连续任职不得超过两届，而地方各级人民法院院长和地方各级人民检察院检察长亦无此限制。

3. 地方各级监察委员会对本级人大及其常委会和上一级监察委员会负责，并接受其监督

本条第4款规定了地方监察委员会的双重负责原则，即地方各级监察委员会一方面需要对本级人大及其常委会负责，另一方面还需要对上一级监察委员会负责。

其一，规定地方各级监察委员会对本级人大及其常委会负责，原因在于地方各级监察委员会乃是由本级人大产生的，此种"产生与被产生"的关系，决定了二者是一种"负责与被负责"和"监督与被监督"的关系。现行《宪法》第3条第3款亦有明确规定："国家行政机关、监察机关、审判机关、检察机关都由人民代表大会产生，对它负责，受它监督。"在实践中，"对它负责，受它监督"往往是一体实现的，即地方各级监察委员会向本级人大及其常委会负责的方式，本身就是人大及其常委会监督本级监察委员会的形式。例如，根据《监察法》第60条第2款的规定，地方各级监察委员会应当向本级人大常委会报告专项工作，这是其对本级人大及其常委会负责的主要方式；此时，人大常委会听取和审议该专项工作报告，则是人大及其常委会在行使对本级监察委员会的监督权。

其二，规定地方各级监察委员会对上一级监察委员会负责，既是为了构建党中央集中统一领导的中国特色国家监察体制，也是为了使地方各级监察委员会能够依法独立行使监察权。习近平总书记2014年1月14日在十八届中央纪委三次全会上指出，"有的地方担心查办案件会损害形象、影响发展，有时存在压案不办、瞒案不报的情况"。[①] 此时，要求地方各级监察委员会对上一级监察委员会负责，可以有效避免其工作受到当地的牵绊。事实上，与监察委员会合署办公的纪律检查委员会，同样是实现双重

---

① 中共中央纪律检查委员会、中共中央文献研究室编：《习近平关于严明党的纪律和规矩论述摘编》，中央文献出版社、中国方正出版社2016年版，第112页。

领导的体制。例如，《中国共产党纪律检查委员会工作条例》第 6 条第 1 款规定："党的地方各级纪律检查委员会和基层纪律检查委员会在同级党的委员会和上级纪律检查委员会双重领导下进行工作。"

关联法条

《宪法》第 3 条第 3 款、第 101 条第 2 款、第 104 条、第 124 条、第 125 条第 2 款、第 126 条；《监察官法》第 19 条第 2、3 款；《地方各级人民代表大会和地方各级人民政府组织法》第 11 条第 6 项、第 13 条、第 26 条、第 50 条第 1 款第 13 项；《监察法实施条例》第 251—254 条；《中国共产党纪律检查委员会工作条例》第 6 条第 1 款；《中国共产党纪律检查机关监督执纪工作规则》第 5 条第 1 款。

第十条 国家监察委员会领导地方各级监察委员会的工作，上级监察委员会领导下级监察委员会的工作。

条文主旨

本条是关于上下级监察机关领导关系的规定。

条文解读

监察机关内部的纵向关系，即国家监察委员会与地方各级监察委员会，上级监察委员会与下级监察委员会之间的关系，是我国《宪法》的重要内容。在我国现行《宪法》规定的国家机构当中，纵向间的关系主要有两种表现形式：一是领导与被领导的关系，如在国务院与地方各级行政机关之间，上级行政机关与下级行政机关之间；以及在最高人民检察院与地方各级人民检察院之间，上级人民检察院与下级人民检察院之间。二是监督与被监督的关系，即在最高人民法院与地方各级人民法院，上级人民法院与下级人民法院之间。根据我国现行《宪法》第 125 条第 2 款的规定，监察机关内部也是领导与被领导的关系，即作为最高监察机关的国家监察委员会领导地方各级监察委员会的工作,上级监察委员会领导下级监察委员会的工作。

1. 上下级监察机关领导关系的缘由

根据现行《宪法》和《监察法》的规定,上下级监察机关间的领导体制是领导与被领导的关系。监察机关缘何采用领导与被领导的领导体制,在很大程度上是由国家监察体制改革的目标所决定的,即改革的根本目的就是加强党对反腐败工作的统一领导。[1] 而惩治腐败工作又必须始终坚持在党中央的统一领导下推进。如此一来,自然要求加强国家监察委员会对地方各级监察委员会的领导,上级监察委员会对下级监察委员会的领导。同时,监察委员会并非司法机关,监察权的运行状态基本上是行政性的而非司法性的,故而在组织体系上更强调上下级监察机关之间的服从性,[2] 也就是领导与被领导的关系。

更为关键的是,在国家监察体制改革后,监察机关监督范围更广,牵涉的利益也更广,地方各级监察委员会在查办案件或办理其他监察事项的过程中,可能会碰到来自某些方面的阻力和地方保护主义的干扰。确立上下级监察机关的领导关系,上级监察委员会除可以督促下级监察委员会严格依法办事、公正履职外,更重要的是当下级监察委员会在履职过程中遇到各种障碍和阻力时,上级监察委员会能及时提供支持和帮助,有效减少或排除干扰,保障反腐败工作的顺利开展。[3] 此外,由于监察机关与党的纪律检查机关合署办公,故而纪律检查机关的领导体制也在很大程度上决定了监察机关的领导体制,纪律检查机关领导体制的改变同样会作用于监察机关的领导体制。

2. 上下级监察机关领导关系的特征

相较于行政机关和检察机关内部的纵向关系而言,虽然监察机关同样

---

[1] 参见钟纪言:《赋予监察委员会宪法地位 健全党和国家监督体系》,载《中国人大》2018年第5期。

[2] 参见马岭:《论监察委员会的宪法条款设计》,载《中国法律评论》2017年第6期。

[3] 参见覃春娥:《如何把握好监察机关上下级领导关系——加强上级监委对下级监委的领导》,载《中国纪检监察》2018年第10期。

为领导与被领导的关系，但是在监察机关内部，此种领导的程度其实要远大于行政机关和检察机关内部。一是因为在人民代表大会制度之下，上述三机关皆是一种双重从属负责的体制，即横向层面需向同级权力机关负责，纵向层面还要向上级机关负责，但监察机关纵向层面的从属性其实要强于横向层面的从属性。二是由于党的纪律检查体制改革要求强化上级纪委对下级纪委的领导，比如腐败案件的查办要以上级纪委的领导为主。因而与纪律检查机关合署办公的监察机关，其领导体制中上下级间的领导关系亦将随之强化。

3. 上下级监察机关领导关系的内容

根据本条的规定，上下级监察机关领导关系的内容主要有两个方面：一是国家监察委员会领导地方各级监察委员会的工作。根据现行《宪法》第125条第1款的规定，国家监察委员会是最高监察机关，负责全国范围内的监察工作，因此有权领导地方各级监察委员会的工作。这在实践中有诸多体现，比如国家监察委员会可以出台监察法规，对地方各级监察委员会的行为作出规范；又如，根据《监察法实施条例》第233条第1款的规定，监察机关立案调查拟适用缺席审判程序的贪污贿赂犯罪案件，应逐级报送国家监察委员会同意。二是上级监察委员会领导下级监察委员会的工作。地方各级监察委员会除了依法履行自身的监督、调查、处置职责，还应对下级监察委员会的工作施以领导。下级监察委员会对上级监察委员会的决定必须执行，认为决定不当的，应当在执行的同时向上级监察委员会反映。上级监察委员会对下级监察委员会作出的错误决定，应当按程序予以纠正，或者要求下级监察委员会予以纠正。

关联法条

《宪法》第125、126条；《中国共产党章程》第45条第1款；《监察法实施条例》第10条；《中国共产党纪律检查委员会工作条例》第5、6条。

> **第十一条** 监察委员会依照本法和有关法律规定履行监督、调查、处置职责：
>
> （一）对公职人员开展廉政教育，对其依法履职、秉公用权、廉洁从政从业以及道德操守情况进行监督检查；
>
> （二）对涉嫌贪污贿赂、滥用职权、玩忽职守、权力寻租、利益输送、徇私舞弊以及浪费国家资财等职务违法和职务犯罪进行调查；
>
> （三）对违法的公职人员依法作出政务处分决定；对履行职责不力、失职失责的领导人员进行问责；对涉嫌职务犯罪的，将调查结果移送人民检察院依法审查、提起公诉；向监察对象所在单位提出监察建议。

条文主旨

本条是关于监察委员会监督、调查、处置职责的规定。

条文解读

现行《宪法》第124条第4款规定，"监察委员会的组织和职权由法律规定"。为此，《监察法》在本条明确了监察委员会享有的诸项职权，分别是监督、调查、处置。于国家机关而言，职权不仅是权力更是责任，故而本条使用的是"职责"一词。事实上，尚在国家监察体制改革之初，监察委员会的职责即被明确为这三方面，全国人大常委会2016年12月通过《全国人民代表大会常务委员会关于在北京市、山西省、浙江省开展国家监察体制改革试点工作的决定》，明确规定试点地区监察委员会"履行监督、调查、处置职责"。与此相关的是，党的纪律检查委员会履行监督、执纪、问责职责，由此形成了合署办公体制下纪律检查机关和国家监察机关职责的对应性。

1. 监察委员会的监督职责

无论是监察委员会还是党的纪律检查委员会，"监督"均是其第一职责和首要职责。这是因为监察委员会并非单纯的办案机关，而需履行整体意义上的反腐倡廉职责。本条第 1 项便是对监督职责之内涵的规定。《监察法实施条例》第 2 章第 2 节对监督职责进行了列举式的规定，概言之有以下 7 个方面。

一是对公职人员政治品行、行使公权力和道德操守情况进行监督检查，督促有关机关、单位加强对所属公职人员的教育、管理、监督。二是坚决维护《宪法》确立的国家指导思想，加强对公职人员特别是领导人员坚持党的领导、坚持中国特色社会主义制度，贯彻落实党和国家路线方针政策、重大决策部署，履行从严管理监督职责，依法行使公权力等情况的监督。三是加强对公职人员理想教育、为人民服务教育、宪法法律法规教育、优秀传统文化教育，弘扬社会主义核心价值观，深入开展警示教育，教育引导公职人员树立正确的权力观、责任观、利益观，保持为民务实清廉本色。四是结合公职人员的职责加强日常监督，通过收集群众反映、座谈走访、查阅资料、召集或者列席会议、听取工作汇报和述责述廉、开展监督检查等方式，促进公职人员依法用权、秉公用权、廉洁用权。五是与公职人员进行谈心谈话，发现政治品行、行使公权力和道德操守方面有苗头性、倾向性问题的，及时进行教育提醒。六是对于发现的系统性、行业性的突出问题，以及群众反映强烈的问题，可以通过专项检查进行深入了解，督促有关机关、单位强化治理，促进公职人员履职尽责。七是以办案促进整改、以监督促进治理，在查清问题、依法处置的同时，剖析问题发生的原因，发现制度建设、权力配置、监督机制等方面存在的问题，向有关机关、单位提出改进工作的意见或者监察建议，促进完善制度，提高治理效能。

2. 监察委员会的调查职责

如果说监督职责聚焦于"治未病"，可以起到防患于未然的作用；那么，调查职责则是在"治已病"，是对公职人员的职务违法和职务犯罪行为进行调查。本条第 2 项便是对调查职责的规定，其列举了若干应接受监察调查的行为，包括涉嫌贪污贿赂、滥用职权、玩忽职守、权力寻租、利益输送、徇私舞弊以及浪费国家资财等。总的来说，监察委员会调查职责指向的对象有两个，分别是公职人员的职务违法行为和公职人员的职务犯罪行为。

一方面，公职人员的职务违法行为是指，公职人员实施的与其职务相关联，虽不构成犯罪但依法应当承担法律责任的违法行为。包括利用职权实施的违法行为，利用职务上的影响实施的违法行为，履行职责不力、失职失责的违法行为，以及其他违反与公职人员职务相关的特定义务的违法行为。另一方面，由监察委员会负责调查的公职人员职务犯罪行为，《监察法实施条例》在第2章第3节，共用了6个条文进行了明确列举，主要是调查涉嫌贪污贿赂犯罪、滥用职权犯罪、玩忽职守犯罪、徇私舞弊犯罪，以及公职人员在行使公权力过程中涉及的重大责任事故犯罪和其他犯罪。

3. 监察委员会的处置职责

监察委员会的履职行为并不能止步于监督和调查，还须根据监督和调查结果作出相应的处置决定。于是，本条在第3项规定了监察委员会的处置职责，这也是监察权行使的最后一个环节。具体来说，监察监督调查所得到的结果不同，处置职责的运用方式也相应有所差异。

第一，对违法的公职人员依法作出政务处分决定。对于存在违法行为的公职人员，监察委员会可以依法进行政务处分。需要注意的是，虽然监察委员会调查的对象是职务违法，但作出政务处分决定的情形并不只限于职务违法。换言之，公职人员有其他违法行为，监察委员会亦可依法进行政务处分，比如公职人员饮酒后驾驶机动车的行为。考虑到《监察法》对政务处分的规定相对简约，为使监察委员会作出政务处分决定的行为有章可循，中央纪委国家监委2018年4月联合印发《公职人员政务处分暂行规定》。待到2020年6月，全国人大常委会根据《监察法》制定了《公职人员政务处分法》，对政务处分的种类、适用、程序等作出了更加详细的规定。

第二，对履行职责不力、失职失责的领导人员进行问责。监察委员会在追究违法的公职人员直接责任的同时，依法对履行职责不力、失职失责，造成严重后果或者恶劣影响的领导人员予以问责。监察委员会应当组成调查组依法开展问责调查。调查结束后经集体讨论形成调查报告，需要进行问责的按照管理权限作出问责决定，或者向有权作出问责决定的机关、单位书面提出问责建议。

第三，对涉嫌职务犯罪的，将调查结果移送人民检察院依法审查、提起公诉。如果公职人员的行为涉嫌职务犯罪，那便应由监察委员会将调查结果移送人民检察院审查起诉，继而由人民法院进行裁判。这是因为《刑事诉讼法》第 12 条规定，"未经人民法院依法判决，对任何人都不得确定有罪"。正因如此，监察程序与刑事司法程序的衔接显得尤为必要，为此，全国人大常委会 2018 年 10 月修改《刑事诉讼法》增加了许多相关规定。

第四，向监察对象所在单位提出监察建议。监察委员会根据监督、调查结果，发现监察对象所在单位在廉政建设、权力制约、监督管理、制度执行以及履行职责等方面存在问题需要整改纠正的，应当依法提出监察建议。同时，监察委员会应当跟踪了解监察建议的采纳情况，指导、督促有关单位限期整改，推动监察建议落实到位。

实务难点指引

本条第 2 项列举了由监察委员会负责调查的 7 类公职人员职务违法和职务犯罪行为，分别是涉嫌贪污贿赂、滥用职权、玩忽职守、权力寻租、利益输送、徇私舞弊以及浪费国家资财。其中，有些与《刑法》规定的罪名具有对应关系，比如贪污贿赂、滥用职权、玩忽职守、徇私舞弊等，还有不少并不完全对应，比如权力寻租、利益输送、浪费国家资财等。于是，监察委员会究竟可调查哪些职务违法和职务犯罪行为，便有待进一步厘清。为此，中央纪委国家监委曾于 2018 年 4 月联合印发《国家监察委员会管辖规定（试行）》，尝试对监察委员会管辖的职务犯罪行为进行列举。此后，《监察法实施条例》以监察法规的形式，在第 26—31 条明确了监察委员会的职务犯罪案件管辖范围。

实践样本

监督是监察委员会的第一职责，"开展廉政教育"是履行监督职责的重要方面。2024 年 11 月 15 日，吉林省纪委监委联合省妇联开展 2024 年度"廉洁吉林·清风传家"全省新提拔省管干部家属廉政教育活动。本次活动按照省管干部工作单位，分省直部门、各地区、省属高校、省属国有企业 4 场举行，共 120 人参加。活动中，吉林省纪委监委注重以榜样力量进行正面引导，组织干部家属参观"赓续红色血脉　传承优良家风"主题家风展览，学习革命先辈优良家风，聆听杨靖宇将军第三代后人马继志讲述红色家风故事，使大家从中感悟至死不渝的革命信仰和家国情怀。活动期间，吉林省纪委监委还召开座谈会，剖析一些党员干部因违纪违法导致家庭破碎的教训启示，引导在场家属树牢家庭助廉意识。干部家属表示，将做好清廉家风的守护者，共同构筑起家庭廉洁港湾。①

关联法条

《中国共产党章程》第 46 条第 1、2 款；《公职人员政务处分法》第 2—6 条；《监察法实施条例》第 14—36 条；《中国共产党纪律检查委员会工作条例》第 31—34 条；《中国共产党纪律处分条例》第 7、31、35 条；《中国共产党问责条例》第 7 条；《中国共产党组织处理规定（试行）》第 8 条。

　　第十二条　各级监察委员会可以向本级中国共产党机关、国家机关、中国人民政治协商会议委员会机关、法律法规授权或者委托管理公共事务的组织和单位以及辖区内特定区域、国有企业、事业单位等派驻或者派出监察机构、监察专员。

　　经国家监察委员会批准，国家监察委员会派驻本级实行垂直管理或者双重领导并以上级单位领导为主的单位、国有企业的监察机构、监察专员，可以向驻在单位的下一级单位再派出。

　　经国家监察委员会批准，国家监察委员会派驻监察机构、监察专员，可以向驻在单位管理领导班子的普通高等学校再派出；国家

---

① 参见李金航：《涵养良好家风　共筑清廉防线》，载《中国纪检监察报》2024 年 11 月 27 日，第 2 版。

> 监察委员会派驻国务院国有资产监督管理机构的监察机构，可以向驻在单位管理领导班子的国有企业再派出。
> 　　监察机构、监察专员对派驻或者派出它的监察委员会或者监察机构、监察专员负责。

◆条文主旨

本条是关于监察派驻派出制度的规定。

◆条文解读

国家监察全覆盖意味着要对所有行使公权力的公职人员进行监察，因此，监察权的触角客观上要延伸至公权力运用的所有领域。根据《宪法》和《监察法》的相关规定，全国范围内共设立国家、省、市、县四级监察委员会，其他单位、地区和领域的监察全覆盖，则有赖于监察委员会的派驻或者派出。在这个意义上来说，监察派驻派出可谓是实现监察全覆盖的重要制度性安排。《监察法》第12条对监察派驻派出仅有相对原则的规定，为此，《监察法实施条例》第12条和第13条作出了相对细致的规定。为了加强和规范纪检监察机关派驻机构工作，中共中央政治局常委会会议2022年6月审议批准了《纪检监察机关派驻机构工作规则》，对纪检监察派驻派出进行了更加具体的制度设计。

1. 监察派驻派出的范围及组织形式

本条第1款规定了监察委员会派驻或者派出的范围，即向哪些区域或者单位进行派驻派出。主要包括本级中国共产党机关、国家机关、中国人民政治协商会议委员会机关、法律法规授权或者委托管理公共事务的组织和单位以及所管辖的行政区域、国有企业、事业单位等。其中，向行政区域派出主要是指省级和设区的市级监察委员会依法向地区、盟、开发区等不设置人民代表大会的区域派出监察机构或者监察专员。县级监察委员会和直辖市所辖区（县）监察委员会可以向街道、乡镇等区域派出监察机构或者监察专员。还需要注意的是，相较于2018年3月制定的《监察法》，

2024年修正后的《监察法》增加了2类派驻派出范围，分别是"中国人民政治协商会议委员会机关"和"事业单位"。比如在全国政协机关，便设有中央纪委国家监委驻全国政协机关纪检监察组。

根据《纪检监察机关派驻机构工作规则》第6条第3款的规定，对系统规模大、直属单位多、监督对象多的单位，可以单独派驻纪检监察组；对业务关联度高，或者需要统筹力量实施监督的相关单位，可以综合派驻纪检监察组。此外，监察委员会是设置派驻、派出监察机构还是监察专员，应遵循实际需要，根据监察对象的多少、任务轻重等来具体确定。①再者，各级监察委员会与本级党的纪律检查委员会合署办公，相应地，监察委员会派驻或者派出的监察机构、监察专员，与本级纪委派驻或者派出的纪检组合署办公。

2. 监察再派出的范围及组织形式

监察派驻制度的内容十分丰富，《监察法》只是比较原则地规定监察委员会往哪里派、怎么派，给监察派驻制度留下了较大的制度空间，对派驻或者派出范围、组织形式等的具体设置，留待日后逐步细化、完善。②本条第2、3款规定的监察再派出，便是2024年修改《监察法》时新增的，目的是固化和确认实践中的有益经验。需要注意的是，监察再派出均须经国家监察委员会批准。

在《监察法》修改之前，对于垂管系统而言，国家监察委员会只能向其中央一级单位派驻监察机构。实践中，垂管系统公职人员队伍规模大，单位层级多，国家监察委员会派驻机构的监察监督难以有效覆盖全系统。2024年修改《监察法》新增监察"再派出"制度，规定经国家监察委员会批准，国家监察委员会派驻垂管系统中央一级单位的监察机构可以向其驻在单位的下一级单位再派出，有利于实现监察权向下延伸，破解垂管系统监察监督的瓶颈问题，增强监察监督全覆盖的有效性。再者，中管企业

---

① 参见中共中央纪律检查委员会中华人民共和国国家监察委员会法规室编写：《〈中华人民共和国监察法〉释义》，中国方正出版社2018年版，第80页。

② 参见中共中央纪律检查委员会中华人民共和国国家监察委员会法规室编写：《〈中华人民共和国监察法〉学习问答》，中国方正出版社2018年版，第36页。

虽不属于机构编制意义上的垂管单位，但在监察权运用的全覆盖方面存在与垂管单位相同的问题。对于教育部等中央单位所属的高校和国资委下属的委管企业，因不属于国家监委的"本级"，也无法被授予监察权。相关企业、高校的监察对象人数多、地域分散，国家监察委员会驻中管企业、国务院国资委、教育部等中央一级单位的派驻机构也难以实现有效监督。因此，2024年修改《监察法》，将这些领域与垂管系统一并考虑，纳入监察再派出的范畴。①

一方面，国家监察委员会派驻本级实行垂直管理或者双重领导并以上级单位领导为主的单位、国有企业的监察机构、监察专员，可以向驻在单位的下一级单位再派出。这是因为垂直管理或者双重领导并以上级单位领导为主的单位、国有企业，在实践中设置有大量的下一级单位，比如中国人民银行在各地的分支机构。此时，因这些下一级的单位或是垂直管理，或是以上级单位领导为主，所以难以由该下一级单位所在的地方监察委员会进行派驻，而应采用"监察再派出"的方式。

另一方面，国家监察委员会派驻监察机构、监察专员，可以向驻在单位管理领导班子的普通高等学校再派出；国家监察委员会派驻国务院国有资产监督管理机构的监察机构，可以向驻在单位管理领导班子的国有企业再派出。在高校派驻制度的运用实践中，中管高校由国家监察委员会进行派驻，地方高校则由所在地的监察委员会进行派驻，除此之外的其他部属高校同样只能采用"监察再派出"的方式。例如，湖南大学、东北大学、中国海洋大学是教育部直属高校，但并不属于中管高校的序列。为此，今后若经国家监察委员会批准，便可由国家监委驻教育部监察组进行再派出。

3. 监察派驻派出的领导体制

本条第4款规定的是监察派驻派出的领导体制。监察机构、监察专员对派驻或者派出它的监察委员会或者监察机构、监察专员负责，不受驻在

---

① 参见瞿芃：《推进新时代监察工作高质量发展——有关负责人就监察法修改答记者问》，载《中国纪检监察报》2024年12月26日，第2版。

单位的领导，在开展工作时具有比较独立的地位。根据《纪检监察机关派驻机构工作规则》的规定，派驻机构是派出机关的组成部分，与驻在单位是监督和被监督的关系。派驻机构由派出机关直接领导、统一管理，向派出机关负责，受派出机关监督。同时，驻在单位应当支持配合派驻机构工作，主动及时通报重要情况、重要问题，根据派驻机构工作需要提供有关材料，为派驻机构开展工作创造条件、提供保障。

实务难点指引

《纪检监察机关派驻机构工作规则》第 20 条对机关纪检监察工委与派驻机构的关系作出了简略规定，即"各级纪律检查委员会监察委员会派出的机关纪检监察工作委员会，按照规定审理有关派驻机构审查调查的案件，定期向派出机关报告案件审理工作情况。在派出机关领导下，建立健全案件质量评查机制，向派驻机构反馈评查结果"。并要求"机关纪检监察工作委员会应当加强与派驻机构的沟通协调，对本级党和国家机关部门机关纪委的执纪审查工作进行协同指导"。在纪检监察实践中，把握机关纪检监察工委与派驻机构的关系，需要注意以下 3 个方面的差异。

一是领导体制不同。派驻机构受派出机关直接领导，与驻在单位是监督与被监督关系。纪检监察工委在派出它的纪委监委和机关工委双重领导下进行工作。因此，二者执纪执法工作程序手续也有所不同。比如，派驻机构采取谈话、询问等措施，应按权限和程序报派出它的纪委监委审批，不需报驻在单位党组（党委）批准。纪检监察工委虽可监督机关工委，但因同时受其领导，拟对机关工委管理的党员干部使用审查调查措施的，仍需按审批权限规定同时报机关工委负责人审批。二是审理和处置职权不同。派驻机构对其查办的案件有内部审理权；根据《纪检监察机关派驻机构工作规则》第 20 条的规定，对于派驻机构审查调查的案件，纪检监察工委有权按规定审理。此外，纪检监察工委不仅可以对相关党员干部审查调查，还可对其作出党纪处分决定。派驻机构未被赋予党纪处分权，其提出党纪处理建议，由相关党组（党委）作出党纪处分决定。三是与机关纪委关系不同。派驻机构与驻在单位机关纪委是业务指导和监督检查关系。

机关纪委在纪检监察工委领导下进行工作，如省直纪检监察工委领导省直单位机关纪委工作。①

经党中央同意，中共中央办公厅印发《关于深化中央纪委国家监委派驻机构改革的意见》。该意见强调，中央纪委国家监委派驻机构是中央纪委国家监委的重要组成部分，由中央纪委国家监委直接领导、统一管理。要建立中央纪委常委会统一领导、中央纪委国家监委统一管理，中央纪委副书记（常委）、国家监委副主任（委员）分管，相关职能部门分工负责、协调配合的派驻工作领导体制，加强对派驻机构的指导、管理、服务和保障。该意见明确，赋予派驻机构监察权，派驻机构既要依照党章和其他党内法规履行监督执纪问责职责，又要依照宪法和监察法履行监督调查处置职责，对行使公权力的公职人员实行监察全覆盖。②

关联法条

《中国共产党章程》第45条第4款；《监察官法》第3条；《监察法实施条例》第12条；《中国共产党纪律检查委员会工作条例》第42—45条；《纪检监察机关派驻机构工作规则》第3—12条。

第十三条 派驻或者派出的监察机构、监察专员根据授权，按照管理权限依法对公职人员进行监督，提出监察建议，依法对公职人员进行调查、处置。

条文主旨

本条是关于派驻或者派出监察机构、监察专员职责的规定。

---

① 参见许展、徐磊：《如何根据〈规则〉理解和把握派驻机构与机关纪检监察工委的关系 明确职责定位规范有效衔接》，载《中国纪检监察》2022年第24期。
② 参见姜洁：《将派驻机构"探头"越擦越亮——解读〈关于深化中央纪委国家监委派驻机构改革的意见〉》，载《人民日报》2018年11月2日，第6版。

条文解读

各级监察委员会的监察权来自《宪法》和法律。在各级监察委员会由本级人大产生后，其便可根据《宪法》和法律的规定行使监察权。与此不同的是，对于派驻或者派出的监察机构、监察专员，其监察职权来自派驻或者派出它的监察委员会或者监察机构、监察专员。可以说，"监察机构、监察专员之所以有权对驻在部门的公职人员进行监督，实际上是在行使职务代理行为"。[①] 正因如此，授权不同，派驻或者派出监察机构、监察专员所能行使的职权也有所差异。在实践中，国家监察委员会派驻或者派出监察机构、监察专员有着完整的授权，包括对职务犯罪的调查权；省级以下监察委员会派驻或者派出监察机构、监察专员，则只是部分授权，通常没有授予其职务犯罪调查权。监察权包括监督、调查、处置职责，本条对派驻或者派出监察机构、监察专员以下3个方面的职责作出了规定。

1. 监察机构、监察专员根据授权依法履行监督职责，提出监察建议

派驻或者派出的监察机构、监察专员根据派出机关授权，按照管理权限依法对派驻或者派出监督单位、区域等的公职人员开展监督。监督是监察机关的首要职责，监察机构、监察专员同样应当把监督作为基本职责、首要职责，结合驻在单位的实际情况，重点监督检查以下情况：一是对党忠诚，践行党的性质宗旨情况；二是贯彻党的理论和路线方针政策、落实党中央决策部署、践行"两个维护"情况；三是落实全面从严治党主体责任、加强党风廉政建设和反腐败工作情况；四是贯彻执行民主集中制、依规依法履职用权、廉洁自律等情况。此外，监察机构、监察专员有权根据监督结果，对驻在单位廉政建设和履行职责存在的问题等提出监察建议。

在监督对象层面，监察机构、监察专员应当重点监督以下对象：一是驻在单位领导班子及其成员特别是主要负责人，二是驻在单位上级党委管理的其他人员，三是驻在单位党组（党委）管理的领导班子及其成员，四

[①] 马怀德主编：《中华人民共和国监察法理解与适用》，中国法制出版社2018年版，第50页。

是其他列入重点监督对象的驻在单位人员。比如，国家监察委员会派驻的监察机构、监察专员，其监督的重点对象是驻在机关和部门领导班子、中管干部和司局级干部等。

2. 监察机构、监察专员根据授权依法履行调查职责

监察机关负责调查职务违法和职务犯罪行为，监察机构、监察专员则是根据派出机关授权，依法调查驻在单位监察对象涉嫌职务违法、职务犯罪案件。此外，监察机构、监察专员在履行调查职责时，可以采用"组地合作"等模式，这也为《监察法实施条例》第13条第1款所确认。概言之，监察机构、监察专员可以按规定与地方监察委员会联合调查严重职务违法、职务犯罪，或者移交地方监察委员会调查。若从《监察法实施条例》的立法原意上来看，"组地合作"办理的案件通常限于严重职务违法、职务犯罪案件，而不包括一般的职务违法案件。对于监察对象涉嫌一般职务违法的，监察机构、监察专员应当充分履行法定职责，自行开展相关调查工作。①

鉴于职务犯罪调查措施往往比较严厉，因此有些监察机构、监察专员并没有被授予职务犯罪调查权，特别是市、县级监察委员会派驻或者派出的监察机构、监察专员。于是，未被授予职务犯罪调查权的监察机构、监察专员发现监察对象涉嫌职务犯罪线索的，应当及时向派出机关报告，避免相关线索被搁置或者延误。派出机关在接到报告后，或是由派出机关自行开展调查工作，或者依法移交有关地方监察委员会调查。

3. 监察机构、监察专员根据授权依法履行处置职责

根据《监察法》第11条第3项的规定，监察处置职责包括对违法的公职人员依法作出政务处分决定；对履行职责不力、失职失责的领导人员进行问责；对涉嫌职务犯罪的，将调查结果移送人民检察院依法审查、提起公诉；向监察对象所在单位提出监察建议。监察机构、监察专员可以履行哪些处置职责，同样应根据授权范围和管理权限来确定。对于存在违法

---

① 参见中共中央纪律检查委员会中华人民共和国国家监察委员会法规室编写：《〈中华人民共和国监察法实施条例〉释义》，中国方正出版社2022年版，第23-24页。

行为的监察对象，监察机构、监察专员可根据授权作出政务处分决定。根据《党组讨论和决定党员处分事项工作程序规定（试行）》第 10 条第 2 款的规定，"派驻纪检监察组给予驻在部门党组管理的干部政务处分，参照本规定办理，并以派驻纪检监察组名义作出政务处分决定，或者交由其任免机关、单位给予处分"。对于涉嫌职务犯罪的监察对象，监察机构、监察专员经集体审议，认为犯罪事实清楚、证据确实、充分，需要追究刑事责任的，依法依规移送人民检察院审查起诉。

实践样本

二十届中央纪委三次全会对突出规范化、法治化、正规化深化纪检监察体制改革和制度建设作出部署，强调要指导各省区市纪委监委开展向省属高校和国有企业派驻纪检监察组试点。为此，山东省纪委监委选取山东师范大学、山东理工大学、聊城大学、齐鲁工业大学、山东第一医科大学等 5 家省属高校作为向省属高校派驻纪检监察组改革的试点单位，撤销试点单位派驻监察专员办公室，设立派驻纪检监察组，与纪委合署办公。省纪委监委制定向省属本科高校和省管企业派驻纪检监察组改革试点的实施方案，明确以派驻身份履行和以纪委身份履行的具体职责及相应权限。同时制定履职事项指引，规定试点单位纪检监察机构关于监督首责、问题线索受理和处置、立案程序、审查调查措施等具体工作流程。[①]

关联法条

《监察官法》第 3 条第 1 款第 3 项；《监察法实施条例》第 13 条、第 212 条第 3 款、第 235 条第 3 款；《中国共产党纪律检查委员会工作条例》第 44、45 条；《纪检监察机关派驻机构工作规则》第 22—31 条。

---

① 参见陈昊：《擦亮探头强化从严治校》，载《中国纪检监察报》2024 年 6 月 27 日，第 2 版。

> **第十四条** 国家实行监察官制度，依法确定监察官的等级设置、任免、考评和晋升等制度。

条文主旨

本条是关于监察官制度的规定。

条文解读

监察权的依法有效行使，离不开一支忠诚、干净、担当的纪检监察队伍。习近平总书记强调，"纪检监察队伍必须以更高的标准、更严的纪律要求自己，锤炼过硬的思想作风、能力素质"。[1] 为此，在国家监察体制改革和国家监察立法的过程当中，如何构建具有中国特色的监察官制度，可谓是改革和立法的重要内容。在北京市、山西省、浙江省开展国家监察体制改革试点工作期间，便对改革涉及的机构编制、干部配备、经费保障等问题进行了深入研究。[2] 全国人大 2018 年 3 月制定的《监察法》，同样在第 14 条明确国家实行监察官制度，要求依法确定监察官的等级设置、任免、考评和晋升等制度。为了实施《监察法》的上述规定，全国人大常委会 2021 年 8 月通过了《监察官法》，对监察官的职责、义务和权利，监察官的条件和选用，监察官的任免和管理，监察官的考核、奖励、监督和惩戒，以及监察官的职业保障等事项，作出了较为详细的规定。

1. 国家实行监察官制度

《监察法》是一部对国家监察工作起统领和基础作用的法律。这意味着在《监察法》之外，还应进行《公职人员政务处分法》和《监察官法》等配套立法，才能使国家监察工作更好地在法治轨道上进行。尚在国家监

---

[1] 习近平：《习近平谈治国理政》（第 4 卷），外文出版社 2022 年版，第 553 页。
[2] 参见师长青：《迈开步子、趟出路子——国家监察体制改革试点工作进展顺利》，载《中国纪检监察》2017 年第 13 期。

察体制改革试点工作期间，便有观点认为需要建立监察官制度。① 正是缘于此，全国人大在制定《监察法》时写入这一条，为建立中国特色监察官制度提供基本法律依据。与此同时，受制于国家监察领域基本法律的地位，加之监察官制度的具体内容在《监察法》制定时还不明确，于是，《监察法》仅对此做了相对原则性的规定，即要求"国家实行监察官制度"。在此背景下，制定《监察官法》很快就被列入"十三届全国人大常委会立法规划"。待到2021年8月20日，十三届全国人大常委会第三十次会议表决通过了《监察官法》，可谓是完成了"国家实行监察官制度"的立法目标。

2. 监察官制度的主要内容

结合《监察官法》的规定和监察官制度的运行实践，具有中国特色的监察官制度主要包括以下7个方面内容。

第一，监察官的范围。监察官包括下列人员：各级监察委员会的主任、副主任、委员，各级监察委员会机关中的监察人员，派驻或者派出监察机构中的监察人员、监察专员，以及其他依法行使监察权的监察机构中的监察人员。需要注意的是，《监察官法》第3条第2款规定，"对各级监察委员会派驻到国有企业的监察机构工作人员、监察专员，以及国有企业中其他依法行使监察权的监察机构工作人员的监督管理，参照执行本法有关规定"。此处之所以是"参照"，原因在于《监察官法》第22条第1款规定监察官不得兼任企业的职务，而在实践中，国有企业纪检监察组组长作为监察委员会派驻到国有企业的监察人员，通常担任国有企业的党组成员，党组权责还是写进公司章程的，党组成员、纪检组长就当然属于企业成员了。为了避免《监察官法》上述条文之间的潜在冲突，方才使用"参照"一词。

第二，监察官的职责、义务和权利。监察官的职责包括：对公职人员开展廉政教育，对公职人员依法履职、秉公用权、廉洁从政从业以及道德

---

① 参见薛彤彤、牛朝辉：《建立专业化导向的国家监察官制度》，载《河南社会科学》2017年第6期。

操守情况进行监督检查，对法律规定由监察机关管辖的职务违法和职务犯罪进行调查，根据监督、调查的结果对办理的监察事项提出处置意见，开展反腐败国际合作方面的工作，以及法律规定的其他职责。监察官的义务有：自觉坚持中国共产党领导，严格执行中国共产党和国家的路线方针政策、重大决策部署；模范遵守宪法和法律；维护国家和人民利益，秉公执法，勇于担当、敢于监督，坚决同腐败现象作斗争；依法保障监察对象及有关人员的合法权益；忠于职守，勤勉尽责，努力提高工作质量和效率；保守国家秘密和监察工作秘密，对履行职责中知悉的商业秘密和个人隐私、个人信息予以保密；严守纪律，恪守职业道德，模范遵守社会公德、家庭美德；自觉接受监督；以及法律规定的其他义务。监察官的权利主要是履行监察官职责应当具有的职权和工作条件，履行监察官职责应当享有的职业保障和福利待遇，人身、财产和住所安全受法律保护，提出申诉或者控告，以及《公务员法》等法律规定的其他权利。

第三，担任监察官应当具备的条件。一方面是必须具备的条件，即具有中华人民共和国国籍；忠于宪法，坚持中国共产党领导和社会主义制度；具有良好的政治素质、道德品行和廉洁作风；熟悉法律、法规、政策，具有履行监督、调查、处置等职责的专业知识和能力；具有正常履行职责的身体条件和心理素质；具备高等学校本科及以上学历；以及法律规定的其他条件。另一方面则是不能存在的情形，主要是因犯罪受过刑事处罚，以及因犯罪情节轻微被人民检察院依法作出不起诉决定或者被人民法院依法免予刑事处罚的；被撤销中国共产党党内职务、留党察看、开除党籍的；被撤职或者开除公职的；被依法列为失信联合惩戒对象的；配偶已移居国（境）外，或者没有配偶但是子女均已移居国（境）外的；以及法律规定的其他情形。

第四，监察官的任免。国家监察委员会主任由全国人民代表大会选举和罢免，副主任、委员由国家监察委员会主任提请全国人民代表大会常务委员会任免。地方各级监察委员会主任由本级人民代表大会选举和罢免，副主任、委员由监察委员会主任提请本级人民代表大会常务委员会任免。新疆生产建设兵团各级监察委员会主任、副主任、委员，由新疆维吾尔自治区监察委员会主任提请自治区人民代表大会常务委员会任免。其他监察官的任免,按照管理权限和规定的程序办理。

第五,监察官的等级设置。监察官等级分为十三级,依次为总监察官、一级副总监察官、二级副总监察官,一级高级监察官、二级高级监察官、三级高级监察官、四级高级监察官、一级监察官、二级监察官、三级监察官、四级监察官、五级监察官、六级监察官。其中,国家监察委员会主任为总监察官。监察官等级的确定,以监察官担任的职务职级、德才表现、业务水平、工作实绩和工作年限等为依据。监察官等级晋升采取按期晋升和择优选升相结合的方式,特别优秀或者作出特别贡献的,可以提前选升。

第六,监察官的考核。对监察官的考核,应当全面、客观、公正,实行平时考核、专项考核和年度考核相结合。监察官的考核应当按照管理权限,全面考核监察官的德、能、勤、绩、廉,重点考核政治素质、工作实绩和廉洁自律情况。年度考核结果分为优秀、称职、基本称职和不称职等4个等次。考核结果作为调整监察官等级、工资以及监察官奖惩、免职、降职、辞退的依据。年度考核结果以书面形式通知监察官本人。监察官对考核结果如果有异议,可以申请复核。

第七,监察官的奖励和惩戒。对在监察工作中有显著成绩和贡献,或者有其他突出事迹的监察官、监察官集体,给予奖励。《监察官法》第41条列举了应当给予监察官奖励的情形,包括履行监督职责,成效显著的;在调查、处置职务违法和职务犯罪工作中,做出显著成绩和贡献的;提出有价值的监察建议,对防止和消除重大风险隐患效果显著的;研究监察理论、总结监察实践经验成果突出,对监察工作有指导作用的;以及有其他功绩的。与此同时,《监察官法》第52条还明确了监察官惩戒的若干情形,主要有:贪污贿赂的;不履行或者不正确履行监督职责,应当发现的问题没有发现,或者发现问题不报告、不处置,造成恶劣影响的;未经批准、授权处置问题线索,发现重大案情隐瞒不报,或者私自留存、处理涉案材料的;利用职权或者职务上的影响干预调查工作、以案谋私的;窃取、泄露调查工作信息,或者泄露举报事项、举报受理情况以及举报人信息的；隐瞒、伪造、变造、故意损毁证据、案件材料的；对被调查人或者涉案人员逼供、诱供，或者侮辱、打骂、虐待、体罚、变相体罚的；违反规定采取调查措施或者处置涉案财物的；违反规定发生办案安全事故，或者发生安全事故后隐瞒不报、报告失实、处置不当的；以及其他职务违法犯罪行为。

实践样本

在党中央统一领导下，中央纪委国家监委牵头抓总，自上而下、逐级开展。各地党委、纪委监委坚决扛起政治责任，严格按照《监察官法》《监察官等级管理办法（试行）》等有关规定，稳妥有序推进监察官等级首次确定工作。截至2023年11月中旬，全国31个省（区、市）和新疆生产建设兵团市县一级监察官等级首次确定工作全面完成。这标志着自2022年起推进的全国监察官等级首次确定工作圆满收官。①

关联法条

《公务员法》第3条；《监察官法》第3、12—19、25、36、37条；《中国共产党纪律检查委员会工作条例》第46—48条。

---

① 参见曹溢：《监察官等级首次确定工作全面完成》，载《中国纪检监察报》2023年11月30日，第1版。

第三章 监察范围和管辖

> 第十五条 监察机关对下列公职人员和有关人员进行监察：
> （一）中国共产党机关、人民代表大会及其常务委员会机关、人民政府、监察委员会、人民法院、人民检察院、中国人民政治协商会议各级委员会机关、民主党派机关和工商业联合会机关的公务员，以及参照《中华人民共和国公务员法》管理的人员；
> （二）法律、法规授权或者受国家机关依法委托管理公共事务的组织中从事公务的人员；
> （三）国有企业管理人员；
> （四）公办的教育、科研、文化、医疗卫生、体育等单位中从事管理的人员；
> （五）基层群众性自治组织中从事管理的人员；
> （六）其他依法履行公职的人员。

条文主旨

本条是关于监察对象范围的规定。

条文解读

国家监察体制改革解决了行政监察之监察对象过窄的问题，实现了对所有行使公权力的公职人员监察全面覆盖。《监察法》第1条在阐明立法目的时即规定，"加强对所有行使公权力的公职人员的监督"。不过，此般规定只是对监察对象之内涵的界定，即"所有行使公权力的公职人员"。究竟哪些人员属于此处的"所有行使公权力的公职人员"，还有赖于具体列举。正因如此，本条用6项列举了6类主要的监察对象。

1. 公务员及参公管理人员

根据本条第1项的规定，中国共产党机关、人民代表大会及其常务委员会机关、人民政府、监察委员会、人民法院、人民检察院、中国人民政治协商会议各级委员会机关、民主党派机关和工商业联合会机关的公务员，以及参照《公务员法》管理的人员，应纳入监察对象的范围。

对于公务员的范围，应依据《公务员法》来确定。根据《公务员法》第2条第1款的规定，公务员是指"依法履行公职、纳入国家行政编制、由国家财政负担工资福利的工作人员"。该规定明确了列入公务员范围的工作人员必须同时符合的条件，分别是"依法履行公职""纳入国家行政编制""由国家财政负担工资福利"。中共中央组织部2019年12月23日制定了《公务员范围规定》，以党内法规的形式对公务员的范围进行了具体列举。公务员身份的确定，有着一套严格的法定程序。只有经过有关机关审核、审批及备案等程序，登记、录用或者调任为公务员后，方可确定为公务员身份。

对于参照《公务员法》管理的人员，是指有关单位中经批准参照《公务员法》进行管理的工作人员。中共中央组织部2019年12月23日制定了《参照〈中华人民共和国公务员法〉管理的单位审批办法》。根据该办法第3条的规定，事业单位列入参照《公务员法》管理的范围，应当同时具备两个条件，分别是具有法律、法规授权的公共事务管理职能，以及使用事业编制并由国家财政负担工资福利。

2. 法律、法规授权或者受国家机关依法委托管理公共事务的组织中从事公务的人员

根据《监察法实施条例》第39条的规定，法律、法规授权或者受国家机关依法委托管理公共事务的组织中从事公务的人员，是指在上述组织中，除参照《公务员法》管理的人员外，对公共事务履行组织、领导、管理、监督等职责的人员，包括具有公共事务管理职能的行业协会等组织中

从事公务的人员，以及法定检验检测、检疫等机构中从事公务的人员。此类人员实际上也是在行使公权力，为了实现国家监察的全面覆盖，故有必要将其纳入监察对象的范围。

3. 国有企业管理人员

根据《企业国有资产法》的规定，国家出资企业是指国家出资的国有独资企业、国有独资公司，以及国有资本控股公司、国有资本参股公司。作为监察对象的国有企业管理人员主要包括3类：一是在国有独资、全资公司、企业中履行组织、领导、管理、监督等职责的人员。二是经党组织或者国家机关，国有独资、全资公司、企业，事业单位提名、推荐、任命、批准等，在国有控股、参股公司及其分支机构中履行组织、领导、管理、监督等职责的人员。三是经国家出资企业中负有管理、监督国有资产职责的组织批准或者研究决定，代表其在国有控股、参股公司及其分支机构中从事组织、领导、管理、监督等工作的人员。

4. 公办的教育、科研、文化、医疗卫生、体育等单位中从事管理的人员

国家为了社会公益目的，由国家机关举办或者其他组织利用国有资产举办的教育、科研、文化、医疗卫生、体育等事业单位中，从事组织、领导、管理、监督等工作的人员，同样应当纳入监察对象的范围。这类人员的识别需要抓住以下几个关键点。第一，教科文卫体等事业单位系"公办"，即由国家机关或国有企业、事业单位、集体经济组织等其他组织创办。实践中，对一些私人创办的教科文卫体等单位，政府通常会给予资助和扶持，但这不能改变这些单位非公办的性质。第二，公办的目的是保障社会公共利益，而并非出于营利等私益。第三，在公办的教科文卫体等单位中，不仅从事管理活动的人员是本条所规定的监察对象，从事组织、领导、监督等工作的人员亦属于本条所规定的监察对象的范围。临时参加与职权相联系的管理事务的人员也属于本条所规定的人员，如依法组建的评标委员会、竞争性谈判采购中的谈判小组、询价采购中询价小组的组成人员等。此外，公办的教科文卫体等单位中通常存在大批从事专业技术的人员，如教练、教师等。除非这些人员从事组织、领导、管理、监督等工

作，负有行使公权力的职权，否则他们并不属于本条所规定的监察对象。

5. 基层群众性自治组织中从事管理的人员

基层群众自治制度是我国的一项基本政治制度。根据《村民委员会组织法》和《城市居民委员会组织法》的规定，基层群众性自治组织是指村民委员会和居民委员会。基层群众性自治组织虽然不是一级政府，但其具备的基层性、群众性、自治性等独特属性使其在基层群众工作中发挥着不可或缺的作用，对基层政府工作在实践中的贯彻落实起到了重要的支持与配合作用。基层群众性自治组织中从事管理的人员行使公权力的行为是国家公权力行使的末端环节，事实上，根据《全国人民代表大会常务委员会关于〈中华人民共和国刑法〉第九十三条第二款的解释》的规定，村民委员会等村基层组织人员协助人民政府从事相关行政管理工作，属于《刑法》第 93 条第 2 款规定的"其他依照法律从事公务的人员"。

于此层面而言，必须将基层群众性自治组织中从事管理的人员纳入监察对象的范围之内。具体包括 3 类人员：一是从事集体事务和公益事业管理的人员；二是从事集体资金、资产、资源管理的人员；三是协助人民政府从事行政管理工作的人员，包括从事救灾、防疫、抢险、防汛、优抚、帮扶、移民、救济款物的管理，社会捐助公益事业款物的管理，国有土地的经营和管理，土地征收、征用补偿费用的管理，代征、代缴税款，有关计划生育、户籍、征兵工作，以及协助人民政府等国家机关在基层群众性自治组织中从事的其他管理工作。

6. 其他依法履行公职的人员

前述 5 类人员是明确列举的监察对象，为了避免列举不全和挂一漏万，本条第 6 项设置了"兜底条款"，即"其他依法履行公职的人员"同样属于监察对象的范围。但需要注意的是，不能对该"兜底条款"进行无限制地扩大理解，判断哪些人员属于此处的"其他依法履行公职的人员"，主要是看其是否在行使公权力，所涉嫌的职务违法或者职务犯罪行为是否损害了公权力的廉洁性。①

根据《监察法实施条例》第 43 条的规定，"其他依法履行公职的人员"主要包括：履行人民代表大会职责的各级人民代表大会代表；履行公职的中国人民政治协商会议各级委员会委员、人民陪审员、人民监督员；虽未列入党政机关人员编制，但在党政机关中从事公务的人员；在集体经济组织等单位、组织中，由党组织或者国家机关，国有独资、全资公司、企业，国家出资企业中负有管理监督国有和集体资产职责的组织，事业单位提名、推荐、任命、批准等，从事组织、领导、管理、监督等工作的人员；在依法组建的评标、谈判、询价等组织中代表国家机关，国有独资、全资公司、企业，事业单位，人民团体临时履行公共事务组织、领导、管理、监督等职责的人员；以及其他依法行使公权力的人员。

典型案例

崔某，中共党员，某乡某村原党支部书记、村民委员会主任。2019 年 3 月至 2020 年 9 月，崔某在协助县、乡人民政府发放本村财政惠民惠农补贴资金中的退耕还林还草直补退耕农户资金的过程中，以其女儿的名义，弄虚作假，编造退耕还林还草亩数，骗领财政补贴资金 8000 元并据为己有。同时，崔某在担任村党支部书记、村民委员会主任期间，借逢年过节之机，收受 3 名村集体经济合作社成员礼金 1.2 万元。2021 年 6 月，崔某受到撤销党内职务处分，对其违纪违法所得 2 万元予以收缴；建议乡人民政府责令其辞去该村村民委员会主任职务，拒不辞职的，依法罢免其村民委员会主任职务，停止发放其补贴、奖金。2021 年 7 月，崔某辞去了该村村民委员会主任职务。②

关联法条

《公务员法》第 2、112 条；《企业国有资产法》第 5 条；《全国人民代表

---

① 参见中共中央纪律检查委员会中华人民共和国国家监察委员会法规室编写：《〈中华人民共和国监察法〉释义》，中国方正出版社 2018 年版，第 114 页。

② 参见《崔某骗领财政惠民惠农补贴资金案》，载《中国纪检监察》2022 年第 1 期。

大会常务委员会关于〈中华人民共和国刑法〉第九十三条第二款的解释》；《全国人民代表大会常务委员会关于〈中华人民共和国刑法〉第九章渎职罪主体适用问题的解释》；《监察法实施条例》第38—43条；《公务员范围规定》第3—14条；《公务员登记办法》第5、6条；《参照〈中华人民共和国公务员法〉管理的单位审批办法》第3条；《最高人民法院、最高人民检察院关于办理国家出资企业中职务犯罪案件具体应用法律若干问题的意见》第6条。

> 第十六条　各级监察机关按照管理权限管辖本辖区内本法第十五条规定的人员所涉监察事项。
>
> 　　上级监察机关可以办理下一级监察机关管辖范围内的监察事项，必要时也可以办理所辖各级监察机关管辖范围内的监察事项。
>
> 　　监察机关之间对监察事项的管辖有争议的，由其共同的上级监察机关确定。

条文主旨

本条是关于监察机关管辖原则的规定。

条文解读

全国范围内设立有四级监察委员会，并有各类派驻或者派出监察机构、监察专员。为实现各级监察机关之间的合理分工、各司其职，本条对监察机关管辖原则作出了规定。对监察机关的管辖范围予以明确规定，既可以有效避免争执或推诿，又有利于有关单位和个人按照监察机关的管辖范围提供问题线索，充分发挥人民群众反腐败的积极性。[1] 对于本监察机关管辖范围内的事项，该机关必须依法办理；对于不属于本监察机关管辖范围内的事项，则不得僭越。

---

[1] 参见中共中央纪律检查委员会中华人民共和国国家监察委员会法规室编写：《〈中华人民共和国监察法〉释义》，中国方正出版社2018年版，第115页。

1. 一般管辖原则

本条第 1 款是对一般管辖原则的规定，即各级监察机关实行级别管辖与地域管辖相结合的原则，实行分级负责制，按照干部管理权限对本辖区内的监察对象依法进行监察。《监察法实施条例》第 45 条规定，"监察机关开展监督、调查、处置，按照管理权限与属地管辖相结合的原则，实行分级负责制"。

级别管辖即本款规定的"按照管理权限"，具体来说便是按照干部管理权限。《党政领导干部选拔任用工作条例》第 35 条第 1 款规定："选拔任用党政领导干部，应当按照干部管理权限由党委（党组）集体讨论作出任免决定，或者决定提出推荐、提名的意见。属于上级党委（党组）管理的，本级党委（党组）可以提出选拔任用建议。"根据《监察法实施条例》第 46 条的规定，设区的市级以上监察委员会按照管理权限，依法管辖同级党委管理的公职人员涉嫌职务违法和职务犯罪案件。县级监察委员会和直辖市所辖区（县）监察委员会按照管理权限，依法管辖本辖区内公职人员涉嫌职务违法和职务犯罪案件。例如，国家监察委员会管辖中管干部所涉监察事项，省级监察委员会则管辖本省省管干部所涉监察事项等。

地域管辖即本款规定的"管辖本辖区内"。根据现行《宪法》第 124 条第 1 款和《监察法》第 7 条的规定，监察委员会是按照行政区域划分来设立的。相应地，对于本行政区域内监察对象所涉监察事项，则由该行政区域内的监察委员会负责管辖。此外，实践中存在一类较特殊的监察对象，即工作单位在地方、管理权限在主管部门的公职人员。根据《监察法实施条例》第 49 条第 1 款的规定，对于此类监察对象涉嫌职务违法和职务犯罪，一般由驻在主管部门、有管辖权的监察机构、监察专员管辖；经协商，监察机构、监察专员可以按规定移交公职人员工作单位所在地的地方监察委员会调查，或者与地方监察委员会联合调查。地方监察委员会在工作中发现上述公职人员有关问题线索，应当向驻在主管部门、有管辖权的监察机构、监察专员通报，并协商确定管辖。

2. 提级管辖原则

如果说"级别管辖与地域管辖相结合"是一种原则，那么，本条第 2

款规定的提级管辖则可视作某种例外。通常来说，上级监察机关首先应该把本机关管辖范围内的事项办理好，下级监察机关管辖范围内的事项，则应交由下级监察机关自己去办理。假若上级监察机关越权管辖本应由下级监察机关负责的事项，既会徒增上级监察机关的工作量，也会减损下级监察机关开展工作的主动性和积极性。但是在特定的情况之下，上级监察机关可以办理下一级监察机关管辖范围内的监察事项，必要时也可以办理所辖各级监察机关管辖范围内的监察事项。

提级管辖是监察权转移的一种情况，是指上级监察机关在符合法定情形的情况下，对下级监察机关管辖的案件直接进行处理。提级管辖主要是出于对监察工作的高效与正确性的考量，以便于监察机关处理一些难度较大的监察事项。根据《监察法实施条例》第47条的规定，上级监察机关对于下一级监察机关管辖范围内的职务违法和职务犯罪案件，在具有下列情形之时可以依法提级管辖：一是在本辖区有重大影响的；二是涉及多个下级监察机关管辖的监察对象，调查难度大的；三是其他需要提级管辖的重大、复杂案件。此外，上级监察机关对于所辖各级监察机关管辖范围内有重大影响的案件，必要时可以依法直接调查或者组织、指挥、参与调查。

3. 管辖争议解决

尽管级别管辖与地域管辖相结合的原则已经相对清晰，但实践中难免发生管辖争议，即对于同一监察事项，有两个或者两个以上监察机关都认为自己具有或者不具有管辖权而发生的争议。[①] 管辖争议其实是法治实践中时常遇到的问题，比如《民事诉讼法》第38条第2款规定，"人民法院之间因管辖权发生争议，由争议双方协商解决；协商解决不了的，报请它们的共同上级人民法院指定管辖"。根据《监察法》第16条第3款的规定，监察机关之间对监察事项的管辖若发生争议，则应报请它们的共同上级监察机关，由该上级监察机关确定由哪一个监察机关管辖。《中国共产

---

① 参见中共中央纪律检查委员会中华人民共和国国家监察委员会法规室编写：《〈中华人民共和国监察法〉学习问答》，中国方正出版社2018年版，第57页。

党纪律检查机关监督执纪工作规则》第 9 条第 2 款亦规定，"纪检监察机关之间对管辖事项有争议的，由其共同的上级纪检监察机关确定"。

实务难点指引

由于监察管辖是按照干部管理权限和属地管辖相结合的原则确定管辖地和管辖层级，而司法管辖则是依据犯罪地为主、居住地为辅原则确定地域管辖，依据案件重大程度、影响范围和可能判处刑期等确定级别管辖，这就导致部分案件出现立案调查的监察机关与后续审查起诉的人民检察院不同级、不同地的问题。但实践中存在两种情况需要统一认识：一是在本地同级人民检察院没有管辖权的情况下，监察机关调查终结后，是将案件一律移送本地同级人民检察院，再由本地同级人民检察院移送有法定管辖权或者被指定管辖的异地人民检察院，还是由监察机关直接移送有管辖权的人民检察院，实践中存在一些争议。二是本地同级人民检察院有管辖权，但监察机关认为需要在异地起诉、审判的，案件审查调查结束后如何移送被指定的人民检察院，实践中各地做法也不尽相同。

国家监察委员会与最高人民法院、最高人民检察院、公安部联合印发了《关于加强和完善监察执法与刑事司法衔接机制的意见（试行）》。据此，监察机关调查终结后需要移送起诉的，在依法确定起诉、审判管辖后，应当移送同级人民检察院，并区分情况处理：一是由本地人民检察院审查起诉的，监察机关应当将案件移送本地同级人民检察院，其受理后直接办理或者移送有管辖权的人民检察院办理。二是由异地人民检察院审查起诉的，监察机关应当将案件移送异地同级人民检察院，其受理后直接办理或者移送有管辖权的人民检察院办理。其中，由异地上级人民检察院审查起诉的，监察机关应当将案件通过上级监察机关移送异地同级人民检察院办理。这样规定，既坚持了移送位阶对等原则，也有利于上级人民检察院对下级人民检察院审查起诉工作进行指导和监督。

典型案例

2024 年 4 月，甘肃省张掖市甘州区纪委监委查办了某镇某村一起乡村振兴领域案件。该村党支部原书记A、B因违规处置、坐收坐支村集体资金，以及B在村工程项目中优亲厚友等问题，分别受到留党察看1年、党内严重警告处分；村务监督委员会主任C对村集体财务监管不严，导致严重后果，受到党内严重警告处分。此前，区纪委监委收到相关信访举报后，经分析研判，认为"时间跨度长、涉及人员多、案情较复杂，采取传统做法阻力较大"。于是决定对该问题线索采取提级管辖。随后，区纪委监委迅速整合监督力量，有针对性吸纳具有财会等专业知识的纪检监察干部，通过账务核查、多方谈话、走访群众等方式深入核查。仅1个多月时间，就查清了涉及该村的23个问题。①

关联法条

《刑事诉讼法》第19条第2款；《公职人员政务处分法》第51条；《监察法实施条例》第45—53条；《中国共产党纪律检查机关监督执纪工作规则》第7—9条；《纪检监察机关处理检举控告工作规则》第12条。

> **第十七条** 上级监察机关可以将其所管辖的监察事项指定下级监察机关管辖，也可以将下级监察机关有管辖权的监察事项指定给其他监察机关管辖。
>
> 监察机关认为所管辖的监察事项重大、复杂，需要由上级监察机关管辖的，可以报请上级监察机关管辖。

条文主旨

本条是关于指定管辖和报请提级管辖的规定。

条文解读

本条是在本法第16条的基础之上，对监察机关的管辖问题予以补充。

---

① 参见王彬、毛玉煜：《激活"末梢神经" 提升监督质效》，载《中国纪检监察报》2024年8月18日，第1版。

其中，第 1 款是对指定管辖的规定，即根据上级监察机关的指定来确定监察事项的管辖；第 2 款规定的是报请提级管辖问题，即监察机关报请上级监察机关管辖本应由其管辖的监察事项。提级管辖和报请提级管辖都是将管辖权自下而上转移，区别在于提级管辖对于下级监察机关来讲管辖权是被动地自下而上转移，而报请提级管辖是下级监察机关主动地请求将管辖权自下而上转移。① 需要注意的是，上级监察机关进行指定管辖，要根据办理监察事项的实际需要和下级监察机关的办案能力综合考量，不能把本应由自己管辖的监察事项通通指定给下级监察机关来管辖。②

1. 上级监察机关将其所管辖的监察事项指定下级监察机关管辖

根据现行《宪法》第 125 条第 2 款的规定，上级监察委员会领导下级监察委员会的工作。此种领导就包括，上级监察机关将其所管辖的监察事项指定下级监察机关管辖。例如，国家监察委员会可以将自己管辖的监察事项，指定全国范围内的某个省级监察委员会管辖。指定管辖的原因比较多。又如，上级监察机关的工作任务比较繁多、处于"超负荷"的状态，而下级监察机关的办案资源又相对充足，于是，上级监察机关可将其所管辖的监察事项指定下级监察机关管辖。③

需要注意的是，指定管辖并非随意为之的，而需履行相应的法定程序。比如根据《监察法实施条例》第 48 条的规定，设区的市级监察委员会将同级党委管理的公职人员涉嫌职务违法或者职务犯罪案件指定下级监察委员会管辖的，应当报省级监察委员会批准；省级监察委员会将同级党委管理的公职人员涉嫌职务违法或者职务犯罪案件指定下级监察委员会管辖的，应当报国家监察委员会相关监督检查部门备案。此外，被指定的下级监察机关未经指定管辖的监察机关批准，不得将案件再行指定管辖。被指定的下级监察机关发现新的职务违法或者职务犯罪线索，以及其他重要

---

① 参见中共中央纪律检查委员会中华人民共和国国家监察委员会法规室编写：《〈中国共产党纪律检查机关监督执纪工作规则〉释义》，中国方正出版社 2019 年版，第 61 页。

② 参见中共中央纪律检查委员会中华人民共和国国家监察委员会法规室编写：《〈中华人民共和国监察法〉学习问答》，中国方正出版社 2018 年版，第 59 页。

③ 参见中共中央纪律检查委员会中华人民共和国国家监察委员会法规室编写：《〈中华人民共和国监察法〉释义》，中国方正出版社 2018 年版，第 119 页。

情况、重大问题，应当及时向指定管辖的监察机关请示报告。

2. 上级监察机关将下级监察机关有管辖权的监察事项指定给其他监察机关管辖

基于对下级监察机关的领导地位，上级监察机关除了将其所管辖的监察事项指定下级监察机关管辖，亦可将下级监察机关有管辖权的监察事项指定给其他监察机关管辖。至于何种情形下可进行此种指定管辖，《监察法》并未作出具体规定。为了更好地实施《监察法》，《监察法实施条例》第48条第3款确立了"由其他下级监察机关管辖更为适宜"的原则。具体来说，当有以下情形时，上级监察机关对于下级监察机关管辖的职务违法和职务犯罪案件，认为由其他下级监察机关管辖更为适宜的，可以依法指定给其他下级监察机关管辖。

一是管辖有争议的。根据《监察法》第16条第3款的规定，假若监察机关之间对监察事项的管辖有争议，那便应由其共同的上级监察机关确定。此时，对于某下级监察机关有管辖权的监察事项，上级监察机关可指定其他下级监察机关予以管辖，从而化解监察管辖的争议。

二是指定管辖有利于案件公正处理的。监察机关必须依法公正行使职权，当某一监察机关办理某监察事项可能影响公正履职时，那便应由上级监察机关指定其他下级监察机关予以管辖。例如，有些案件中的被调查人在当地有较大影响，假若在当地办理案件可能会受到来自各方面的干扰，或者遇及监察机关的负责人员需要回避的情况。此时，上级监察机关可以依法指定其他下级监察机关来管辖该监察事项。①

三是下级监察机关报请指定管辖的。本条第2款规定，监察机关认为所管辖的监察事项重大、复杂，需要由上级监察机关管辖的，可以报请上级监察机关管辖。此时，对于报请管辖的监察事项，上级监察机关既可以自行管辖，也可以指定其他下级监察机关管辖。

四是其他有必要指定管辖的。上述3种情形是明确列举，为了避免挂

---

① 参见中共中央纪律检查委员会中华人民共和国国家监察委员会法规室编写：《〈中华人民共和国监察法实施条例〉释义》，中国方正出版社2022年版，第82-83页。

一漏万，《监察法实施条例》第 48 条第 3 款还设置了兜底性质的规定，即其他有必要指定管辖的情形。例如，根据《纪检监察机关派驻机构工作规则》第 15 条的规定，派出机关监督检查部门、审查调查部门对于派驻机构管辖的重大、复杂案件，经批准可以直接办理或者组织、指挥办理。

3. 下级监察机关报请上级监察机关提级管辖

监察机关应当按照一般管辖的分工，尽全力管好自己管辖范围内的监察事项。但是，当监察机关考虑到所在地方的实际情况，以及本机关的地位、能力等具体因素，认为所管辖的监察事项实属重大、复杂，而尽自己力量不能或者不适宜管辖，需要由上级监察机关管辖的，可以报请上级监察机关管辖。① 监察事项的报请提级管辖问题，在《中国共产党纪律检查机关监督执纪工作规则》中就有明确，即第 9 条第 2 款规定，纪检监察机关"认为所管辖的事项重大、复杂，需要由上级纪检监察机关管辖的，可以报请上级纪检监察机关管辖"。为使报请提级管辖有更具体的依据，有些地方还出台了更为详细的规定，比如西藏自治区纪委监委曾出台《自治区纪检监察机关案件提级管辖办法（试行）》。②

无论是《监察法》还是《中国共产党纪律检查机关监督执纪工作规则》的规定，报请提级管辖的条件均是所管辖的监察事项"重大、复杂"。如何理解此处的"重大"和"复杂"，《监察法》和《中国共产党纪律检查机关监督执纪工作规则》皆未谈及。《监察法实施条例》第 47 条第 3 款规定，"地方各级监察机关所管辖的职务违法和职务犯罪案件，具有第一款规定情形的，可以依法报请上一级监察机关管辖"。此般规定其实把《监察法实施条例》第 47 条第 1 款列举的提级管辖的情形，视作报请提级管辖的情形，分别是在本辖区有重大影响的；涉及多个下级监察机关管辖的监察对象，调查难度大的；以及其他需要提级管辖的重大、复杂案件。

---

① 参见中共中央纪律检查委员会中华人民共和国国家监察委员会法规室编写：《〈中华人民共和国监察法〉释义》，中国方正出版社 2018 年版，第 120 页。

② 参见邓青、雷艳茹、塔尔青：《西藏纪委监委规范案件提级管辖明确具体情形 科学精准处置》，载中央纪委国家监委网站，https://www.ccdi.gov.cn/yaowenn/202008/t20200814_81389.html。

典型案例

据中央纪委国家监委网站，某省纪委监委二级巡视员、第二监督检查室原主任 A 涉嫌严重违纪违法，经省纪委监委指定管辖，目前正接受该省某市纪委监委纪律审查和监察调查。这便是上级监察机关将其所管辖的监察事项指定下级监察机关管辖。当然，对 A 作出政务处分决定的主体，仍然是省监委。① 这是因为根据《公职人员政务处分法》第 51 条的规定，下级监察机关根据上级监察机关的指定管辖决定进行调查的案件，调查终结后，对不属于本监察机关管辖范围内的监察对象，应当交有管理权限的监察机关依法作出政务处分决定。

关联法条

《监察法》第 16 条；《公职人员政务处分法》第 51 条；《监察法实施条例》第 47—53 条；《中国共产党纪律检查委员会工作条例》第 6 条第 3 款；《纪检监察机关派驻机构工作规则》第 15 条；《中国共产党纪律检查机关监督执纪工作规则》第 9 条。

---

① 参见《青海省纪委监委第二监督检查室原主任、二级巡视员 A 被开除党籍和公职》，载中央纪委国家监委网站 2023 年 12 月 22 日，https：//www.ccdi.gov.cn/yaowenn/202312/t20231218_315283.html。

第四章　监察权限

> 第十八条　监察机关行使监督、调查职权,有权依法向有关单位和个人了解情况,收集、调取证据。有关单位和个人应当如实提供。
>
> 监察机关及其工作人员对监督、调查过程中知悉的国家秘密、工作秘密、商业秘密、个人隐私和个人信息,应当保密。
>
> 任何单位和个人不得伪造、隐匿或者毁灭证据。

条文主旨

本条是关于监察机关收集证据的总体性规定。

条文解读

按照《监察法》第11条的规定,监督、调查是监察机关的法定职责,为了确保这些职责能够有效落实,应当有相应的条件和手段作为支撑,必要的证据就是不可或缺的条件。相关单位和个人如实提供有关证据是确保监察机关依法有效行使职权的必由之路。本条中的证据是监察法律、监察法规等明确规定的,以特定形式表现出来的,能够证明监察机关调查事项和真实情况的事实。根据《监察法实施条例》第177条的规定,监察中的证据必须同时满足客观性、真实性和准确性的需要,还应当满足关联性和合法性要求。依照《监察法》和《监察法实施条例》的相关规定,监察中的证据包括:物证,书证,证人证言,被害人陈述,被调查人陈述、供述和辩解,鉴定意见,勘验检查、辨认、调查实验等笔录,视听资料、电子数据等。

1. 监察机关的取证职权与相关主体的配合义务

本条第 1 款规定了监察机关在行使职权过程中有权向有关单位和个人了解情况，收集和调取证据，相关单位和个人应当如实提供。充分掌握相关情况和证据是有效反腐、实现法治化反腐和保障公民基本权利的前提。本条明确了监察机关了解情况，收集和调取证据必须依法进行，具体方式和程序在本法和有关监察法规中有明确规定，并确定了相关证据的证明标准和非法证据排除规则。"有关单位和个人应当如实提供"明确了相关主体的职责，有关单位和个人不得捏造事实、提供虚假的线索，所提供的线索应当能客观反映被调查事项的内容、具体情节等。根据《监察法实施条例》第 59 条第 2 款的规定，对于不按要求提供有关材料，泄露相关信息，伪造、隐匿、毁灭证据，提供虚假情况或者阻止他人提供证据的，依法追究法律责任。此外，"了解情况"说明在案件刚开始调查时可能不存在最终需要启动监察调查程序的情形，最终是否启动相关程序需要综合所了解的情况予以确定。

2. 监督、调查过程中的保密要求

本条第 2 款规定了监察机关及其工作人员在监督、调查过程中保守秘密的义务。所谓国家秘密是指依法确定的，关系国家利益和公共安全，在特定时期内只能为一定范围内的主体知晓的事项。工作秘密和个人信息是 2024 年修法新增的内容，《公务员法》规定的公务员的义务包括公务员应当保守"工作秘密"，本条规定的工作秘密不仅限于监察机关工作中所形成的秘密，而且包括其他国家机关的工作秘密。概言之，工作秘密应当排除国家秘密，主要是指相关国家机关在工作中形成的，国家秘密之外的，在不符合法定条件之时不得公开扩散的事项。商业秘密是指不为公众所知悉，能为权利人带来经济利益，并经权利人采取保密措施的有关信息。个人隐私指的是自然人的私人生活安宁和不愿为他人知晓的私密空间、私密活动以及私密信息。

全国人大常委会 2024 年 12 月 21 日在对《全国人民代表大会常务委员会关于修改〈中华人民共和国监察法〉的决定（草案）》进行分组审议

时，有的常委会组成人员提出，除国家秘密、工作秘密、商业秘密、个人隐私外，《监察官法》规定监察官应当对在履行职责中知悉的个人信息予以保密，建议在"个人隐私"后增加"个人信息"。结合《个人信息保护法》第 4 条第 1 款的规定，个人信息是以电子或者其他方式记录的与已识别或者可识别的自然人有关的各种信息，不包括匿名化处理后的信息。监察机关在监督、调查过程中所知晓的有关秘密和隐私只能用于行使职权的需要，而且要依照法定方式和程序进行，不得用于其他非行使职权的用途，应当尽勤勉义务，不得遗失、泄露。

3. 不得伪造、隐匿或者毁灭证据

本条第 3 款是对有关单位和个人的要求。伪造、隐匿或者毁灭证据会对监察机关依法行使职权造成严重影响，引发冤假错案，不利于法治化反腐的推进，也不利于保障被监督人和被调查人的合法权益。因此，包括监察机关及其工作人员在内的任何单位、个人，都不得伪造、隐匿或者毁灭证据。如果存在相关行为都要依法追究法律责任，构成犯罪的，应当依法追究刑事责任。

实务难点指引

本条以《刑事诉讼法》第 54 条为参照，确定了监察机关收集证据的一般性规定。《刑事诉讼法》第 54 条规定，人民法院、人民检察院和公安机关有权向有关单位和个人收集、调取证据。有关单位和个人应当如实提供证据。在监察机关办案过程中，要重视监察机关向有关单位和个人收集、调取证据的合法性问题。不符合法定程序收集的证据，不能一概视为非法证据予以排除，而应区别对待。尤其是对于证据取得存在瑕疵的情形下，通过补正或者作出合理性解释的，应当从刑事司法程序衔接的层面上明确该证据可继续使用的证据效力。[1]

监察机关收集的证据材料作为刑事证据使用，还应在办案过程中注重

---

[1] 参见中共中央纪律检查委员会中华人民共和国国家监察委员会法规室编写：《〈中华人民共和国监察法〉释义》，中国方正出版社 2018 年版，第 170 页。

《刑事诉讼法》关于证据认定的规定进行综合判断，判断相关证据是否符合《刑事诉讼法》关于证据的要求。因移送司法机关审查起诉涉及入罪判断，即应根据刑事证明标准衡量刑事诉讼程序启动条件是否具备。因此，监察机关收集的证据材料作为刑事证据使用，就必须与刑事审判中关于证据调查的要求和标准保持一致。

实践样本

湖北省襄阳市纪委监委依托当地"一网通办""一网统管""城市数字公共基础设施建设试点"等数据资源，将全市91个部门、287个业务门类的数据信息联通成"襄阳市数字纪检监察大数据平台"，供纪委监委办案人员参考查阅。纪委监委办案人员和信息技术保障室工作人员必须严格遵守保密工作规定，在为办案人员提供协助服务时，严格审查审批手续，运用多种手段确保信息查阅安全；在存储信息时，通过多种技术措施加强认证授权，坚决防范失泄密风险。① 此举有效保障了国家秘密、工作秘密、商业秘密、个人隐私等的安全。

关联法条

《监察法》第68条；《刑事诉讼法》第50、54、60条；《监察法实施条例》第59、120条；《最高人民法院关于适用〈中华人民共和国刑事诉讼法〉的解释》第69—71、76条；《人民检察院刑事诉讼规则》第52、56条。

第十九条 对可能发生职务违法的监察对象，监察机关按照管理权限，可以直接或者委托有关机关、人员进行谈话，或者进行函询，要求说明情况。

---

① 参见喻娥：《为监督执纪执法赋能增效》，载《中国纪检监察报》2024年7月1日，第6版。

条文主旨

本条是关于监察机关运用谈话、函询措施的规定。

条文解读

纪检监察机关要深化运用监督执纪"四种形态",经常开展批评和自我批评,及时进行谈话提醒、批评教育、责令检查、诫勉,让"红红脸、出出汗"成为常态。习近平总书记在二十届中央纪委二次全会上指出,"坚持纪严于法、纪在法前,严明党的政治纪律和政治规矩,带动组织纪律、廉洁纪律、群众纪律、工作纪律、生活纪律全面从严,以严明纪律规范党员、干部履职用权,抓早抓小、防微杜渐,精准运用'四种形态',让党员、干部切身感受到党的严管和厚爱"。①《中国共产党党内监督条例》第21条规定,"坚持党内谈话制度,认真开展提醒谈话、诫勉谈话。发现领导干部有思想、作风、纪律等方面苗头性、倾向性问题的,有关党组织负责人应当及时对其提醒谈话;发现轻微违纪问题的,上级党组织负责人应当对其诫勉谈话,并由本人作出说明或者检讨,经所在党组织主要负责人签字后报上级纪委和组织部门"。《监察法实施条例》第18条规定:"监察机关可以与公职人员进行谈心谈话,发现政治品行、行使公权力和道德操守方面有苗头性、倾向性问题的,及时进行教育提醒。"本条规定主要包括两个方面的内容。

1. 谈话或函询的对象和条件

谈话和函询的对象是监察对象,适用的条件是监察对象可能存在职务违法,所谓谈话函询是指纪检监察机关对线索中反映的带有苗头性、倾向性、一般性的问题,及时通过谈话或者函询方式进行处置,目的是抓早抓小,防止公职人员由小错酿成大错,小问题变成大问题。在日常监督中,监察机关可以采用谈话函询的方式处置问题线索。"谈话"是监察机关针

---

① 习近平:《健全全面从严治党体系 推动新时代党的建设新的伟大工程向纵深发展》,载《中国人大》2023年第12期。

对收到的问题线索，跟被反映人谈话，让被反映人讲清楚自己的问题；"函询"是针对收到的问题线索，监察机关给被反映人发函，请被反映人对被反映的问题给出书面解释。①

在具体规定上，2023 年修订前的《中国共产党纪律处分条例》规定："运用监督执纪'四种形态'，经常开展批评和自我批评、约谈函询，让'红红脸、出出汗'成为常态。"2023 年修订后的《中国共产党纪律处分条例》规定："经常开展批评和自我批评，及时进行谈话提醒、批评教育、责令检查、诫勉，让'红红脸、出出汗'成为常态。"可见，谈话和函询是对《监察法》原规定的进一步优化和升级，抓住这个环节，党员干部就能不犯错或者少犯错，使一些游走在违纪边缘的干部悬崖勒马，体现了党的政策和策略，体现了对干部的最大关心和爱护。② 谈话和函询也有助于进一步掌握有关线索，《中国共产党纪律处分条例》第 40 条规定，"本条例所称主动交代，是指涉嫌违纪的党员在组织谈话函询、初步核实前向有关组织交代自己的问题，或者在谈话函询、初步核实和立案审查期间交代组织未掌握的问题"。需要明确的是，"函询"是 2024 年修改《监察法》时新增的内容，实现了相关规定的与时俱进。

2. 谈话或函询的主体和方式

监察机关按照管理权限可以与监察对象进行谈话或者函询，按照《中国共产党纪律检查机关监督执纪工作规则》第 27 条的规定，纪检监察机关采取谈话函询方式处置问题线索，应当起草谈话函询报批请示，拟订谈话方案和相关工作预案，按程序报批。需要谈话函询下一级党委（党组）主要负责人的，应当报纪检监察机关主要负责人批准，必要时向同级党委主要负责人报告。《中国共产党纪律检查机关监督执纪工作规则》第 28 条规定，"谈话应当由纪检监察机关相关负责人或者承办部门负责人进行，可以由被谈话人所在党委（党组）、纪委监委（纪检监察组、纪检监察工委）有关负责人陪同"。因此，监察机关在进行谈话函询之前应当按照程

---

① 参见王希鹏：《纪检监察学基础》，中国方正出版社 2021 年版，第 378 页。
② 参见中共中央纪律检查委员会中华人民共和国国家监察委员会法规室编写：《〈中国共产党纪律处分条例〉释义》，中国方正出版社 2018 年版，第 69 页。

序报批，并由被谈话函询人所在单位党委（党组）主要负责人陪同。"委托有关机关、人员"主要是指委托被谈话或者函询人所在的单位党委（党组）主要负责人进行，按照《中国共产党纪律检查机关监督执纪工作规则》的规定，委托应当经批准后方可实施。

谈话应当在具备安全保障条件的场所进行。由纪检监察机关谈话的，应当制作谈话笔录，谈话后可以视情况由被谈话人写出书面说明。纪检监察机关进行函询应当以办公厅（室）名义发函给被反映人，并抄送其所在党委（党组）和派驻纪检监察组主要负责人。被函询人应当在收到函件后15个工作日内写出说明材料，由其所在党委（党组）主要负责人签署意见后发函回复。被函询人为党委（党组）主要负责人的，或者被函询人所作说明涉及党委（党组）主要负责人的，应当直接发函回复纪检监察机关。

谈话函询承办部门应当在谈话结束或者收到函询回复后1个月内写出情况报告和处置意见，按程序报批，根据不同的情形进行相应的处理。主要包括4种情形：一是反映不实，或者没有证据证明存在问题的，予以采信了结，并向被函询人发函反馈。二是问题轻微，不需要追究纪律或法律责任的，采取谈话提醒、批评教育、责令检查、诫勉谈话等方式处理。三是反映问题比较具体，但被反映人予以否认且否认理由不充分不具体的，或者说明存在明显问题的，一般应当再次谈话或者函询；发现被反映人涉嫌违纪或者职务违法、职务犯罪问题需要追究纪律和法律责任的，应当提出初步核实的建议。四是对诬告陷害者，依规依纪依法予以查处。必要时可以对被反映人谈话函询的说明情况进行抽查核实。此外，谈话函询材料应当存入廉政档案。

实务难点指引

在实践中，需要注意谈话函询与一般的约谈、日常谈话、干部任前谈话等一般意义上的谈话存在不同。尤其是谈话函询与审查调查谈话的差异，《中国共产党纪律检查机关监督执纪工作规则》第34条规定，"核查组经批准可以采取必要措施收集证据，与相关人员谈话了解情况，要求相关组织作出说明，调取个人有关事项报告，查阅复制文件、账目、档案等资料，查核资产情况和有关信息，进行鉴定勘验。对被核查人及相关人员主动上交的财物，核查组应当予以暂扣"。《中国共产党纪律检查机关监督执纪工作规则》第 40 条规定，"审查调查组可以依照党章党规和监察法，经审批进行谈话、讯问、询问、留置、查询、冻结、搜查、调取、查封、扣押（暂扣、封存）、勘验检查、鉴定，提请有关机关采取技术调查、通缉、限制出境等措施"。此处的谈话就是审查调查谈话，因此，两种谈话的性质不同。此外，两种谈话的目的也不同，谈话函询是为了抓早抓小防患于未然，而调查谈话是为了获取证据，推进审查工作。

典型案例

2020 年 10 月，某省某市纪委监委接到关于 A 有关问题的信访反映，并按规定进行初步核实。市纪委监委就相关问题向 A 函询，A 接受函询时心存侥幸对抗组织审查，与他人共谋串通，企图掩盖其参与投资入股行为，甚至在得知利益关联人接受调查并被采取留置措施后，仍不向组织如实交代问题，反而大搞封建迷信，伙同他人前往寺庙烧香拜佛求符，祈求"平安"。2020 年 12 月，市纪委监委对 A 涉嫌严重违纪违法问题立案审查调查并采取留置措施。2021 年 7 月，A 被开除党籍、开除公职。2022 年 12 月，A 因犯受贿罪被依法判处有期徒刑 4 年，并处罚金 25 万元。①

关联法条

《公职人员政务处分法》第 12 条；《监察法实施条例》第 18、55、70—80 条；《中国共产党党内监督条例》第 21 条；《中国共产党党员教育管理工作条例》第 28 条；《党委（党组）落实全面从严治党主体责任规定》第 16 条。

---

① 参见刘金鹭、何倩：《以权敛财当股东　贪欲不遏酿苦果》，载《中国纪检监察报》2024 年 6 月 19 日，第 7 版。

> **第二十条** 在调查过程中，对涉嫌职务违法的被调查人，监察机关可以进行谈话，要求其就涉嫌违法行为作出陈述，必要时向被调查人出具书面通知。
>
> 对涉嫌贪污贿赂、失职渎职等职务犯罪的被调查人，监察机关可以进行讯问，要求其如实供述涉嫌犯罪的情况。

条文主旨

本条是关于监察机关要求被调查人作出陈述和谈话讯问权限的规定。

条文解读

监察机关的调查事项既有职务违法行为亦有职务犯罪行为。本条分设2款，第1款规定了涉嫌职务违法被调查人的陈述问题，第2款规定了对涉嫌贪污贿赂、失职渎职等职务犯罪被调查人的讯问问题。

1. 与涉嫌职务违法被调查人进行谈话及要求作出陈述

根据本条第1款的规定，对于涉嫌职务违法的被调查人，监察机关有权与其进行谈话，或是要求被调查人就其所涉及的职务违法行为作出陈述，就被调查人所涉及的职务违法情况作出全面、系统的说明。当然，为了有效保障被调查人的合法权益和全面了解情况，此处的陈述应当包括被调查人可以对其掌握的情况就监察机关的要求作出陈述和申辩，这两项权利可以确保被调查人能充分行使自己的权利。对此，《中国共产党纪律检查机关监督执纪工作规则》第43条第2款规定"审查调查应当充分听取被审查调查人陈述"，这也有助于监察机关全面了解案件情况，避免因为信息不对称而作出错误的结论。

本款还规定了"必要时向被调查人出具书面通知"。书面通知是具有法律效力的法律文书，主要针对的是被调查人不按照监察机关要求进行陈述之时，由监察机关对其出具书面通知，要求被调查人进行全面系统的说明。如果被调查人依然不按照要求作出陈述，监察机关可以依法追究其法律责任。尚需说明的是，要求被调查人就涉嫌的职务违法行为进行陈述的职权，只能由监察机关工作人员来行使，不得委托给其他机关或者个人行使。①

2. 讯问涉嫌贪污贿赂、失职渎职等职务犯罪的被调查人

本条第2款规定了对于涉嫌职务犯罪的被调查人，监察机关可以进行讯问，要求被调查人如实供述涉嫌犯罪的情况。职务犯罪主要包括《监察法》第11条规定的贪污贿赂、滥用职权、玩忽职守、权力寻租、利益输送、徇私舞弊以及浪费国家资财等职务犯罪行为。讯问指的是监察机关为了收集职务犯罪的证据，查明案情而对被调查人所进行的查问。被调查人是相关行为的亲身经历者，对案件细节的掌握更加全面，通过讯问被调查人有助于全面了解案件情况，讯问被调查人也是监察机关进行监察和实现有效监督的重要方式。监察机关对涉嫌职务犯罪的被调查人，有权要求其如实供述涉嫌犯罪的情况。当然，讯问应当遵循法定程序，如讯问必须由监察机关工作人员进行，不得委托其他机关或个人行使该项职权；讯问被留置的被调查人，应当在留置场所进行；讯问应当个别进行，调查人员不得少于2人；应当告知被讯问人将进行全程同步录音录像。告知情况应当在录音录像中予以反映，并在笔录中记明；调查人员的提问应当与调查的案件相关。被讯问人对调查人员的提问应当如实回答。调查人员对被讯问人的辩解，应当如实记录，认真查核。监察机关应当依法保障被调查人的合法权益，严禁以威胁、引诱、欺骗及其他非法方式收集证据，严禁侮辱、打骂、虐待、体罚或者变相体罚被调查人。

在具体的讯问过程中，还要依照法定步骤进行：第一，核实被讯问人的基本情况，包括姓名、曾用名、出生年月日、户籍地、身份证件号码、民族、职业、政治面貌、文化程度、工作单位和职务、住所、家庭情况、社会经历，以及是否属于党代表大会代表、人大代表、政协委员，是否受到过党纪政务处分，是否受到过刑事处罚等；第二，告知被讯问人如实供述自己罪行可以依法从宽处理和认罪认罚的法律规定；第三，讯问被讯问

---

① 参见中共中央纪律检查委员会中华人民共和国国家监察委员会法规室编写：《〈中华人民共和国监察法〉释义》，中国方正出版社2018年版，第129页。

人是否有犯罪行为，让其陈述有罪的事实或者无罪的辩解，应当允许被调查人连贯陈述。

实务难点指引

在讯问过程中，要注意对整个问题前因后果、背景细节的了解，结合逻辑常识，分析言词证据的真实性和可信度，判断调查对象辩解的真伪。要注重发挥客观证据的优势，在收集相关物证、书证的同时，充分利用信息技术，深入挖掘电子数据等新型证据，准确还原事实真相。要坚持系统思维，全面、历史、辩证地看待问题，综合考虑行为情节和发生时特定的背景，准确分析行为人当时的主观动机、思想认识，最大可能还原事实真相。① 在讯问过程中，不仅要关注存在职务违法或者职务犯罪的问题，也要讯问被讯问人是否有犯罪行为，让其陈述有罪的事实或者无罪的辩解。

典型案例

A 市纪委监委收到群众举报反映市某股份有限公司副总经理 B 违规发放和领取津补贴问题线索后，先后 4 次针对群众反映的问题要求 B 作出陈述，B 均予以拒绝，声称工作太忙、记不清楚。市纪委监委对其出具书面通知，要求其立即到市纪委监委作出陈述，否则承担一切法律责任。B 收到书面通知后，立即主动向市纪委监委作出陈述，承认和交代了上述问题，并退还违规领取的津补贴费用共计 5 万元，并写了检讨书，表示愿意接受组织处理。市纪委监委给予 B 党内严重警告和政务记大过处分，并将 B 的问题在全市范围内通报。②

关联法条

《监察法实施条例》第 60、70—84 条；《中国共产党纪律检查机关监督执

---

① 参见王爱平：《把实事求是落实到审查调查工作中》，载《中国纪检监察报》2021 年 4 月 29 日，第 6 版。
② 本书编写组编写：《〈中华人民共和国监察法〉案例解读》，中国方正出版社 2018 年版，第 180 页。

纪工作规则》第 21、27、43 条；《中国共产党党内监督条例》第 21 条；《中央纪委、中央组织部关于对党员领导干部进行诫勉谈话和函询的暂行办法》第 3、8 条。

> **第二十一条** 监察机关根据案件情况，经依法审批，可以强制涉嫌严重职务违法或者职务犯罪的被调查人到案接受调查。

条文主旨

本条是关于监察机关要求被调查人强制到案的规定。

条文解读

本条是 2024 年修改《监察法》时新增的内容。明确了监察机关根据案件需要，经依法批准，可以强制涉嫌严重职务违法或者职务犯罪的被调查人到案接受调查。之所以增加此类调查措施，主要是为了"解决监察实践中存在的部分被调查人经通知不到案的问题，增强监察执法权威性"。[①]该调查措施被称作"强制到案"。本条包括两层要义。

1. 强制被调查人到案接受调查须经依法审批

监察机关强制被调查人到案接受调查，需要根据案件情况并经依法审批。需要注意的是，并非任何案件均可要求被调查人到案接受调查，监察机关必须根据案件实际情况，所谓实际情况在《监察法》中未明确规定，结合《监察法》和有关法律法规的规定，实际情况大致可以归为涉及案情重大、复杂的；可能逃跑、自杀的；可能串供或者伪造、隐匿、毁灭证据的；可能继续实施违法犯罪行为的；有危害国家安全、公共安全等现实危险的；可能对举报人、控告人、被害人、证人、鉴定人等相关人员实施打击报复的；无正当理由拒不到案，严重影响调查的；以及其他需要被调查

---

① 瞿芃：《推进新时代监察工作高质量发展——有关负责人就监察法修改答记者问》，载《中国纪检监察报》2024 年 12 月 26 日，第 2 版。

人到案接受调查的等。并且，在符合前述条件的情况下还要经依法审批才能强制被调查人到案接受调查，这有助于保证监察机关职权行使的严肃性和正确性。

2. 强制到案仅适用于涉嫌严重职务违法或者职务犯罪的被调查人

根据本条的规定，强制被调查人到案接受调查，必须是该被调查人涉嫌严重职务违法或者职务犯罪。事实上，《监察法》在2024年修改之前，便有多处规定使用了"严重职务违法或者职务犯罪"的表述。比如采取留置措施的必备情形，同样包括"被调查人涉嫌贪污贿赂、失职渎职等严重职务违法或者职务犯罪"。概言之，严重职务违法或者职务犯罪主要是指被调查人涉嫌贪污贿赂、失职渎职等职务违法或者职务犯罪，并且达到严重的程度，其他一般的职务违法行为不宜强制被调查人到案接受调查。依照本法第46条第2款的规定，强制到案持续的时间原则上不得超过12小时，需要采取管护或者留置措施的强制到案持续时间亦不得超过24小时。

实务难点指引

强制涉嫌严重职务违法或者职务犯罪的被调查人到案接受调查，是2024年《监察法》修改时新增的调查措施。这被认为是针对人身调查措施单一的问题，从而增加了强制到案措施，以应对监察调查的实践需求。[①]强制到案作为监察调查措施，与刑事司法程序当中的拘传颇为类似。所谓拘传，是指侦查机关对未被羁押的犯罪嫌疑人强制其到案接受讯问的一种刑事强制措施。相较于《刑事诉讼法》等法律对拘传的规定，《监察法》对强制到案的规定较原则。例如，在《刑事诉讼法》当中，有关"拘传"的规定有5处；在《最高人民法院关于适用〈中华人民共和国刑事诉讼法〉的解释》当中，有关"拘传"的规定有12处；在《人民检察院刑事诉讼规则》当中，有关"拘传"的规定有25处。为了规范监察机关的强制到案措施，可在《监察法》的基础之上，由国家监察委员会出台监察法

---

① 参见兰哲：《权力规制视角下监察调查权的运行逻辑与功能调适》，载《比较法研究》2024年第5期。

规，或者对《监察法实施条例》进行相应的修改，以便对强制到案措施的适用情形、审批程序和实施方式等作出更加具体的规定。

> **第二十二条** 在调查过程中，监察机关可以询问证人等人员。

条文主旨

本条是关于监察机关在调查过程中询问证人的规定。

条文解读

证人证言是一类法定的证据类型。询问证人等人员是监察机关的法定职权，这有助于监察机关全面了解职务违法和职务犯罪的相关情况，最终在综合案件事实和法律规定的情况下对案件作出准确处理。

1. 采取询问措施的对象是证人等知道案件事实的人员

《刑事诉讼法》第62条规定，"凡是知道案件情况的人，都有作证的义务"。因此，证人应当是直接或者间接知道监察机关所调查案件事实的当事人之外的第三人。根据《刑事诉讼法》的相关规定，生理上、精神上有缺陷或者年幼，不能辨别是非、不能正确表达的人，不能作证人。监察事项涉及职务违法和职务犯罪，《刑事诉讼法》关于证人条件的规定也应当适用于监察程序中的证人。因此，本条规定的证人应当符合以下几方面的条件：第一，证人或者其他人员应当是直接或者间接知道案件情况的人，除此之外的其他人不得作为证人，并且按照证人优先的原则，如果监察机关工作人员知道案件情况必须充当证人；第二，证人必须有相应的认知能力，生理上、精神上有缺陷或者年幼之人，不能辨别是非、不能正确表达的人，不能作证人；第三，证人所知道的情况应当是客观真实的，不能是捏造、臆想的事实。根据《监察法实施条例》第89条第1款的规定，对故意提供虚假证言的证人，应当依法追究法律责任。

2. 询问证人等人员应依法进行

询问证人等应当按照法定程序和方式进行。证人未被限制人身自由的，可以在其工作地点、住所或者其提出的地点进行询问，也可以通知其到指定地点接受询问。到证人提出的地点或者调查人员指定的地点进行询问的，应当在笔录中记明。调查人员认为有必要或者证人提出需要由所在单位派员或者其家属陪同到询问地点的，应当办理交接手续并填写《陪送交接单》。询问应当个别进行，且负责询问的调查人员不得少于2人。

首次询问时，应当向证人出示《证人权利义务告知书》，由其签名、捺指印。证人拒绝签名、捺指印的，调查人员应当在文书上记明。证人未被限制人身自由的，应当在首次询问时向其出具《询问通知书》。询问时，应当核实证人身份，问明证人的基本情况，告知证人应当如实提供证据、证言，以及作伪证或者隐匿证据应当承担的法律责任。不得向证人泄露案情，不得采用非法方法获取证言。询问重大或者有社会影响案件的重要证人，应当对询问过程全程同步录音录像，并告知证人。告知情况应当在录音录像中予以反映，并在笔录中记明。询问未成年人，应当通知其法定代理人到场；无法通知或者法定代理人不能到场的，应当通知未成年人的其他成年亲属或者所在学校、居住地基层组织的代表等有关人员到场；询问结束后，由法定代理人或者有关人员在笔录中签名。调查人员应当将到场情况记录在案。询问聋、哑人，应当有通晓聋、哑手势的人员参加。调查人员应当在笔录中记明证人的聋、哑情况，以及翻译人员的姓名、工作单位和职业。询问不通晓当地通用语言、文字的证人，应当有翻译人员。询问结束后，由翻译人员在笔录中签名。

实务难点指引

针对不同的证人，应采取不同的询问方法，因案施策。对涉嫌行贿人员，要充分运用开门见山、因势利导等方法，讲清楚政策法律，消除其顾虑，引导其如实作证。对特定关系人，如近亲属、情妇（夫）等，要抓住其矛盾心理，让其以书信、音频、视频等方式对被审查调查人进行规劝，一起做被审查调查人的思想工作。笔录内容要完整。询问笔录应当现场制作，内容一般包括首部、正文和尾部，首部包括询问的具体起止时间、地点、被询问人的姓名、性别、年龄、工作单位、职务、政治面貌、家庭住址、联系方式等。要注意年龄必须写周岁，工作单位要用全称，家庭住址是现居住地。笔录开头要记录程序性的内容，一是表明身份，二是告知权利义务。正文部分要全面完整、准确清楚、主次得当，主要记录涉嫌职务违法犯罪的事实，包括时间、地点、人物、经过、手段、原因、结果等。尾部包括确认笔录的真实性和完整性，核对笔录并签名捺指印等。①

典型案例

某省某县供销合作社原股金管理科科长 A，涉嫌挪用公款犯罪，于 1998 年出逃，2019 年 7 月被追逃归案。A 到案后，鉴于该案系共同犯罪，时间跨度长、取证难度大、部分证据消失、个别证人已经离世等复杂情况，且 A 始终拒不交代其违法犯罪事实，难以定罪。为此，调查组采取全面取证原则，先后前往多地查找询问当年参与经办业务的会计、出纳、相关证人，收集证言材料，发出询问通知书 37 份，询问证人 23 人，掌握了解其作案方式。证人证言、书证、再生证据形成了完整、清楚的证据链闭环，2019 年 9 月 A 被正式批准逮捕。询问措施源于纪检监察机关多年实践中运用的执纪审查手段，为了更好地履行监察机关调查职务违法和职务犯罪的职能，《监察法》将询问措施确定为监察机关的调查权限。②

关联法条

《刑事诉讼法》第 124 条；《监察法实施条例》第 85—91 条；《中国共产党纪律检查机关监督执纪工作规则》第 40、49 条；《人民检察院刑事诉讼规则》第 193、195 条；《公安机关办理刑事案件程序规定》第 210 条；《最高人民法院关于适用〈中华人民共和国刑事诉讼法〉的解释》第 87 条。

---

① 参见张剑峰：《如何依规依纪依法询问证人》，载《中国纪检监察报》2020 年 11 月 11 日，第 8 版。

② 参见刘紫艳：《办案一线 用证据说话》，载中央纪委国家监委网站 2024 年 12 月 25 日，https://www.ccdi.gov.cn/yaowenn/202110/t20211027_151791.html。

第二十三条　被调查人涉嫌严重职务违法或者职务犯罪，并有下列情形之一的，经监察机关依法审批，可以对其采取责令候查措施：

（一）不具有本法第二十四条第一款所列情形的；

（二）符合留置条件，但患有严重疾病、生活不能自理的，系怀孕或者正在哺乳自己婴儿的妇女，或者生活不能自理的人的唯一扶养人；

（三）案件尚未办结，但留置期限届满或者对被留置人员不需要继续采取留置措施的；

（四）符合留置条件，但因为案件的特殊情况或者办理案件的需要，采取责令候查措施更为适宜的。

被责令候查人员应当遵守以下规定：

（一）未经监察机关批准不得离开所居住的直辖市、设区的市的城市市区或者不设区的市、县的辖区；

（二）住址、工作单位和联系方式发生变动的，在二十四小时以内向监察机关报告；

（三）在接到通知的时候及时到案接受调查；

（四）不得以任何形式干扰证人作证；

（五）不得串供或者伪造、隐匿、毁灭证据。

被责令候查人员违反前款规定，情节严重的，可以依法予以留置。

条文主旨

本条是关于对特定被调查人采取责令候查措施的规定。

条文解读

本条是 2024 年修改《监察法》时新增的内容。本条明确了监察机关对于有法定情形的涉嫌严重职务违法或者职务犯罪的被调查人，经依法批准，可以采取责令候查措施。之所以增加此类调查措施，主要是为了"解决未被采取留置措施的被调查人缺乏相应监督管理措施的问题，同时减少留置措施适用，彰显监察工作尊重和保障人权、维护监察对象和相关人员合法权益的基本原则"。① 按照有关规定，涉嫌严重职务违法或者职务犯罪时应当直接进行调查，但在符合法定情形时可以采取责令候查措施。

1. 可以采取责令候查措施的主要情形

本条分为3款，其中第1款规定了可以采取责令候查措施的情形，共列举了以下4种具体的情形。

第一，不具有《监察法》第24条第1款规定的事项，即不存在以下情形：案情重大、复杂的；可能逃跑、自杀的；可能串供或者伪造、隐匿、毁灭证据的；可能有其他妨碍调查行为的。因为如果存在《监察法》第24条第1款规定的情形，经审批可以采取留置措施，而不必采取本条规定的措施。

第二，符合留置条件，但患有严重疾病、生活不能自理的，系怀孕或者正在哺乳自己婴儿的妇女，或者生活不能自理的人的唯一扶养人。如果被调查人本人患有严重疾病、生活不能自理，这一规定体现出本法对被调查人生命权、健康权的尊重与维护。被调查人员是否达致患有严重疾病、因年老残疾等原因生活不能自理的标准，需要根据医学的判定标准予以认定。怀孕或者正在哺乳自己婴儿的妇女如果是被调查人也可以采取责令候查措施，这体现出本法对妇女权益和未成年人权益的保护。一旦妇女被确诊处于怀孕状态或正处于哺乳期，监察机关就不得对该妇女采取留置措施，以避免对妇女和未成年人的身心健康造成损害。若被调查人为生活不能自理的人的唯一扶养人，监察机关亦不得对其采取留置措施。唯一扶养人，是指被扶养人除该调查人之外，没有其他人对自己有扶养义务。扶养有广义狭义之分，广义上的扶养泛指特定亲属之间根据法律的明确规定而

---

① 瞿芃：《推进新时代监察工作高质量发展——有关负责人就监察法修改答记者问》，载《中国纪检监察报》2024年12月26日，第2版。

存在的经济上相互供养、生活上相互辅助照顾的权利义务关系，囊括了长辈亲属对晚辈亲属的"抚养"、平辈亲属之间的"扶养"和晚辈亲属对长辈亲属的"赡养"三种具体形态。狭义的扶养则专指平辈亲属之间尤其是夫妻之间依法发生的经济供养和生活扶助的权利义务关系。根据《民法典》的相关规定，民法中的扶养采取狭义概念，而根据本条的精神，此处的"扶养"是从广义的角度而言的。

第三，案件尚未办结，但留置期限届满或者对被留置人员不需要继续采取留置措施的。如果案件办结则无须采取相应措施，倘若留置期限已经届满或者对被留置人员不需要继续采取留置措施，可以采用责令候查措施。《监察法》第 48 条第 1 款规定，留置时间不得超过 3 个月。在特殊情况下，可以延长 1 次，延长时间不得超过 3 个月。省级以下监察机关采取留置措施的，延长留置时间应当报上一级监察机关批准。监察机关发现采取留置措施不当或者不需要继续采取留置措施的，应当及时解除或者变更为责令候查措施。第 2 款规定，对涉嫌职务犯罪的被调查人可能判处 10 年有期徒刑以上刑罚，监察机关依照前款规定延长期限届满，仍不能调查终结的，经国家监察委员会批准或者决定，可以再延长 2 个月。第 3 款规定，省级以上监察机关在调查期间，发现涉嫌职务犯罪的被调查人另有与留置时的罪行不同种的重大职务犯罪或者同种的影响罪名认定、量刑档次的重大职务犯罪，经国家监察委员会批准或者决定，自发现之日起依照第 1 款的规定重新计算留置时间。留置时间重新计算以 1 次为限。对被留置人员不需要继续采取留置措施的情况，包括留置期限届满、被留置人员妨碍调查的情况已经消除、被留置人员满足《监察法实施条例》第 96 条所规定的条件等。

第四，符合留置条件，但因为案件的特殊情况或者办理案件的需要，采取责令候查措施更为适宜的。这一规定相当于可以采取责令候查措施的兜底性规定，意在赋予监察机关必要的自主权，决定是否采取责令候查措施。需要明确的是，适用该规定也有相应的限制条件，《监察法》第 24 条第 1、2 款规定："被调查人涉嫌贪污贿赂、失职渎职等严重职务违法或者职务犯罪，监察机关已经掌握其部分违法犯罪事实及证据，仍有重要问题需要进一步调查，并有下列情形之一的，经监察机关依法审批，可以将其留置在特定场所：（一）涉及案情重大、复杂的；（二）可能逃跑、自杀的；（三）可能串供或者伪造、隐匿、毁灭证据的；（四）可能有其他妨碍调查行为的。对涉嫌行贿犯罪或者共同职务犯罪的涉案人员，监察机关可以依照前款规定采取留置措施。"但在案件的情况特殊或者办理案件的需要之时，可以采取该条所规定的责令候查措施。

2. 被责令候查人员应遵守的规定

根据本条第 2 款的规定，被责令候查人员必须遵循相应的规定。同时，根据本条第 3 款的规定，如果被责令候查人员存在违反这些规定的行为，且情节严重的，监察机关可以对被责令候查人员依法予以留置。具体而言，被责令候查人员应遵守以下规定：

第一，被责令候查人员未经监察机关批准不得离开所居住的直辖市、设区的市的城市市区或者不设区的市、县的辖区。此处规定的这些区域，直辖市、不设区的市的辖区、县的辖区都比较好理解，至于何为"设区的市的城市市区"则可能存在不同认知。我国现行有效法律中有不少条款使用了"城市市区"一词，比如《土地管理法》第 9 条第 1 款规定，"城市市区的土地属于国家所有"。通常来说，所谓"城市市区"指的是城市的建成区，与郊区相对应。不过长期以来，由于缺乏空间标准和相应监测手段，我国城市建成区面积主要依靠地方填报，各地对于"城区"统计口径理解不同，且没有对应到全国"一张图"的空间范围，一定程度影响统计数据的准确性、可靠性和可比性等，给科学决策带来一定障碍。2023 年以来，自然资源部应用全国国土调查成果，组织全国 683 个设市城市全面开展了城区范围确定工作，形成了我国第一版全国城市的城区范围矢量数据集，首次实现城市城区范围的空间化、定量化和精准化。①

第二，被责令候查人员的住址、工作单位和联系方式发生变动的，应在 24 小时以内向监察机关报告。被责令候查人有义务在 24 小时以内报告

---

① 参见杨舒：《683 个设市城市城区范围首次确定》，载《光明日报》2024 年 3 月 28 日，第 10 版。

自己的相关信息及其变动情况，监察机关也应当为被调查人报告相关信息提供必要的便利，在确定采取责令候查措施时应当明确被责令候查人报告的形式。

第三，被责令候查人员在接到通知的时候，应当及时到案接受调查。这其实是"责令候查"的本义。

第四，被责令候查人员不得以任何形式干扰证人作证，包括以口头、书面或者以暴力、威胁、恫吓、引诱、收买证人等形式，阻挠证人作证或者使证人不如实作证，或者指使、威胁、贿赂他人采取这些方式阻挠证人作证或者使证人不如实作证，从而危及对案件事实真相的查明，使监察工作难以进行的。

第五，被责令候查人员不得串供或者伪造、隐匿、毁灭证据。串供是指被调查人之间，或者被调查人与案件其他有关人员之间，为了达到使被调查人逃避法律责任追究的目的，互相串通以捏造口供的行为。伪造证据是指行为人故意制造虚假的证据材料，具体包括模仿真实证据而制造假证据，或者凭空捏造虚假的证据，以及对真实证据加以变更改造，使其失却或减弱证明作用的情形。隐匿、毁灭证据是指人为地将证据藏匿、妨害证据出现、使证据价值减少、消失的一切行为。被调查人采取积极行动伪造、隐匿、毁灭证据，包括被调查人主动销毁已经存在的证据，或者将证据转移隐藏，制造假的证据或者对证据进行伪造、变造等改变证据本来特征和信息。被调查人对与案件有重要关系的情节，故意作虚假证明、销毁证据等，意图陷害他人或者隐匿罪证，即属于本条规定的情形。

实务难点指引

作为一种新的监察调查措施，责令候查与刑事诉讼中的取保候审有类似之处。对此，有观点认为，"强制到案、责令候查以及管护等新的监察措施，与《刑事诉讼法》规定的刑事拘传、取保候审、监视居住以及逮捕等刑事强制措施具有高度相近性"。①《监察法》对责令候查的规定比较原则，主要规定了责令候查的适用情形，以及被责令候查人员应遵守的规定。取保候审的制度设计详细。除了《刑事诉讼法》当中的规定，最高人民法院、最高人民检察院、公安部、国家安全部于 2022 年 9 月 5 日印发《关于取保候审若干问题的规定》对取保候审作出了非常具体的规定。后续，可以考虑由国家监察委员会出台专门的监察法规，对责令候查作出具体的制度设计。

> 第二十四条　被调查人涉嫌贪污贿赂、失职渎职等严重职务违法或者职务犯罪，监察机关已经掌握其部分违法犯罪事实及证据，仍有重要问题需要进一步调查，并有下列情形之一的，经监察机关依法审批，可以将其留置在特定场所：
> （一）涉及案情重大、复杂的；
> （二）可能逃跑、自杀的；
> （三）可能串供或者伪造、隐匿、毁灭证据的；
> （四）可能有其他妨碍调查行为的。
> 对涉嫌行贿犯罪或者共同职务犯罪的涉案人员，监察机关可以依照前款规定采取留置措施。
> 留置场所的设置、管理和监督依照国家有关规定执行。

条文主旨

本条是关于留置措施适用对象和情形的规定。

条文解读

习近平总书记在党的十九大报告中指出，"制定国家监察法，依法赋

---

① 肖金明：《推进执纪执法与刑事司法有机衔接》，载《中国党政干部论坛》2024 年第 10 期。

予监察委员会职责权限和调查手段，用留置取代'两规'措施"①。在《监察法》中规定留置措施并以其取代"两规"措施，是法治建设的重大进步，是以法治思维和法治方式开展反腐败执法工作的重要体现。留置措施是监察机关调查严重职务违法和职务犯罪的重要手段，必须依法严格采取、慎重使用，在实体和程序方面都加以严格限制。

1. 留置措施的适用条件

监察机关采取留置措施，应当同时满足 3 个方面的必要条件。这 3 个方面的适用条件，必须同时满足、缺一不可。

第一，案件定性层面，被调查人应当涉嫌贪污贿赂、失职渎职等严重职务违法或者职务犯罪。从行为性质和情节轻重来讲，适用留置措施的应当是贪污贿赂、失职渎职等严重的职务违法或者职务犯罪行为，其他的职务违法行为或者职务犯罪行为在轻微的情况下，则一般不采取留置措施。所谓"严重职务违法"，是指涉嫌的职务违法行为情节严重，可能被给予撤职以上政务处分。

第二，证据前提层面，要求监察机关已经掌握部分违法犯罪事实及证据，仍有重要问题需要进一步调查。如果不符合证据前提，则不宜采取留置措施。具体而言，这需要明确两个方面的概念。一是所谓"已经掌握其部分违法犯罪事实及证据"，是指违法犯罪事实有证据证明发生，有证据证明是被调查人实施，相关证据已查证属实。值得注意的是，这里的"部分违法犯罪事实"，可以是单一行为事实，也可以是数个行为中任一行为事实。二是所谓"重要问题"，是指在定性处置、定罪量刑等方面有重要影响的事实、情节及证据。②

第三，适用情形层面，要求符合本款规定的 4 种情形之一。针对如何认定本条规定的"可能逃跑、自杀的""可能串供或者伪造、隐匿、毁灭证据的""可能有其他妨碍调查行为的" 3 种具体适用情形，《监察法实施

---

① 习近平：《决胜全面建成小康社会 夺取新时代中国特色社会主义伟大胜利——在中国共产党第十九次全国代表大会上的报告》，人民出版社 2017 年版，第 68 页。

② 参见中共中央纪律检查委员会中华人民共和国国家监察委员会法规室编写：《〈中华人民共和国监察法〉释义》，中国方正出版社 2018 年版，第 134 页。

条例》第93—95条作出了细化规定。例如，根据《监察法实施条例》第93条的规定，可被认定"可能逃跑、自杀"的情形包括：着手准备自杀、自残或者逃跑的，曾经有自杀、自残或者逃跑行为的，以及有自杀、自残或者逃跑意图的。根据《监察法实施条例》第94条的规定，可被认定"可能串供或者伪造、隐匿、毁灭证据"的情形包括：曾经或者企图串供，伪造、隐匿、毁灭、转移证据的；曾经或者企图威逼、恐吓、利诱、收买证人，干扰证人作证的；有同案人或者与被调查人存在密切关联违法犯罪的涉案人员在逃，重要证据尚未收集完成的。根据《监察法实施条例》第95条的规定，可被认定"可能有其他妨碍调查行为"的情形包括：可能继续实施违法犯罪行为的；有危害国家安全、公共安全等现实危险的；可能对举报人、控告人、被害人、证人、鉴定人等相关人员实施打击报复的；无正当理由拒不到案，严重影响调查的。

2. 留置措施的适用对象

监察机关立案调查职务违法或者职务犯罪案件，需要对涉嫌行贿犯罪、介绍贿赂犯罪或者共同职务犯罪的涉案人员立案调查的，应当一并办理立案手续。职务犯罪案件，往往涉案人员多、社会影响面广，为此需要做好对职务犯罪案件涉案人员的处理工作。所谓"涉案人员"，单就法律文本来说，并非《监察法》所首创。早在监察体制改革之前，检察机关相关规范性文件就有"职务犯罪涉案人员"的表述，刑事司法实践中也有机关将与案件有关联的人员称为"涉案人员"，纪委监督执纪实践中也使用"涉案人员"的表述。《监察法》的出台，将涉案人员融贯于监察法规范体系之中，使其获得了监察法上的主体身份。在实践中，涉案人员的类型较多、较为复杂，既可涵盖被调查人，又可以与被调查人相区分；既可以指监察对象，又可以指纪检对象；既可以指政务处分对象，又可以指纪律处分对象。根据涉案人员在主案中的作用，还可以分为直接涉案人员、关键涉案人员、重要涉案人员等。① 一般来讲，留置措施的适用对象是符合本

---

① 参见秦前红、李世豪：《论〈监察法〉中的涉案人员及其权利保护》，载《吉首大学学报（社会科学版）》2023年第4期。

条第 1 款留置要件的被调查人；不过，在职务违法犯罪案件查办实践中，对于部分涉案人员，如果不将其留置，可能严重影响监察机关的后续调查工作，有可能造成事实调查不清、证据收集不足，使腐败分子逃脱法律的惩治。

此外，《监察法实施条例》第 96 条第 1 款列举了"不得采取留置措施"的人员，包括患有严重疾病、生活不能自理的，怀孕或者正在哺乳自己婴儿的妇女，以及系生活不能自理的人的唯一扶养人。当然，在这些特殊情形消除之后，监察机关根据调查需要可以对相关人员采取留置措施。

3. 留置场所的设置、管理和监督依照国家有关规定执行

留置措施本身涉及对人身自由的严格限制，也是案件调查、证据收集的重要一环，为此其场所的设置、管理和监督必须加以严格规范，采取一套严密、细致的制度体系。2018 年《监察法》对此未做进一步细化，2024 年《监察法》修改之后，在第 49 条第 2 款中增加规定"省级以下监察机关留置场所的看护勤务由公安机关负责，国家监察委员会留置场所的看护勤务由国家另行规定。留置看护队伍的管理依照国家有关规定执行"。

在此基础上，本条第 3 款规定为国家制定留置场所的设置、管理和监督的专门规定提供了法律依据，预留了必要的制度空间。

典型案例

2017 年 3 月 21 日 22 点，山西省纪委监委 2 名调查人员向山西某国企董事长 A 郑重宣布：根据《全国人民代表大会常务委员会关于在北京市、山西省、浙江省开展国家监察体制改革试点工作的决定》的有关规定，本委决定对你采取留置措施，期限自 2017 年 3 月 21 日起算。随即，A 在留置决定书上签字。这张留置决定书，记录了一个意义重大的时刻：山西省监察委员会挂牌成立 2 个月后，迎来了"留置第一案"。① 作为一项重要的调查措施，留置在纪检监察工作实践中较为常见。比如在 2023 年度，全国

---

① 参见张琰：《【从试点看监委12项调查措施（12）】留置：取代"两规"，突破案情"撒手锏"》，载中央纪委国家监委网站，https://www.ccdi.gov.cn/special/sexdccs/201802/t20180207_163571.html。

纪检监察机关共立案62.6万件，留置2.6万人。①

关联法条

《监察法》第49条；《监察法实施条例》第46条第4款、第92—96条、第181条第1款；《人民检察院刑事诉讼规则》第133条。

第二十五条 对于未被留置的下列人员，监察机关发现存在逃跑、自杀等重大安全风险的，经依法审批，可以进行管护：

（一）涉嫌严重职务违法或者职务犯罪的自动投案人员；

（二）在接受谈话、函询、询问过程中，交代涉嫌严重职务违法或者职务犯罪问题的人员；

（三）在接受讯问过程中，主动交代涉嫌重大职务犯罪问题的人员。

采取管护措施后，应当立即将被管护人员送留置场所，至迟不得超过二十四小时。

条文主旨

本条是关于管护措施适用情形的规定。

条文解读

本条是《监察法》2024年修改时新增的内容，旨在对未被留置的有关人员采取有效措施进行管护。虽然"管护"和前述"责令候查"都是新增加的强制措施，但本质上与现行其他法律上的取保候审、刑事拘留类似，只是在具体执行上，更加符合职务犯罪案件的特征。

---

① 参见李希：《深入学习贯彻习近平总书记关于党的自我革命的重要思想 纵深推进新征程纪检监察工作高质量发展——在中国共产党第二十届中央纪律检查委员会第三次全体会议上的工作报告》，载《中国纪检监察》2024年第5期。

1. 管护措施的适用情形

根据本条第1款的规定，适用管护的前提是监察机关发现存在逃跑、自杀等重大安全风险，具体适用情形主要包括以下3个方面。

其一，涉嫌严重职务违法或者职务犯罪的自动投案人员，该项要求涉嫌严重职务违法或者职务犯罪的公职人员在主观方面表现为认识到自己的行为构成职务违法或者职务犯罪，并愿意接受法律的制裁，对自己的行为表现出悔意，体现了嫌疑人改过自新的善意。在客观上表现为嫌疑人存在主动向监察机关等国家机关投案的行为。主动投案，主要是指：党员、监察对象的涉嫌违纪或者职务违法、职务犯罪问题，未被纪检监察机关掌握，或者虽被掌握，但尚未受到纪检监察机关的审查调查谈话、讯问或者尚未被采取留置措施时，主动向纪检监察机关投案；涉案人员的涉嫌行贿犯罪或者共同职务违法、职务犯罪问题，未被纪检监察机关掌握，或者虽被掌握，但尚未受到纪检监察机关的询问、审查调查谈话、讯问或者尚未被采取留置措施时，主动向纪检监察机关投案。①

其二，在接受谈话、函询、询问过程中，交代涉嫌严重职务违法或者职务犯罪问题的人员。在纪检监察机关谈话函询过程中，主动交代纪检监察机关未掌握的涉嫌违纪或者职务违法、职务犯罪问题的，视为主动投案。因此，本项规定也是主动投案的情形。

其三，在接受讯问过程中，主动交代涉嫌重大职务犯罪问题的人员。在讯问过程中主动交代本人所涉嫌的重大职务犯罪问题，这表明被调查人主观认罪态度较好，能积极配合调查工作。

上述情形表明被调查人主观态度较好，但如果存在逃跑、自杀等重大安全风险，表明被调查人的态度已经发生重大转变，继续采取原措施将给监察工作带来重大干扰，因此必须加以改变，对可能存在逃跑、自杀等重大安全风险的被调查人进行管护，以保障不会出现逃跑、自杀等重大安全风险。

---

① 参见刘一霖：《学习贯彻纪律处分条例 从轻或减轻处分规定的理解与适用》，载中央纪委国家监委网站，https://www.ccdi.gov.cn/yaowenn/202409/t20240904_372778_m.html。

2. 应当立即将被管护人员送留置场所

为确保被管护人员的人身安全，保证监察调查工作的顺利开展，根据本条第 2 款的规定，采取管护措施后，应当在 24 小时内立即将被管护人送往留置场所。留置场所是特定的场所，按照《监察法》的规定，留置场所的设置、管理和监督依照国家有关规定执行，《监察法实施条例》规定留置场所应当建立健全保密、消防、医疗、餐饮及安保等安全工作责任制，制定紧急突发事件处置预案，采取安全防范措施。

第二十六条　监察机关调查涉嫌贪污贿赂、失职渎职等严重职务违法或者职务犯罪，根据工作需要，可以依照规定查询、冻结涉案单位和个人的存款、汇款、债券、股票、基金份额等财产。有关单位和个人应当配合。

冻结的财产经查明与案件无关的，应当在查明后三日内解除冻结，予以退还。

条文主旨

本条是关于查询、冻结措施的规定。

条文解读

本条规定明确了为推进监察调查工作，监察机关可以在收集、保全财产，防止证据流失等方面采取相应的措施。习近平总书记在党的十九大报告中指出，"制定国家监察法，依法赋予监察委员会职责权限和调查手段"①。从实践经验来看，监察机关调查职务违法和职务犯罪，相当多的问题涉及有关单位和个人的存款、汇款、债券、股票、基金份额等财产。为了有效查清案件，使监察机关能充分行使职权，赋予监察机关必要的查询和冻结

---

① 习近平：《决胜全面建成小康社会　夺取新时代中国特色社会主义伟大胜利——在中国共产党第十九次全国代表大会上的报告》，人民出版社 2017 年版，第 68 页。

权限是十分必要的。需要注意的是，在查询和冻结财产的过程中，监察机关应当全面收集有关证据，不仅应当收集能证明案件事实的证据，也要收集能证明被调查人无罪或者轻罪的证据。

1. 查询和冻结措施的适用条件

本条第1款对查询和冻结措施的适用条件作出了规定，主要包括：一是案件类型条件，查询和冻结所涉及的案件是监察机关已经开始调查的涉嫌贪污贿赂、失职渎职等严重职务违法或者职务犯罪案件。二是出于监察工作的需要，也就是在调查涉嫌贪污贿赂、失职渎职等严重职务违法或者职务犯罪案件时如果不采取查询、冻结等措施，极有可能出现涉案单位和个人转移存款、汇款、债券、股票、基金份额等财产的情况，进而出现伪造、隐匿、毁灭证据的情形。三是查询和冻结的对象必须是涉案单位和个人的财产，不得涉及其他无关的单位和个人。在查询和冻结财产的过程中，应当向银行等其他金融机构出具查询和冻结的书面文件，相关金融机构应当配合查询和冻结，不得以任何理由拒绝、阻扰。冻结财产应当通知权利人或者其法定代理人、委托代理人，要求其在《冻结财产告知书》上签名。冻结股票、债券、基金份额等财产，应当告知权利人或者其法定代理人、委托代理人有权申请出售。调查人员也不得查询与案件调查工作无关的信息。

根据《监察法实施条例》的规定，在查询和冻结时，应当按规定报批。查询、冻结财产时，调查人员不得少于2人。调查人员应当出具《协助查询财产通知书》或者《协助冻结财产通知书》，送交银行或者其他金融机构、邮政部门等单位执行。有关单位和个人应当予以配合，并严格保密。查询财产应当在《协助查询财产通知书》中填写查询账号、查询内容等信息。没有具体账号的，应当填写足以确定账户或者权利人的自然人姓名、身份证件号码或者企业法人名称、统一社会信用代码等信息。冻结财产应当在《协助冻结财产通知书》中填写冻结账户名称、冻结账号、冻结数额、冻结期限起止时间等信息。冻结数额应当具体、明确，暂时无法确定具体数额的，应当在《协助冻结财产通知书》上明确写明"只收不付"。冻结证券和交易结算资金时，应当明确冻结的范围是否及于孳息。冻结财产，应当为被调查人及其所扶养的亲属保留必需的生活费用。

2. 冻结措施的解除

根据本条第 2 款的规定，对于冻结的财产应当履行审查程序，同被审查案件无关的，应当在查明情况后 3 日内解除冻结，退还原所有人或者合法持有人、保管人。所谓"与案件无关"指的是所冻结的财产与被调查案件无关，无法起到证明作用。对于冻结的财产，应当及时核查。经查明与案件无关的，经审批，应当在查明后 3 日内将《解除冻结财产通知书》送交有关单位执行。解除情况应当告知被冻结财产的权利人或者其法定代理人、委托代理人。在《监察法》上述规定的基础上，《监察法实施条例》对解除冻结措施有更具体的规定。例如，根据《监察法实施条例》第 108 条第 1 款的规定，冻结财产的期限不得超过 6 个月。冻结期限到期未办理续冻手续的，冻结自动解除。

实务难点指引

不同国家机关之间，对同一涉案财物要求查封、冻结的，应当如何处理？

对此，监察机关可参照《刑事诉讼法》的相关规定予以处理。不同国家机关之间，对同一涉案财物要求查封、冻结的，协助办理的有关部门和单位应当按照送达相关通知书的先后顺序予以登记，协助首先送达通知书的国家机关办理查封、冻结手续，对后送达通知书的国家机关轮候查封、冻结登记，并书面告知该涉案财物已被查封、冻结的有关情况。要求查封、冻结涉案财物的有关国家机关之间，因查封、冻结事项发生争议的，应当自行协商解决。协商不成的，由其共同上级机关决定；分属不同部门的，由其各自的上级机关协商解决。

本法并未明确监察机关可以对哪些账户和款项冻结，为此，可参照《公安机关办理刑事案件适用查封、冻结措施有关规定》中的规定予以处理。最高人民法院、最高人民检察院、公安部等印发的《公安机关办理刑事案件适用查封、冻结措施有关规定》在第 30 条明确下列账户和款项不得冻结：金融机构存款准备金和备付金；特定非金融机构备付金；封闭贷款专用账户（在封闭贷款未结清期间）；商业汇票保证金；证券投资者保障基金、保险保障基金、存款保险基金；党、团费账户和工会经费集中户；社会保险基金；国有企业下岗职工基本生活保障资金；住房公积金和职工集资建房账户资金；人民法院开立的执行账户；军队、武警部队一类保密单位开设的"特种预算存款"、"特种其他存款"和连队账户的存款；金融机构质押给中国人民银行的债券、股票、贷款；证券登记结算机构、银行间市场交易组织机构、银行间市场集中清算机构、银行间市场登记托管结算机构、经国务院批准或者同意设立的黄金交易组织机构和结算机构等依法按照业务规则收取并存放于专门清算交收账户内的特定股票、债券、票据、贵金属等有价凭证、资产和资金，以及按照业务规则要求金融机构等登记托管结算参与人、清算参与人、投资者或者发行人提供的、在交收或者清算结算完成之前的保证金、清算基金、回购质押券、价差担保物、履约担保物等担保物，支付机构客户备付金；其他法律、行政法规、司法解释，部门规章规定不得冻结的账户和款项。

《公安机关办理刑事案件适用查封、冻结措施有关规定》第33条规定，根据侦查犯罪的需要，对于涉案账户较多，办案地公安机关需要对其集中冻结的，可以分别按照以下程序办理：涉案账户开户地属同一省、自治区、直辖市的，应当由办案地公安机关出具协助冻结财产通知书，填写冻结申请表，经该公安机关负责人审核，逐级上报省级公安机关批准后，由办案地公安机关指派2名以上侦查人员持工作证件，将冻结申请表、协助冻结财产通知书等法律文书送交有关银行业金融机构的省、区、市分行。该分行应当在24小时以内采取冻结措施，并将有关法律文书传至相关账户开户的分支机构。涉案账户开户地分属不同省、自治区、直辖市的，应当由办案地公安机关出具协助冻结财产通知书，填写冻结申请表，经该公安机关负责人审核，逐级上报公安部按照规定程序批准后，由办案地公安机关指派2名以上侦查人员持工作证件，将冻结申请表、协助冻结财产通知书等法律文书送交有关银行业金融机构总部。该总部应当在24小时以内采取冻结措施，并将有关法律文书传至相关账户开户的分支机构。有关银行业金融机构因技术条件等客观原因，无法按照上述要求及时采取冻结措施的，应当向公安机关书面说明原因，并立即向国家金融监督管理总局或者其派出机构报告。

《公安机关办理刑事案件适用查封、冻结措施有关规定》第 54 条规定，根据本规定依法应当协助办理查封、冻结措施的有关部门、单位和个人有下列行为之一的，公安机关应当向有关部门和单位通报情况，依法追究相应责任：（1）对应当查封、冻结的涉案财物不予查封、冻结，致使涉案财物转移的；（2）在查封冻结前向当事人泄露信息的；（3）帮助当事人转移、隐匿财产的；（4）其他无正当理由拒绝协助配合的。该规定第 55 条还规定，公安机关对以暴力、威胁等方法阻碍有关部门和单位协助办理查封、冻结措施的行为，应当及时制止，依法查处。

监察机关在采取解除冻结措施时可以适当借鉴上述规定和要求。在监察机关解除冻结措施的过程中，银行业金融机构等有关单位和人员负有协助义务，应当协助解除冻结。对于拒绝协助或阻碍解除冻结的有关单位和人员，应当追究其相应的法律责任。

典型案例

经湖北省委批准，湖北某集团公司原党委书记、董事长 A 被开除党籍和公职，并被依法移送司法机关处理。湖北省纪委监委在对该案办理之初，就对追赃挽损工作高度重视，成立工作专班，统筹该系列案件涉案财物核查追缴工作，由市纪委监委对县（市、区）纪委监委承办的涉案财物统一管理。纪检监察机关最大限度核查违纪违法犯罪所得及造成的国家损失情况，对国内外的相关涉案财产依法采取查封、扣押、冻结和相应措施。2018 年 1 月至 2024 年 7 月，纪检监察机关累计查封、扣押、冻结涉案财产 10 余亿元。2019 年 8 月，在某集团公司经营困难、风险化解的关键时期，纪检监察机关依纪依法将办案追缴的涉案资金 1.88 亿元及时返还某集团公司，帮助企业渡过难关。① 纪检监察机关按照法定程序对涉案单位的财产采取冻结措施，保全了财产性证据，防止证据流失或者被隐匿，

---

① 参见韩亚栋：《破茧重生》，载《中国纪检监察报》2024 年 9 月 23 日，第 1 版。

确保在后续工作中对违法犯罪所得予以没收、追缴、返还、责令退赔。同时，纪检监察机关注重涉案单位的经营状况，在集团经营困难的时期及时依照法定程序将追缴的资金返还集团，保证集团的正常运行。

关联法条

《刑事诉讼法》第 144 条；《监察法实施条例》第 55、104—111 条；《中国共产党纪律检查机关监督执纪工作规则》第 40、42、47 条；《人民检察院刑事诉讼规则》第 212、215 条；《金融机构协助查询、冻结、扣划工作管理规定》第 2、5、7—9、11、12、16、18 条；《中国银监会、最高人民检察院、公安部、国家安全部关于印发银行业金融机构协助人民检察院公安机关国家安全机关查询冻结工作规定的通知》；《公安机关办理刑事案件程序规定》第 239—245 条。

> **第二十七条** 监察机关可以对涉嫌职务犯罪的被调查人以及可能隐藏被调查人或者犯罪证据的人的身体、物品、住处和其他有关地方进行搜查。在搜查时，应当出示搜查证，并有被搜查人或者其家属等见证人在场。
>
> 搜查女性身体，应当由女性工作人员进行。
>
> 监察机关进行搜查时，可以根据工作需要提请公安机关配合。公安机关应当依法予以协助。

条文主旨

本条是关于搜查措施的规定。

条文解读

本条对监察中搜查的概念作出了界定，该条规定的主要目的是规范搜查程序和运行方式。本条主要包括以下 3 个方面的内容。

1. 搜查的适用情形和具体要求

搜查即搜索查验，是一种具有强制性的调查手段。其强制性体现为是否搜查以及搜查的时间方式等不需要征求被搜查人的意愿。规范搜查的主要目的是规范搜查的程序和要求，以保障监察机关收集犯罪证据、查获被调查人，确保搜查严格依法进行，确保权力被制约，防止搜查权被滥用，从而顺利查明犯罪事实，有力惩治腐败。[①] 根据本条的规定，监察机关的搜查权适用于涉嫌职务犯罪的案件，涉嫌职务违法案件不能使用搜查的调查措施。监察机关运用搜查措施调查案件的目的是收集犯罪证据、查获被调查人。由于搜查可能涉及被搜查人的人格尊严等基本权利和自由，《监察法实施条例》规定搜查采用令状主义，即监察机关按规定报批后才能进行搜查。本条的规定为一般授权。搜查的对象是被调查人以及可能隐藏被调查人或者犯罪证据的人的身体、物品、住处、工作地点和其他有关地方。

与此同时，搜查是《监察法》赋予监察机关的调查措施之一。由于搜查措施是法律赋予监察机关的调查措施，而且具有较强的专业要求，所以搜查应当在调查人员的主持下进行，以确保程序正当性。为了保证搜查活动的公平公正公开进行，不得仅由单一的调查人员主持搜查活动，应当确保执行搜查措施的调查人员不少于2人。从尊重被搜查人财产权和知情权的角度出发，调查人员在搜查时，应确保被搜查人或其家属在场。为了确保和证明搜查的合法性和正当性，还应当有被搜查对象所在单位的工作人员或者其他见证人在场。因为被搜查对象为公职人员，在没有其他见证人的情况下，被搜查人所在单位的工作人员应当在场。从职务回避的角度出发，搜查人员不得作为见证人。此外，根据《监察法实施条例》第56条第1款的规定，调查人员在进行搜查时，应当对全过程进行录音录像，留存备查。

对搜查情况应当制作《搜查笔录》，由调查人员和被搜查人或者其家

[①] 参见中共中央纪律检查委员会中华人民共和国国家监察委员会法规室：《〈中华人民共和国监察法〉释义》，中国方正出版社2018年版，第139-141页。

属、见证人签名。被搜查人或者其家属不在场，或者拒绝签名的，调查人员应当在笔录中记明。对于查获的重要物证、书证、视听资料、电子数据及其放置、存储位置应当拍照，并在《搜查笔录》中作出文字说明。搜查人员应当服从指挥、文明执法，不得擅自变更搜查对象和扩大搜查范围。搜查的具体时间、方法，在实施前应当严格保密。

2. 由女性工作人员搜查女性身体

本条第 2 款是关于搜查女性身体的特殊规定。该款规定搜查女性身体时，应当由女性工作人员进行，这是对女性的特殊保护，防止在搜查时出现人身侮辱等违法行为，确保被搜查女性的人格尊严和人身安全不受侵犯。事实上，由女性工作人员搜查女性身体，亦是刑事司法活动的法定要求。例如，《刑事诉讼法》第 139 条第 2 款规定："搜查妇女的身体，应当由女工作人员进行。"《刑事诉讼法》第 281 条第 3 款还规定："讯问女性未成年犯罪嫌疑人，应当有女工作人员在场。"

3. 提请公安机关配合搜查

本条第 3 款是关于公安机关配合的规定。根据《宪法》和《监察法》的相关规定，监察机关办理职务违法和职务犯罪案件，应当与审判机关、检察机关、执法部门互相配合，互相制约。执法部门就包括公安机关在内的各种行政执法部门。出于机构职能分工和职权充分行使的需要，公安机关在职权配备上有同监察机关不一样的地方，因此，根据实际工作的需要，监察机关可以提请公安机关或者有关单位进行协助。监察机关在运用搜查措施调查案件的过程中，遇到超出监察机关职权范围或者其他紧急情况、特殊情况时，有权要求公安机关予以协助。只要是监察机关依法提出的协助请求，公安机关应当在其职权范围内依法予以协助。

需要说明的是，公安机关接受监察机关的协助请求，在进行搜查工作时也应遵循公安部等出台的具体规定。例如，《公安机关办理刑事案件程序规定》第 8 章第 5 节便是对"搜查"的专门规定。比如该规定第 223 条规定："进行搜查，必须向被搜查人出示搜查证，执行搜查的侦查人员不得少于二人。"第 225 条第 2 款规定："公安机关可以要求有关单位和个人交出可以证明犯罪嫌疑人有罪或者无罪的物证、书证、视听资料等证据。

遇到阻碍搜查的，侦查人员可以强制搜查。"

实务难点指引

监察机关的调查一般会分阶段进行，每个阶段的任务和要求不同。在进行搜查工作时，根据案情需要和法律规定，监察机关在按规定报批后方可进行搜查工作。但有些情况下报批手续会有一定的迟延，给犯罪分子转移证据以可乘之机。其实，搜查的请示可以和立案、留置的请示一并报批，从而提高报批效率。紧急情况下，监察机关可以先实施搜查，搜查后及时补办相关审批手续。一般情形下，搜查时应当出示搜查证，搜查证的签发有严格的程序限制。但是遇到紧急情况时，特别是被调查人或者其他人员可能存在隐匿、毁弃、转移犯罪证据等影响监察调查程序的情形时，可以先实施搜查，再及时补办审批手续。

搜查证等文书事前的准备是否充分，关系着监察机关搜查工作的质量。因此，搜查证应该详细准确写明被搜查人的有关信息、搜查的目的、搜查机关、执行人员以及搜查日期等内容。需要注意的是，在某些情况下，监察机关前期要开展全面深入的摸底调查，充分掌握被调查人及其配偶、子女的基本情况等各方面信息，以便有的放矢地确定搜查范围和重点，如此才能做到有备无患，确保搜查工作的顺利进行。县级以上监察机关需要提请公安机关依法协助采取搜查措施的，应当按规定报批。那么监察机关提请公安机关协助采取搜查措施的案件范围是什么？公安机关是否需要对监察机关的协助请求进行实质性审查？

《监察法》第27条第3款规定："监察机关进行搜查时，可以根据工作需要提请公安机关配合。公安机关应当依法予以协助。"根据该款规定，监察机关提请公安机关进行搜查配合的要件是"工作需要"，而对于"工作需要"绝不能进行任意的扩大解释，应当符合《宪法》第127条和《监察法》第4条规定的互相配合、互相制约原则。在界定上，应当遵从以下要件：第一，存在监察机关自身不能排除的障碍；第二，公安机关具有搜查能力并且能够排除相关搜查障碍。此外，有观点认为，公安机关对监察机关协助请求的相关手续进行形式审查是没有争议的，而且为了保证依法正确行使搜查权力，保障配合搜查效果，制约监察机关搜查职权的扩张，还应该进行实质审查。① 这一看法具有合理性。

搜查是监察机关调查职务犯罪案件时收集犯罪证据、查获涉嫌职务犯罪的被调查人的重要措施。用好搜查措施，对于查明犯罪事实、收集固定证据、追缴赃款赃物有着十分重要的作用。在搜查取证工作中，如何做好录音录像工作？依照相关实务经验，搜查人员所配备的全景摄像机应在开门前开机，跟拍至房间中予以固定位置，搜查人员进入主厅后，打开各房门，制作房屋平面图，并对每个房间进行编号，然后开始具体的搜查工作。在对住所进行搜查时，需要逐一对房间开展搜查，在一个房间未搜查完时，不得进入其他房间，跟拍摄像机对全过程进行跟踪拍摄，定位全景摄像机可在房外对准房间进行全景拍摄。需要注意的是，全程录音录像要体现录制的地点和场所，如在镜头中录制小区名字、楼层、房号等；拍照摄像完成后，相关视频、照片要按搜查时间、地点等，分类拷贝、留存备查；严禁使用手机拍照摄像，更不能发朋友圈、微信群。②

保护公民各项合法权益，是调查工作的基本要求和目标追求。《监察法实施条例》第 117 条体现了立法者对于依法搜查、文明执法的要求。在搜查过程中，如何保护公民权益，体现人文关怀？就细节来说，监察机关在搜查住宅时，应尽量避免家中老人、孩子在场，对于进入住宅要选好时机，做到悄然迅速，不要大张旗鼓；搜查过程中要严格规范，注意轻拿轻放，禁止大声喧哗；搜查后应将物品放回原处，尽量保持房间整洁。

根据《监察法实施条例》第 112 条的规定，监察机关调查职务犯罪案件，为了收集犯罪证据、查获被调查人，按规定报批后，可以依法对被调查人以及可能隐藏被调查人或者犯罪证据的人的身体、物品、住处、工作地点和其他有关地方进行搜查。《监察法实施条例》第 118 条则规定："在搜查过程中查封、扣押财物和文件的，按照查封、扣押的有关规定办理。"

---

① 参见王占洲、林苇：《监察机关提请公安机关配合搜查中"工作需要"的范围界定》，载《中国人民公安大学学报（社会科学版）》2021 年第 2 期。

② 参见杜源：《运用搜查措施需把好三道关口》，载《中国纪检监察报》2020 年 5 月 27 日，第 8 版。

根据以上条文，监察机关运用搜查措施调查案件需要提前报批。然而，查封、扣押前同样要严格履行审批手续，报同级监委分管领导审批。所以实务中可能出现监察机关在搜查过程中需要查封、扣押财物和文件时，因为没有报批而无权查封、扣押的情形。其实，搜查、查封、扣押等调查措施可以同时报批。监察机关在报请批准对被调查人进行搜查措施时，可以事先预判在搜查过程中是否需要同时进行查封、扣押措施，如果需要的话，可以一同报请批准，从而提高报批效率。

典型案例

2020年7月30日，湖北省某市纪委监委对市人大城乡建设和环境资源保护委员会副主任委员、二级调研员A采取留置措施进行审查调查。当日下午，在A的家中，市纪委监委专案组成员亮明身份后，向A妻B出具了市监委搜查证，并在2名见证人公开见证下开展搜查，搜查过程全程同步录音录像。搜查完成后，办案人员会同2名见证人和B一一核对可能涉案的相关财物。准确无误后，现场制作搜查笔录，出具扣押文书和扣押清单，现场搜查人员、见证人和B三方同时签字确认。[①] 本条不仅赋予了监察机关运用搜查措施调查案件的权限，更是规范了监察机关搜查的程序和要求，确保搜查严格依法进行，防止搜查权滥用，以保障顺利查明犯罪事实，有力惩治腐败。

关联法条

《宪法》第37、39条；《刑事诉讼法》第136、138条；《未成年人保护法》第4条；《监察法实施条例》第56、112—118条；《人民检察院刑事诉讼规则》第207条；《中国共产党纪律检查机关监督执纪工作规则》第40、48条；《纪检监察机关派驻机构工作规则》第39条；《公安机关办理刑事案件程序规定》第222—226条；《最高人民法院关于适用〈中华人民共和国刑事诉

---

① 参见张胜军：《把规范化法治化融入工作全过程》，载《中国纪检监察报》2021年1月18日，第1版。

讼法〉的解释》第 86 条。

> **第二十八条** 监察机关在调查过程中，可以调取、查封、扣押用以证明被调查人涉嫌违法犯罪的财物、文件和电子数据等信息。采取调取、查封、扣押措施，应当收集原物原件，会同持有人或者保管人、见证人，当面逐一拍照、登记、编号，开列清单，由在场人员当场核对、签名，并将清单副本交财物、文件的持有人或者保管人。
>
> 对调取、查封、扣押的财物、文件，监察机关应当设立专用账户、专门场所，确定专门人员妥善保管，严格履行交接、调取手续，定期对账核实，不得毁损或者用于其他目的。对价值不明物品应当及时鉴定，专门封存保管。
>
> 查封、扣押的财物、文件经查明与案件无关的，应当在查明后三日内解除查封、扣押，予以退还。

条文主旨

本条是关于调取、查封、扣押措施的规定。

条文解读

调取、查封、扣押是监察机关在调查涉嫌职务违法和职务犯罪时的重要手段。为了防止财物、文件和电子数据等信息转移、毁损、灭失，应当采取必要的措施进行保全。并且，在调取、查封、扣押过程中应当严格依法进行，以规范监察权的行使，保障被调查人的合法权益。本条共包括3个部分的内容。

1. 调取、查封、扣押措施的适用范围和程序

本条第 1 款规定了调取、查封和扣押的范围和程序。该款规定包括以下两个方面：第一，调取、查封、扣押活动必须发生在监察机关的调查过程中，也就是在调查过程中发现财物、文件和电子数据等有必要加以保全

和固定。此外,"在调查过程中",不仅是指在搜查、勘验检查中可以采取调取、查封和扣押措施,在其他诸如谈话、讯问、询问、留置等各种调查过程中,若符合法定条件,均可以同时采取这些措施。第二,被调取、查封、扣押的财物、文件和电子数据等可以用来证明被调查人是否真的涉嫌违法犯罪,也就是调取、查封、扣押的财物能够证明被调查人是否存在职务违法或者职务犯罪行为,或者是违法犯罪行为的轻重等。这就明确了监察机关调取、查封、扣押的范围有严格的限定性。根据《监察法》第45条第1款的规定,调查人员应当严格执行调查方案,不得随意扩大调查范围、变更调查对象和事项。为此,与案件无关的财物、文件等不得被查封、扣押。

监察机关向有关单位和个人调取用以证明案件事实的证据材料,应当按规定报批。调取证据材料时,调查人员不得少于2人。调查人员应当依法出具《调取证据通知书》,必要时附《调取证据清单》。有关单位和个人配合监察机关调取证据,应当严格保密。调取物证应当调取原物。原物不便搬运、保存,或者依法应当返还,或者因保密工作需要不能调取原物的,可以将原物封存,并拍照、录像。对原物拍照或者录像时,应当足以反映原物的外形、内容。调取书证、视听资料应当调取原件。取得原件确有困难或者因保密工作需要不能调取原件的,可以调取副本或者复制件。调取物证的照片、录像和书证、视听资料的副本、复制件的,应当书面记明不能调取原物、原件的原因,原物、原件存放地点,制作过程,是否与原物、原件相符,并由调查人员和物证、书证、视听资料原持有人签名或者盖章。持有人无法签名、盖章或者拒绝签名、盖章的,应当在笔录中记明,由见证人签名。

监察机关查封、扣押用以证明被调查人涉嫌违法犯罪以及情节轻重的财物、文件、电子数据等证据材料,同样应当按规定报批。查封、扣押时,应当出具《查封/扣押通知书》,调查人员不得少于2人。持有人拒绝交出应当查封、扣押的财物和文件的,可以依法强制查封、扣押。调查人员对于查封、扣押的财物和文件,应当会同在场见证人和被查封、扣押财物持有人进行清点核对,开列《查封/扣押财物、文件清单》,由调查人员、见证人和持有人签名或者盖章。持有人不在场或者拒绝签名、盖章的，调查人员应当在清单上记明。查封、扣押财物，应当为被调查人及其所扶养的亲属保留必需的生活费用和物品。

2. 对调取、查封、扣押物品的保管

本条第 2 款是关于被调取、查封、扣押的财物、文件和电子数据等信息保管的规定。对调取、查封、扣押的财物、文件，监察机关应当设立专用账户、专门场所，确定专门人员妥善保管，严格履行交接、调取手续，定期对账核实，不得毁损或者用于其他目的。对价值不明物品应当及时鉴定，专门封存保管。依据该款的要求，监察机关应当将调取、查封、扣押的财物、文件放置于安全设施较为完备的地方保管，防止相关财物、文件损毁、灭失或者被替换，同时在交接时严格履行交接程序的要求，在调取、查封、扣押的财物、文件时应当出具调取手续。在查封、扣押期间，应当定期核对查实，不得损毁被调取、查封、扣押的财物、文件等。被调取、查封、扣押的财物、文件等不得用于办案之外的目的，也不得将其损毁或者替换。对价值不明物品应当及时委托有相关资质的专业机构予以鉴定，并专门封存保管。

3. 解除查封、扣押的要求

本条第 3 款规定了解除查封、扣押的要求。查封、扣押的财物、文件等并不必然同职务违法或者职务犯罪有关，因此，在查封后应当严格依法依规及时进行审查，以确定查封、扣押的财物、文件等是否同案件有关。这不仅是依法高效反腐的需要，也是有效保障公民权利的内在要求。经审查后如果认为查封、扣押的财物、文件与被审查的案件无关，应当在查明后 3 日内解除查封、扣押，予以退还。解除查封、扣押的，应当向有关单位、原持有人或者近亲属送达《解除查封/扣押通知书》，附《解除查封/扣押财物、文件清单》，要求其签名或者盖章。

典型案例

自 2011 年起，"德御系"实际控制人 A 借全国农信社改制和城商行增资扩股之机，使"德御系"关联企业以入股方式深度渗透到山西省农信社、农商行以及城商行等,为"德御系"从基层银行违规贷款投入资本市场提供便利。2020年6月,山西省纪委监委以该事立案,并成立专案组,对全省地方金融系统系列腐败案件进行审查调查。在处置涉案企业资产时,专案组既果断查封、扣押、冻结,又在查清案情的基础上及时解除相关措施,防止因办案造成企业停摆。据统计,山西省纪检监察机关查处涉案公职人员违纪违法所得总金额达27.89亿元,追赃挽损查封扣押冻结涉案公职人员和"德御系"关联企业等单位及人员涉案资产共计76.73亿元,保证了地方金融机构平稳运行和社会大局稳定。①

调取、查封、扣押是监察机关调查职务犯罪案件时收集、固定证据的一项重要措施。监察机关对被调查人涉嫌违法的财物及时采取查封、扣押措施,以避免被调查人隐匿、毁灭证据,从而及时有效查清案件。

关联法条

《宪法》第13条;《刑事诉讼法》第141条;《中国共产党纪律检查机关监督执纪工作规则》第40、42、47、48条。

第二十九条 监察机关在调查过程中,可以直接或者指派、聘请具有专门知识的人在调查人员主持下进行勘验检查。勘验检查情况应当制作笔录,由参加勘验检查的人员和见证人签名或者盖章。

必要时,监察机关可以进行调查实验。调查实验情况应当制作笔录,由参加实验的人员签名或者盖章。

条文主旨

本条是关于勘验检查和调查实验的规定。

---

① 参见李灵娜:《铲除金融蛀虫》,载《中国纪检监察报》2023年9月28日,第1版。

条文解读

在监察机关办案过程中，勘验检查是推进案件调查的有效手段。通过勘验检查这一科学方式，对那些与职务违法或者职务犯罪有关的场所、证据等进行验证，以便发现真实有效的证据，进而推进案件调查。勘验和检查存在一定的区别，"勘验"主要是针对无生命的场所、物证等，① 而"检查"主要是针对有生命的人的身体。一般的调查活动由监察机关工作人员承担，但是，对于需要特定专业知识的勘验或者检查，就需要有专门技术的人员参与。本条规定旨在通过运用专门知识，准确、快速地查明案件情况，以确保相关证据和勘验检查结论的准确性。本条适用需要注意以下3个方面的内容。

1. 勘验检查的范围

本条仅简单规定监察机关有权进行勘验检查，而根据《监察法实施条例》第136条的规定，监察机关按规定报批后，可以依法对与违法犯罪有关的场所、物品、人身、尸体、电子数据等进行勘验检查。监察机关和监察人员不得随意扩大勘验检查的范围。

2. 勘验检查的实施

监察机关工作人员可以直接或者指派、聘请具有专门知识的人在调查人员的主持下进行勘验检查。监察机关根据案件性质、勘验检查对象的专业性和复杂程度，指派相应级别的调查人员主持指挥勘验检查，也可以聘请专业人士进行勘验检查，并且所聘请的专业人士应当同被调查案件没有利害关系。调查人员应当保证勘验检查结果的公正性，不得强迫技术人员作出具有倾向性的结论。勘验检查应当由2名以上调查人员主持，邀请与案件无关的见证人在场。

勘验检查情况应当制作笔录，并由参加勘验检查人员和见证人签名。勘验检查现场、拆封电子数据存储介质应当全程同步录音录像。对现场情况应当拍摄现场照片、制作现场图，并由勘验检查人员签名。为了确定被

---

① 参见张卫平：《民事证据法》，法律出版社2017年版，第98页。

调查人或者相关人员的某些特征、伤害情况或者生理状态，可以依法对其人身进行检查。必要时可以聘请法医或者医师进行人身检查。检查女性身体，应当由女性工作人员或者医师进行。被调查人拒绝检查的，可以依法强制检查。人身检查不得采用损害被检查人生命、健康或者贬低其名誉、人格的方法。对人身检查过程中知悉的个人隐私，应当严格保密。对人身检查的情况应当制作笔录，由参加检查的调查人员、检查人员、被检查人员和见证人签名。被检查人员拒绝签名的，调查人员应当在笔录中记明。勘验检查情况应当制作笔录，由参加勘验检查的人员和见证人签名或者盖章。这就明确了该证据的法律效力，也能加强对勘验检查活动的监督，防止伪造，提升勘验检查结果的公信力。

3. 必要时可以进行调查实验

在刑事侦查过程中，公安机关等侦查机关有权进行侦查实验。《刑事诉讼法》第 135 条第 1 款规定："为了查明案情，在必要的时候，经公安机关负责人批准，可以进行侦查实验。"侦查实验是一项在侦查过程中模拟案件发生时的环境、条件，进行实验性重演的侦查活动，可以有效证实犯罪嫌疑人的供述和辩解是否真实，以及证人证言、被害人陈述是否符合实际情况。①

至于监察机关调查过程中的调查实验，乃是 2024 年修改《监察法》时新增的内容。当然，在此之前，《监察法实施条例》已对调查实验作出规定。调查实验是指监察机关在调查过程中，调查人员为了确定对案件调查有重要意义的某一事实或现象是否存在，或在某种条件下能否发生，怎样发生，结合发案时的种种条件，将该事实或现象加以再现的一种调查措施。根据《监察法实施条例》第 140 条第 1 款的规定，为查明案情，在必要的时候，经审批可以依法进行调查实验。此处规定的"必要的时候"，是指非经调查实验不足以认定案件事实。② 由此可见，调查实验措施的运

---

① 参见王爱立主编：《中华人民共和国刑事诉讼法释义》，法律出版社 2018 年版，第 288 页。

② 参见中共中央纪律检查委员会中华人民共和国国家监察委员会法规室编写：《〈中华人民共和国监察法实施条例〉释义》，中国方正出版社 2022 年版，第 230 页。

用应当是慎之又慎的。

调查实验具有较强的专业性，因此监察机关可以聘请有关专业人员参加，也可以要求被调查人、被害人、证人参加。进行调查实验，应当全程同步录音录像，制作调查实验笔录，由参加实验的人签名。进行调查实验，禁止一切足以造成危险、侮辱人格的行为。因为调查实验可能涉及各种不同种类的实验性行为或手段，所以监察机关在进行调查实验时，不能使用危险、侮辱人格、造成不良影响的行为，要时刻尊重被调查人的人格尊严，依规依纪依法进行调查实验。

实务难点指引

勘验检查笔录是否一定客观？答案应当是否定的。既然勘验检查是由调查人员实施的，那么勘验检查笔录的制作难免有主观色彩。这需要相关工作人员在勘验检查笔录的审查上下功夫，运用科学的思维方法辨明真伪。应警惕证据收集与运用的主观性对证据内容真实性的影响，勘验检查笔录不能"绝对信任"，应有效排查影响证据真实性、可靠性的主观因素，确保勘验检查笔录的客观真实性，便于后续证据转换。

监察机关在委托勘验检查时需要注意的情形主要包括：其一，监察机关所指派或者聘请参与勘验检查的人员，应当与案件没有利害关系；其二，调查人员不能对其进行技术上的干预，更不能强迫或者暗示其作出某种不真实的倾向性结论；其三，被指派或者聘请参与勘验检查的人员只能就案件中与自身业务相关的专门性问题发表看法，不能就法律适用性问题发表看法。

根据《监察法实施条例》的相关规定，监察机关在运用勘验检查措施调查案件时需要制作勘验检查证，制作勘验检查笔录，并且需要对勘验检查的全过程录音录像。勘验检查过程中制作录音录像的主要目的是留存备查，其所证明的主要是调查人员进行重要取证工作的过程事实，具有过程证据的性质。法庭可以通过有针对性地播放讯问录音录像的方式对取证活动的合法性进行调查，因此，监察机关制作的录音录像资料，在被告方质疑取证过程的合法性时，亦可作为证据材料出示，以便法庭对有争议的调查取证行为的合法性加以调查核实。实践中，监察机关应确保勘验检查录音录像工作的全程性、完整性，注意勘验检查录音录像与勘验笔录的一致性，充分发挥勘验检查录音录像证明取证工作具有合法性的作用。

根据相关法律法规，调查实验笔录作为监察机关调查取得的证据材料，可以在刑事诉讼中作为证据使用。监察机关应依照法定程序，参照《刑事诉讼法》对证据形式要件和实质要件的要求，合法、客观地进行调查实验。在调查实验笔录成为诉讼证据之后，随之而来的问题就是如何有效地对调查实验笔录的证据资格进行审查判断，以确保其作为定案根据的可靠性。实践中，调查实验笔录往往面临程序规范性不足、缺乏外部监督制约的困境。对于调查实验笔录的证据资格，可以参照侦查实验笔录的"相似性规则"进行审查判断。《最高人民法院关于适用〈中华人民共和国刑事诉讼法〉的解释》第107条规定："侦查实验的条件与事件发生时的条件有明显差异，或者存在影响实验结论科学性的其他情形的，侦查实验笔录不得作为定案的根据。"根据上述规定，实验条件的相似性成为我国司法实务中侦查实验笔录证据能力问题的主要审查内容。所以，类比参照既有的侦查实验审查经验，在监察实务中审查调查实验笔录的证据资格时，也应注重审查实验条件的相似性，其中包括实验场所的一致性、实验工具的同一性、实验环境的相似性、实验主体的同质性、实验过程的完整性、实验活动的反复性等方面的内容。

典型案例

2021年8月1日晚，云南省某市生活垃圾处理场发生5人死亡1人受伤的重大人员伤亡事故。该区纪委监委迅速成立专案组展开调查。通过初步了解，专案组发现该伤亡事故可能是生活垃圾处理场违规偷排渗滤液所导致的。专案组找相关工作人员进行了多轮谈话，但是收获甚微。后专案组人员提出调查实验方案，即"可以调取一定时期内这些渗滤液处理设备的用电量，再根据渗滤液处理设备的功率，通过调查实验，推演出使用这些电量的情况下，渗滤液处理的实际数量"。

调查实验的结果证实，垃圾处理场实际处理的渗滤液远低于其记录的数量。面对这一调查实验结果，相关人员才如实交代了多年来垃圾处理场场长、副场长多次指使职工利用雨天、夜间等不易被发现的时段偷排渗滤液的事实。事发当晚，垃圾处理场职工就是按照场长、副场长的指使，在偷排渗滤液的过程中发生了伤亡事故。最终，该垃圾处理场原场长、原副场长等 2 人因涉嫌滥用职权罪等罪名被移送司法机关处理，另有 13 名公职人员因为监督管理失职失责、形式主义官僚主义等问题受到党纪政务处分。① 调查研究一直是我们党的一项优良传统，在监察调查过程中，也可通过调查研究来获取案件的基本事实，以便案件的顺利展开。

关联法条

《刑事诉讼法》第 128、130、132、133、135 条；《监察法实施条例》第 136—140 条；《中国共产党纪律检查机关监督执纪工作规则》第 40 条；《人民检察院刑事诉讼规则》第 199、201、335、336、413 条；《最高人民法院关于适用〈中华人民共和国刑事诉讼法〉的解释》第 86、103、106、107 条；《公安机关刑事案件现场勘验检查规则》第 6、13、24、31、33、34、69—72 条；《公安机关办理刑事案件程序规定》第 194、217、221 条；《公安机关办理刑事案件电子数据取证规则》第 10 条。

> **第三十条** 监察机关在调查过程中，对于案件中的专门性问题，可以指派、聘请有专门知识的人进行鉴定。鉴定人进行鉴定后，应当出具鉴定意见，并且签名。

条文主旨

本条是关于鉴定的规定。

---

① 参见李姝、高文飞：《"让心存侥幸者丢掉幻想"》，载《中国纪检监察报》2023 年 5 月 22 日，第 7 版。

条文解读

本条规定的目的是明确监察机关在调查过程中，对于专门性问题可以进行鉴定，以确保对专门性问题的准确把握，以便有效推进监察调查工作。由于知识分化和专业分工，单独依靠监察机关工作人员来把握专门性问题既无必要，也不现实。在监察过程中，对案件中的专门性问题指派、聘请有专门知识的人进行鉴定是必然之选。在监察实务中，监察机关的鉴定工作可以参照《全国人民代表大会常务委员会关于司法鉴定管理问题的决定》的相关规定执行。

鉴定通常是指办案机关为了解决案件中的专门性问题，指派或聘请具有专门知识的人，就案件中某些专门性问题进行鉴别和判断的活动。鉴定人出具的鉴定意见是《监察法》所规定的证据种类之一。鉴定对于查明事实真相，揭露犯罪，保护公民权利具有重要作用。监察机关的鉴定是否科学准确，关系到能否正确认定职务违法犯罪案件的事实，尤其是在调查疑难案件时，充分运用最新科学技术进行鉴定，可以取得其他证据无法取代的结果。所以，为了保证鉴定的准确性、科学性，监察机关运用鉴定措施必须严格依照法律规定进行。结合本条规定和《监察法实施条例》的有关规定，本条主要包括以下4个方面的内容。

1. 鉴定应遵循严格的程序

鉴定应当发生在监察机关的调查过程中。由于鉴定涉及指派、聘请专门人员，因此应当严肃对待，不能随意启动。监察机关决定采取鉴定措施，应当按照规定报批。监察机关所指派、聘请的鉴定人，必须具备专业知识，既可以从其他机关的专门人员中选择，也可以从其他具有专门知识的人员中选择。鉴定时应当出具《委托鉴定书》，由2名以上调查人员送交具有鉴定资格的鉴定机构、鉴定人进行鉴定。需要注意的是，监察机关应当为鉴定提供必要条件，向鉴定人送交有关检材和对比样本等原始材料，介绍与鉴定有关的情况。调查人员应当明确提出要求鉴定事项，但不得暗示或者强迫鉴定人作出某种鉴定意见。此外，监察机关对于法庭审理中依法决定鉴定人出庭作证的，应当予以协调。

2. 鉴定针对的是专门性问题

只有在面临专门性问题时才能也才有必要指派、聘请专门人员进行鉴定。专门性问题主要是指监察机关在调查过程中遇到的必须运用专门的知识和经验作出科学判断的问题。① 根据《监察法实施条例》第 146 条的规定，专门性问题包括以下几方面内容：一是对笔迹、印刷文件、污损文件、制成时间不明的文件和以其他形式表现的文件等进行鉴定；二是对案件中涉及的财务会计资料及相关财物进行会计鉴定；三是对被调查人、证人的行为能力进行精神病鉴定；四是对人体造成的损害或者死因进行人身伤亡医学鉴定；五是对录音录像资料进行鉴定；六是对因电子信息技术应用而出现的材料及其派生物进行电子证据鉴定；七是其他可以依法进行的专业鉴定。

3. 鉴定意见的出具

鉴定人在运用专业技术进行鉴定之后，应当出具鉴定意见，并在出具的鉴定意见上签名，还需附鉴定机构和鉴定人的资质证明或者其他证明文件。多个鉴定人的鉴定意见不一致的，应当在鉴定意见上记明分歧的内容和理由，并且分别签名。鉴定意见并不必然具有法律效力，调查人员还应当对鉴定意见进行审查。对经审查作为证据使用的鉴定意见，应当告知被调查人及相关单位、人员，送达《鉴定意见告知书》。被调查人或者相关单位、人员提出补充鉴定或者重新鉴定申请，经审查符合法定要求的，应当按规定报批，进行补充鉴定或者重新鉴定。同勘验检查类似，鉴定人应当与案件没有利害关系，调查人员不能对鉴定人进行技术上的干预，不能强迫或暗示鉴定人作出倾向性结论。

调查人员对鉴定意见进行审查时，若发现以下情形，应当补充鉴定：一是鉴定内容有明显遗漏的；二是发现新的有鉴定意义的证物的；三是对鉴定证物有新的鉴定要求的；四是鉴定意见不完整，委托事项无法确定的；五是其他需要补充鉴定的情形。再者，若发现以下情形，应当重新鉴

---

① 参见中共中央纪律检查委员会中华人民共和国国家监察委员会法规室编写：《〈中国共产党纪律处分条例〉释义》，中国方正出版社 2018 年版，第 150 页。

定：一是鉴定程序违法或者违反相关专业技术要求的；二是鉴定机构、鉴定人不具备鉴定资质和条件的；三是鉴定人故意作出虚假鉴定或者违反回避规定的；四是鉴定意见依据明显不足的；五是检材虚假或者被损坏的；六是其他应当重新鉴定的情形。决定重新鉴定的，应当另行确定鉴定机构和鉴定人。

4. 电子数据委托鉴定

随着信息技术的发展，电子数据作为一种独立的法定证据形式，在调查职务违法犯罪案件实践中的作用愈加凸显，这在《监察法》第28条和第36条中有明确规定。委托第三方鉴定机构进行鉴定是一种将电子数据转换固定的重要途径，特别是声像类信息的真实性、完整性鉴别及电子笔迹鉴定等"专门性问题"，需要由专业机构的专业人员运用专门的知识，对电子数据进行鉴定后形成鉴定意见，才能将电子数据转换为证据使用。实务中，监察机关委托第三方进行鉴定时应注意的问题有哪些？

在电子数据委托鉴定过程中，必须做到合法合规、严谨细致，特别是需要注意以下几个方面的内容。一是要经过严格的审批手续，依照程序报监察机关相关部门负责人批准后实施，并制作委托鉴定文书，不得私自或者以个人名义开展委托鉴定工作。二是受委托的鉴定机构必须具备法律法规规定的条件，具有相应的专业资质，拥有司法行政部门的授权，能够满足电子数据鉴定所需的专业技术人员、鉴定设备等软硬件要求，并保证鉴定结果的科学、客观、公平、公正。三是电子数据的提取、保管、送检过程必须符合程序规定，保持数据存储介质的封装状态，确保电子数据的真实性、完整性、可靠性。四是在委托鉴定过程中还应做好鉴定人回避、鉴定机构监督、鉴定结果保密、鉴定意见审查等方面的工作。但是调查人员不能对鉴定人进行技术上的干预，更不能强迫或暗示鉴定人或鉴定机构作出倾向性结论。[1] 鉴定人员只能对技术性事项作出鉴定，而不能就法律适用问题作出结论。

---

[1] 参见武斌：《电子数据取证如何规范高效》，载《中国纪检监察报》2021年7月7日，第6版。

实务难点指引

《监察法实施条例》第145条第2款规定,"鉴定时应当出具《委托鉴定书》"。在纪检监察工作实务中,《委托鉴定书》如何能做到规范出具?首先,监察机关的《委托鉴定书》中不仅要包括鉴定目的和要求,还要包括鉴定物品的具体情况,从而保证鉴定意见的准确性。其次,《委托鉴定书》要将鉴定需要解决的问题表述明确,对鉴定对象名称、特征、数量等基本情况的表述要与相关笔录保持一致。具体而言,监察机关的办案人员要审核《委托鉴定书》是否包括:物品的品名、规格、种类、数量、来源以及购置、生产、使用时间等要素;物品使用、损坏程度的记录;起获、扣押、追缴物品的时间、地点等与涉案人员交代笔录、相关提取笔录、扣押物品清单等记载的内容是否相符,检材是否充足、可靠,如有无实物、实物照片、发票等。[①]

由于社会生活的复杂性,需要鉴定的事项涉及各个领域,因此鉴定的种类很多,承担每类鉴定任务的机构或人员也各不相同。鉴定所涉及的专门性问题虽然种类多样,但具有严格的法定性。各鉴定机构被赋予的鉴定资质并不相同,所以监察机关必须注重对鉴定机构的资质审查,防止鉴定意见因鉴定机构资质不适格而在司法过程中被排除。[②]

实务中,监察机关委托有关机构或人员进行鉴定时,应注意审查其是否具有法定资质,特别是要与司法机关的有关规定相衔接。以监察调查中最常见的涉案物品真伪甄别和价格认定为例,此类鉴定包括前后关联的两种鉴定类别,或者说两个鉴定步骤。首先是真伪甄别,不同物品需要由不同机构或人员来鉴定;对某些特殊的物品来说,鉴定则更为复杂。比如字画,需要根据作者是否在世来确定鉴定人,如果作者在世,应当委托作者本人来鉴定真伪;如果作者不在世,应当委托经国家文物局确认有资质的

---

① 参见马艳燕:《审核鉴定意见需注意哪些问题》,载《中国纪检监察报》2021年3月3日,第8版。
② 参见浙江省杭州市纪委监委第七审查调查室:《有效借助外力 加强证据效力》,载《中国纪检监察报》2020年3月4日,第8版。

涉案文物鉴定评估机构来鉴定真伪。其他物品如黄金、玉石、手表、瓷器、紫砂壶等，均需分别委托有资质的专业机构或人员来鉴定真伪。只有物品被鉴定为真品后，才能进入价格认定环节。

目前，法定的价格认定机构是县级以上各级政府价格主管部门下属的价格认证中心，监察机关有价格认定需求时应当委托价格认证中心来进行。除涉案物品的真伪甄别和价格认定外，会计鉴定和资产评估在近年来的职务犯罪案件调查中也越来越普遍，一般分别委托会计师事务所和资产评估机构进行。值得注意的是，这两类机构在业务上存在一定的交叉，但按照财政部分业经营的要求，二者的资质是不一样的。因此办案中一定要根据实际需求来准确选择鉴定机构，鉴定事项不得超过鉴定机构项目范围、技术条件。如果是要通过财务会计资料确认有关财务数据，比如企业年度利润、获得某业务收入的准确金额等，一般需要委托会计师事务所进行司法会计鉴定；如果是要确定公司股权价值（比如在收受干股案件中确定干股价值），则需要委托资产评估机构对公司资产进行评估。还需要注意的是，司法机关对某些鉴定机构提出了特殊的资质要求。①

鉴定机构社会化后，鉴定意见不客观、不公正的现象时有发生，随之而来的就是申请重新鉴定的比例有上涨的趋势。加上在我国的鉴定实践中，重新鉴定申请权的无限制行使，导致同一问题反复鉴定，鉴定意见之间的矛盾不仅无法排除，而且愈发复杂。这种多头鉴定、重复鉴定问题，同样严重影响了鉴定的客观性和权威性，在一定程度上影响了司法公正，也浪费了相当多的鉴定资源。如何规范重新鉴定程序，防止重复鉴定浪费司法资源，造成诉讼拖延等问题，是一个复杂的课题。实务中，重新鉴定是否应当有次数限制？我国现行法律法规及相关司法解释的规定对该问题并不明确。反复鉴定可以说是当前实践中现行鉴定体制诸多弊端的集中体现。重新鉴定是当事人的合法权益，也是法律规定的正当程序，但是为了查明案件事实而无限度地重新鉴定也是不当的。可以看出，无限制地重新

---

① 参见张元星：《监察调查中运用鉴定措施应注意的问题》，载《中国纪检监察》2020年第14期。

鉴定容易造成案件久拖不决，给当事人带来不必要的诉累，不仅损害了鉴定的客观性、科学性和权威性，也极大地损害了国家法律的严肃性。综合考虑上述情况，监察机关在审查重新鉴定的前提条件时，应适当限制重新鉴定的次数，在保障监察鉴定的客观性、公正性和权威性，维护被调查人合法权利的同时，对于多次重新鉴定而久拖不决的现象也应当坚决制止，提高办案效率。

典型案例

2020 年 10 月 26 日，江苏省某市信息中心原综合业务处处长、副主任 A 涉嫌严重职务违法问题被该市某区监委立案调查。经市监委批准，于 2020 年 11 月 8 日对其采取留置措施。2016 年 3 月至 2018 年 7 月，A 利用职务便利，在负责的多个项目招投标工作期间，与相关企业负责人串通，帮助相关企业承揽项目。A 实施串通投标行为造成公共财产损失数额较大，为准确认定公共财产损失数额，专案组查阅了大量的资料，听取了 A 及涉案公司工作人员的意见，并联系了专家作出专业的评估，依法进行了价格认定，最终确认其所涉项目中标金额合计 2737 万余元。案件最终顺利办结。[①] 监察机关的鉴定是否科学准确，关系到能否正确认定职务违法犯罪案件的事实，尤其是在调查疑难案件中，充分运用最新科学技术进行鉴定，可以取得其他证据所无法取代的结果。对于监察工作中涉及的专门问题，鉴于单纯的纪检监察机关工作人员不具有相关知识，难以得出正确的调查结论，因此需要监察机关采用委托鉴定措施去解决办理职务犯罪案件中所遇到的专门性问题，以推动监察工作的顺利进行。

关联法条

《刑事诉讼法》第 146—149、192 条；《刑法》第 18 条；《精神卫生法》第 34 条；《全国人民代表大会常务委员会关于司法鉴定管理问题的决定》；

---

① 参见方弈霏：《滥用职权串通投标构成何罪》，载《中国纪检监察报》2022 年 12 月 21 日，第 8 版。

《监察法实施条例》第145—152条；《中国共产党纪律检查机关监督执纪工作规则》第34、40、47条；《人民检察院刑事诉讼规则》第219、221、332、334、404条；《最高人民法院关于适用〈中华人民共和国刑事诉讼法〉的解释》第97—99条；《物证类司法鉴定执业分类规定》第4—15条；《公安机关办理行政案件程序规定》第88条；《公安机关办理刑事案件程序规定》第250条；《司法鉴定程序通则》第11—18、24、33—46条；《司法鉴定机构 鉴定人记录和报告干预司法鉴定活动的有关规定》第2—7条。

第三十一条 监察机关调查涉嫌重大贪污贿赂等职务犯罪，根据需要，经过严格的批准手续，可以采取技术调查措施，按照规定交有关机关执行。

批准决定应当明确采取技术调查措施的种类和适用对象，自签发之日起三个月以内有效；对于复杂、疑难案件，期限届满仍有必要继续采取技术调查措施的，经过批准，有效期可以延长，每次不得超过三个月。对于不需要继续采取技术调查措施的，应当及时解除。

条文主旨

本条是关于技术调查措施的规定。

条文解读

职务犯罪通常具有高智能性、高隐蔽性的特点，常规调查手段往往力有不及，因此需要借助技术调查措施。技术调查措施，是指利用现代科技手段，秘密收集、获取犯罪证据的各种调查措施的总称，一般包括电话监听、电子监控、秘密拍照或录像、邮件检查等方式。因为技术调查措施具有技术性、隐蔽性的特点，会在一定程度上损害被调查对象的隐私权，所以需要在打击职务犯罪与保障合法权益之间保持恰当平衡。① 对此，本条明确了监察机关在重大职务犯罪中经由严格审批，获得与公安机关"技术侦查"相一致的"技术调查"权限。

1. 技术调查措施的适用范围

根据本条第 1 款的规定，唯有"涉嫌重大贪污贿赂等职务犯罪"，监察机关才可以采取技术调查措施。至于何为"重大贪污贿赂等职务犯罪"，《监察法实施条例》第 153 条第 2 款进行了列举式的规定，具体包括以下 3 类：一是案情重大复杂，涉及国家利益或者重大公共利益的；二是被调查人可能被判处 10 年以上有期徒刑、无期徒刑或者死刑的；三是案件在全国或者本省、自治区、直辖市范围内有较大影响的。此外，"职务犯罪"不限于贪污贿赂犯罪，对于滥用职权、玩忽职守等其他职务犯罪，如果确有必要，监察机关也可以采用技术调查措施。

2. 技术调查措施的批准和实施程序

监察机关采取技术调查措施，需要履行严格的批准程序，从而对是否满足上述实体条件做进一步审查。对此，一方面，要按照规定的权限报经批准，即由具有申报权限的部门、人员向具有批准权限的部门、人员提出申请，并由后者根据相关材料作出是否批准的决定；另一方面，要按照规定的程序报经批准，即由相关主体根据一系列法定流程进行申报和对是否准许监察机关采取技术调查措施作出批准，而不能不当地简化或越过法定流程。

监察机关不能自行采取技术调查措施。技术调查措施对专业性具有一定要求，需要专门的工具和技能，应当交由有关机关执行，这样既可以保证技术调查的顺利进行，也有助于保护公民的隐私、个人信息等。同时，可以通过机关之间的配合、制约来规范技术调查措施的使用。除了委托公安机关，也可以根据案件情况，委托其他执法机关如国家安全机关等采取技术调查措施。

---

① 参见秦前红主编：《〈中华人民共和国监察法实施条例〉解读与适用》，法律出版社 2021 年版，第 235 页。

在依照规定的权限和程序报经批准后,监察机关应当向公安机关等有关执行机关出具3份文书材料。其中,《采取技术调查措施委托函》是以监察机关名义向执行机关发出,委托执行机关采取技术调查措施的函件,该函件应记载采取技术调查措施的种类、适用对象、期限等基本信息。《采取技术调查措施决定书》是监察机关经报批程序后签发的决定文书,应记载采取技术调查措施的事由、原因、种类、适用对象、期限、签发日期等基本信息。《采取技术调查措施决定书》是开展技术调查措施的直接依据和核心文件,该决定书的签发日期是技术调查措施期限的起算之日。《采取技术调查措施适用对象情况表》是监察机关制作的情况说明文件,应记载技术调查措施所适用对象的基本情况,包括适用对象的姓名、出生年月、身份证件、住址等具体信息。

另外,根据《监察法实施条例》第55条第1款的规定,设区的市级以下监察机关在初步核实中不得采取技术调查措施,因此,设区的市级以下监察机关还必须向有关执行机关提供《立案决定书》,以证明采取技术调查措施的适用对象已经被立案调查,而不是在初步核实阶段。这里的"设区的市级以下"不含设区的市级。监察机关所出具的上述文书材料,属于案卷材料的重要组成部分。监察机关在向人民检察院移送案件时,需要随案移送采取技术调查措施的决定书等材料。

调查人员在运用技术调查措施时会获得大量信息材料,其中可能会涉及一些秘密信息、隐私信息或无关材料。为确保这些信息材料不被泄露,保护国家利益和自然人、法人及非法人组织的合法权益,调查人员对采取技术调查措施过程中知悉的国家秘密、商业秘密、个人隐私,应当严格保密。

3. 技术调查措施的使用期限及解除

技术调查措施的期限为3个月,自批准决定签发之日起算。3个月期满后,技术调查措施自动解除,不需要另行办理解除手续。对于复杂、疑难案件,期限届满仍有必要继续采取技术调查措施的,监察机关需要重新履行审批手续,经过批准的,技术调查措施有效期可以延长,延长期限并非默认为3个月,而是可以进行适当调整,但每次延长的有效期不得超过

3个月。同时，对于不需要继续采取技术调查措施的，应当及时解除，这是对个人、组织合法权益的保障。虽然采取技术调查措施的批准决定在3个月内有效，但在有效期内，如果不再需要采取技术调查措施，监察机关应当按规定及时报批，形成《解除技术调查措施决定书》并送交有关执行机关，由后者终止技术调查措施的使用。需要强调的是，对这些技术调查措施的解除应当及时作出，不得无故拖延，以防止因延迟解除而不当侵害有关当事人的合法权益。如果监察机关认为需要依法变更技术调查措施种类或者增加适用对象，相当于采取新的技术调查措施，应当重新办理报批和委托手续，送交有关机关执行。

典型案例

江苏省某市公安局原党委委员、政治部主任A涉嫌严重违纪违法，在接受纪律审查和监察调查期间，A因长期在公安机关工作，反调查能力较强。A收受贿赂常采取隐蔽复杂的手段，案发前，A多次与他人串供，将手机等证据毁损以对抗组织审查调查。留置期间，A对主要问题虚与委蛇，反复与专案组"周旋"。为获得A职务违法和犯罪的证据，监察机关采用了技术调查措施，由技术人员及时对扣押的电脑、手机等进行数据恢复，获取电子证据。监察机关根据手机相册数据获得了案件得以顺利进行的下一步线索，并根据该线索查得了A受贿的决定性证据。2021年3月8日，市纪委监委将A涉嫌受贿罪一案移送市人民检察院审查起诉。[①] 监察机关采用技术调查措施可以恢复被调查人隐匿、销毁的证据，从而获得调查案件的线索，有利于打击贪污贿赂等职务犯罪。

关联法条

《刑事诉讼法》第150—152条；《监察法实施条例》第55、153—157、251条；《中国共产党纪律检查机关监督执纪工作规则》第34条；《最高人民

[①] 参见程威：《少付房款却均分产权 受贿数额如何计算》，载《中国纪检监察报》2022年1月12日，第5版。

法院关于适用〈中华人民共和国刑事诉讼法〉的解释》第 112、116—122 条；《人民检察院刑事诉讼规则》第 230、231 条；《公安机关办理刑事案件程序规定》第 264—270 条。

> **第三十二条** 依法应当留置的被调查人如果在逃，监察机关可以决定在本行政区域内通缉，由公安机关发布通缉令，追捕归案。通缉范围超出本行政区域的，应当报请有权决定的上级监察机关决定。

条文主旨

本条是关于通缉措施的规定。

条文解读

在实践当中，有些应当留置的被调查人乃是在逃状态。为此，本条规定的目的正是抓获这些在逃人员，从而使案件的调查工作得以顺利开展。

1. 采取通缉措施的前提条件

根据本条的规定，监察机关决定通缉需要符合以下 3 个方面的条件：一是被通缉的人必须是涉嫌职务违法或者职务犯罪的被调查人；二是该被调查人依法应当被采取留置措施；三是被调查人因逃避调查下落不明。所谓下落不明的被调查人，既包括应当依法留置但下落不明的涉嫌职务违法犯罪的被调查人，也包括已经依法留置，但又逃跑的被调查人。[①]

2. 通缉的决定和执行

通缉的决定机关是监察机关，但监察机关不能直接去执行通缉，而是由同级公安机关负责执行通缉。监察机关决定通缉并送交公安机关执行时，应当出具《通缉决定书》，并附《留置决定书》等法律文书，说明被

---

① 参见中共中央纪律检查委员会中华人民共和国国家监察委员会法规室编写：《〈中华人民共和国监察法〉释义》，中国方正出版社 2018 年版，第 156 页。

通缉人员信息以及承办单位、承办人员等有关情况。① 通缉范围超出本行政区域时，监察机关应当报请有决定权的上级监察机关决定，此时，执行机关是相应的同级公安机关。根据《监察法实施条例》第159条的规定，国家监察委员会依法需要提请公安部对在逃人员发布公安部通缉令的，应当先提请公安部采取网上追逃措施。如情况紧急，可以向公安部同时出具《通缉决定书》和《提请采取网上追逃措施函》。省级以下监察机关报请国家监察委员会提请公安部发布公安部通缉令的，应当先提请本地公安机关采取网上追逃措施。

还需注意的是，监察机关接到公安机关抓获被通缉人员的通知后，应当立即核实被抓获人员身份，并在接到通知后24小时以内派员办理交接手续。边远或者交通不便地区，至迟不得超过3日。公安机关在移交前，将被抓获人员送往当地监察机关留置场所临时看管的，当地监察机关应当接收，并保障临时看管期间的安全，对工作信息严格保密。监察机关需要提请公安机关协助将被抓获人员带回的，应当按规定报批，请本地同级公安机关依法予以协助。提请协助时，应当出具《提请协助采取留置措施函》，附《留置决定书》复印件及相关材料。监察机关对于被通缉人员已经归案、死亡，或者依法撤销留置决定以及发现有其他不需要继续采取通缉措施情形的，应当经审批出具《撤销通缉通知书》，送交协助采取原措施的公安机关执行。

实务难点指引

针对通缉令的发布范围，当前，立法明确了监察机关仅能在自己的管辖权限范围内决定发布通缉令。但是，监察实践中存在被调查人在正式立案后逃往监察机关管辖范围以外的区域的情形，此时需要本级监察机关报请有决定权的上级监察机关决定，并交由相应层级的公安机关发布通缉令。

---

① 参见中共中央纪律检查委员会中华人民共和国国家监察委员会法规室编写：《〈中华人民共和国监察法〉释义》，中国方正出版社2018年版，第156页。

根据《监察法实施条例》第 158 条的规定，县级以上监察机关对在逃的应当被留置人员，依法决定在本行政区域内通缉的，应当按规定报批，送交同级公安机关执行。送交执行时，应当出具《通缉决定书》，附《留置决定书》等法律文书和被通缉人员信息，以及承办单位、承办人员等有关情况。通缉范围超出本行政区域的，应当报有决定权的上级监察机关出具《通缉决定书》，并附《留置决定书》及相关材料，送交同级公安机关执行。依据《公安机关办理刑事案件程序规定》第 274 条第 2 款的规定，县级以上公安机关在自己管辖的地区内，可以直接发布通缉令。公安部通缉令是由公安部发布的面向全国通缉在逃人员的命令，公安部对重大在逃人员实行的是"A、B级通缉令"。依据《公安机关办理刑事案件程序规定》第 351 条的规定，网上追逃指的是通过网上工作平台发布犯罪嫌疑人相关信息、拘留证或者逮捕证。网上追逃是公安机关内部的协作方式，仅供公安机关查询比对，对外保密。各级公安机关在申请发布"公安部通缉令"之前，被通缉人信息必须先上网，及时录入"公安部在逃人员信息数据库"。

由此可知，监察机关作为通缉的决定主体，在发布通缉令的执行过程中应与"同级"公安机关保持必要的工作沟通和衔接关系。而在超出法定范围决定通缉事项的，还存在共同职务犯罪的特殊情形。例如，分别由不同的监察机关立案调查的被调查人，监察机关在尚未知晓其下落以前，应报请共同的上级批准决定通缉。

典型案例

2020 年 6 月，天津市纪委监委接到群众举报——已退休的天津市地质矿产勘查开发局原党委副书记、局长 A 利用职务之便收受他人贿赂。然而天津市纪委监委初核发现 A 已于 2019 年 3 月 18 日持普通护照从天津机场出境前往东南亚某国，此后未有入境记录。天津市纪委监委决定成立专案组对该案进行调查。2020 年 6 月 24 日，即对 A 立案当天，专案组依法查封 A 的 3 套涉案房产。同年 7 月 10 日，专案组依法决定对 A 采取留置和网上追逃措施，并对其进行通缉，由公安机关发布通缉令协同配合进行案件侦查工作。由于政策感召和法律震慑，2020 年 9 月 22 日，A 入境投案自首，案件追逃工作取得圆满的结果。①

关联法条

《刑事诉讼法》第 84、150、155、298 条；《监察法实施条例》第 158—161 条；《人民检察院刑事诉讼规则》第 514 条；《公安机关办理刑事案件程序规定》第 153、274—282 条。

第三十三条 监察机关为防止被调查人及相关人员逃匿境外，经省级以上监察机关批准，可以对被调查人及相关人员采取限制出境措施，由公安机关依法执行。对于不需要继续采取限制出境措施的，应当及时解除。

条文主旨

本条是关于限制出境措施的规定。

条文解读

从既往的实践来看，假若被调查人出逃境外，那么案件的办理工作将难以开展下去。为此，本条明确赋予监察机关采取限制出境措施的权限，主要目的便是保障调查工作的顺利进行，防止因被调查人及相关人员逃匿境外而不能掌握其违法犯罪事实及证据，进而导致调查工作停滞。② 事实上，限制出境措施并不只是在监察调查过程中运用，在行政执法和刑事司法过程中同样存在。③ 例如，《关税法》第 49 条第 2 款规定，纳税人未缴

---

① 参见王卓、陆丽环：《天津一外逃厅级干部主动回国投案》，载《中国纪检监察报》2021 年 5 月 31 日，第 3 版。
② 参见中共中央纪律检查委员会中华人民共和国国家监察委员会法规室编写：《〈中华人民共和国监察法〉释义》，中国方正出版社 2018 年版，第 158 页。
③ 参见陈庆安：《我国限制出境措施问题研究》，载《政治与法律》2018 年第 9 期。

清税款、滞纳金且未向海关提供担保的，经直属海关关长或者其授权的隶属海关关长批准，海关可以按照规定通知移民管理机构对纳税人或者其法定代表人依法采取限制出境措施。《监察法》第33条主要从以下3个方面规定了限制出境措施。

1. 限制出境措施的适用对象

从本条的规定来看，限制出境措施运用的目的在于"防止被调查人及相关人员逃匿境外"。据此，限制出境措施显然不是针对所有被调查人及相关人员，而是结合具体情况，针对那些可能逃匿境外的被调查人及相关人员。对这些人员是否可能逃匿境外的判断，必须基于客观情况，不能是主观臆断。需要注意的是，此处的"被调查人及相关人员"，既包括涉嫌职务违法和职务犯罪的被调查人，也包括涉嫌行贿犯罪或共同职务犯罪的涉案人员，还包括与案件相关的其他人员。[①] 再者，此处"逃匿境外"中的"境外"，既包括国外，也包括我国香港特别行政区、澳门特别行政区和我国台湾地区。

2. 限制出境措施的批准执行

限制出境措施具有相当程度的严厉性，故而须履行严格的审批程序。为此，《中国共产党纪律检查机关监督执纪工作规则》第34条第2款明确规定："需要采取技术调查或者限制出境等措施的，纪检监察机关应当严格履行审批手续，交有关机关执行。"根据《监察法》第33条的规定，对被调查人及相关人员采取限制出境措施，应经省级以上监察机关批准。要求由较高层级的监察机关批准，体现了所谓"宽打窄用"的原则，以防止限制出境措施的随意使用，从而切实保护公民合法权利。同时，省级以上监察机关在决定是否批准时，应当恪守必要性的原则，不得随意扩大限制出境措施的运用范围。当然，假若遇到紧急突发情况，为避免被调查人及相关人员出逃，《监察法实施条例》第167条作出了例外规定："县级以上监察机关在重要紧急情况下，经审批可以依法直接向口岸所在地口岸移民

[①] 参见中共中央纪律检查委员会中华人民共和国国家监察委员会法规室编写：《〈中华人民共和国监察法〉学习问答》，中国方正出版社2018年版，第103页。

管理机构提请办理临时限制出境措施。"

监察机关在依法决定采取限制出境措施后,应交由移民管理机构依法执行。应予注意的是,《监察法》第 33 条规定的是"由公安机关依法执行",但《监察法实施条例》第 162 条规定的则是"交由移民管理机构依法执行"。这是因为根据 2018 年通过的《深化党和国家机构改革方案》,我国组建了国家移民管理局,该局加挂中华人民共和国出入境管理局牌子,由公安部管理。国家移民管理局的主要职责是,协调拟订移民政策并组织实施,负责出入境管理、口岸证件查验和边民往来管理,负责外国人停留居留和永久居留管理、难民管理、国籍管理,牵头协调非法入境、非法居留、非法就业外国人治理和非法移民遣返,负责中国公民因私出入国(境)服务管理,承担移民领域国际合作等。

至于交由移民管理机构依法执行的程序,《监察法实施条例》第 163 条有比较原则的规定,即监察机关采取限制出境措施应当出具有关函件,与《采取限制出境措施决定书》一并送交移民管理机构执行。其中,采取边控措施的,应当附《边控对象通知书》;采取法定不批准出境措施的,应当附《法定不准出境人员报备表》。此外,监察机关接到口岸移民管理机构查获被决定采取留置措施的边控对象的通知后,应当在 24 小时以内到达口岸办理移交手续。无法及时到达的,应当委托当地监察机关及时前往口岸办理移交手续。当地监察机关应当予以协助。

3. 限制出境措施的及时解除

限制出境措施不得被无期限采取,而必须及时解除。通常来说,限制出境措施的解除情形有二:一是自动解除。根据《监察法实施条例》第 164 条第 1 款的规定,限制出境措施有效期不超过 3 个月,到期自动解除。此处的"到期自动解除"意味着监察机关不需要办理相关的解除手续。[1]当然,假若监察机关想要延长限制出境措施的期限,则须履行相应的审批手续,即到期后仍有必要继续采取措施的,应当按原程序报批。承办部门

---

[1] 参见中共中央纪律检查委员会中华人民共和国国家监察委员会法规室编写:《〈中华人民共和国监察法实施条例〉释义》,中国方正出版社 2022 年版,第 265 页。

应当出具有关函件，在到期前与《延长限制出境措施期限决定书》一并送交移民管理机构执行。延长期限每次不得超过 3 个月。二是批准解除。根据《监察法实施条例》第 166 条的规定，对于不需要继续采取限制出境措施的，应当按规定报批，及时予以解除。承办部门应当出具有关函件，与《解除限制出境措施决定书》一并送交移民管理机构执行。

典型案例

限制出境措施在监察办案实践中运用较多。随着国家监察委员会 2020 年 8 月 10 日向全国人大常委会做关于开展反腐败国际追逃追赃工作情况的报告后，许多地方监察委员会也向本级人大常委会进行了类似主题的报告，其中披露了不少限制出境措施运用的案例。例如，湖北省监察委员会 2021 年 9 月 26 日向该省人大常委会所作的《关于开展反腐败国际追逃追赃工作情况的报告》，不仅表示省监委先后制定办理限制出境措施的办法等 5 项制度，而且提及在查办 A 贪污一案中，精准研判外逃风险，及时对重要涉案人依法采取限制出境措施，有效避免 4 亿余元国有资产流失。[①] 根据湖北省纪委监委的通报，A 严重违反党的纪律，构成职务违法并涉嫌犯罪，且在党的十八大后不收敛、不收手，性质特别恶劣，情节特别严重，应予严肃处理。经湖北省纪委常委会会议研究并报湖北省委批准，决定给予 A 开除党籍处分；由湖北省监委给予其开除公职处分；收缴其违纪所得；将其涉嫌犯罪问题移送检察机关依法审查起诉，所涉财物随案移送。[②]

关联法条

《出境入境管理法》第 6、11、12、59、60、65 条；《出境入境边防检查条

[①] 参见侯浙珉：《湖北省监察委员会关于开展反腐败国际追逃追赃工作情况的报告——2021 年 9 月 26 日在湖北省第十三届人民代表大会常务委员会第二十六次会议上》，载《湖北省人民代表大会常务委员会公报》2021 年第 9 期。

[②] 参见《三环集团有限公司原党委书记、董事长 A 严重违纪违法被开除党籍和公职》，载中央纪委国家监委网站，https：//www.ccdi.gov.cn/yaowen/201908/t20190820_199078.html。

例》第 8 条；《监察法实施条例》第 162—167 条；《中国公民往来台湾地区管理办法》第 12 条；《中国公民因私事往来香港地区或者澳门地区的暂行管理办法》第 13 条；《中国共产党纪律检查机关监督执纪工作规则》第 34 条；《中央纪委、中组部、外交部、公安部、国家安全部、监察部、人事部、商务部关于进一步加强党员干部出国（境）管理的通知》；《中共中央办公厅、国务院办公厅关于对配偶子女均已移居国（境）外的国家工作人员加强管理的暂行规定》；《关于加强国家工作人员因私事出国（境）管理的暂行规定》。

> 第三十四条　涉嫌职务犯罪的被调查人主动认罪认罚，有下列情形之一的，监察机关经领导人员集体研究，并报上一级监察机关批准，可以在移送人民检察院时提出从宽处罚的建议：
> （一）自动投案，真诚悔罪悔过的；
> （二）积极配合调查工作，如实供述监察机关还未掌握的违法犯罪行为的；
> （三）积极退赃，减少损失的；
> （四）具有重大立功表现或者案件涉及国家重大利益等情形的。

条文主旨

本条是关于对被调查人提出从宽处罚建议的规定。

条文解读

党的十八届四中全会 2014 年 10 月 23 日审议通过的《中共中央关于全面推进依法治国若干重大问题的决定》中明确提出，"完善刑事诉讼中认罪认罚从宽制度"。此后，全国人大常委会 2016 年 9 月 3 日通过《关于授权最高人民法院、最高人民检察院在部分地区开展刑事案件认罪认罚从宽制度试点工作的决定》，要求"最高人民法院、最高人民检察院会同有关部门根据本决定，遵循刑法、刑事诉讼法的基本原则，制定试点办法，对适用条件、从宽幅度、办理程序、证据标准、律师参与等作出具体规定"。

2019年10月11日，最高人民法院、最高人民检察院会同公安部、国家安全部、司法部制定了《关于适用认罪认罚从宽制度的指导意见》，对认罪认罚从宽制度作出了具体安排。

本条的规定，一方面可以实现监察程序与刑事司法程序的有效衔接，因为认罪认罚从宽已经是刑事司法制度中的一项具体安排；另一方面则是"惩戒与教育相结合，宽严相济"的《监察法》基本原则的体现。需要注意的是，本条规定的是"可以在移送人民检察院时提出从宽处罚的建议"。其中"可以"一词表明，即便被调查人具有上述主动认罪认罚的情形，监察机关也并不必然向检察机关提出从宽处罚的建议。换言之，在提出从宽处罚的建议这个问题上，监察机关有着一定的裁量空间。

1. 提出从宽处罚建议的适用情形

根据本条的规定，监察机关在将案件移送检察机关时提出从宽处罚的建议，适用于"涉嫌职务犯罪的被调查人主动认罪认罚"。据此，被调查人主动认罪认罚乃是提出从宽处罚建议的前提条件。具体来说，被调查人主动认罪认罚包括以下4种情形。[①]

第一，被调查人自动投案，真诚悔罪悔过。主要包括：一是职务犯罪问题未被监察机关掌握，向监察机关投案的；二是在监察机关谈话、函询过程中，如实交代监察机关未掌握的涉嫌职务犯罪问题的；三是在初步核实阶段，尚未受到监察机关谈话时投案的；四是职务犯罪问题虽被监察机关立案，但尚未受到讯问或者采取留置措施，向监察机关投案的；五是因伤病等客观原因无法前往投案，先委托他人代为表达投案意愿，或者以书信、网络、电话、传真等方式表达投案意愿，后到监察机关接受处理的；六是涉嫌职务犯罪潜逃后又投案，包括在被通缉、抓捕过程中投案的；七是经查实确已准备去投案，或者正在投案途中被有关机关抓获的；八是经他人规劝或者在他人陪同下投案的；九是虽未向监察机关投案，但向其所在党组织、单位或者有关负责人员投案，向有关巡视巡察机构投案，以及

---

① 参见中共中央纪律检查委员会中华人民共和国国家监察委员会法规室编写：《〈中华人民共和国监察法〉释义》，中国方正出版社2018年版，第161–163页。

向公安机关、人民检察院、人民法院投案的；十是具有其他应当视为自动投案的情形的。此外，被调查人自动投案后不能如实交代自己的主要犯罪事实，或者自动投案并如实供述自己的罪行后又翻供的，不能认定为"自动投案，真诚悔罪悔过"。

第二，被调查人积极配合调查工作，如实供述监察机关还未掌握的违法犯罪行为。主要包括：一是监察机关所掌握线索针对的犯罪事实不成立，在此范围外被调查人主动交代其他罪行的；二是主动交代监察机关尚未掌握的犯罪事实，与监察机关已掌握的犯罪事实属不同种罪行的；三是主动交代监察机关尚未掌握的犯罪事实，与监察机关已掌握的犯罪事实属同种罪行的；四是监察机关掌握的证据不充分，被调查人如实交代有助于收集定案证据的。需要说明的是，此处所称的同种罪行和不同种罪行，一般以罪名区分。被调查人如实供述其他罪行的罪名与监察机关已掌握犯罪的罪名不同，但属选择性罪名或者在法律、事实上密切关联的，应当认定为同种罪行。

第三，被调查人积极退赃，减少损失。主要包括：一是全额退赃的；二是退赃能力不足，但被调查人及其亲友在监察机关追缴赃款赃物过程中积极配合，且大部分已追缴到位的；三是犯罪后主动采取措施避免损失发生，或者积极采取有效措施减少、挽回大部分损失的。在职务犯罪案件中，往往会涉及权钱交易，被调查人通常会收受贿赂，也会利用公权力为他人谋取利益，或者利用职务便利侵吞、窃取、骗取或者以其他手段非法占有公共财物。这些违法犯罪所得的一切财物，均应当依法没收、追缴或者责令退赔。但是在调查实践中，被调查人会以各种形式藏匿赃款赃物，为后续追赃带来各种阻碍。对此，被调查人主动上交违法犯罪所得的赃款赃物，减少国家、集体和公民可能遭受的损失，就显得尤为重要。

第四，被调查人具有重大立功表现或者案件涉及国家重大利益等情形。主要包括：一是检举揭发他人重大犯罪行为且经查证属实的；二是提供其他重大案件的重要线索且经查证属实的；三是阻止他人重大犯罪活动的；四是协助抓捕其他重大职务犯罪案件被调查人、重大犯罪嫌疑人（包括同案犯）的；五是为国家挽回重大损失等对国家和社会有其他重大贡献的。所谓"案件涉及国家重大利益",则是指案件涉及国家主权和领土完整、国家安全、外交、社会稳定、经济发展等情形。

2. 提出从宽处罚建议的具体程序

根据本条的规定,监察机关向检察机关提出从宽处罚的建议,须经由严格的审批程序,概言之便是"监察机关经领导人员集体研究,并报上一级监察机关批准"。《监察法实施条例》在该规定的基础上,对提出从宽处罚建议的程序作出了更具体的规定。至于检察机关如何办理认罪认罚从宽案件,则在《人民检察院刑事诉讼规则》第10章第2节中有较为明确的规定。

首先,监察机关在进行讯问时,应当告知被讯问人如实供述自己罪行可以依法从宽处理和认罪认罚的法律规定。认罪认罚从宽是对我们党"惩前毖后、治病救人"方针的贯彻,也是对《监察法》"惩戒与教育相结合"和"宽严相济"理念的落实。认罪认罚说明相关人员已有悔改之心,已经充分认识到自身的错误,有主动真诚悔过的具体行动,因此我国提倡以教育、感化、挽救多数人为出发点的"恢复型监察",鼓励犯罪嫌疑人、被告人认罪悔罪。同时,认罪认罚从宽也符合监察经济原则,在讯问时进行相应的告知,能够提高监察案件的办理速度。

其次,当涉嫌职务犯罪的被调查人符合《监察法》第34条的规定时,结合其案发前的一贯表现,违法犯罪行为的情节、后果和影响等因素,监察机关经综合研判和集体审议,报上一级监察机关批准,可以在移送人民检察院时依法提出从轻、减轻或者免除处罚等从宽处罚建议。报请批准时,应当一并提供主要证据材料、忏悔反思材料。具体来说,是由上级监察机关相关监督检查部门负责审查工作,重点审核拟认定的从宽处罚情形、提出的从宽处罚建议,经审批在15个工作日以内作出批复。

最后,从宽处罚建议一般应当在移送起诉时作为《起诉意见书》内容一并提出,特殊情况下也可以在案件移送后、人民检察院提起公诉前,单独形成从宽处罚建议书移送人民检察院。对于从宽处罚建议所依据的证据材料,应当一并移送人民检察院。监察机关对于被调查人在调查阶段认罪认罚,但不符合《监察法》规定的提出从宽处罚建议条件,在移送起诉时没有提出从宽处罚建议的，应当在《起诉意见书》中写明其自愿认罪认罚的情况。

实务难点指引

在职务犯罪调查终结后移送检察机关提起公诉时，监察机关提出的从宽处罚建议应当包含"认罪+认罚+特定情节"等内容。具体包括：第一，需要准确理解适用认罪认罚从宽的条件。关于"自动投案，真诚悔罪悔过"，可参见《监察法实施条例》第214条的规定；关于"积极配合调查工作，如实供述"，可参见《监察法实施条例》第215条的规定；关于"积极退赃，减少损失"，可参见《监察法实施条例》第216条的规定；关于"具有重大立功表现"，可参见《监察法实施条例》第217条的规定；关于"提供重要线索"，可参见《监察法实施条例》第218条的规定。第二，关于上级监察机关与本级监察机关的职能定位，下级监察机关是作出认罪认罚从宽决定的主体，对于认罪认罚从宽决定是否妥当具有主体责任。上级监察机关由于负有领导责任，同样需要承担主体责任。其审查不应当是形式审查，而应当是实质审查。审查的内容主要包括从宽处罚情形的认定是否准确、从宽处罚情形与从宽处罚建议是否对应准确等方面内容。

典型案例

近年来，在党员干部接受审查调查的通报中，"主动投案"越来越成为一个高频词。在党的十九大后，自河北省政协原副主席A携带赃款赃物主动到中央纪委国家监委投案以来，越来越多的违纪违法者迷途知返，选择相信组织、依靠组织，主动向组织说明问题，认错悔过。梳理发现，主动投案并不限于一地一域，各个层级、多个领域、不同年龄的干部均有涉及。从工作领域来看，投案人员中既有党政机关领导干部，也有国有企业等单位管理人员；从年龄来看，既有在职干部，也有已经离岗、退休人员。

数据显示，党的十九大至党的二十大的5年间，有8.1万人向纪检监察机关主动投案。《中国共产党纪律处分条例》和《监察法》等党纪国法，都对主动投案、主动交代问题作出相关规定。实践中，各级纪检监察机关对主动投案、如实交代问题的党员干部、公职人员，在查清问题后依规依纪依法给予宽大处理，对涉嫌犯罪的也会依程序向司法机关提出从轻或减轻处罚的建议。一段时间以来，一些严重违纪违法的领导干部主动投案，如实交代问题，真诚悔罪悔过，受到从宽处理。依规依纪依法、精准规范处置，释放出强烈政策信号，让问题干部放下思想包袱、迷途知返，向组织坦白。①

关联法条

《监察法》第 35 条；《刑事诉讼法》第 173 条；《监察法实施条例》第 213—219 条；《人民检察院刑事诉讼规则》第 11、267—279 条。

> **第三十五条** 职务违法犯罪的涉案人员揭发有关被调查人职务违法犯罪行为，查证属实的，或者提供重要线索，有助于调查其他案件的，监察机关经领导人员集体研究，并报上一级监察机关批准，可以在移送人民检察院时提出从宽处罚的建议。

条文主旨

本条是关于对涉案人员提出从宽处罚建议的规定。

条文解读

在职务犯罪中，除了被调查的公职人员，还有其他涉案人员，这些人员因参与案件而掌握了很多重要信息、证据。本条规定的目的是鼓励职务违法犯罪的涉案人员积极揭发被调查人员的职务违法犯罪行为，配合监察

---

① 参见李鹃：《本网评论｜主动投案彰显惩腐效能》，载中央纪委国家监委网站，https：//www. ccdi. gov. cn/toutiaon/202404/t20240401_ 338198_ m. html#。

机关的工作，争取宽大处理，也为监察机关顺利查清案件提供助力，进而提升反腐败效率。本条与《监察法》第34条均为监察机关在移送人民检察院时提出从宽处罚建议的条件，涉及涉嫌职务犯罪主体的立功行为。但这两条的规定也存在不同，《监察法》第34条的主体是被调查人员，而本条的主体是职务违法犯罪的涉案人员；前一条被调查人员的主体行为具有主动性，而本条职务违法犯罪的涉案人员是提供线索或者揭发，并经查证属实，有助于调查其他案件，具有从属性。由此可见，本条一般而言适用于职务犯罪的从犯。在适用时应当把握二者之间的区别。根据本条和《监察法实施条例》的相关规定，在决定是否对职务违法犯罪的涉案人员提出从宽处罚的建议时，要把握以下两个方面。

1. 对涉案人员提出从宽处罚建议的适用情形

关于在将行贿犯罪等的涉案人员移送检察机关时，何种情形下可提出从宽处罚的建议，本条规定的是"职务违法犯罪的涉案人员揭发有关被调查人职务违法犯罪行为，查证属实的，或者提供重要线索，有助于调查其他案件的"。对于涉案人员是否能积极配合监察机关的工作，重点考察的是职务违法犯罪的涉案人员是否主动揭发有关被调查人的职务违法犯罪行为，是否能提供重要线索，进而有助于调查其他案件，是否有所隐瞒等。涉案人员所揭发的被调查人职务违法犯罪行为和提供的线索要经查证属实，并非职务违法犯罪的涉案人员所提供的线索或者揭发都能构成职务违法或者职务犯罪，如果经查证不属实，则不符合本条规定的条件。另外，提供的线索应当对于监察机关查清案件起到重要作用。职务违法犯罪的涉案人员所提供的线索应当是监察机关未曾掌握的，能切实证明被调查人的违法犯罪事实的线索，或者其所提供的线索对于调查其他案件能够起到重要作用。根据《监察法实施条例》第218条的规定，对涉案人员提出从宽处罚建议有以下3种适用情形。

一是揭发所涉案件以外的被调查人职务犯罪行为，经查证属实的。首先，涉嫌行贿等犯罪的涉案人员需要揭发所涉案件以外的被调查人的职务犯罪行为，如果揭发的是自己所涉案件的被调查人职务犯罪行为，只能算是如实供述罪行的坦白行为，不能认定为将功补过。其次，涉案人员揭发的可以是重大职务犯罪行为,也可以是一般职务犯罪行为,二者均可以被认定为"揭发有关被调查人职务违法犯罪行为",只是在从宽处罚幅度上会有所区分。最后,涉案人员揭发的职务犯罪行为须经查证属实。

二是提供的重要线索指向具体的职务犯罪事实,对调查其他案件起到实质性推动作用的。此项情形需要同时满足3个条件:其一,涉案人员提供的必须是重要线索,如关键物证、关键证人等,对调查其他案件具有重要作用。其二,提供的线索必须指向具体犯罪事实,可以据此直接确定待调查的事实和对象,而不能语焉不详。其三,提供的线索对调查其他案件起到实质性推动作用,这意味着此线索必须尚未由监察机关所掌握,而且监察机关通过该线索,可以顺利查清相关违法犯罪案件。因此,涉案人员提供的只是一般线索的;提供的线索没有指明具体犯罪事实的;提供的线索与查实的犯罪事实不具有关联性的;提供的线索对于其他案件的侦破或者其他犯罪嫌疑人的抓捕不具有实际作用的,不能认定为"提供重要线索,有助于调查其他案件"。

三是提供的重要线索有助于加快其他案件办理进度,或者对其他案件固定关键证据、挽回损失、追逃追赃等起到积极作用的。涉案人员提供的重要线索,即使指向的不是职务犯罪而是其他类型犯罪,或者并非尚未发现而是已经为监察机关所立案调查的犯罪,只要可以加快其他案件的办理进度,提高查案效率,就属于有助于监察机关调查其他案件的。此外,这里的重要线索既可以是帮助其他案件固定关键证据,有助于查清案件事实的重要线索,也可以是帮助采取有效措施,发挥挽回损失、追逃追赃等积极作用的重要线索。

2. 对涉案人员提出从宽处罚建议的具体程序

监察机关提出从宽处罚建议,须经领导人员集体研究决定,并报上一级监察机关批准。从宽处罚建议不可随意使用,应当保证其必要的严肃性和公正性。监察机关对职务违法犯罪的涉案人员提出从宽处罚的建议,要坚持以事实为根据,以法律为准绳,全面考虑职务违法犯罪的涉案人员的犯罪事实、情节、悔罪表现等因素,在经领导人员集体研究决定之后,再报上一级监察机关批准。上级监察机关相关监督检查部门负责审查工作,重点审核拟认定的从宽处罚情形、提出的从宽处罚建议，经审批在 15 个工作日以内作出批复。

典型案例

2021 年 12 月 8 日，宁夏回族自治区石嘴山市发展和改革委员会原党组书记、主任 A 涉嫌严重违纪违法问题被石嘴山市纪委监委立案审查调查，并于同日对其采取留置措施。本案中，由于 A 有检举、揭发他人犯罪的行为，经查证属实，有立功表现。根据《最高人民法院关于处理自首和立功具体应用法律若干问题的解释》及《最高人民法院、最高人民检察院关于办理职务犯罪案件认定自首、立功等量刑情节若干问题的意见》的规定，依法可减轻处罚。2022 年 10 月 27 日，石嘴山市大武口区人民法院判决 A 犯受贿罪，判处有期徒刑 9 年，并处罚金 100 万元。①

关联法条

《监察法》第 34 条；《刑法》第 68 条；《刑事诉讼法》第 173 条；《监察法实施条例》第 218 条；《人民检察院刑事诉讼规则》第 11、267—279 条。

> **第三十六条** 监察机关依照本法规定收集的物证、书证、证人证言、被调查人供述和辩解、视听资料、电子数据等证据材料，在刑事诉讼中可以作为证据使用。
>
> 监察机关在收集、固定、审查、运用证据时，应当与刑事审判关于证据的要求和标准相一致。
>
> 以非法方法收集的证据应当依法予以排除，不得作为案件处置的依据。

---

① 参见方弈霏：《未直接收受他人财物是否构成受贿既遂》，载《中国纪检监察报》2024 年 9 月 25 日，第 8 版。

条文主旨

本条是关于监察证据运用规则的规定。

条文解读

根据我国《刑事诉讼法》第50条的规定，可以用于证明案件事实的材料，都是证据。证据包括：物证，书证，证人证言，被害人陈述，犯罪嫌疑人、被告人供述和辩解，鉴定意见，勘验、检查、辨认、侦查实验等笔录，视听资料、电子数据。证据必须经过查证属实，才能作为定案的根据。明确监察机关调查、收集、固定、运用证据的权限和证据的效力是推进监察工作的必须，而依法收集的证据在刑事诉讼中可以作为证据使用是实现"法法衔接"的现实要求。监察机关收集的证据材料在刑事诉讼中具有法律效力，有助于提升工作效率。

较之于民事诉讼和行政诉讼，刑事诉讼对证据的要求无疑是最高的。根据《刑事诉讼法》第55条的规定，对一切案件的判处都要重证据，重调查研究，不轻信口供。只有被告人供述，没有其他证据的，不能认定被告人有罪和处以刑罚；没有被告人供述，证据确实、充分的，可以认定被告人有罪和处以刑罚。证据确实、充分，应当符合以下条件：一是定罪量刑的事实都有证据证明；二是据以定案的证据均经法定程序查证属实；三是综合全案证据，对所认定事实已排除合理怀疑。监察机关收集的证据在刑事诉讼中可以作为证据使用，这为监察机关的证据收集提出了更高要求。如果相关证据不符合《刑事诉讼法》的规定，将可能作为非法证据予以排除，进而影响惩治职务犯罪的效率。

1. 监察证据可在刑事诉讼中作为证据使用

本条第1款规定，监察机关依照本法规定收集的物证、书证、证人证言、被调查人供述和辩解、视听资料、电子数据等证据材料，在刑事诉讼中可以作为证据使用。本款规定了以下4个方面的内容。

一是只有监察机关依照《监察法》的规定收集的证据材料，才能在刑事诉讼中作为证据使用。相应地，如果是监察机关在其他活动中收集的材料，则并不必然能作为刑事诉讼的证据。根据《监察法实施条例》第59条第3款的规定，监察机关依照《监察法》和《监察法实施条例》规定收集的证据材料，只有经审查符合法定要求的，才能在刑事诉讼中作为证据使用。

二是证据材料包括物证、书证、证人证言、被调查人供述和辩解、视听资料、电子数据等。本款规定的证据种类同《刑事诉讼法》规定的证据类型略有差异，因此应当注意监察机关收集的可以作为刑事诉讼证据的种类。在《监察法实施条例》第59条中，监察证据的类型有所增加，即增加了"被害人陈述""被调查人陈述""鉴定意见""勘验检查、辨认、调查实验等笔录"以及兜底条款内容，明确了监察证据体系的8种类型，这与《刑事诉讼法》当中的法定刑事证据种类保持了高度的一致。

三是可以作为刑事诉讼的证据使用。从法律上看，无须刑事侦查机关或审查起诉机关再进行调查取证。对此，《人民检察院刑事诉讼规则》第65条明确规定："监察机关依照法律规定收集的物证、书证、证人证言、被调查人供述和辩解、视听资料、电子数据等证据材料，在刑事诉讼中可以作为证据使用。"但是，是否一定能作为职务犯罪案件定罪量刑的依据，还需要由审判机关依法确定，如果审判机关认为是非法证据，则不能作为刑事诉讼的证据。与此相关的是，根据《监察法实施条例》第69条第1款的规定，监察机关对人民法院、人民检察院、公安机关、国家安全机关等在刑事诉讼中收集的物证、书证、视听资料、电子数据、勘验、检查、辨认、侦查实验等笔录，以及鉴定意见等证据材料，经审查符合法定要求的，可以作为证据使用。

四是证据的证明力应当达到《刑事诉讼法》规定的要求，也就是监察机关收集的证据均经法定程序查证属实；综合全案证据，对所认定事实已排除合理怀疑。

2. 监察证据的要求和标准应与刑事诉讼证据一致

监察机关在收集、固定、审查和运用证据时，应当与刑事审判关于证据的要求和标准相同。根据《监察法》第43条的规定，职务犯罪案件的证明标准是形成相互印证、完整稳定的证据链。职务犯罪案件应当同一般的刑事案件的证明标准相同,在证据收集等方面也应当遵循相同的标准。因为监察机关在办理职务犯罪案件时同审判机关和检察机关并无本质上的区别,只是分工不同而已,采取同刑事诉讼一样的证明标准顺理成章。是故,监察机关在收集、固定、审查和具体应用证据时应当依照《刑事诉讼法》第1编第5章的规定进行,在证据的种类、证据收集的程序和方式、证据的审查和认定方面对标《刑事诉讼法》的有关规定,以实现监察程序和刑事司法程序的有效衔接。此外,《人民检察院刑事诉讼规则》第5章和《最高人民法院关于适用〈中华人民共和国刑事诉讼法〉的解释》第4章对证据作出了专门规定,这其实也是对监察证据的要求。

3. 非法证据排除规则的适用

证据的类型、收集、固定和使用必须合法,否则极有可能造成冤假错案,影响监察机关的权威和公信力。以非法方法收集证据包括但不限于以暴力、威胁、引诱、欺骗以及非法限制人身自由等非法方法收集证据,也包括以侮辱、打骂、虐待、体罚或者变相体罚被调查人、涉案人员和证人。暴力的方法,是指采用殴打、违法使用戒具等方法或者变相肉刑的恶劣手段,使人遭受难以忍受的痛苦而违背意愿作出供述、证言、陈述。威胁的方法,是指采用以暴力或者严重损害本人及其近亲属合法权益等进行威胁的方法,使人遭受难以忍受的痛苦而违背意愿作出供述、证言、陈述。《中国共产党纪律检查机关监督执纪工作规则》第46条也规定,严禁以威胁、引诱、欺骗以及其他违规违纪违法方式收集证据;严禁隐匿、损毁、篡改、伪造证据。上述内容从党规和国法两个层面明确了禁止违规收集证据。

此外,收集物证、书证不符合法定程序,可能严重影响案件公正处理的,应当予以补正或者作出合理解释;不能补正或者作出合理解释的,对该证据应当予以排除。

实务难点指引

《监察法》第36条第3款规定,以非法方法收集的证据应当依法予以排除,不得作为案件处置的依据。在此基础上,《监察法实施条例》第66

条对非法取证调查核实程序作出了具体规定，明确了调查核实的主体、启动方式、处置原则及相关程序等内容。鉴于调查核实程序系《监察法实施条例》针对非法取证问题的首次创制，有必要准确理解和把握这一制度。

第一，调查核实程序适用的基本要求。《监察法实施条例》对调查核实程序的适用作出了概括性要求，执法实践运用需要重点注意以下3个方面：一是主要职责。监察机关监督检查、调查、案件审理、案件监督管理等部门系具体工作主体，一般按照"谁发现，谁受理，谁调查核实"的原则依据职责办理。比如，案件审理部门在阅卷、审理谈话、阅看同步录音录像等工作中，发现监察人员存在以非法方法收集证据情形的，应按程序呈报监察机关领导同志审批后，根据工作情况交由案件承办部门补正或者作出合理解释，或者退回案件承办部门补充调查，由案件承办部门另行指派调查人员重新调查取证，也可以通报案件监督管理部门，由其按程序依法办理。二是启动方式。调查核实程序有依职权启动、依申请启动两种方式。依职权启动，即监察机关发现监察人员在办理案件中，可能存在以非法方法收集证据情形的，应当依据职责进行调查核实。依申请启动，即被调查人控告、举报调查人员采用非法方法收集证据，并提供涉嫌非法取证的人员、时间、地点、方式和内容等材料或者线索的，或者被调查人在案件移送司法机关后向司法机关提出并由司法机关向监察机关提出的，监察机关应当受理并进行审核；根据现有材料无法证明证据收集的合法性的，应当进行调查核实。需要注意的是，对于被调查人控告、举报调查人员非法取证，但未提供相关材料或者线索，且监察机关经研究认为不存在非法取证可能的，可依法不启动调查核实程序，同时做好对被调查人的释法说理等工作。三是分级负责。监察机关接到对本机关监察人员采用非法方法收集证据的控告、举报的，一般由本机关相关内设部门依据职责调查核实。

第二，调查核实程序适用的具体把握。调查核实程序系监察机关强化自我监督、加强内控机制的重要举措，必须严格依规依法、精准有效适用。从实践来看，调查核实程序的适用需要具体把握以下3个方面问题：一是基本原则。监察机关开展调查核实工作，应坚持实事求是的基本原则，严守职责底线，强化法治意识、程序意识、证据意识；一是一、二是二，是就是是、非就是非，事实为上、证据为王，是什么问题就指出什么问题，有多大问题就认定多大问题，不枉不纵、不偏不倚，依法审慎排除非法证据，精准有效完善瑕疵证据，切实维护监察执法的权威性和严肃性，确保每一起案件都经得起实践、人民和历史的检验。二是适用范围。无论是职务犯罪案件还是职务违法案件，经调查核实后，确认或者不能排除以非法方法收集证据的，均应当对有关证据依法予以排除，不得作为案件定性处置、移送审查起诉的依据。三是排除规则。实践中，对不符合法定程序收集的证据，不能一概视为非法证据予以排除，而应予以区别对待。特别是调查核实时，应正确运用强制性排除规则和裁量性排除规则，努力实现案件质量和巩固监察调查成果相统一。比如，对于调查人员采用暴力、威胁以及非法限制人身自由等非法方法收集的被调查人供述、证人证言、被害人陈述，应当依法予以排除。但是，对于收集物证、书证不符合法定程序，可能严重影响案件公正处理的，应当由案件承办部门按程序予以补正或者作出合理解释；不能补正或者作出合理解释的，对该证据应当予以排除。

第三，实践中需要注意的问题。鉴于职务违法犯罪案件特别是贿赂犯罪案件对言词证据的依赖性较高，谈话、讯问和询问过程中往往需要运用一定的调查策略。但是，从执法实践来看，对调查策略与"引诱、欺骗"非法取证方法之间的界限还需进一步厘清。如调查人员系正常履职开展思想政治教育、释法说理等工作，依规依法对被调查人讲政策、给出路的，不宜认定为"引诱、欺骗"；反之，如调查人员不顾政策法规和案件基本事实，作出不切实际、违反法律规定的承诺，以获得被调查人供述、证人证言、被害人陈述的，则可考虑认定为"引诱、欺骗"。①

典型案例

2023年2月15日，四川省监委将A涉嫌职务犯罪案指定资阳市监委

---

① 参见孙梦远：《准确把握非法取证调查核实程序的相关规定》，载中央纪委国家监委网站2022年10月10日，https：//www.ccdi.gov.cn/hdjln/ywtt/202210/t20221013_223928.html。

管辖。2023 年 2 月 20 日，资阳市监委对 A 立案调查，并于 2 月 23 日，对其采取留置措施。2023 年 8 月，A 受贿事实全部查清，资阳市监委将公安机关管辖的 A 涉嫌非国家工作人员受贿的相关证据全部移送公安机关，并将监察机关在办案过程中所获取的相关证据移送审判机关供刑事诉讼使用，实现了审查调查与刑事司法的有效衔接。① 赋予监察机关收集的证据材料在刑事诉讼中的法律效力是实现"法法衔接"的重要方面，可以减少办理案件的工作环节，提高工作效率。

关联法条

《公职人员政务处分法》第 5、42、43 条；《刑事诉讼法》第 50—60、100 条；《最高人民法院关于适用〈中华人民共和国刑事诉讼法〉的解释》第 69—146 条；《人民检察院刑事诉讼规则》第 61—80 条；《中国共产党纪律检查机关监督执纪工作规则》第 32、46 条。

第三十七条 人民法院、人民检察院、公安机关、审计机关等国家机关在工作中发现公职人员涉嫌贪污贿赂、失职渎职等职务违法或者职务犯罪的问题线索，应当移送监察机关，由监察机关依法调查处置。

被调查人既涉嫌严重职务违法或者职务犯罪，又涉嫌其他违法犯罪的，一般应当由监察机关为主调查，其他机关予以协助。

条文主旨

本条是关于线索移送和管辖的规定。

条文解读

根据我国现行《宪法》第 127 条第 2 款的规定，监察机关办理职务违

---

① 参见方弈霏：《国有控股公司管理人员是否系国家工作人员》，载《中国纪检监察报》2024 年 3 月 6 日，第 8 版。

法和职务犯罪案件，应当与审判机关、检察机关、执法部门互相配合，互相制约。为此，《监察法》第4条第3款明确规定，"监察机关在工作中需要协助的，有关机关和单位应当根据监察机关的要求依法予以协助"。这就以国家根本法和基本法律的形式明确了其他国家机关在监察机关工作过程中有协助监察机关的义务。监察机关是我国专门办理职务违法和职务犯罪的机关，但也需要其他机关配合协调才能充分有效行使职权。职务违法和职务犯罪问题线索移送制度有助于充分发挥审判机关、检察机关、执法机关等相关国家机关的积极性、主动性和专业优势，确保相关机关能协同配合，及时查处各种职务违法和职务犯罪案件。该条规定也有助于相关国家机关各司其职，充分行使自己的法定职权。

1. 公职人员涉嫌职务违法犯罪的问题线索移送

监察机关是专司国家监察职能的机关，依照《监察法》对所有行使公权力的公职人员进行监察，调查职务违法和职务犯罪行为。审判机关、检察机关、执法部门等在行使职权、履行职务过程中，如果发现公职人员涉嫌贪污贿赂、失职渎职等职务违法或者职务犯罪的问题线索，应当及时移送监察机关，由监察机关依法调查处置。按照《监察法实施条例》的相关规定，监察机关对于执法机关、司法机关等其他机关移送的问题线索，应当及时审核，并按照下列方式办理：第一，本单位有管辖权的，及时研究提出处置意见；第二，本单位没有管辖权但其他监察机关有管辖权的，在5个工作日以内转送有管辖权的监察机关；第三，本单位对部分问题线索有管辖权的，对有管辖权的部分提出处置意见，并及时将其他问题线索转送有管辖权的机关；第四，监察机关没有管辖权的，及时退回移送机关。

不过，《监察法》和《监察法实施条例》并未规定问题线索处置的时间，按照《中国共产党纪律检查机关监督执纪工作规则》的规定，线索处置不得拖延和积压，处置意见应当在收到问题线索之日起1个月内提出，并制定处置方案，履行审批手续。因此，处置意见应当在1个月内提出。对于本身无管辖权，但其他机关有管辖权的，《监察法实施条例》规定的是在5个工作日内转送有管辖权的监察机关。基于监察机关的领导体制，对于不同级别之间的移送，应当认定为是逐级移送，如县级监察机关移送给省级监察机关的问题线索，应当首先移送给设区的市级监察机关，而后移送给省级监察机关。此外，按照相关规定，人民法院、人民检察院、公安机关、审计机关等国家机关发现公职人员涉嫌贪污贿赂、失职渎职等职务违法或者职务犯罪时，只要认为涉嫌贪污贿赂、失职渎职等职务违法或者职务犯罪行为，就可以移送监察机关处理，并不要求一定认定存在贪污贿赂、失职渎职等职务违法或者职务犯罪行为。

事实上，除了《监察法》的上述规定，其他国家机关在工作中发现公职人员涉嫌贪污贿赂、失职渎职等职务违法或者职务犯罪的问题线索时，应依法向监察机关移送，在其他法律中也有许多明确规定。例如，《行政复议法》第86条规定："行政复议机关在办理行政复议案件过程中，发现公职人员涉嫌贪污贿赂、失职渎职等职务违法或者职务犯罪的问题线索，应当依照有关规定移送监察机关，由监察机关依法调查处置。"又如，《土地管理法》第71条规定："县级以上人民政府自然资源主管部门在监督检查工作中发现国家工作人员的违法行为，依法应当给予处分的，应当依法予以处理；自己无权处理的，应当依法移送监察机关或者有关机关处理。"

2. 监察机关对兼涉职务违法犯罪与其他违法犯罪的主调查

对同时涉嫌严重职务违法或者职务犯罪，又涉嫌其他违法犯罪的，一般应当由监察机关为主进行调查，其他机关进行协助配合。公职人员涉嫌严重职务违法或者职务犯罪，又涉嫌其他违法犯罪行为，涉及不同国家机关的职权，但是职务犯罪不同于一般的刑事犯罪。职务犯罪的主体较为特殊，犯罪方式隐秘，并且可能涉及国家秘密、工作秘密、商业秘密和个人隐私，因此由监察机关为主进行调查符合监察机关反腐败专门机关的性质和案件的特殊性。在监察机关调查涉嫌职务犯罪的案件时，其他机关应当予以协助，这有助于充分发挥不同机关的优势和尊重不同机关的地位以及职权，形成调查合力。其他机关予以协助不仅是相关国家机关职权行使的要求，也是贯彻《监察法》第4条第3款规定的"监察机关在工作中需要协助的，有关机关和单位应当根据监察机关的要求依法予以协助"的要求。《中国共产党纪律检查机关监督执纪工作规则》第11条第2款也规定，纪检监察机关在工作中需要协助的，有关组织和机关、单位、个人应当依规依纪依法予以协助。

《监察法实施条例》第51条对监察机关为主、其他机关协助的体制作出了更具体的规定。概言之，应当由监察机关和其他机关分别依职权立案，监察机关承担组织协调职责，协调调查和侦查工作进度、重要调查和侦查措施使用等重要事项。这样规定符合《监察法》的立法本意，有助于强化监察机关与公检法三机关之间的相互配合，提高办理贪污贿赂、失职渎职等严重职务违法和职务犯罪的工作效率，加强党对反腐败工作的集中统一领导。在案件办理过程中，监察机关需要公安机关、检察机关协助的，后者应当给予协助。值得注意的是，"由监察机关为主调查"并不是由监察机关代替包办其他机关职能管辖范围内的案件，各机关在办理互涉案件时仍应当分别依职权立案。监察机关重在发挥好组织协调职责，确保各职能部门各司其职、相互配合，使案件办理取得最大实效。

典型案例

A，中共党员，江苏省某市公安局某派出所聘用制联防队员。2018年12月，市公安局对犯罪嫌疑人B和C等人执行监视居住，A受单位委派执行看护任务。在负责看守犯罪嫌疑人C期间，A违规通过手机与C家人联系，并以能办理取保候审为名，骗取C家人现金14万余元。市公安局接到C家人报案后，依法对A立案侦查并采取强制措施。经查，A除上述诈骗犯罪外，另有违规向犯罪嫌疑人B提供通讯设备，帮助B向外传递信息等涉嫌帮助犯罪分子逃避处罚的犯罪事实。依据《监察法》及相关规定，市公安局将该线索移送市监委。2019年3月，A受到开除党籍处分，其涉嫌犯罪问题移送检察机关依法审查起诉。2019年9月，A被市人民法院一审判处有期徒刑7年，并处罚金3万元。①

关联法条

《刑事诉讼法》第19条；《监察法实施条例》第21、51、172条；《中国

---

① 参见江苏省江阴市纪委监委：《图解纪法》，载《中国纪检监察报》2020年1月15日，第8版。

共产党巡视工作条例》第 25、30 条;《中国共产党党内监督条例》第 37、40、41 条;《中国共产党纪律检查机关监督执纪工作规则》第 20 条;《人民检察院刑事诉讼规则》第 13、17、357 条;《公安机关办理刑事案件程序规定》第 14、29 条;《关于人民检察院立案侦查司法工作人员相关职务犯罪案件若干问题的规定》。

第五章　监察程序

第三十八条　监察机关对于报案或者举报，应当接受并按照有关规定处理。对于不属于本机关管辖的，应当移送主管机关处理。

条文主旨

本条是关于监察机关处理报案、举报的规定。

条文解读

人民群众的报案和举报是监察机关发现和查处职务违法犯罪行为的重要线索来源和渠道。在相当长的时间内，问题线索是被称为案件线索的。"案件线索改称反映领导干部问题线索，都不仅仅是称谓的变化，而是内涵的深化，体现了职能的转变。"[1] 本条规定主要包括两个方面的内容。

1. 监察机关有接受报案或者举报的义务

信访、举报等渠道取得的线索，是处理有关案件的主要渠道之一。根据本条规定，监察机关对人民群众的报案或者举报应当接受。明确监察机关接受报案或者举报的义务，有利于保护人民群众参与反腐败斗争的积极性。"报案"和"举报"存在一定的差异。这里的"报案"，是指有关单位和个人（包括案件当事人）向监察机关报告其知道的公职人员涉嫌职务

---

[1] 王岐山：《全面从严治党　把纪律挺在前面　忠诚履行党章赋予的神圣职责——在中国共产党第十八届中央纪律检查委员会第六次全体会议上的工作报告》，载《中国纪检监察》2016年第2期。

违法犯罪事实或者线索的行为；这里的"举报"，是指当事人以外的其他知情人向监察机关检举、揭发公职人员涉嫌的职务违法犯罪事实或者线索的行为。两者的主要不同之处在于报案的主体包括案件的被害人而且主要是案件的被害人，举报的主体是案外的单位和个人，举报所提供的信息往往更加具体明确。①

2. 关于报案或者举报的移送

依照本条规定，监察机关对于报案或者举报中的线索，必须接受并严格按照有关规定处理，不得不作为，对于不属于本机关管辖的，应当移送主管机关进行处理。这里主要有两层意思：一是报案或者举报中的线索属于监察事项，但不属于该监察机关管辖的，应当移送有管辖权的监察机关处理；二是报案或者举报中的线索不属于监察事项，属于其他主管机关管辖的，应当移送相应机关处理。也就是说，关于单位和个人究竟向哪个监察机关报案或者举报，本条没有作出严格限制。因此，发现公职人员涉嫌职务违法犯罪事实或者线索的单位和个人，可以向任意层级的监察机关报案或者举报，待该监察机关收到报案、举报后，再根据法律规定确定。

此外，针对报案或者举报者的安全保障和保密制度，有关法律法规作出了详细规定。一方面，要求"不得压制和打击报复"。比如《监察官法》第43条第2款规定，对依法检举、控告的单位和个人，任何人不得压制和打击报复。另一方面，要求采取严格的保密制度。《监察官法》第10、52条与《纪检监察机关处理检举控告工作规则》第47条共同规定了检举控告保密制度，《监察法实施条例》第267条第2款对此也有专门规定。监察机关应当建立严格的保密制度，严禁泄露报案、举报事项，处理情况以及与报案人、举报人相关的信息，从而不仅保护报案人、举报人及其近亲属的安全，而且保障和激发与职务违法犯罪作斗争的积极性。

---

① 参见樊崇义主编：《刑事诉讼法学》，法律出版社2020年版，第328-329页。

实务难点指引

1. 如何理解本条第 1 句规定的"按照有关规定处理"

按照监察机关内部职责分工，由信访部门负责统一接受群众的来信来访和报案、举报材料，逐件登记并分类摘要，再按照程序报批后按照规定办理。根据《监察法实施条例》第 172 条第 1 款规定，"信访举报部门归口受理本机关管辖监察对象涉嫌职务违法和职务犯罪问题的检举控告，统一接收有关监察机关以及其他单位移送的相关检举控告，移交本机关监督检查部门或者相关部门，并将移交情况通报案件监督管理部门"。

此外，就监察机关对于执法机关、司法机关等其他机关发现并移送的问题线索，《中国共产党纪律检查机关监督执纪工作规则》第 20 条第 2 款的规定是移交纪检监察机关案件监督管理部门统一办理。在此基础上，《监察法实施条例》第 171 条区分了 4 种情况，即规定监察机关对于执法机关、司法机关等其他机关移送的问题线索，应当及时审核，并按照下列方式办理：一是本单位有管辖权的，及时研究提出处置意见；二是本单位没有管辖权但其他监察机关有管辖权的，在 5 个工作日以内转送有管辖权的监察机关；三是本单位对部分问题线索有管辖权的，对有管辖权的部分提出处置意见，并及时将其他问题线索转送有管辖权的机关；四是监察机关没有管辖权的，及时退回移送机关。

2. 报案或者举报的具体方式

关于报案或者举报的具体方式，《监察法》《中国共产党纪律检查机关监督执纪工作规则》等法律和党内法规未做明确规定。基于权利保障和方便报案人、举报人考虑，借鉴《刑事诉讼法》的规定，报案、举报可以用书面或者口头提出；接受口头报案、举报的工作人员，应当写成笔录，经宣读无误后，由报案人、举报人签名或者盖章或者按手印；接受报案、举报的工作人员，应当向报案人、举报人说明诬告应负的法律责任。

3. 如何处理有问题的报案或者举报

如果因主客观条件限制，报案或者举报可能存在不实之处，应当如何处理？就诉讼来说，法律所能达到的往往是一种法律上的真实，在绝大多数情况下难以实现客观真实，二者难以实现完全吻合。就报案人或者举报人而言，只要不是以违法的方式捏造事实、伪造证据，即使存在出入也应当认定为不应当承担法律责任。在报案人、举报人的权益保障方面，监察机关和其他国家机关应当保障报案人、举报人及其近亲属的安全。报案人、举报人如果不愿公开自己的姓名和报案、控告、举报的行为，应当为他保守秘密。①

典型案例

2019年11月14日，江西省抚州市纪委监委将江西盾牌化工有限责任公司涉嫌污染环境问题线索及相关证据，移送至抚州市公安局临川分局。这便是因为相关事项不属于纪检监察机关的管辖范围。同年11月15日，临川分局对该案立案侦查并先后将该公司原法定代表人A和股东B抓获归案。②

关联法条

《监察法实施条例》第168—172、175条；《中国共产党巡视工作条例》第25、36、37条；《中国共产党党内监督条例》第37、40、41条；《纪检监察机关处理检举控告工作规则》第3—23、31—34、47—52条。

第三十九条 监察机关应当严格按照程序开展工作，建立问题线索处置、调查、审理各部门相互协调、相互制约的工作机制。

监察机关应当加强对调查、处置工作全过程的监督管理，设立相应的工作部门履行线索管理、监督检查、督促办理、统计分析等管理协调职能。

---

① 参见秦前红主编：《〈中华人民共和国监察法实施条例〉解读与适用》，法律出版社2021年版，第253—254条。
② 参见杨海龙：《避重就轻 投石问路 丢卒保车 识破假投案真面目》，载中央纪委国家监委网站，https://www.ccdi.gov.cn/yaowen/202010/t20201011_226901.html。

条文主旨

本条是关于加强监察工作监督管理的总体规定。

条文解读

本条的主要目的是强化监察机关自我监督和制约，把监察机关的权力关进制度的笼子。信任不能代替监督，监察委员会监督范围扩大了、权限丰富了，对监察委员会自身的要求必须严之又严、慎之又慎。监察机关作为行使国家监察职能的专责机关，其履行监察职能的过程也是行使公权力的过程，应当"在行使权力上慎之又慎，在自我约束上严之又严"，强化自我监督，健全内控机制。这是确保权力受到严格约束、坚决防止"灯下黑"的必然要求。本条践行"信任不能代替监督、监督是为了支撑信任"的要求，与《中国共产党纪律检查机关监督执纪工作规则》相衔接，针对纪检监察工作中可能发生问题的关键点、风险点，将实践中行之有效的自我监督做法上升为法律规范，为监察机关加强监察工作内部监督管理作出了总体规定，有利于防止因权力过于集中而引发的有案不查、以案谋私等问题。

1. 问题线索处置、调查、审理各部门相互协调、相互制约

根据本条第 1 款的规定，监察机关要严格按照程序开展工作，要在问题线索处置、调查、审理等各部门之间建立相互协调、相互制约的工作机制。从监察机关内控机制来看，监察机关应当自觉遵守工作流程规范和内部监督制约机制，其核心就在于健全内部分工和监督制约机制，实行查审分离、管办分离，强化对监察官办案全过程的监督管理。监督执法工作是监察工作的主要内容，维护监督执法工作纪律是监察机关"打铁必须自身硬"的必然要求，也是监察工作经得起实践和历史检验的重要保证。建立此种分工制约工作机制，旨在避免监察机关监督监察和办案过程中可能存在的私存线索、串通包庇、跑风漏气、以案谋私等问题。监察机关严格按照程序开展工作，是以法治思维和法治方式惩治腐败的必然要求。

此外，本条第 1 款与《中国共产党纪律检查机关监督执纪工作规则》

相衔接。根据该规则第 11 条第 1 款和第 12 条的规定，市地级以上纪委监委实行监督检查和审查调查部门分设模式，同时，纪检监察机关除设置案件监督管理部门负责监督管理、监督检查、调查工作全过程外，还要设置党风政风监督部门，加强对党风政风建设的综合协调，做好督促检查、通报曝光和综合分析等工作。必须指出的是，一方面，监察机关的监督检查部门、调查部门，是依法履职尽责的关键业务部门、开展监察执法和监督调查处置的"一线部门"，有必要赋予其足够的权限和手段；另一方面，监察机关在履职尽责过程中也可能存在发生问题的风险点，必须对其加强监督，通过设定法定的流程和机制，使相关部门相互协调、相互制约。

2. 对调查、处置工作全过程的监督管理

根据本条第 2 款的规定，监察机关应当加强对调查、处置工作全过程的监督管理，设立相应的工作部门履行管理协调职能。实践中，在监察机关内部，一般由案件监督管理部门履行线索管理、监督检查、督促办理、统计分析等管理协调职能。案件监督管理部门和监督调查部门之间要建立相互支持、协调衔接的工作机制。案件监督管理部门要主动履职，对监督调查部门的线索处置、审查调查情况进行监督检查、跟踪研判，在安全保障、看护力量协调等方面支持监督调查部门的工作。监督调查部门要将工作进展、线索处置进度以及相关审查调查数据等情况及时报送案件监督管理部门，便于汇总分析。

实务难点指引

案件监督管理部门发现监察人员在监督检查、调查中有违规办案行为的，及时督促整改；涉嫌违纪违法的，根据管理权限移交相关部门处理。具体而言，一是发现监察人员存在普通违规办案行为的，及时督促整改；二是对于涉嫌违纪违法的，还要根据管理权限移交相关部门处理。具体处理依据主要包括《监察法》第 65 条和第 66 条、《中国共产党纪律检查机关监督执纪工作规则》第 72 条和第 73 条等，《监察法实施条例》第 278

条和第 279 条也对此有所涉及。①

> **典型案例**

"查封、扣押、冻结手续是否齐全？查封、扣押等重要取证工作是否全程录音录像？分类计件标准是否符合规定？涉案财物处置是否及时……" 2019 年中央纪委国家监委案件监督管理室组织机关有关部门对监委机关涉案财物开展了一次专项检查。这是中央纪委国家监委机关加强涉案财物内部监管的一个缩影。《监察法》规定，监察机关应当加强对调查、处置工作全过程的监督管理。《中国共产党纪律检查机关监督执纪工作规则》明确，纪检监察机关案件监督管理部门负责对监督执纪工作全过程进行监督管理。作为纪检监察机关专职监督管理的部门，案件监督管理室通过掌握全部涉案财物情况、查看视频及相关文书、核对财物数量、预警提示等方式，对涉案财物管理全流程进行监督。通过查询操作、修改等记录，进行倒查责任。哪个环节出了问题，就追究哪个部门的责任。在这次涉案财物专项检查中，案件监督管理室通过涉案财物信息管理系统逐案核查了涉案财物情况，各有关部门在此基础上进行了自查和整改。②

> **关联法条**

《监察法》第 65、66 条；《监察法实施条例》第 258—260、278—279 条；《中国共产党纪律检查机关监督执纪工作规则》第 11—12、23、72—73 条；《纪检监察机关派驻机构工作规则》第 9 条。

第四十条 监察机关对监察对象的问题线索，应当按照有关规定提出处置意见，履行审批手续，进行分类办理。线索处置情况应当定期汇总、通报，定期检查、抽查。

---

① 参见石泽华：《〈监察官法〉实施背景下如何强化对监察官之监督》，载《荆楚法学》2022 年第 2 期。
② 参见周根山：《中央纪委国家监委机关健全制度机制 对涉案财物强化全流程监管》，载中央纪委国家监委网站，https://www.ccdi.gov.cn/toutiaon/202006/t20200615_97585.html。

条文主旨

本条是关于问题线索处置程序和要求的规定。

条文解读

对反映公职人员涉嫌职务违法犯罪的问题线索进行处置，既是监察机关监督执法工作的重要内容和抓手，也是监察机关开展工作的基础和前提。规定问题线索处置的具体程序和要求，有利于加强对问题线索处置各个环节的监督和制约，实现对问题线索的有效管控。

1. 监察机关承办部门收到移交的问题线索，应当提出相适应的处置意见

在实践中，线索处置主要有谈话函询、初步核实、暂存待查、予以了结4种处置方式。所谓"谈话函询"，是指监察机关对线索中反映的带有苗头性、倾向性、一般性的问题，及时通过谈话或函询方式进行处置。目的是给予被谈话函询者说明或澄清问题的机会，让其讲清问题，有利于组织进行准确研判、及时有效处置问题线索，早发现、早提醒、早解决。谈话函询包括谈话和函询两种方式，前者是面对面的，后者是书面的，二者可以分别使用，也可以叠加使用。所谓"初步核实"，是指监察机关对受理和发现的反映监察对象涉嫌违法犯罪的问题线索，进行初步了解、核实的活动。主要用于问题线索比较具体、具有可查性，需要追究有关责任的情况。目的是了解和核查问题线索，从而决定是否立案审查，避免盲目立案审查，以维护办案工作的严肃性和准确性。所谓"暂存待查"，是指线索反映的问题虽具有一定的可查性，但由于时机、现有条件、涉案人一时难以找到等，暂不具备核查的条件而存放备查。但是，这并不意味着不再对案件进行核查工作，而是待条件成熟之后再行开展。所谓"予以了结"，是指线索反映的问题失实或没有可能开展核查工作而采取的线索处置方式；虽有相关事实但情节轻微不需要追究有关责任，已建议有关单位作出

恰当处理等也属于此种情况。① 此外，本条提到了"履行审批手续"，《监察法实施条例》第 174 条第 1 款提及监督检查部门进行问题线索处置时也提到了"经审批"，因此，不仅立案调查需要履行相应前置程序，处置问题线索也要经过专门审批程序。

2. 线索处置情况应当定期汇总、通报，并且定期检查、抽查

一方面，案件监督管理部门要定期汇总、核对、检查、抽查问题线索及处置情况，向本机关相关负责人报告。《监察法实施条例》第 173 条第 1 款和《中国共产党纪律检查机关监督执纪工作规则》第 23 条明确了案件监督管理部门对问题线索实行集中管理、动态更新、定期汇总核对的原则，以及向主要负责人报告（批准）制度和向相关部门移送、通报制度等程序要求。另一方面，各部门也应当将问题线索管理责任落实到位，定期汇总线索处置情况，及时向案件监督管理部门通报，并定期对本部门的问题线索处置情况进行自查。对此，《监察法实施条例》第 173 条第 2 款和《中国共产党纪律检查机关监督执纪工作规则》第 23 条进一步强调，问题线索承办部门应当指定专人负责管理问题线索，逐件编号登记、建立管理台账；同时，关于线索管理处置的各个环节都要求经手人员签名，并全程登记备案。在具体工作中，承办部门需要做好线索处置归档工作，归档材料应当齐全完整，载明领导批示和处置过程。

实务难点指引

在处置问题线索时，应当根据所掌握的情况认真分析研判，区分不同情况提出处置意见，处理好"树木"与"森林"的关系。《监察法实施条例》第 174 条和《中国共产党纪律检查机关监督执纪工作规则》第 21 条专门强调，在处置问题线索时，应当结合"问题线索所涉及地区、部门、单位总体情况"进行综合分析。究竟针对问题线索采取哪种处置意见，必须服务于有力削减存量、有效遏制增量的目标，坚持实事求是的原则，在

---

① 参见中共中央纪律检查委员会中华人民共和国国家监察委员会法规室编写：《〈中国共产党纪律检查机关监督执纪工作规则〉释义》，中国方正出版社 2019 年版，第 97－99 页。

深入了解所涉及地区和机关、单位政治生态、党风廉政建设和反腐败斗争整体情况的基础上，结合经济社会发展情况、被反映人以往问题线索和处置情况以及被反映问题本身的性质、线索可查性等，加以综合分析研判。

典型案例

根据《监察法》第 40 条的规定，问题线索处置应当采用分类办理的模式，做到具体问题具体分析。某市纪委监委有关部门陆续收到反映一些市管干部涉嫌违纪的问题线索材料，这些材料按程序报批后转交给监督检查部门，由监督检查部门分别提出处置意见。

第一，对于材料中反映已退休且年龄已过 70 岁的领导干部 A 曾于 20 世纪 90 年代任乡镇领导干部时与某女性 B 发生不正当性关系的问题线索，监督检查部门拟向本人函询、请其作出说明。

第二，对于材料中反映某现任副县长 C 在组织领导国有企业改制工作中滥用职权违规操作、造成了国有资产巨额损失并涉嫌收受参与改制重组的某民营企业主巨额贿赂的问题线索，监督检查部门拟与本人谈话、核实有关情况。

第三，对于材料中反映某现任卫生局副局长 D 在当地医疗设备和药品采购过程中安排医院接受相关企业供货、该企业提供的医疗设备质量较差、相关药品存在重大质量隐患的问题线索，由于材料反映内容较为笼统、无具体核查要素且未说清具体是哪个企业，只说该企业老板目前已赚了钱跑到了境外，监督检查部门认为该问题线索目前不具备核查条件，拟先暂存，待条件具备时再作处理。

第四，对于材料中反映某现任区委副书记 E 任人唯亲、拉帮结派、搞"小圈子""小山头"、违规提拔用人、排斥异己的问题线索，监督检查部门认为该线索主要是反映选人用人、组织人事等方面问题，拟转市委组织部干部监督局掌握、处理，纪委监委对此线索予以了结。

上述几个问题线索的拟办意见，报到市纪委监委分管领导后，该领导进行了认真分析研究，并与监督检查部门共同会商，均重新提出了处置意见，拟分别对反映 A 问题线索予以暂存、对 C 问题线索进行初核、对 D

问题线索抓紧外围核查并查询有关信息、将 E 问题线索转组织部门掌握的同时予以暂存并继续关注待条件成熟时再办理，相关意见按程序报批后获得通过，分别开展了相应处置工作。①

关联法条

《监察法实施条例》第 173—174 条；《中国共产党纪律检查机关监督执纪工作规则》第 11—12、20—25、27、30—31 条；《纪检监察机关处理检举控告工作规则》第 17—19 条；《纪检监察机关派驻机构工作规则》第 37 条第 1、2 款。

第四十一条 需要采取初步核实方式处置问题线索的，监察机关应当依法履行审批程序，成立核查组。初步核实工作结束后，核查组应当撰写初步核实情况报告，提出处理建议。承办部门应当提出分类处理意见。初步核实情况报告和分类处理意见报监察机关主要负责人审批。

条文主旨

本条是关于初步核实程序和要求的规定。

条文解读

作为监察机关调查工作的重要环节，初步核实的任务是了解反映的主要问题是否存在，为是否立案提供依据，即初步查明有无违法犯罪事实等情况，并收集一定证据材料，进而通过对问题线索的核实，判断相关线索的真实性，决定是否开展立案审查，维护监察工作的严肃性和准确性。

---

① 参见《【案例解读监察法】线索处置应具体问题具体分析》，载中央纪委国家监委网站，https://www.ccdi.gov.cn/yaowenn/201811/t20181116_69813.html。

1. 规范初步核实的程序，明确开展初步核实的基本要求

首先，以初步核实方式处置问题线索的，应当依法履行审批程序。初步核实针对的是具有可查性的职务违法和职务犯罪问题线索。这里的审批程序，是指一般应当报监察机关相关负责人审批。其次，承办部门应当制定工作方案，成立核查组。核查组是初步核实工作的直接责任主体。在进行初步核实工作时，应当确定初步核实对象，制定初步核实工作方案，并将方案报承办部门主要负责人和监察机关分管负责人审批。在工作方案中，不仅要明确初步核实的依据、需要核实的问题、主要采取的措施，而且要明确核查组的人员以及相关方法、步骤、时间、范围和程序等。在人数方面，核查人数最少不得少于两人。

2. 核查组应当撰写初步核实情况报告，提出处理建议

根据《监察法实施条例》第 179 条第 1 款规定，初步核实工作结束后，核查组应当撰写初步核实情况报告，列明被核查人基本情况、反映的主要问题、办理依据、初步核实结果、存在疑点、处理建议等主要事项。为了保证权责一致、有权必有责，核查组撰写的初步核实情况报告应当由全体人员签名备查。

3. 承办部门应当提出分类处理意见

核查组在承办部门的直接领导下开展工作，对于核查组撰写的初步核实情况报告，承办部门应当对初步核实情况进行综合分析，并提出处置建议。根据《监察法实施条例》第 179 条第 2 款的规定，承办部门应当综合分析初步核实情况，按照拟立案调查、予以了结、谈话提醒、暂存待查，或者移送有关部门、机关处理等方式提出处置建议，并按照批准初步核实的程序报批。其中，立案调查，是指经过初步核实，发现被核查人可能涉嫌职务违法或者犯罪，需要追究其法律责任的，按照规定的程序报请立案。予以了结，是针对问题存在或者无证据证明存在问题的。谈话提醒，是指问题轻微不需要追究其法律责任的，但是需要对本人谈话提醒的，应当按照规定程序报批后处理。暂存待查，是指初步核实发现尚不能完全排除问题存在的可能性，在现有条件下难以进一步开展工作的，则应当在履行报批手续后予以暂存待查，待条件成熟之时再开启调查工作。移送有关

部门、机关，是指发现被核查人存在职务违法问题，但不需要给予政务处分的，可以视情况移送给有关部门或者机关处理并提出处置意见。

4. 开展初步核实需要注意的主要问题

第一，不同于立案调查，初步核实旨在针对抓住主要问题收集证据、查清事实，因此需要突出重点、注意影响。第二，初步核实必须做好保密措施。一方面，这是监察工作原则的需要，避免对后续立案调查、有效收集证据带来不利影响；另一方面，由于尚未进入立案程序，初步核实如果出现偏差可能导致多方面不好影响。第三，初步核实工作的任务之一是了解核实所反映的主要问题是否存在，是否具备可查性。因此，应当注重收集客观性证据，确保真实性和准确性，并注意客观公正，不能先入为主做"有罪推定"。

实务难点指引

在初步核实工作中，有的环节步骤涉及依法履行审批程序。一是在问题线索处置方面，采取初步核实方式本身需要履行审批程序。该环节一般应当报监察机关相关负责人审批。二是承办部门制定初步核实工作方案，需要履行审批程序。该环节需要将方案报承办部门主要负责人和监察机关分管负责人审批。三是初步核实情况报告，需要履行审批程序。该环节需要报监察机关主要负责人审批。四是承办部门提出分类处理意见，需要履行审批程序。该环节需要报监察机关主要负责人审批。初步核实情况报告和分类处理建议除报监察机关主要负责人审批外，必要时还需向同级党委（党组）主要负责人报告。此外，派驻机构在处置问题线索时，应当报派驻机构主要负责人审批，并按照规定报派出机关备案。值得注意的是，在初步核实工作中，如果发现或者受理被核查人新的具有可查性的问题线索，应当经审批纳入原初核方案开展核查。证据收集是一个动态过程，当发现新的问题线索时，如果重新制定工作方案、成立核查组，会造成监察制度资源的浪费，甚至可能造成问题线索流失。

在初步核实过程中，核查组经批准可采取必要措施收集证据。具体来讲，包括与相关人员谈话了解情况，要求相关组织作出说明，调取个人有关事项报告，查阅复制文件、账目、档案等资料，查核资产情况和有关信息，进行鉴定勘验等。根据《监察法实施条例》第 55 条关于监察权限的一般性规定，初步核实可以依法采取谈话、询问、查询、调取、勘验检查、鉴定等措施，至于讯问、留置、冻结、搜查、查封、扣押、通缉等措施则需要立案后才可以采取。在执行主体上，如果需要采取技术调查、限制出境措施，则应当按照规定严格履行审批手续，并交有关机关依法执行。

典型案例

某县纪委监委收到上级纪委监委转来的反映该县国土局局长 A 涉嫌严重违纪违法的问题线索。其中，部分问题线索系上级机关查办其他案件时在押人员交代的 A 收受他人贿赂等情况，部分问题线索是有关部门收到的反映 A 涉嫌违纪违法的举报材料。同时，审计机关在对该县某土地工程项目进行例行审计时，发现该工程项目存在严重违规违法问题，相关情况也涉及 A。

对此，该县纪委监委对涉及 A 的问题线索进行了汇总整理、分析研究，认为 A 涉嫌违纪违法的问题线索较多、内容较实、可查性强，而且相关材料反映的 A 问题性质严重、情节恶劣、给国家造成了巨额损失，应当依法核查并追究 A 的法律责任。县纪委监委经集体研究并按程序报上级批准后，决定由审查调查部门成立核查组，对涉及 A 的问题线索进行初步核实。

审查调查部门立即组建核查组，在对相关问题线索认真分析研究基础上，形成了初核工作方案，拟以在押人员交代的几笔 A 涉嫌严重受贿问题和审计机关发现的某工程违规违法问题为重点进行核查。初核过程中，注意发现 A 是否存在涉嫌违反政治纪律和政治规矩、违反组织纪律等方面的问题线索；同时，为加强对初核工作的管理和保密工作，初核组还决定成立临时党支部，加强对核查组政治领导和对全组同志的思想政治工作，确保初核工作保质保量、按时完成。按照这一方案，核查组顺利实现了预定目标，按程序办理立案手续后，依纪依法查处了 A 的问题。①

关联法条

《中国共产党章程》第 46 条；《监察法实施条例》第 55、176—179 条；《中国共产党纪律检查机关监督执纪工作规则》第 10、17、30、32—35 条；《纪检监察机关派驻机构工作规则》第 37 条第 3 款。

第四十二条 经过初步核实，对监察对象涉嫌职务违法犯罪，需要追究法律责任的，监察机关应当按照规定的权限和程序办理立案手续。

监察机关主要负责人依法批准立案后，应当主持召开专题会议，研究确定调查方案，决定需要采取的调查措施。

立案调查决定应当向被调查人宣布，并通报相关组织。涉嫌严重职务违法或者职务犯罪的，应当通知被调查人家属，并向社会公开发布。

条文主旨

本条是关于立案条件和程序的规定。

条文解读

立案是监察机关调查职务违法、职务犯罪的正式启动标志，必须严格依法进行。本条重点在于规范监察机关的立案工作，保证其准确、及时地立案，同时保障被调查人及其家属的合法权益。立案程序必须尤其注意遵守程序规定，非经依法批准禁止私自立案调查。本条规定包括 3 个方面的条件和要求。

---

① 参见《【案例解读监察法】初核要找准问题关键点》，载中央纪委国家监委网站，https://www.ccdi.gov.cn/yaowenn/201811/t20181116_69814.html。

1. 立案的条件和手续

监察机关对于立案的要求较高，具体来说，立案需要符合3个要求。一是经初步核实，监察机关已经掌握监察对象涉嫌职务违法犯罪的部分事实和证据。之所以是部分事实和证据而不是全部事实和证据，是因为在初步核实阶段就掌握全部事实和证据既无必要也不现实，而且，最终是否能作为证据只能由人民法院认定。二是监察机关认为需要追究监察对象的法律责任。如上所述，存在证据和事实并不必然就要追究法律责任，也可能是问题轻微，作谈话处理。所以，要进入立案程序还必须要追究被监察对象的法律责任。三是按照规定履行报批手续。监察机关有关负责人应当依照规定的权限和程序审批，对于符合立案要求的，批准立案；对于不符合立案要求的，不批准立案。按照《中国共产党纪律检查机关监督执纪工作规则》第38条的规定，对符合立案条件的，承办部门应当起草立案审查调查呈批报告，经纪检监察机关主要负责人审批，报同级党委主要负责人批准，予以立案审查调查。立案审查调查决定应当向被审查调查人宣布，并向被审查调查人所在党委（党组）主要负责人通报。

2. 立案后如何确定调查方案

监察机关主要负责人应当主持召开专题会议，根据被调查人情况、案件性质和复杂程度等，集体研究确定调查方案。一般来说，调查方案的内容应包括应当查明的问题和线索，调查步骤、方法，调查过程中需要采取哪些措施，预计完成任务的时间，以及应当注意事项等。调查方案一经确定，案件调查人员应当严格遵照执行，不得擅自更改方案内容，遇有重大突发情况需要更改调查方案的，应当报批准该方案的监察机关主要负责人批准。

3. 立案后通知有关单位和人员

监察机关应当向被调查人宣布立案决定，还应当出具书面通知，向被调查人所在单位等相关组织送达《立案通知书》，以表明调查人员的权限。立案之后，应当向被调查人所在单位主要负责人通报，这既是为了保障其知情权，也是为了使相关单位更好地配合调查。对涉嫌严重职务违法或者职务犯罪的公职人员立案调查并采取留置措施的，应当按照规定通知被调查人家属，并向全社会公开发布，目的是让监察机关的行为接受社会公众的监督，向社会公开也是反腐败斗争宣传教育之需。

实务难点指引

1. 涉案人员、单位犯罪等特殊情况如何立案

《监察法实施条例》《关于进一步推进受贿行贿一起查的意见》等针对职务犯罪案件涉案人员立案程序作出了规定。监察机关在立案调查职务违法或者职务犯罪案件时，可能需要对涉嫌行贿犯罪、介绍贿赂犯罪或者共同职务犯罪的涉案人员进行立案调查，在这种情形下，监察机关应当一并办理立案手续。在必要时，有的案件经审批可以由上级监察机关交由下级监察机关立案。职务犯罪案件往往涉案人员多、社会影响面广，做好职务犯罪案件涉案人员处理工作，是实现查办案件"三个效果"有机统一的重要体现，是纪检监察工作高质量发展的必然要求。[1] 值得注意的是，职务犯罪案件中有的犯罪同非公职人员密切相关，如受贿罪中存在谋取不正当利益的行贿人，介绍贿赂罪的犯罪主体可能是公职人员以外的公民。基于这一特征，我国对单位犯罪采取的是双罚制，也就是既罚单位也罚直接负责的主管人员和其他直接责任人员。我国《刑法》第30条规定："公司、企业、事业单位、机关、团体实施的危害社会的行为，法律规定为单位犯罪的，应当负刑事责任。"在职务犯罪案件中，如单位受贿罪、对单位行贿罪、私分罚没财物罪等犯罪主体均包括单位。单位涉嫌职务犯罪，需要追究法律责任，应当依法对该单位办理立案调查手续。事故（事件）中存在职务违法或者职务犯罪，如大型群众性活动重大安全事故罪一般有着较为明确的事故责任人，在证据不充分或者有其他特殊情形时，可以以事立案，也就是不以特定被调查人为立案对象，而是针对事项开展调查，在调查清楚能够确定相关责任人员时，再按照《监察法》等规定的管理权限经审批确定被调查人。

---

[1] 参见代杰：《规范做好职务犯罪案件涉案人员处理工作》，载中央纪委国家监委网站，https：//www.ccdi.gov.cn/yaowenn/202203/t20220309_176684_m.html。

2. 纪检监察派驻机构的立案程序

派驻机构是派出机关的组成部分，与驻在单位是监督和被监督的关系。在立案工作中，派驻机构要处理好与派出机关、驻在单位的关系。结合《纪检监察机关派驻机构工作规则》第 38 条规定，派驻机构立案程序涉及两个方面的问题。一方面，派驻机构立案的审批程序。这具体涉及两种情形。一是报派驻机构主要负责人审批的情形：派驻机构经过初步核实，需要进行立案审查调查的；二是报派出机关审批的情形：对驻在单位党组（党委）直接领导的党组织、党组（党委）管理的领导班子成员中的正职领导干部立案和副职领导干部涉嫌严重职务违法、职务犯罪立案的。另一方面，征求意见程序。这具体涉及 3 种情形：一是一般情况下，派驻机构在立案前，应当征求驻在单位党组（党委）主要负责人意见；二是如果驻在单位党组（党委）主要负责人有不同意见，则应当报派出机关决定；三是确因安全保密等特殊情况，经派出机关同意，也可以在立案后及时向驻在单位党组（党委）主要负责人通报。

3. "涉嫌严重职务违法或者职务犯罪"的立案调查，应当通知被调查人家属，并向社会公开发布

《监察法实施条例》第 184 条第 2 款规定："对涉嫌严重职务违法或者职务犯罪的公职人员立案调查并采取留置措施的，应当按规定通知被调查人家属，并向社会公开发布。"与本条第 3 款相比较，《监察法实施条例》第 184 条第 2 款增加了"并采取留置措施"的条件。这是否说明《监察法实施条例》实际上限缩了向社会发布立案调查的范围，即只限于涉嫌严重职务违法或者职务犯罪被立案调查并采取留置措施的人员？

对于这个问题，需要结合本法与《监察法实施条例》的关系和相关立法及修改时间来确定。从两部法律法规的关系来看，《监察法实施条例》第 184 条第 2 款确实是对本条第 3 款的进一步细化和明确。从体系解释来看，2018 年《监察法》第 44 条第 1 款规定："对被调查人采取留置措施后，应当在二十四小时以内，通知被留置人员所在单位和家属，但有可能毁灭、伪造证据，干扰证人作证或者串供等有碍调查情形的除外。有碍调查的情形消失后，应当立即通知被留置人员所在单位和家属。"从该规定

来看，本法修改之前，需要向被调查人家属通报的情形主要是留置措施。不过，2024年《监察法》修改之后，在第50条第1款增加了关于被管护人员的规定，采取管护或者留置措施后，应当在24小时以内，通知被管护人员、被留置人员所在单位和家属。总之，至少在这两种情况下，必须通知相关单位及家属。从实践来看，涉嫌严重职务违法或者职务犯罪的被调查人很可能已经被采取留置措施，一般的谈话、询问与讯问适用于可能发生职务违法的监察对象。

典型案例

某市纪委监委前期经初步核实已掌握该市水利局副局长A涉嫌违纪违法的问题线索和相关证据。核查组提交了初步核实情况报告，报告中建议按程序提请办理立案手续。市纪委监委主要负责同志审批同意该初步核实情况报告后，当日即主持召开专题会议正式决定对A涉嫌违纪违法问题立案调查，同时研究确定调查方案、决定需要采取的调查措施。

会议讨论时，大家对是否需要对A及其相关涉案人立即采取留置措施进行了认真研究，有两种不同意见：第一种意见认为，可以对A进行立案，但目前阶段还没必要采取留置措施，因为留置后就需要向社会公开发布消息，可能会导致有关涉案人员串供、毁灭证据甚至出逃，不利于案件的后续调查和取证；且留置措施时间比较有限，如果规定时间内不能完成依法取证，将导致部分问题来不及认定、致使部分犯罪问题逃脱法律制裁。

第二种意见认为，既然对A决定立案，就应当同时对其采取留置措施，因为初核已经发现A涉嫌严重职务违法和职务犯罪，如果仅对其立案但不采取留置措施，更可能导致A与有关人员串供或毁灭证据甚至出逃；同时，这种情况下与A谈话获取其真实供述的可能性也不大，还有可能出现向A宣布立案调查决定后，A思想压力较大甚至畏罪自杀等不可预测情况，这对于保证A的人身安全反而不利；对A立案并采取留置措施后，依法通知A的家属，并向社会公开发布消息，这样反而有利于在社会上形成震慑，促使有关人员在组织向其谈话取证时如实反映情况。

会议经过研究讨论后，赞成第二种意见，决定对 A 立案并对其采取留置措施。随后，该市纪委监委依法提请有关机关协助，对 A 采取了留置措施，向其本人宣布了立案调查决定，并向该市水利局党组书记、局长进行了通报；通知了 A 家属，并于当日向社会发布了消息："市水利局副局长 A 涉嫌严重违纪违法，目前正接受纪律审查和监察调查。"①

关联法条

《中国共产党章程》第 46 条；《监察法》第 61 条；《公职人员政务处分法》第 49 条；《监察法实施条例》第 180—184 条；《中国共产党党务公开条例（试行）》第 12 条；《纪检监察机关派驻机构工作规则》第 38 条；《中国共产党纪律检查机关监督执纪工作规则》第 9—10、37—38、42 条；《最高人民法院关于适用〈中华人民共和国刑事诉讼法〉的解释》第 336、340 条。

第四十三条 监察机关对职务违法和职务犯罪案件，应当进行调查，收集被调查人有无违法犯罪以及情节轻重的证据，查明违法犯罪事实，形成相互印证、完整稳定的证据链。

调查人员应当依法文明规范开展调查工作。严禁以暴力、威胁、引诱、欺骗及其他非法方式收集证据，严禁侮辱、打骂、虐待、体罚或者变相体罚被调查人和涉案人员。

监察机关及其工作人员在履行职责过程中应当依法保护企业产权和自主经营权，严禁利用职权非法干扰企业生产经营。需要企业经营者协助调查的，应当保障其人身权利、财产权利和其他合法权益，避免或者尽量减少对企业正常生产经营活动的影响。

条文主旨

本条是关于调查取证工作总体要求的规定。

---

① 参见本书编写组编写：《〈中华人民共和国监察法〉案例解读》，中国方正出版社 2018 年版，第 344－345 页。

条文解读

监察机关调查取得的各项证据，要经得起公诉机关和审判机关的审查。习近平总书记2023年1月9日在二十届中央纪委二次全会上强调，"要增强法治意识、程序意识、证据意识"。① 为此，《监察法》第43条对监察机关调查取证工作提出了明确要求。

1. 依法全面收集证据

本条第1款规定监察机关收集证据必须依法、全面。监察机关要收集被调查人违法犯罪的证据，但不得进行"有罪推定"，要同时收集有无违法犯罪以及情节轻重的证据，不能一味地收集一方面的证据。同时，还要对证据进行充分研究分析、鉴别真伪，进而找出案件证据与案件事实之间的客观内在联系，如此才有可能形成本款所规定的"相互印证、完整稳定的证据链"。

2. 严禁以非法方式收集证据

本条第2款规定了严禁以非法方式收集证据。所谓严禁以非法方式收集证据，主要是指严禁刑讯逼供，严禁以威胁、引诱、欺骗及其他非法方式来获取证据。其中，刑讯逼供包括以暴力殴打、长时间不让睡眠等方式逼取被调查人和涉案人员口供。必须强调的是，以法治思维和法治方式惩治腐败，最直接、最基本要求就是监察机关的调查取证工作必须依法文明规范开展，严格依法、严格按标准收集证据，而不是先收集证据，待到进入司法程序再来解决证据合法性的问题。结合本法第36条第3款规定的非法证据排除规则，收集物证、书证不符合法定程序，可能严重影响案件公正处理的，应当予以补正或者作出合理解释；不能补正或者作出合理解释的，对该证据应当予以排除，不得作为案件处置的依据。本法第36条第2款还规定，监察机关在收集、固定、审查、运用证据时，应当与刑事审判关于证据的要求和标准相一致。这体现了监察机关在办理职务案件时，应

---

① 《一刻不停推进全面从严治党 保障党的二十大决策部署贯彻落实》，载《人民日报》2023年1月10日，第1版。

当准用刑事证据规则与刑事证明标准的要求，由此在证据收集、固定与审查判断等方面对监察机关办案人员提出了更为明确的高要求。监察机关调查取得的证据如果不扎实、不合法，有可能在检察机关审查起诉时退回补充调查，有可能被司法机关作为非法证据予以排除，甚至有可能导致冤假错案。

3. 保护企业产权和自主经营权

本条第 3 款是 2024 年修改时新增的条款，规定了监察机关调查取证工作要保障优化营商环境。理解和适用本条第 3 款规定，需要注意以下两点问题：第一，依法保护企业权益，禁止非法干扰企业生产经营。在履行职责过程中，监察机关应当依法保护企业产权和自主经营权，严禁利用职权非法干扰企业生产经营。第二，依法保障经营者权益，避免或者减少对企业的相关影响。需要企业经营者协助调查的，应当依法保障其合法的人身、财产等权益，避免或者减少对涉案企业正常生产、经营活动的影响。例如，查封相关生产资料必须考虑是否对该财产价值具有重大影响。企业继续使用企业厂房、机器设备等生产资料，对其财物价值并无重大影响的，可以允许企业使用。此外，针对科技创新、产品研发的设备和技术资料等，作出特别规定，即一般不予查封、扣押，如果属于确需调取违法犯罪证据的情况，可以通过采取拍照、复制等方式代替查封、扣押。

实务难点指引

相较于 2018 年《监察法》的规定，本条第 2 款主要优化了两个方面事项：一是增加了关于"调查人员应当依法文明规范开展调查工作"的规定；二是在收集证据的非法方式中增加了"暴力"一词。2018 年《监察法》第 40 条和《中国共产党纪律检查机关监督执纪工作规则》第 46 条，在条文列举范围中并未包含"暴力"和"非法限制人身自由"表述，《监察法实施条例》第 64 条则通过延伸非法方式的内涵对监察工作人员取证行为的规范性提出了更高的要求，具备了较强的实务操作意义。在此基础上，2024 年《监察法》修改新增了"暴力"的表述。这里的"暴力"和"威胁"之间具有一定关联。所谓暴力的方法，是指采用殴打、违法使用戒具等方法或者变相肉刑的恶劣手段，使人遭受难以忍受的痛苦而违背意愿作出供述、证言、陈述；威胁的方法，是指采用以暴力或者严重损害本人及其近亲属合法权益等进行威胁的方法，使人遭受难以忍受的痛苦而违背意愿作出供述、证言、陈述。

本条通过明示的列举将收集证据的方法予以具体化。对于列举方法的"等"外探索，从未来立法完善的角度扩充内涵仍应保持必要的谦抑。部分间接的刑讯逼供行为，从外观上尽管难以肉眼判断对人身造成何种程度的直接伤害，但可从讯问时间、内容、强度以及被调查人的陈述和供述自愿性等方面综合判断。例如，监察工作人员违规超期讯问，不允许被调查人睡觉以及言语上的辱骂或者其他攻击等，是否对被调查人造成实际的身体或者心理创伤，则可通过全程录音录像予以综合分析。尤其是对于"变相"的理解，实务中一定要把握被调查人本人的身体状况以及被调查人陈述或者供述内容的自愿性与真实性。比如被调查人年事已高，或者有过特定心理创伤，在具有人身攻击色彩的言语冲击下，可造成间接的伤害。而在一些特定场合或者情形下，这些伤害可被视为影响被调查人陈述或者供述"自愿性"与"真实性"的因素来源。但是，此种言语攻击的判断必须严格内容上的判断标准，不能将其与监察调查人员向被调查人做的思想政治教育混同。

典型案例

2023年4月，云南省丽江市纪检监察机关在审查调查中发现丽江旅游管理系统某房产分公司原经理A涉嫌违纪违法的问题线索，立即要求审查调查部门抽调精干力量组成专案组，对问题线索进行初核并适时立案审查调查。调查发现，在2005年至2019年长达15年时间内，A利用职权，在管理、承租公房过程中，为他人谋取利益并收受财物，公司26名干部职工全部涉案，其中5人已涉嫌犯罪。市纪委监委研究决定，将A以外的其他4名同案人员指定由永胜县监察委员会管辖，并要求该县监察委员会的办案人员参与整个案件的查办工作。

市纪委监委坚持以审判为中心，严格依规依纪依法及时、全面、客观收集、固定、运用证据，确保形成相互印证、完整稳定的证据链条。根据案情发展分阶段固定证据，对 26 名涉案人员逐一取证，将书证和言词证据对应起来、形成闭环。严守执纪执法权力边界，严格按照权限、规则、程序调查取证，既保证实体正义，又维护程序合规，切实保障当事人合法权益。依纪依法审慎采取措施，立案审查调查 5 人，对问题严重的 3 人进行留置，其他涉案人员均采用走读式谈话。每次谈话都做好安全预案，坚持纪法情理融合，做实思想政治工作。经过反复论证，市纪委监委对大部分问题轻微的涉案人员，依规依纪运用第一种形态处理，对 A 以涉嫌受贿罪、贪污罪、行贿罪、私分国有资产罪移送检察机关审查起诉，其他相关责任人也根据所涉罪名相继移送。①

关联法条

《监察法实施条例》第 60—65、271—272 条；《刑事诉讼法》第 52、55 条；《中国共产党纪律检查机关监督执纪工作规则》第 32、43、46 条；《最高人民法院关于适用〈中华人民共和国刑事诉讼法〉的解释》第 73 条；《人民检察院刑事诉讼规则》第 61 条。

第四十四条 调查人员采取讯问、询问、强制到案、责令候查、管护、留置、搜查、调取、查封、扣押、勘验检查等调查措施，均应当依照规定出示证件，出具书面通知，由二人以上进行，形成笔录、报告等书面材料，并由相关人员签名、盖章。

调查人员进行讯问以及搜查、查封、扣押等重要取证工作，应当对全过程进行录音录像，留存备查。

条文主旨

本条是关于监察机关采取调查措施的程序性规定。

---

① 参见李林波：《守牢案件质量生命线》，载《中国纪检监察》2024 年第 1 期。

条文解读

习近平总书记 2022 年 6 月 17 日在十九届中共中央政治局第四十次集体学习时强调,严格职责权限,规范工作程序,强化权力制约。① 监察机关采取各类调查措施,必须严格依据法定程序进行,这可以有效避免监察权的滥用。

1. 采取调查措施程序的一般性要求

本条第 1 款旨在明确监察机关调查案件应具备的必要条件、必要形式、必要步骤,推进调查工作的精细化、责任化、信息化,便于监察机关及时掌握调查成果、监督调查进度、规范调查过程。除了原有的调查措施外,2024 年《监察法》修改后,强制到案、责令候查、管护等 3 项调查措施也一并纳入本款规定中。具体而言,本款规定了 3 个方面的程序要求。

一是依照规定出示证件、表明身份,出具书面通知。出示证件的目的是证明调查人员的真实身份,以便相关单位和人员积极有效的配合。监察机关决定采取调查措施,应当以书面形式告知被调查人调查决定及有关事项。调查人员向相关单位或个人现场出示书面通知,以证明调查人员的行为经过监察机关合法授权,是程序正当的基本要求。例如,进行搜查必须向被搜查单位或个人出示搜查证明文件,否则相关单位或个人有权不予配合。

二是必须由 2 人以上进行。一方面,单人调查取证不利于客观、真实获取和固定证据,也有可能发生徇私舞弊或刑讯逼供、诱供等非法调查行为;另一方面,2 人以上调查取证有利于互相配合、互相监督,也有利于防止被调查人诬告调查人员有人身侮辱、刑讯逼供等行为,是对调查人员的一种保护。

三是要求形成笔录、报告等书面材料,并且由相关人员签名、盖章。笔录、报告等书面材料是证据的重要载体,有利于保证证据的客观和真实

---

① 参见《提高一体推进"三不腐"能力和水平 全面打赢反腐败斗争攻坚战持久战》,载《人民日报》2022 年 6 月 19 日,第 1 版。

性。要求相关人员签名、盖章，则是表明他们对笔录、报告等书面材料的核对与认可。在调查措施中，要避免少数调查人员主观臆断甚至捏造事实等情况发生，歪曲被调查人、证人的真实意图。

2. 重要取证工作应当全程录音录像

调查人员进行讯问以及搜查、查封、扣押等重要取证工作，应当全程录音录像，这既是对重要取证工作的规范，也是对调查人员的保护。尤其是，监察机关开展讯问、搜查、查封、扣押以及重要的谈话、询问等调查取证工作时，必须依法全程同步录音录像，并保持录音录像资料的完整性、妥善保管、及时归档、留存备查。这里要注意的是，必须保证"全过程"录音录像，如果录制设备的开启和关闭时间完全由调查人员自由掌握，录音录像就不能发挥证明取证工作合法性的作用。《中国共产党纪律检查机关监督执纪工作规则》第49条规定，对涉嫌严重违纪或者职务违法、职务犯罪问题的审查调查，监督执纪人员未经批准并办理相关手续，不得将被审查调查人或者其他重要的谈话、询问对象带离规定的谈话场所，不得在未配置监控设备的场所进行审查调查谈话或者其他重要的谈话、询问，不得在谈话期间关闭录音录像设备。这就对本款规定中录音录像证据资料的形成提出了具体的要求，包括言词证据取得的场所相对固定、监控设备配置固定与录音录像证据取得过程保持延续等。

实务难点指引

《监察法实施条例》第56条第2款规定："人民检察院、人民法院需要调取同步录音录像的，监察机关应当予以配合，经审批依法予以提供。"需要注意的是，监察机关对调查过程的录音录像不随案移送检察机关。检察机关认为需要调取与指控犯罪有关并且需要对证据合法性进行审查的录音录像，可以同监察机关沟通协商后予以调取。同时，在处理人民检察院、人民法院调取同步录音录像的要求时，监察机关还应当对审批程序的具体运行进行细化，包括审批主体是监察机关的主要负责人还是分管领导，审批权限是同级申请还是提级申请，刑事司法机关在调取不能时能否向上一级监察机关申请复议等。各地监察机关能否在不违反本条精神的前提下，灵活地制定符合监察办案实际的具体实施规则，有待从实务层面进一步论证。

典型案例

某央企原董事长 A，利用职务上的便利和影响力，为他人在融资担保、信用额度授权、煤炭集中采购、承揽工程、企业收购等方面提供帮助，并收受他人巨额贿赂。经国家监委指定，W 省监委对 A 涉嫌职务犯罪问题立案调查。在对 A 进行控制的同时，调查人员对其及家人的多处房产依法进行了搜查。

为应对突发情况，制定预案时专门安排了一名有经验的全科医生随行。在搜查时，A 家属情绪激动，不愿配合搜查工作，并称身体不适，要求送医，但经随行医生检查并无大碍。A 女性亲属在场，专案组专门安排女同志陪护，由 A 亲属担任见证人。对于查获的重要书证、物证、视听资料、电子数据及其放置、存储地点进行拍照，并且用文字说明有关情况。对拟扣押的物品逐件进行编号、登记、拍照。对全过程进行录音录像。经全面搜查，发现 A 及家人的多处房产中藏有十几个保险柜，A 家人以不知道密码或没有钥匙为由，拒不开锁。在 A 家人及其他见证人的见证监督下，调查人员联系专业人员打开保险柜，并从中起获了大量的赃款赃物，包括巨额现金、存折、银行卡，以及金条、象牙制品等贵重物品，另外还找到合作协议、收据、工作笔记等若干书证材料。①

关联法条

《监察法实施条例》第 56、74、83、87、97—98、116、138、140、190、261 条；《中国共产党纪律检查机关监督执纪工作规则》第 39、42、43、48—50 条。

---

① 参见安徽省纪委监委第十三纪检监察室：《有效使用搜查助力案件突破》，载《中国纪检监察报》2020 年 2 月 26 日，第 8 版。

> **第四十五条** 调查人员应当严格执行调查方案，不得随意扩大调查范围、变更调查对象和事项。
>
> 对调查过程中的重要事项，应当集体研究后按程序请示报告。

条文主旨

本条是关于执行调查方案的规定。

条文解读

在调查过程中，严格执行调查方案，坚持民主集中制，落实请示报告制度，是监察机关把政治意识和法治思维有机统一起来履行监督、调查、处置职责的基本要求。规定本条的目的在于贯彻落实《宪法》关于国家机关坚持民主集中制的规定和本法"国家监察工作严格遵照宪法和法律"等要求，增强监察机关及其工作人员的政治意识、法治意识、程序意识，做到依法履职、程序规范、监督有力，保证监察调查工作的严肃性、规范性、廉洁性。

1. 调查人员必须严格执行调查方案，不得随意扩大调查范围、变更调查对象和事项

依照本法规定，调查方案是监察机关在遵照民主集中制的基础上由主要负责人主持召开专题会议，根据被调查人情况、案件性质和复杂程度等，集体研究确定的具体方案，内容上包括应当查明的问题和线索，调查步骤、方法，调查过程中需要采取的措施，以及应当注意的事项等。调查方案一经确定，调查人员必须严格遵照执行，不得擅自变更方案内容，随意扩大调查范围、变更调查对象和事项。对于确有必要进行调整的，应当由调查人员履行请示报告程序，报批准该调查方案的监察机关主要负责人批准。

2. 调查人员对调查过程中的重要事项，应当集体研究后按程序请示报告

依照本法规定，坚持党对监察工作的全面领导，是监察机关开展监察

工作必须遵循的首要原则。遵照民主集中制，落实请示报告制度，不仅是监察机关作为国家机关的宪法地位所决定的，也是纪检监察合署办公体制和双重领导体制所塑造的。调查人员对调查过程中的重要事项，应当集体研究后按程序请示报告，这既是贯彻落实民主集中制的直观体现，也是监察执法的基本程序，更是一项政治性、基础性工作。明确调查人员对调查过程中的重要事项，应当集体研究后按程序请示报告，有利于提高监察调查工作质效，强化监察调查过程中的监督制约，确保监察权始终在党的领导下，在法治轨道上正确规范运行。

实务难点指引

本条在实务工作中的难点，主要在于如何理解"对调查过程中的重要事项，应当集体研究后按程序请示报告"中的"重要事项"。一般而言，职务违法犯罪行为的复杂性决定了案件调查过程中的事项纷繁复杂，对于某一事项是不是重要事项的判断对调查人员的政治素养和法治涵养皆提出了较高要求。调查人员通常可以调查方案的内容为参照，严格按照既定调查方案开展调查工作，若在调查过程中，遇到诸如查悉方案外被调查对象或重要涉案人员的新的问题线索，察觉方案内调查措施及重点措施（留置）的实施需要调整，以及调查组内调查人员出现违反调查工作纪律，泄露案情、办人情案，乃至出现办案安全等问题，即可视为重要事项，需要及时集体研究按规定程序请示报告。

实践样本

山西省大同市探索"四会"模式，为调查工作中的集体研究提供制度基础。一是由监督检查专题会议集体处置问题线索，纪委监委主要负责人定期或不定期召集分管承办室的监委领导、承办室主要负责人、线索管理员和分管案件监督管理室的监委领导、案件监督管理室主要负责人集体研究，精准处置问题线索。二是由初步核实专题会议集体确定初核方案，对拟采取初步核实方式处置的问题线索，由分管该案的纪委副书记（监委副主任）召集有关人员，对初步核实的方向、范围、时限，核查组人员组成,以及初核期间采取的保密、安全措施等进行研究。三是由调查专题会议集体决定调查重大事项,监察机关主要负责人或者其委托的监委领导主持召开专题会议,研究确定调查方案,决定需要采取的调查措施。四是由案件审理协调会集体研究解决案件提请纪委监委会议审议前,审理部门与案件承办室或调查组在案件定性、违纪违法事实和证据等调查工作中的重大意见分歧。这样的"四会议事"机制,强化了民主基础上的集中,落实了集中指导下的民主,确保调查工作更加科学、更加严密、更加有效。①

关联法条

《中国共产党章程》第 10 条;《监察法实施条例》第 6、117、186 条;《中国共产党纪律检查机关监督执纪工作规则》第 43 条第 1 款、第 45 条。

第四十六条 采取强制到案、责令候查或者管护措施,应当按照规定的权限和程序,经监察机关主要负责人批准。

强制到案持续的时间不得超过十二小时;需要采取管护或者留置措施的,强制到案持续的时间不得超过二十四小时。不得以连续强制到案的方式变相拘禁被调查人。

责令候查最长不得超过十二个月。

监察机关采取管护措施的,应当在七日以内依法作出留置或者解除管护的决定,特殊情况下可以延长一日至三日。

条文主旨

本条是关于强制到案、责令候查和管护措施期限的规定。

条文解读

在采取调查措施过程中,必须严格遵循正当法律程序原则,确保当事

---

① 参见梁晓旭:《民主集中制的具体体现》,载《中国纪检监察》2018 年第 16 期。

人的权益得到充分保障。监察机关应当加强监督执法调查工作规范化建设，不仅要严格按规定对监察措施进行审批和监管，而且要依照法定的范围采取相关措施，还要依照法定的程序和期限采取相关措施，出具、送达法律文书。监察案件调查期限是法律正当程序中不可或缺的一环，不仅关乎监察办案的进展效率，更深深影响着法律的公正与权威。

1. 强制到案措施的期限

《监察法》第 21 条规定了强制到案措施的实体条件和要求。根据本条第 2 款的规定，强制到案的持续时间，分为两种情况：一是在一般情况下，强制到案持续的时间不得超过 12 小时；二是需要采取管护或者留置措施的，强制到案持续的时间不得超过 24 小时。在《刑事诉讼法》规定的刑事强制措施中，与强制到案措施期限相近的是传唤、拘传措施。《刑事诉讼法》第 119 条第 2、3 款规定，"传唤、拘传持续的时间不得超过十二小时；案情特别重大、复杂，需要采取拘留、逮捕措施的，传唤、拘传持续的时间不得超过二十四小时。不得以连续传唤、拘传的形式变相拘禁犯罪嫌疑人……"。对比上述期限规定可知，强制到案与传唤、拘传的时限大致相同，一般不得超过 12 小时；强制到案可能过渡至留置或管护，此种情况下不得延长至超过 24 小时；传唤、拘传可能会过渡至拘留或逮捕，此种情况下也不得延长至超过 24 小时。

《监察法》和《刑事诉讼法》都规定，不得以连续强制到案（传唤、拘传）的方式变相拘禁被调查人（犯罪嫌疑人）。传唤、拘传是为了特定情况下进行讯问，犯罪嫌疑人到案接受讯问后其目的即已达成；强制到案的直接目的是使被调查人到案接受调查，防止被调查人逃避调查，保障调查工作顺利进行。因此，连续强制到案的方式不仅有悖于强制到案措施设立的初衷，也侵犯了被调查人的合法权益。

2. 责令候查措施的期限

《监察法》第 23 条规定了责令候查措施的适用条件、对象及被责令候查人应当遵守的要求。结合其适用条件可知，责令候查措施一定程度上是留置措施的替代措施。相较于后者，责令候查措施在保障调查顺利进行的同时有助于节约监察调查资源。根据本条第 3 款的规定，责令候查的期限是最长不得超过 12 个月。在《刑事诉讼法》规定的刑事强制措施中，与责令候查措施期限相近的是取保候审措施。《刑事诉讼法》第 67、71 条规定了取保候审措施的适用条件、对象及应当遵守的要求。《刑事诉讼法》第 79 条规定，"人民法院、人民检察院和公安机关对犯罪嫌疑人、被告人取保候审最长不得超过十二个月，监视居住最长不得超过六个月。在取保候审、监视居住期间，不得中断对案件的侦查、起诉和审理。对于发现不应当追究刑事责任或者取保候审、监视居住期限届满的，应当及时解除取保候审、监视居住……"。

3. 管护措施的期限

《监察法》第 25 条规定了管护措施的适用条件及对象。根据本条第 4 款规定，管护措施的期限，分为两种具体情况：一是在一般情况下，监察机关应当在 7 日以内依法作出留置或者解除管护的决定；二是在特殊情况下，可以延长 1 日至 3 日。

从管护措施与留置措施的衔接来看，本法从两个方面作出了规定：一是在采取管护措施之时，本法第 25 条第 2 款规定应当立即将被管护人员送留置场所，至迟不得超过 24 小时；二是在采取管护措施之后，本条第 4 款规定应当在特定期限内依法作出留置或者解除管护的决定。从管护措施的期限及其与留置措施的衔接转换来看，本条第 4 款规定的 7 日内作出决定的要求，直接针对的是留置措施。可见，管护措施是一种过渡性、临时性的措施。监察机关办理相关案件时，应当及时、迅速地作出留置或解除管护的决定，不可"久而不决"。必须指出的是，本款仅提到 7 日内作出留置或者解除管护的决定，没有规定次数限制。在司法实践中，应当避免重复适用管护措施。此外，针对本条第 4 款规定的"特殊情况"，不宜宽泛地理解为案情重大复杂，否则可能导致部分地方办案过程中任意延长管护期限的情形，对其实体标准和批准程序后续相关规定可能需要作出进一步明确。

关联法条

《刑事诉讼法》第 75、76、79、85、91、119、170 条；《公安机关办理刑事案件程序规定》第 47、103、118、125 条。

> 第四十七条　监察机关采取留置措施，应当由监察机关领导人员集体研究决定。设区的市级以下监察机关采取留置措施，应当报上一级监察机关批准。省级监察机关采取留置措施，应当报国家监察委员会备案。

条文主旨

本条是关于留置措施审批权限的规定。

条文解读

留置是一项非常严厉的调查措施，事关相关人员的人身自由，在采取该措施时应当履行严格的审批手续，进而防止监察机关滥用留置措施。本条与本法第 48、49 条共同规定了留置措施的程序性规范。

1. 采取留置措施应集体研究决定

各级监察机关采取留置措施，都应当由本机关领导人员集体研究决定，不能以个人意志代替集体决策、以少数人的意见代替多数人的意见。对此，《中国共产党纪律检查机关监督执纪工作规则》第 10 条第 3 款有明确规定："纪检监察机关应当坚持民主集中制，对于线索处置、谈话函询、初步核实、立案审查调查、案件审理、处置执行中的重要问题，经集体研究后，报纪检监察机关相关负责人、主要负责人审批。"

2. 设区的市级以下监察机关采取留置措施应报上一级监察机关批准

县级和设区的市级监察机关采取留置措施，在经集体研究决定之后，还应履行一定的报批手续，即应当报上一级监察机关批准。例如，县级监察委员会决定采取留置措施，须报所在地设区的市级监察委员会批准；设区的市级监察委员会决定采取留置措施，则须报所在地省级监察委员会批准。

3. 省级监察机关采取留置措施应报国家监察委员会备案

考虑到省级监察机关层级较高，其决定采取留置措施往往是比较慎重的，因此根据本条的规定，省级监察机关采取留置措施应报国家监察委员会备案，而非经国家监察委员会批准。

典型案例

某市纪委监委前期经初步核实已掌握该市市管干部A涉嫌违纪违法的问题线索和部分违纪违法犯罪事实及证据。核查组在初步核实情况报告中建议按程序提请办理立案手续。经该市市委主要负责人批准后，市纪委监委主要负责人主持召开由市纪委监委领导人员参加的专题会议，集体研究对A的审查调查方案，以及需要采取的审查调查措施。

会议认为，经过初步核实，A涉嫌严重违反党纪、职务违法和受贿犯罪，市纪委监委已经掌握其部分违法犯罪事实及证据，仍有重要问题需要进一步调查，且涉及案情重大、复杂，决定对A立案调查并采取留置措施。市纪委监委将留置决定报请省纪委监委批准，省纪委监委对市纪委监委的请示进行了研究，认为该案目前掌握的违法犯罪事实及证据尚不扎实。因此作出了不予批准的批复，并建议市纪委监委对关键问题做进一步核实后，再报请批准留置。经过进一步核实，市纪委监委对关键问题掌握了比较扎实的证据，再次报请省纪委监委，获得批准，市纪委监委遂立即决定对A立案调查并采取了留置措施。①

关联法条

《刑事诉讼法》第87—92条。

第四十八条 留置时间不得超过三个月。在特殊情况下，可以延长一次，延长时间不得超过三个月。省级以下监察机关采取留置措施的，延长留置时间应当报上一级监察机关批准。监察机关发现采取留置措施不当或者不需要继续采取留置措施的，应当及时解除

---

① 参见《【案例解读监察法】采取留置措施应集体研究并报请批准》，载中央纪委国家监委网站，https://www.ccdi.gov.cn/yaowenn/201811/t20181129_70016.html。

或者变更为责令候查措施。

对涉嫌职务犯罪的被调查人可能判处十年有期徒刑以上刑罚，监察机关依照前款规定延长期限届满，仍不能调查终结的，经国家监察委员会批准或者决定，可以再延长二个月。

省级以上监察机关在调查期间，发现涉嫌职务犯罪的被调查人另有与留置时的罪行不同种的重大职务犯罪或者同种的影响罪名认定、量刑档次的重大职务犯罪，经国家监察委员会批准或者决定，自发现之日起依照本条第一款的规定重新计算留置时间。留置时间重新计算以一次为限。

条文主旨

本条是关于留置措施期限及解除或变更的规定。

条文解读

在 2018 年《监察法》中，留置措施的期限规定在第 43 条第 2 款。2024 年修改后的《监察法》，则专设第 48 条对留置措施的期限作出专门规定。这既可以避免相关条款过于冗长，亦可以表明留置措施期限问题的重要性。

1. 留置时间及特殊情形下的延长

一般情况下，留置措施不得超过 3 个月。这里的 3 个月是固定期限，不因案件情况的变化而变化；不能因发现"新罪"（监察机关之前未掌握的被调查人的职务违法犯罪）重新计算留置期限。特殊情况下，可以延长 1 次，延长的时间也不得超过 3 个月，即不得超过 6 个月。省级以下（含省级）监察机关延长留置期限的，除了经本机关领导人员集体研究决定外，还应当报上一级监察机关批准。

本条第 1 款未对"在特殊情况下，可以延长一次，延长时间不得超过三个月"中的"特殊情况"做详细规定。对此，《监察法实施条例》第 101 条第 1 款进行了细化，规定有"案情重大，严重危害国家利益或者公共利益的""案情复杂，涉案人员多、金额巨大，涉及范围广的""重要证据尚未收集完成，或者重要涉案人员尚未到案，导致违法犯罪的主要事实仍须继续调查的""其他需要延长留置时间的情形"等 4 种情形之一的，经审批可以延长一次。在程序上，《监察法实施条例》第 101 条第 2 款规定，省级（含）以下监察机关如果要延长留置时间，须经采取留置措施相同的批准程序，即报上一级监察机关批准。

2. 留置措施的解除或变更

为保证留置措施的合法性与规范性，保护被留置人员的合法权益，根据本条第 1 款的规定，采取留置措施不当或者不需要继续采取留置措施的，应当按规定报批，及时解除留置或者变更措施。调查人员应当向被留置人员宣布有关决定，履行相关程序，并及时通知被留置人员所在单位或者家属。在实践中，如果不符合变更为责令候查措施的条件，则应当及时依法解除留置措施，不得以轮流采取不同措施的方式，变相延长对被调查人人身自由的限制。

3. 留置时间"再延长"的期限及条件

本条第 2 款规定的"再延长"，是指在原有的"3 个月加 3 个月"的基础上，即依照本条第 1 款规定延长期限届满之后，再延长不超过 2 个月的留置时间。这被认为是为了"适应监察办案实际，解决重大复杂案件留置期限紧张的问题"[①]。从立法角度来讲，新增本条第 2 款规定，一是考虑到监察调查工作的实际需要，即部分重大疑难案件在原有条款规定的期限下，仍有可能无法调查终结；二是考虑到留置时间过长或者延长程序不够严格，可能导致社会担忧和安全风险责任等问题。对比来看，《刑事诉讼法》针对侦查羁押期限也作出类似规定，其第 159 条规定："对犯罪嫌疑人可能判处十年有期徒刑以上刑罚，依照本法第一百五十八条规定延长期限届满，仍不能侦查终结的，经省、自治区、直辖市人民检察院批准或者决定，可以再延长二个月。"

---

① 瞿芃：《推进新时代监察工作高质量发展——有关负责人就监察法修改答记者问》，载《中国纪检监察报》2024 年 12 月 26 日，第 2 版。

针对监察机关留置措施的期限问题，中央纪委国家监委法规室有关释义曾指出："需要注意的是，关于留置期限问题，有的同志反映时间不够，希望延长。对此，我们不能简单地从办案需要考虑，而要从政治上认识。时间过长，会增加社会对留置措施的疑虑和担心，安全风险责任也加大。解决这个问题，还是要把留置前的工作做得更扎实，提高效率，突出重点。"① 本条第 2 款规定主要涉及 3 方面的条件：一是案件本身层面，被调查人可能判处 10 年有期徒刑以上刑罚；二是案件调查层面，依照本条第 1 款规定延长期限届满，仍不能调查终结的；三是程序要件层面，经国家监察委员会批准或者决定。

4. 留置时间重新计算的条件、程序和次数

本条第 3 款是 2024 年《监察法》修改时新增的内容，这在一定程度上借鉴了《刑事诉讼法》有关重新计算侦查羁押时限的规定。比较来看，《刑事诉讼法》第 160 条第 1 款规定："在侦查期间，发现犯罪嫌疑人另有重要罪行的，自发现之日起依照本法第一百五十六条的规定重新计算侦查羁押期限。"而根据《监察法》第 48 条第 3 款的规定，留置时间重新计算的，自发现之日起重新计算，且以 1 次为限。在该规定的实施方面，需要满足 3 方面的要求：一是实施主体是省级以上监察机关。二是适用条件是发现涉嫌职务犯罪的被调查人另有与留置时的罪行不同种的重大职务犯罪或者同种的影响罪名认定、量刑档次的重大职务犯罪。三是审批主体是国家监察委员会，即省级监察机关决定重新计算留置时间须经国家监察委员会批准或决定，国家监察委员会可以自行决定重新计算留置时间。

值得注意的是，《刑事诉讼法》规定的重新计算侦查羁押期限，针对的是"另有重要罪行"；本条第 3 款规定的重新计算留置时间，除了针对"不同种的重大职务犯罪"外，还涉及"同种的影响罪名认定、量刑档次的重大职务犯罪"。一方面，职务犯罪案件调查、证据收集具有特殊性，且职务犯罪案件本就是特定刑事罪名类型，即便新发现的是同种的职务犯

---

① 中共中央纪律检查委员会中华人民共和国国家监察委员会法规室编写：《〈中华人民共和国监察法〉释义》，中国方正出版社 2018 年版，第 199 页。

罪行为，其案件调查、证据收集仍旧面临较大困难。另一方面，本条第3款将此种情况限定为"影响罪名认定、量刑档次"的同种的重大职务犯罪，同时对其设置较严格的实施主体和程序要求的限制，避免实践中此项规定被滥用。

实务难点指引

针对本条第1款的规定，需要考虑如何理解"采取留置措施不当"和"不需要继续采取留置措施"。

所谓"采取留置措施不当"，是指本不应采取而采取了留置措施的情形，即不符合本法第24条所列举的留置措施的适用条件的情况。采取留置措施不当，主要包括两种情况：一种是经调查不存在职务违法犯罪行为，撤销案件的；另一种是本应采取责令候查等其他措施，但采取了留置措施的。这两种情况都属于"违反规定采取留置措施"。监察人员在履行职责中有"违反规定采取留置措施"的行为，应依法严肃处理，构成犯罪的还要被依法追究刑事责任。此外，对于决定撤销案件的，监察机关应当将撤销案件的决定向被调查人宣布，由其在《撤销案件决定书》上签名、捺指印，立即解除留置措施，并通知其所在机关、单位；同时，对于采取留置措施后决定撤销案件的，受害人还有权申请国家赔偿。

所谓"不需要继续采取留置措施"，是指原本符合本法第24条所列举的留置措施的适用条件，但因故不再需要继续进行留置。《监察法实施条例》第102条规定，对被留置人员不需要继续采取留置措施的，应当按规定报批，及时解除留置，并履行宣布解除留置措施决定、及时通知被留置人员所在单位或者家属等程序。例如，在采取留置措施期间，发生了本法第23条第1款规定的情形，即应经依法审批变更为责令候查措施。又如，留置期限届满、没有延长留置时间的，也应当依法解除留置措施。《监察法实施条例》第285条第3款关于"期间"的规定中，专门载明"期间的最后一日是法定休假日的，以法定休假日结束的次日为期间的最后一日。但被调查人留置期间应当至到期之日为止，不得因法定休假日而延长"。此外，在互涉案件中，人民检察院、公安机关对犯罪嫌疑人采取刑事强制措施前发现其已被监察机关采取留置措施,或者监察机关采取留置措施后发现被调查人还涉嫌人民检察院、公安机关管辖的犯罪,经沟通一致,在监察机关依法解除留置措施后,人民检察院、公安机关可以依法采取刑事强制措施。

此外,在实践中,有一些情况下留置措施会自动解除。例如,调查终结案件依法移送人民检察院审查起诉的,留置措施自犯罪嫌疑人被执行拘留时自动解除,不再办理解除法律手续。

典型案例

根据《监察法》第 48 条第 1 款的规定,省级以下监察机关采取留置措施的,延长留置时间应当报上一级监察机关批准。例如,A 曾任河南省 B 市公安局党委副书记、副局长,C 市副市长、市公安局党委书记、局长等职。2012 年至 2021 年,A 利用职务上的便利,为他人在工程项目承接、解冻涉案银行账户等事项上谋取利益,并收受他人所送财物折合共计 507 万余元。2021 年 9 月 15 日,河南省纪委监委对 A 涉嫌严重违纪违法问题立案审查调查,并于 9 月 16 日对其采取留置措施。同年 12 月 8 日,经中央纪委国家监委批准,对 A 延长留置时间 3 个月。①

关联法条

《监察法实施条例》第 101—102、185 条,第 206 条第 4 款;《刑事诉讼法》第 79 条第 2 款,第 95—99 条,第 117 条第 1 款,第 156—160、170 条。

第四十九条 监察机关采取强制到案、责令候查、管护、留置措施,可以根据工作需要提请公安机关配合。公安机关应当依法予以协助。

省级以下监察机关留置场所的看护勤务由公安机关负责,国家

---

① 参见方弈霏:《三堂会审 | 身边人出面帮他人承揽工程并收钱怎样定性》,载中央纪委国家监委网站,https://www.ccdi.gov.cn/ywjt/202312/t20231220_315735.html。

> 监察委员会留置场所的看护勤务由国家另行规定。留置看护队伍的管理依照国家有关规定执行。

条文主旨

本条是关于公安机关协助采取强制到案、责令候查、管护、留置措施的规定。

条文解读

《宪法》第 127 条第 2 款规定："监察机关办理职务违法和职务犯罪案件，应当与审判机关、检察机关、执法部门互相配合，互相制约。"根据本条规定，监察机关采取强制到案、责令候查、管护、留置措施时，可提请公安机关配合。同时，省级以下监察机关留置场所的看护勤务工作由公安机关负责。这些都体现了公安机关与监察机关之间的配合关系。

1. 公安机关协助监察机关采取强制到案、责令候查、管护、留置措施

监察机关不配备类似检察机关、审判机关"法警"那样的强制执行队伍，因此，在采取留置等措施过程中，需要公安机关的协助配合。监察机关在采取强制到案、责令候查、管护、留置措施的过程中，可以根据工作需要按照规定报批，提请公安机关配合，公安机关应当依法予以协助。

公安机关协助配合监察机关采取留置等措施的过程中，其角色是提供协助配合，而不是直接进行侦查。这是建立在监察机关对职务违法和犯罪案件独立开展调查工作的基础上的。监察机关依法独立对职务违法和职务犯罪案件展开调查，是对监察权的统一整合与收束，也是办理职务犯罪案件互相制约原则的体现。此外，为实现程序上的规范与公正，监察机关在提请协助时应当遵循程序性规定，即监察机关在提请协助时应当出具《提请协助采取留置措施函》，该函的基本内容主要包括提请协助的具体事项和建议，协助采取措施的时间、地点等内容，并附上《留置决定书》复印件。

从协助配合的执行主体来看，监察机关提请协助的对象是同级公安机

关、本地公安机关。《监察法实施条例》第 99 条第 1 款关于"应当按规定报批,请同级公安机关依法予以协助"的规定,明确了协助采取留置措施"同级协助"的原则;如果要提请不同层级公安机关协助执行,则需要按照《监察法实施条例》第 11 条第 2 款的规定,提请上级监察机关予以协调。在特殊情况下,监察机关也可以提请异地公安机关协助采取留置措施。当监察机关提请异地公安机关协助采取留置措施时,不应当直接向异地公安机关提请协助,而是应当按规定报批,向协作地同级监察机关出具协作函件和相关文书,由协作地监察机关提请当地公安机关依法予以协助。

2. 省级以下监察机关留置场所的看护勤务由公安机关负责

本条对留置看护队伍的建设问题作出了规定,这有助于解决留置看护人员不够用、队伍不稳定、执勤不专业等问题,进而推进全国留置看护队伍建设管理的规范化、法治化、正规化。[1] 其实早在 2024 年《监察法》修改之前,便有许多地方进行了留置看护队伍建设的有益探索。因此,本条的规定可谓是"将实践做法上升为法律规定,为公安机关开展留置场所的看护勤务工作提供明确、充分的法律依据"[2]。

实务难点指引

针对"根据工作需要",即具体在哪些方面监察机关需要公安机关协助采取留置措施,本条并未作出细致规定。一般来说,公安机关协助监察机关执行留置主要有两种情况:一是监察机关对被调查人采取留置措施,将被留置人员带回留置场所,需要公安机关配合执行,以防止相关单位和人员的阻挠;二是将被留置人员留置在特定场所后,需要公安机关派警员看护,以保证被留置人员的安全,使得留置期讯问等相关调查工作顺利进行。

---

[1] 参见中央纪委国家监委案件监督管理室:《加强监督执纪执法规范化标准化建设》,载《中国纪检监察》2024 年第 6 期。

[2] 瞿芃:《推进新时代监察工作高质量发展——有关负责人就监察法修改答记者问》,载《中国纪检监察报》2024 年 12 月 26 日,第 2 版。

实践样本

自国家监察体制改革试点工作开展以来，云南省西双版纳州各级纪委监委会同公安机关与省内其他州（市）联系对接，认真咨询各地的留置看护队伍建设情况，了解编外人员招录程序、待遇保障、使用管理等情况，学习编外辅助人员的日常管理和考核，为留置看护人员招录工作和规范留置看护人员管理做足前期"功课"。纪委监委、公安机关协同负责，财政、编制、人社等部门协同配合，抓好留置看护队伍经费保障、机构设置、人员编制等工作落实，明确工作经费由公安机关据实申请财政预算，州级和县级人民政府给予保障。留置期间，看护人员优先服从纪委监委统一安排调度，履行好看护职责；非留置期间，由公安机关负责日常管理，强化职业历练，提升综合素质，形成"人员共用、看护优先"的管理使用模式，确保看护队伍招之能来、来之能战、战之能胜。招聘时注重从大学生、退役军人中择优选择。① 目前，不少地方的公安机关设置了留置看护大队。例如，安徽省萧县公安局设有留置看护大队，职责是负责监察机关的留置人员看护；对留置人员进行看护监管期间，不与外界人员接触；配合监察机关工作，对被留置人员的家属及单位进行通知；按照监察机关要求，为被留置人员的饮食、安全与休息提供保障。② 又如，湖南省株洲市公安局设有留置看护支队，其主要职责是承担监察留置对象在除谈话询问期间的安全看护工作，配合做好监察留置场所巡控工作，承担留置看护警务辅助人员的管理工作。③

关联法条

《监察法实施条例》第9、57、75—76、82、99、103、160条；《纪检监察

---

① 参见蔡毓华：《西双版纳：探索成立专业看护队伍 助力监察体制改革》，载云南省纪委监委网站，https://www.ynjjjc.gov.cn/html/2020/jianchatizhigaige_0311/82305.html。

② 参见《萧县公安局留置看护大队》，载萧县人民政府网站2024年1月4日，https://www.ahxx.gov.cn/public/27/157387111.html。

③ 参见《留置看护支队》，载株洲市公安局网站，https://gaj.zhuzhou.gov.cn/c14232/20231219/i2142996.html。

机关派驻机构工作规则》第39条。

> 第五十条　采取管护或者留置措施后，应当在二十四小时以内，通知被管护人员、被留置人员所在单位和家属，但有可能伪造、隐匿、毁灭证据，干扰证人作证或者串供等有碍调查情形的除外。有碍调查的情形消失后，应当立即通知被管护人员、被留置人员所在单位和家属。解除管护或者留置的，应当及时通知被管护人员、被留置人员所在单位和家属。
>
> 　　被管护人员、被留置人员及其近亲属有权申请变更管护、留置措施。监察机关收到申请后，应当在三日以内作出决定；不同意变更措施的，应当告知申请人，并说明不同意的理由。
>
> 　　监察机关应当保障被强制到案人员、被管护人员以及被留置人员的饮食、休息和安全，提供医疗服务。对其谈话、讯问的，应当合理安排时间和时长，谈话笔录、讯问笔录由被谈话人、被讯问人阅看后签名。
>
> 　　被管护人员、被留置人员涉嫌犯罪移送司法机关后，被依法判处管制、拘役或者有期徒刑的，管护、留置一日折抵管制二日，折抵拘役、有期徒刑一日。

条文主旨

本条是关于管护和留置期间监察机关工作要求的规定。

条文解读

监察机关在采取管护和留置措施时不能"一管了之""一留了之"，还应遵照法律法规的相关规定，通知被管护人员、被留置人员的单位和家属，保障被强制到案人员、被管护人员以及被留置人员的基本需求。

1. 管护和留置措施的通知程序及其例外

按照本条第1款的规定，当相关主体被采取管护或留置措施后，监察机关进行通知是原则，不通知是例外，即除非通知有碍调查，否则，监察机关应当在采取管护或者留置措施后 24 小时以内，通知被管护人员、被留置人员所在单位和家属。而且，有碍调查的情形消失以后，监察机关应当立即履行通知义务。之所以这样规定，一方面，为了保障当事人的合法权益，以及有关单位及亲属的知情权；另一方面，采取管护或者留置措施后，如果不履行通知程序，可能引发被管护人员、被留置人所在单位和家属的不必要的猜测。此外，解除管护或者留置的，应当及时通知被管护人员、被留置人员所在单位或者家属。

关于本条第 1 款规定，有两个问题需要说明：第一，不同于"告知"（包括口头、书面两种方式），"通知"应当采取书面方式。具体而言，通知可以采取直接送交、邮寄、转交等途径送达，将有关回执或者凭证附卷；如果无法通知，或者相关人员拒绝接收，调查人员应当在工作记录或者有关文书上记明。第二，"有碍调查"主要涉及被调查人被留置的消息可能引发同案犯逃跑、自杀、毁灭或伪造证据，被留置人家属可能转移、隐匿、销毁罪证等情况。2018 年《监察法》第 44 条第 1 款采取的表述是"有可能毁灭、伪造证据，干扰证人作证或者串供等"，《监察法实施条例》第 98 条第 2 款采取的表述是"可能毁灭、伪造证据，干扰证人作证或者串供等"。在此基础上，2024 年《监察法》修改新增了可能"隐匿"证据的情形。

2. 申请变更管护、留置措施的主体及程序性要求

本条第 2 款是 2024 年《监察法》修改新增规定，主要包括 3 个方面内容：一是申请变更的主体是被管护人员、被留置人员本人及其近亲属；二是申请变更的决定期限是 3 日以内；三是如果不同意变更，监察机关应当履行告知程序，并说明理由。比较来看，《刑事诉讼法》中也有关于变更强制措施的规定。《刑事诉讼法》第 97 条规定："犯罪嫌疑人、被告人及其法定代理人、近亲属或者辩护人有权申请变更强制措施。人民法院、人民检察院和公安机关收到申请后，应当在三日以内作出决定；不同意变更强制措施的，应当告知申请人，并说明不同意的理由。"第 36、38 条规定，辩护律师在侦查期间可以为犯罪嫌疑人申请变更强制措施，特定情况

下由值班律师申请变更强制措施。第117条规定，采取强制措施法定期限届满，不予以释放、解除或者变更的，当事人和辩护人、诉讼代理人、利害关系人有权申诉或者控告。2024年《监察法》修改，第69条第1款中也增加了相关表述，即采取强制到案、责令候查、管护、留置或者禁闭措施法定期限届满，不予以解除或者变更的，被调查人及其近亲属、利害关系人有权申诉。

3. 强制到案、管护、留置措施中的合法权益保障

强制到案、管护、留置等措施涉及限制公民人身自由，尤其是留置措施限制程度颇为严厉，在秉持人道主义待遇和保障公民生命健康的基础上，监察机关必须严格遵循相关法律规定，必须切实保障被调查人的合法权益。唯有如此，才能使被强制到案人员、被管护人员以及被留置人员受到有尊严的对待，使其合法权益不至于遭到侵害，并为其参与下一步的监察活动提供必要的条件。与此同时，保障被强制到案人员、被管护人员以及被留置人员合法权益也有助于监察机关文明、合法地开展监察活动。在施行强制到案、管护、留置等措施的过程中，监察机关应当尊重被强制到案人员、被管护人员以及被留置人员的人格和民族习俗，保障被强制到案人员、被管护人员以及被留置人员的饮食、休息和安全，对于患有疾病或者身体不适的，应当及时提供医疗服务。强制到案、管护、留置期间一般较长，特别是留置措施对被留置人员的身体与精神必定会带来一定的负担与压力。因此，必须保证被留置人员的身体健康，降低因采取留置措施对其造成的风险与伤害。这既是对被留置人员生命权、健康权的保护，也有利于保障调查工作的顺利进行。

4. 管护、留置措施的刑期折抵

根据本条第4款的规定，被管护人员、被留置人员涉嫌犯罪移送司法机关后，可以折抵刑期，即管护、留置1日折抵管制2日，折抵拘役、有期徒刑1日。值得注意的是，根据《刑事诉讼法》第76条的规定，指定居所监视居住的期限也可以折抵刑期，即"指定居所监视居住的期限应当折抵刑期。被判处管制的，监视居住一日折抵刑期一日；被判处拘役、有期徒刑的，监视居住二日折抵刑期一日"。不过，《监察法》第50条第4

款没有规定责令候查措施的刑期折抵问题。

实务难点指引

本条第 3 款对监察机关开展的谈话、讯问作出了相对概括的时间规定，即"合理"安排时间和时长。所谓"合理安排时间和时长"，并不仅指单次谈话（讯问）的时间和时长，还包括某一个固定时间段内的单次谈话（讯问）时长和多次谈话（讯问）的累计时间。相较于未被限制人身自由的谈话、讯问对象，本条规定的被调查人除应得到饮食和休息保障之外还可得到医疗服务。一方面，处于此种状态的谈话、讯问对象，并非完全居于平等的主体地位，而是作为严重违法责任主体乃至犯罪嫌疑人接受谈话。在谈话、讯问过程中限定时间和时长、保障饮食和休息，反映了人权保障的工作理念。另一方面，当已被限制人身自由时，如被留置的被调查人，谈话的时间长度要求相对宽松，这是基于涉嫌严重职务违法和职务犯罪的定性，但也应防止过度谈话成为"变相肉刑"。在谈话过程中，保证饮食和必要的休息时间的规定，是为了让被调查人保持一种较好的身体精神状态。缺乏休息的谈话可导致陈述或者供述存在自愿性瑕疵，甚至在此种情形下的谈话可因被调查人被迫作出而导致证据失效。

典型案例

A 的职务是市水利局政策法规科负责人，2018 年 6 月 1 日，A 因涉嫌严重违纪违法被留置。市监委 2 名调查人员向 A 宣布留置决定，其本人在《留置决定书》上签字接收。24 小时内，市监委通知了其单位和家属。在对其家里进行搜查时，严格按照《监察法》的规定进行，不仅出示了搜查证，而且请了 2 名辖区派出所的女干警作为见证人。在搜查中，调查组现场全程录音录像，扣押的物品清单也全部由 A 的妻子 B 本人签字确认，并有在场人见证。《监察法》规定，监察机关应当保障被留置人员的饮食、休息和安全，提供医疗服务。A 进入留置场所以来，调查人员保持"处处小心，时时在意"，一天早晚两次体检，提前准备好调理血压血糖的药品，医生和护士在留置点随时待命。在搜查 A 家里时，办案人员发现他家的橱柜里有不少红茶，A 的妻子 B 说，"他胃里长了息肉，要喝浓红茶暖胃"。A 被留置以来，办案人员每天都会给 A 泡一杯稍浓点儿的红茶水。A 患有腰椎间盘突出，在讯问时，负责谈话的同志都会定时提醒他站起来走动。①

  被留置人员涉嫌犯罪移送司法机关后，被依法判处管制、拘役和有期徒刑的，留置 1 日折抵管制 2 日，折抵拘役、有期徒刑 1 日。例如，某市纪委监委依法对涉嫌严重违反党纪和受贿犯罪的市水务局副局长 A 采取了留置措施。经调查，A 严重违反党纪和涉嫌受贿犯罪的事实查清，相关证据确实、充分，该市纪委监委按相关程序给予 A 开除党籍处分和开除公职政务处分，并制作起诉意见书，连同案卷材料、证据一并移送人民检察院依法审查、提起公诉。人民检察院对 A 依法予以逮捕。经审查后，人民检察院对 A 以受贿罪依法向人民法院提起公诉。人民法院经开庭审理，以受贿罪依法判处 A 有期徒刑 3 年，并处罚金 20 万元。法院最终作出的判决书中写明，A 自当年 3 月 27 日起被该市监察委员会依法采取留置措施，其后被人民检察院依法予以逮捕，A 的刑期自留置当日即 3 月 27 日起算。②

关联法条

  《监察法实施条例》第 58、77、82—83、86—87、98、100、102—103、184 条；《刑事诉讼法》第 36、38 条，第 75 条第 2 款，第 76 条，第 79 条第 2 款，第 85 条，第 93 条第 2 款，第 97、117 条；《中国共产党纪律检查机关监督执纪工作规则》第 41、69、70 条。

> **第五十一条**　监察机关在调查工作结束后，应当依法对案件事实和证据、性质认定、程序手续、涉案财物等进行全面审理，形成审理报告，提请集体审议。

---

  ① 参见游国顺：《【监察法，我们都在学】之八：采取留置措施应当怎么做？》，载中央纪委国家监委网站，https://www.ccdi.gov.cn/toutiaon/201807/t20180706_93631.html。

  ② 参见本书编写组编写：《〈中华人民共和国监察法〉案例解读》，中国方正出版社 2018 年版，第 387－388 页。

条文主旨

本条是关于审理工作要求的规定。

条文解读

根据《监察法》第 39 条第 1 款的规定，监察机关应当建立问题线索处置、调查、审理各部门相互协调、相互制约的工作机制。通常来说，在调查部门完成调查工作之后，便进入审理程序，即审理部门根据调查结果，对被调查人涉嫌违法或者犯罪形成审理意见，以便为后续的处置程序提供依据。① 可以说，审理是监察机关工作的重要方面。不过，在 2018 年《监察法》中，仅有 1 处规定与审理工作相关。2024 年修改《监察法》，在第 51 条规定了审理程序和审理工作要求，突出审理对调查的审核把关和监督制约作用。②

1. 关于"全面审理"的工作要求

案件审理部门受理案件后，应当及时成立由两人以上组成的审理组，并确定主要承办人。审理组成立后，应当按照要求认真审理，全面系统地审理案卷材料，并针对案卷材料反映的违法犯罪事实提出认定意见和处理意见。

监察机关案件受理部门对于受理的案件必须依法审核。本条规定的"依法对案件事实和证据、性质认定、程序手续、涉案财物等进行全面审理"，其标准主要是事实清楚、证据确凿、定性准确、处理恰当、手续完备、程序合法。其中，"事实清楚"是审理工作最基本的要求，具体是指所依据的事实清楚。"证据确凿"指的是审核所依据的事实均有证据加以证明，所有的证据均是依法取得。具体而言，这要求相关事实均有证据证明、相关证据本身真实合法、据以定案的证据之间没有无法排除的矛盾、综合全案证据所认定的事实清晰且令人信服。"定性准确"指的是在认定

---

① 参见秦前红主编：《监察法学教程》，法律出版社 2023 年版，第 328 页。
② 参见瞿芃：《推进新时代监察工作高质量发展——有关负责人就监察法修改答记者问》，载《中国纪检监察报》2024 年 12 月 26 日，第 2 版。

事实清楚、证据确凿的基础上，对职务违法或者职务犯罪行为人的行为性质认定准确，如是构成职务违法还是职务犯罪，是此罪还是彼罪等。"处理恰当"指的是根据上述认定的事实、证据、对案件的定性，依据法律法规和党内法规，给予被调查人恰当的处理。"手续完备""程序合法"是指处理监察案件应当符合法定程序，不仅实体处理合法，程序方面也应当严格依法进行，这是以法治思维和法治方式反腐的必然要求。上述规定是监察机关在处理职务违法和职务犯罪过程中必须遵循的基本准则，也是确保监察工作符合法律规定的保障。

2. 关于"形成审理报告"的工作要求

在监察工作中，不同阶段有不同的任务，也应当形成不同的法律文书，如在初步核实过程中，依照《监察法实施条例》第179条规定，应当形成初步核实情况报告。审理报告是监察机关案件审理部门在案件审理结束之后就移送审理的案件的事实、证据、案件定性、如何处理等方面形成的法律文书。其需要载明被调查人基本情况、调查简况、涉嫌违法或者犯罪事实、被调查人态度和认识、涉案财物处置、承办部门意见、审理意见等内容。

对被调查人涉嫌职务犯罪需要追究刑事责任的，应当形成《起诉意见书》，作为审理报告附件。根据本法第52条第1款第4项的规定，涉嫌职务犯罪的，监察机关经调查认为犯罪事实清楚，证据确实、充分的，制作起诉意见书，连同案卷材料、证据一并移送人民检察院依法审查，提起公诉。所以，制作《起诉意见书》应当在查清案件事实基础上，做到证据确实、充分。作为审理报告的附件，《起诉意见书》应当在审理报告中单独表述经审理认定的涉嫌职务犯罪的事实，并应当根据案件事实和调查取得的证据制作，应当反映被调查人的基本情况，调查简况，监察机关采取留置措施的时间，调查中查明的犯罪事实和证据，是否存在从重、从轻、减轻处罚或者免除等情节，涉案财物的情况，被调查人涉嫌的罪名和法律依据，采取强制措施的建议等情况。

3. 关于"提请集体审议"的工作要求

《中国共产党纪律检查机关监督执纪工作规则》第53条第2款规定，

"纪律处理或者处分必须坚持民主集中制原则，集体讨论决定，不允许任何个人或者少数人决定和批准"。审理工作必须坚持集体审议原则，在民主讨论基础上形成处理意见，尤其是有争议较大的问题时，必须及时报告、形成一致意见后再作出决定。针对审理工作结束后所形成的审理报告，《中国共产党纪律检查机关监督执纪工作规则》第 56 条第 1 款还规定，审理报告报经纪检监察机关主要负责人批准后，提请纪委常委会会议审议。需报同级党委审批的，应当在报批前以纪检监察机关办公厅（室）名义征求同级党委组织部门和被审查调查人所在党委（党组）意见。

实务难点指引

监察机关审理程序涉及多个阶段的程序和衔接要求。概括来讲主要涉及以下几个方面：第一，案件审理部门审核材料阶段。经审核符合移送条件的，予以受理；不符合移送条件的，经审批可以暂缓受理或者不予受理，并要求调查部门补充完善材料。第二，审理组审理阶段。要求由 2 人以上组成的审理组，对案卷材料进行全面审理并形成审理意见，其间经审批可与被调查人谈话，对于主要违法犯罪事实不清、证据不足的情况，应当经审批将案件退回承办部门重新调查。第三，审理结束后形成审理报告阶段。审理报告要求提请监察机关集体审议，对于涉嫌职务犯罪需要追究刑事责任的还要形成《起诉意见书》作为附件，符合条件的则应提出撤销案件的建议。第四，针对特殊管辖案件，在审理程序中需要特别考虑程序衔接问题。例如，上级监察机关提级管辖案件的，调查结束后可以经审理后按程序直接进行处置，也可以形成处置意见后交由下级监察机关办理；而对于指定管辖案件，被指定管辖的监察机关在调查结束后，则需要将案件移送审理，提请监察机关集体审议。

实践样本

随着纪检监察体制改革的不断深化，乡镇、街道等基层纪检监察机关查办案件的数量日益增加，但客观上存在专职办案人员缺乏、人员业务能力不足等问题，这影响和制约办案质量的进一步提升。自 2024 年 8 月起，武汉市汉阳区纪委监委积极探索推行"街案区审"工作机制，对全区11个街道纪工委自办案件进行"把脉问诊"，一对一开出"问题清单"，并安排专人跟进答疑复核，确保问题整改到位，助力案件办理质效提升。为了强化案件源头治理，区纪委监委依托"室组地"联动协作机制，充分发挥"室组"指导作用，对街道自办案件线索处置、谈话函询、初核立案、审查调查等环节的实质性内容与程序进行指导把关。同时，从证据有效性、全面性、定性精准性等方面对案件开展预审，街道纪工委根据预审意见进行整改，结束后对事实证据、定性处理、程序手续、涉案财物等进行全面审理，形成初步审理报告。完成本级审理后，街道纪工委将审查卷、内部审理卷以及相关"室组"预审意见移交至区纪委监委案件审理部门。区纪委监委案件审理部门对标质量评查标准，对线索来源材料、主体身份、言词证据、书证、违纪违法事实、涉案财物与人员、定性处理等方面全面进行阅卷审核，提供清单式反馈意见，并督促按期"销号"整改到位。[1]

关联法条

《监察法实施条例》第60—63、191—199条；《中国共产党纪律检查机关监督执纪工作规则》第53—56条。

第五十二条　监察机关根据监督、调查结果，依法作出如下处置：

（一）对有职务违法行为但情节较轻的公职人员，按照管理权限，直接或者委托有关机关、人员，进行谈话提醒、批评教育、责令检查，或者予以诫勉；

（二）对违法的公职人员依照法定程序作出警告、记过、记大过、降级、撤职、开除等政务处分决定；

---

[1] 参见《武汉汉阳区：做实"街案区审"提升基层办案质效》，载中央纪委国家监委网站，https://www.ccdi.gov.cn/gzdtn/jcfc/202410/t20241025_383369.html。

（三）对不履行或者不正确履行职责负有责任的领导人员，按照管理权限对其直接作出问责决定，或者向有权作出问责决定的机关提出问责建议；

　　（四）对涉嫌职务犯罪的，监察机关经调查认为犯罪事实清楚、证据确实、充分的，制作起诉意见书，连同案卷材料、证据一并移送人民检察院依法审查、提起公诉；

　　（五）对监察对象所在单位廉政建设和履行职责存在的问题等提出监察建议。

　　监察机关经调查，对没有证据证明被调查人存在违法犯罪行为的，应当撤销案件，并通知被调查人所在单位。

条文主旨

本条是对监察机关依法履行处置职责具体方式的规定。

条文解读

《监察法》第 2 章对监察机关的职责作出了概括性的规定，特别是在第 11 条规定了监察委员会依法履行监督、调查、处置职责。该条第 3 项便是对处置职责的规定，即"对违法的公职人员依法作出政务处分决定；对履行职责不力、失职失责的领导人员进行问责；对涉嫌职务犯罪的，将调查结果移送人民检察院依法审查、提起公诉；向监察对象所在单位提出监察建议"。为了使处置职责的履行更具可操作性，本条规定了监察机关依法履行处置职责的具体方式。

1. 谈话提醒、批评教育、责令检查、予以诫勉

本条第 1 款第 1 项规定的处置方式，即谈话提醒、批评教育、责令检查、予以诫勉，被认为是监督执纪"四种形态"之"红红脸、出出汗"的

法律规范表达。① 《中国共产党章程》第 40 条第 2 款规定，"坚持惩前毖后、治病救人，执纪必严、违纪必究，抓早抓小、防微杜渐"，并要求"运用监督执纪'四种形态'，让'红红脸、出出汗'成为常态"。之所以规定这类处置方式，并要求让"红红脸、出出汗"成为常态，乃是为了做到抓早抓小。对此，习近平总书记 2019 年 7 月 9 日在中央和国家机关党的建设工作会议上指出，"要深化运用监督执纪'四种形态'，特别是要在用好第一种形态上下功夫，多做红脸出汗、咬耳扯袖的工作"②。从既往的实践来看，第一种形态的运用最为常见。例如，据中央纪委国家监委对 2023 年全国纪检监察机关监督检查审查调查情况的通报，全国纪检监察机关 2023 年运用"四种形态"批评教育和处理 171.8 万人次。其中，运用第一种形态批评教育和处理 109.6 万人次，占总人次的 63.8%。③

第一，谈话提醒、批评教育、责令检查、予以诫勉等处置方式，针对的是有职务违法行为但情节较轻的公职人员。这其中包含两个要素：一是存在职务违法行为，二是职务违法行为的情节较轻。"职务违法行为"是指行使公权力的公职人员利用职务之便所实施的违反法律规范的行为，但是该行为尚未违反刑法规范，未达到职务犯罪的追诉标准。④ 根据《监察法》第 11 条的规定，监察机关重点监督、调查和处置的职务违法行为包括贪污贿赂、滥用职权、玩忽职守、权力寻租、利益输送、徇私舞弊以及浪费国家资财等。上述情形既可能是职务违法行为，也可能是职务犯罪行为，主要看上述情形是否达到职务犯罪的程度，是否达到犯罪的立案标准。"情节较轻"是指职务违法行为的社会危害性较低，尚未因为职务违法而明显侵害社会公共利益，使公众的生命与财产受到威胁，因此可以免于处分或免于承担相关法律责任。

---

① 参见中共中央纪律检查委员会中华人民共和国国家监察委员会法规室编写：《〈中华人民共和国监察法〉释义》，中国方正出版社 2018 年版，第 205 页。
② 习近平：《在中央和国家机关党的建设工作会议上的讲话》，载《求是》2019 年第 21 期。
③ 参见《中央纪委国家监委通报 2023 年全国纪检监察机关监督检查审查调查情况》，载中央纪委国家监委网站，https：//www.ccdi.gov.cn/toutiaon/202401/t20240125_324375.html。
④ 参见姚建龙、尹娜娜：《监察法视野下职务违法与职务犯罪的界分——以监察程序的完善为重点》，载《上海政法学院学报（法治论丛）》2018 年第 6 期。

第二，谈话提醒、批评教育、责令检查、予以诫勉等处置方式，可以单独使用，也可以根据相关规定合并使用。上述处置方式是监察机关发现苗头性、倾向性问题或者轻微违纪问题时的常用手段，可以提高纪检监察监督的针对性和实效性。这些处置方式虽然不会产生具体的法律后果，但是能够发挥警示、教育作用，目的在于让存在错误、不当行为的相关人员"红红脸、出出汗"。

第三，谈话提醒、批评教育、责令检查、予以诫勉等处置方式，其具体运用程序在《监察法实施条例》中有所规定。根据《监察法实施条例》第201条第2—4款的规定，谈话提醒、批评教育应当由监察机关相关负责人或者承办部门负责人进行，可以由被谈话提醒、批评教育人所在单位有关负责人陪同；经批准也可以委托其所在单位主要负责人进行。对谈话提醒、批评教育情况应当制作记录。被责令检查的公职人员应当作出书面检查并进行整改。整改情况在一定范围内通报。诫勉由监察机关以谈话或者书面方式进行。以谈话方式进行的，应当制作记录。

2. 政务处分

对违法的公职人员作出政务处分决定，是监察机关履行处置职责的重要方式。本条第1款第2项一方面规定了政务处分的对象，即"违法的公职人员"；另一方面则列举了政务处分的种类，即"警告、记过、记大过、降级、撤职、开除等"。至于其他更为具体的事项，则是由全国人大常委会2020年6月20日通过的《公职人员政务处分法》加以规定。特别是《公职人员政务处分法》第3章对"违法行为及其适用的政务处分"作出了比较详细的规定。

第一，政务处分的原则。给予公职人员政务处分，坚持党管干部原则，集体讨论决定；坚持法律面前一律平等，以事实为根据，以法律为准绳，给予的政务处分与违法行为的性质、情节、危害程度相当；坚持惩戒与教育相结合，宽严相济。给予公职人员政务处分还应当事实清楚、证据确凿、定性准确、处理恰当、程序合法、手续完备。公职人员依法履行职责受法律保护，非因法定事由、非经法定程序，不受政务处分。

第二，政务处分的程序。作出政务处分决定前，监察机关应当将调查认定的违法事实及拟给予政务处分的依据告知被调查人，听取被调查人的陈述和申辩，并对其陈述的事实、理由和证据进行核实，记录在案。被调查人提出的事实、理由和证据成立的，应予采纳。不得因被调查人的申辩而加重政务处分。确有应受政务处分的违法行为的，根据情节轻重，按照政务处分决定权限，履行规定的审批手续后，作出政务处分决定。政务处分决定书应当及时送达被处分人和被处分人所在机关、单位，并在一定范围内宣布。作出政务处分决定后，监察机关应当根据被处分人的具体身份书面告知相关的机关、单位。

第三，政务处分的救济。公职人员对监察机关作出的涉及本人的政务处分决定不服的，可以依法向作出决定的监察机关申请复审；公职人员对复审决定仍不服的，可以向上一级监察机关申请复核。此外，监察机关发现本机关或者下级监察机关作出的政务处分决定确有错误的，应当及时予以纠正或者责令下级监察机关及时予以纠正。需要说明的是，复审、复核期间，不停止原政务处分决定的执行。

3. 问责

问责的适用对象是"不履行或者不正确履行职责负有责任的领导人员"，而并非一般的工作人员。领导干部在一定范围内负有主体责任、监督责任、领导责任，只有抓住领导干部这个"关键少数"才能倒逼领导干部坚持把自己摆进工作、把职责摆进工作，勇于担当、敢于负责，不推卸责任。监察机关对此类人员进行问责，需要按照管理权限进行，或是直接作出问责决定，或是向有权作出问责决定的机关提出问责建议。相较于监察机关的问责，党内问责制度建立较早且相对健全。早在2016年，中共中央便印发了《中国共产党问责条例》。本条第1款第3项只是简单地规定了问责，至于问责的具体方式，则规定在《监察法实施条例》第204条，即监察机关对不履行或者不正确履行职责造成严重后果或者恶劣影响的领导人员，可以按照管理权限采取通报、诫勉、政务处分等方式进行问责；提出组织处理的建议。此般规定被认为是"借鉴党内问责制度，结合监察工作实际，进一步明确了监察问责的方式"①。

《监察法实施条例》第 204 条规定的"通报"指的是监察机关按照管理权限，对被问责的领导人员进行严肃批评，责令其作出正式书面的检查、认真改正自身的行为，并将上述问题在一定范围内予以公布，以便其他人员引以为戒，进而发挥警示作用。②《中国共产党问责条例》同样把"通报"作为一类问责方式，并在第 8 条对"通报"进行了定义，即"责令整改，并在一定范围内通报"，以及"进行严肃批评，责令作出书面检查、切实整改，并在一定范围内通报"。"诫勉"是以谈话或者书面方式进行批评与教育。"政务处分"是对失职失责、危害严重，应当给予政务处分的，依照《公职人员政务处分法》追究责任。上述 3 种方式的适用应当视具体事实情节而定，情节相对较轻的适用通报，情节相对较重的适用政务处分。另外，监察机关还可以采用监察建议的手段对符合问责情形的领导人员提出组织调整或组织处理的建议。"组织调整建议"是指监察机关可以向有关单位提出调整该领导人员相关职位的建议。"组织处理建议"是指监察机关可以向有关单位提出处置相关领导人员的建议，包括停职检查、责令辞职、免职、降职等。这本质是监察机关以监察建议的形式介入组织内部对相关领导人员的处理，从而发挥监察建议的作用。

4. 移送审查起诉

根据《监察法》第 11 条第 2 项的规定，监察机关有权对职务犯罪进行调查。假若经过调查，被调查人确实涉嫌职务犯罪，便应由监察机关把案件移送至检察机关，并由检察机关进行审查起诉。本条第 1 款第 4 项从以下两个方面规定了移送审查起诉问题。

一方面，移送审查起诉的前提是被调查人涉嫌职务犯罪，即经调查认为犯罪事实清楚，证据确实、充分。根据《刑事诉讼法》的规定，人民检察院在审查案件的时候，也必须查明"犯罪事实、情节是否清楚，证据是

---

① 中共中央纪律检查委员会中华人民共和国国家监察委员会法规室编写：《〈中华人民共和国监察法实施条例〉释义》，中国方正出版社 2022 年版，第 331 页。

② 参见中共中央纪律检查委员会中华人民共和国国家监察委员会法规室编写：《〈中华人民共和国监察法实施条例〉释义》，中国方正出版社 2022 年版，第 332 页。

否确实、充分，犯罪性质和罪名的认定是否正确"。需要注意的是，《监察法实施条例》第35条规定，"监察机关对涉嫌职务犯罪的人员，经调查认为犯罪事实清楚，证据确实、充分，需要追究刑事责任的，依法移送人民检察院审查起诉"。据此规定，监察机关移送审查起诉还有一个条件，即"需要追究刑事责任"。根据《人民检察院刑事诉讼规则》的规定，人民检察院审查移送起诉的案件，应当查明"是否属于不应当追究刑事责任的"，因为《刑事诉讼法》第16条列举了"情节显著轻微、危害不大，不认为是犯罪的"等不追究刑事责任的情形。

另一方面，移送审查起诉有严格的程序要求。监察机关将涉嫌职务犯罪的案件移送至检察机关，这在本质上是监察程序与刑事司法程序的衔接，属于程序性事项的范畴。本条第1款第4项仅有原则性规定，即监察机关应"制作起诉意见书，连同案卷材料、证据一并移送人民检察院依法审查、提起公诉"。在《监察法》相关规定的基础之上，《监察法实施条例》有着更加详细的制度设计。具体来说，监察机关案件审理部门负责与人民检察院审查起诉的衔接工作，调查、案件监督管理等部门应当予以协助。监察机关一般应当在正式移送起诉10日前，向拟移送的人民检察院采取书面通知等方式预告移送事宜。对于已采取留置措施的案件，发现被调查人因身体等原因存在不适宜羁押等可能影响刑事强制措施执行情形的，应当通报人民检察院。对于未采取留置措施的案件，可以根据案件具体情况，向人民检察院提出对被调查人采取刑事强制措施的建议。监察机关办理的职务犯罪案件移送起诉，需要指定起诉、审判管辖的，应当与同级人民检察院协商有关程序事宜。需要由同级人民检察院的上级人民检察院指定管辖的，应当商请同级人民检察院办理指定管辖事宜。

5. 提出监察建议

监察建议并非新事物，此前的行政监察部门便有权提出监察建议，即根据原《行政监察法》第23条的规定，行政监察机关可以根据检查、调查结果提出监察建议。与监察委员会合署办公的纪律检查委员会，亦有权提出类似的建议，即《中国共产党纪律检查委员会工作条例》第41条第1款规定的"制发纪律检查建议书"。根据本条第1款第5项的规定，并结合纪检监察工作实际，监察机关提出监察建议应注意以下问题。

第一，监察建议针对的是监察对象所在单位廉政建设和履行职责存在的问题。本条明确了监察建议针对的两类问题，分别是"监察对象所在单位廉政建设"存在的问题，以及监察对象所在单位"履行职责存在的问题"。而在《监察法实施条例》第36条第1款的规定当中，监察建议针对的问题有所扩展，即"监察对象所在单位在廉政建设、权力制约、监督管理、制度执行以及履行职责等方面存在问题需要整改纠正的"。正因如此，监察建议被认为具有推动标本兼治，实现以案促改的功能。① 根据《监察法实施条例》第205条第2款的规定，监察建议书一般应当包括下列内容：一是监督调查情况，二是调查中发现的主要问题及其产生的原因，三是整改建议、要求和期限，四是向监察机关反馈整改情况的要求。

第二，监察建议的根据是监察机关的监督结果或调查结果。监察机关在履行监督职责时，发现制度建设、权力配置、监督机制等方面存在的问题，向有关机关、单位提出改进工作的意见或者监察建议，促进完善制度，提高治理效能。与此同时，监察机关在履行调查职责时，发现监察对象所在单位存在相关问题，亦有权提出监察建议。此外，《公职人员政务处分法》第3条第3款还明确了一种提出监察建议的情形，即监察机关发现公职人员任免机关、单位应当给予处分而未给予，或者给予的处分违法、不当的，应当及时提出监察建议。

第三，监察建议具有一定的法律效力。不同于一般的工作建议，监察建议具有法律效力，此种法律效力往往通过责任机制来实现。例如，《监察法》第8章是对法律责任的规定，其中即明确了无正当理由拒不采纳监察建议的责任承担问题。《公职人员政务处分法》第61条同样规定："有关机关、单位无正当理由拒不采纳监察建议的，由其上级机关、主管部门责令改正，对该机关、单位给予通报批评，对负有责任的领导人员和直接责任人员依法给予处理。"

---

① 参见江苏省宿迁市纪委监委课题组：《关于运用监察建议推动标本兼治的调研》，载《中国纪检监察报》2019年11月21日，第8版。

第四，监察机关应积极推动监察建议落实到位。提出监察建议是监察机关履行处置职责的具体方式，在实践中需要防止出现"一发了之"的问题，而应努力做好提出监察建议的"后半篇文章"。正是缘于此，《监察法实施条例》第 36 条第 2 款明确规定："监察机关应当跟踪了解监察建议的采纳情况，指导、督促有关单位限期整改，推动监察建议落实到位。"二十届中央纪委三次全会明确要求，完善纪检监察建议的提出、督办、反馈和回访监督机制，增强刚性约束，防止"一发了之"。① 在纪检监察工作实践中，有些地方通过开展纪检监察建议质量评查工作来推动监察建议的落实。② 当然，监察建议能否真正发挥作用，还取决于监察建议本身是否有着较高的质量。正是基于此种考量，《监察官法》第 41 条第 1 款第 3 项把"提出有价值的监察建议，对防止和消除重大风险隐患效果显著"，明确作为给予监察官奖励的情形之一。

6. 撤销案件

根据《监察法》第 5 条的规定，监察机关开展工作应当以事实为根据。因此，假若被调查人不存在违法或者犯罪的事实，便应撤销案件并还被调查人以清白。本条第 2 款规定，"监察机关经调查，对没有证据证明被调查人存在违法犯罪行为的，应当撤销案件，并通知被调查人所在单位"。相应地，撤销案件也是监察机关履行处置职责的具体方式之一。

一方面，撤销案件的前提是"没有证据证明被调查人存在违法犯罪行为"。撤销案件属于监察机关的自我纠正行为。监察机关调查后发现没有证据或者现有证据不足以证明被调查人存在违法犯罪行为，才能依法撤销案件。需要注意的是，这里的证据必须是经过合法程序获得的证据，即经过非法证据排除规则的检验。

另一方面，撤销案件有着严格的程序要求。省级以下监察机关撤销案

---

① 参见李希：《深入学习贯彻习近平总书记关于党的自我革命的重要思想 纵深推进新征程纪检监察工作高质量发展——在中国共产党第二十届中央纪律检查委员会第三次全体会议上的工作报告》，载《中国纪检监察》2024 年第 5 期。

② 参见夏亮：《扎实开展纪检监察建议质量评查》，载《中国纪检监察报》2024 年 11 月 27 日，第 7 版。

件后，应当在 7 个工作日以内向上一级监察机关报送备案报告。上一级监察机关监督检查部门负责备案工作。省级以下监察机关拟撤销上级监察机关指定管辖或者交办案件的，应当将《撤销案件意见书》连同案卷材料，在法定调查期限到期 7 个工作日前报指定管辖或者交办案件的监察机关审查。对于重大、复杂案件，在法定调查期限到期 10 个工作日前报指定管辖或者交办案件的监察机关审查。指定管辖或者交办案件的监察机关由监督检查部门负责审查工作。指定管辖或者交办案件的监察机关同意撤销案件的，下级监察机关应当作出撤销案件决定，制作《撤销案件决定书》；指定管辖或者交办案件的监察机关不同意撤销案件的，下级监察机关应当执行该决定。监察机关对于撤销案件的决定应当向被调查人宣布，由其在《撤销案件决定书》上签名、捺指印，立即解除留置措施，并通知其所在机关、单位。撤销案件后又发现重要事实或者有充分证据，认为被调查人有违法犯罪事实需要追究法律责任的，应当重新立案调查。

实务难点指引

撤销案件是监察机关自我纠正的制度安排，但要避免"一撤了之"，应严格落实被调查人及涉案人员权利保障各项规定。撤销案件后，对查封、扣押、冻结的财物、文件，除按照法律和有关规定另行处理外，监察机关应当尽快解除查封、扣押、冻结，应当返还的及时返还。需要启动国家赔偿、澄清证明等工作的，依据《监察法》和《监察法实施条例》等规定办理。① 此外，纪检监察机关应当深刻反思案件被撤销的根本原因，认真检查工作中存在的不足和漏洞，比如，初步核实工作不扎实可能就是很重要的原因。

典型案例

某县纪委监委根据群众举报，对该县住房建设局党组书记、局长 A 涉

---

① 参见许展、徐磊：《确保撤销案件权依法规范行使》，载《中国纪检监察》2022 年第 6 期。

嫌以无偿接受装修的方式受贿行为进行审查调查。县纪委监委依照法律规定，经过慎重研究，对 A 立案审查调查，但未对 A 采取留置措施。综合采取其他审查调查措施后查明，A 确实是由该县某房地产公司对其住房进行了装修，但 A 并不是无偿接受装修，只是较为认可该公司的专业水准，并且图方便，不愿意再费力寻觅其他装修公司，因此交由该公司进行装修，事后 A 按照市场价格支付了装修费用。县纪委监委认定，A 不构成违纪、职务违法和受贿犯罪，于是依法撤销案件，并通知 A 所在单位。同时，县纪委监委认定，A 聘请其管理范围内的房地产公司为其装修的行为实属不妥，已经在群众中产生了不良影响。县纪委监委对 A 进行了谈话提醒、批评教育。A 认识到自己行为不当，真诚表示认错并认真进行了整改。①

关联法条

《监察法》第 11 条；《公职人员政务处分法》第 7—27 条；《刑事诉讼法》第 95—104 条；《监察法实施条例》第 33—36、199—213 条；《中国共产党纪律处分条例》第 31、35 条；《中国共产党纪律检查委员会工作条例》第 31 条；《中国共产党问责条例》第 8 条；《中国共产党组织处理规定（试行）》第 3—10 条；《中国共产党纪律检查机关监督执纪工作规则》第 19 条；《人民检察院刑事诉讼规则》第 142—147、329 条。

> **第五十三条** 监察机关经调查，对违法取得的财物，依法予以没收、追缴或者责令退赔；对涉嫌犯罪取得的财物，应当随案移送人民检察院。

条文主旨

本条是关于涉案财物处置的规定。

---

① 参见本书编写组编写：《〈中华人民共和国监察法〉案例解读》，中国方正出版社 2018 年版，第 402 页。

条文解读

本条针对涉案财物的处置作出专门规定，旨在规范监察机关对涉案财物的处理工作。任何人不得因其非法行为而获利，对于违法犯罪所得的利益，需要依法作出恰当处理。通过行贿等非法手段所取得的利益，应当予以恰当处置。涉案单位和人员通过行贿等非法手段获取的不正当利益一般可以分为两种，并对应不同的处置方式。

第一，对于以非法手段取得的财物及孳息。根据案件及财物性质的差异，在监察案件中有两种主要类型的涉案财物。如果是涉嫌犯罪取得的财物，应当随案移送人民检察院；如果是违法取得的财物及孳息，应当依法予以没收、追缴或者责令退赔。"没收"，是指将违法取得的财物强制收归国有，没收的财物一律上缴国库。"追缴"，是指将违法取得的财物予以追回的行为。追缴的财物退回原所有人或者原持有人；依法不应退回的，上缴国库。"责令退赔"，是指责令违法的公职人员将违法取得的财物予以归还，或者违法取得的财物已经被消耗、毁损的，用与之价值相当的财物予以赔偿的行为。

第二，对于违法取得的其他不正当利益，如因行贿而获得荣誉表彰等，则根据具体情况，依照法律法规及有关规定予以纠正处理。此外，对于查封、扣押、冻结的涉嫌职务犯罪所得的财物及孳息，监察机关应当妥善保管，并制作《移送司法机关涉案财物清单》随案移送人民检察院。对作为证据使用的实物应当随案移送；对不宜移送的，应当将清单、照片和其他证明文件随案移送。

关联法条

《刑事诉讼法》第 177、272、298—301 条；《监察法实施条例》第 207—209、232、250、280 条。

> 第五十四条　对监察机关移送的案件，人民检察院依照《中华人民共和国刑事诉讼法》对被调查人采取强制措施。
>
> 人民检察院经审查，认为犯罪事实已经查清，证据确实、充分，依法应当追究刑事责任的，应当作出起诉决定。
>
> 人民检察院经审查，认为需要补充核实的，应当退回监察机关补充调查，必要时可以自行补充侦查。对于补充调查的案件，应当在一个月内补充调查完毕。补充调查以二次为限。
>
> 人民检察院对于有《中华人民共和国刑事诉讼法》规定的不起诉的情形的，经上一级人民检察院批准，依法作出不起诉的决定。监察机关认为不起诉的决定有错误的，可以向上一级人民检察院提请复议。

条文主旨

本条是关于检察机关处理监察机关移送案件的规定。

条文解读

对于涉嫌职务犯罪的案件，监察机关的处置方式是制作起诉意见书，连同案卷材料、证据一并移送人民检察院依法审查、提起公诉。当检察机关收到监察机关移送的案件后，便应根据本条及《刑事诉讼法》的相关规定进行处理。同时，为了保证人民检察院依法独立行使检察权，确保审查起诉工作具有一定的独立性，《中国共产党纪律检查机关监督执纪工作规则》第57条第2款规定："案件移送司法机关后，审查调查部门应当跟踪了解处理情况，发现问题及时报告，不得违规过问、干预处理工作。"

1. 人民检察院依法采取强制措施

对于监察机关移送的被调查人，人民检察院应当根据《刑事诉讼法》的相关规定进行审查，视情况采取拘留、逮捕、监视居住等刑事强制措施。《人民检察院刑事诉讼规则》第6章第6节对"监察机关移送案件的强制措施"作出了专门规定。

第一，对于监察机关移送起诉的已采取留置措施的案件，人民检察院应当在受理案件后，及时对犯罪嫌疑人作出拘留决定，交公安机关执行。执行拘留后，留置措施自动解除。人民检察院应当在执行拘留后 10 日以内，作出是否逮捕、取保候审或者监视居住的决定。特殊情况下，决定的时间可以延长 1 日至 4 日。当然，人民检察院决定采取强制措施的期间不计入审查起诉期限。需要注意的是，根据《监察法实施条例》第 220 条的规定，监察机关在向人民检察院移送案件时，对于已采取留置措施的案件，发现被调查人因身体等原因存在不适宜羁押等可能影响刑事强制措施执行情形的，应当通报人民检察院。

第二，在公安机关执行拘留、逮捕后 24 小时以内，人民检察院应当通知犯罪嫌疑人的家属，当然无法通知的除外。人民检察院应当自收到移送起诉的案卷材料之日起 3 日以内告知犯罪嫌疑人有权委托辩护人。对已经采取留置措施的，应当在执行拘留时告知。

第三，对于监察机关移送起诉的未采取留置措施的案件，人民检察院受理后，在审查起诉过程中根据案件情况，可以依照《刑事诉讼法》和《人民检察院刑事诉讼规则》相关规定决定是否采取逮捕、取保候审或者监视居住措施。

2. 检察机关依法作出起诉决定

《刑事诉讼法》第 176 条第 1 款规定："人民检察院认为犯罪嫌疑人的犯罪事实已经查清，证据确实、充分，依法应当追究刑事责任的，应当作出起诉决定，按照审判管辖的规定，向人民法院提起公诉，并将案卷材料、证据移送人民法院。"据此规定，人民检察院提起公诉的案件，应当符合"犯罪事实已经查清，证据确实、充分，依法应当追究刑事责任"的条件。为了做到《监察法》与《刑事诉讼法》的衔接协调，本条第 2 款作出了同样的规定，明确了"犯罪事实已经查清"、"证据确实、充分"和"依法应当追究刑事责任"等 3 方面的提起公诉要求。

第一，提起公诉的案件应当做到"犯罪事实已经查清"。结合《人民检察院刑事诉讼规则》第 355 条第 2 款的规定，所谓"犯罪事实已经查清"主要包括以下 4 种具体情形：一是属于单一罪行的案件，查清的事实足以定罪量刑或者与定罪量刑有关的事实已经查清，不影响定罪量刑的事实无法查清的；二是属于数个罪行的案件，部分罪行已经查清并符合起诉条件，其他罪行无法查清的；三是无法查清作案工具、赃物去向，但有其他证据足以对被告人定罪量刑的；四是证人证言、犯罪嫌疑人供述和辩解、被害人陈述的内容主要情节一致，个别情节不一致，但不影响定罪的。

第二，提起公诉的案件应当做到"证据确实、充分"。具体来说，《刑事诉讼法》第55条第2款明确了"证据确实、充分"应同时符合的3个条件：一是定罪量刑的事实都有证据证明。这是指认定犯罪嫌疑人、被告人犯罪、犯何种罪，决定是否对其判处刑罚，判处何种刑罚所依据的事实，包括构成某种犯罪的各项要件和影响量刑的各种情节，都有经法定程序收集的证据加以证明。二是据以定案的证据均经法定程序查证属实。这是指作为定案根据的证据被认定属实，该条件侧重于认定证据"确实"的方面。三是综合全案证据，对所认定事实已排除合理怀疑。这是指办案人员在每一证据均查证属实的基础上，经过对证据的综合审查，运用法律知识和逻辑、经验进行推理、判断，对认定的案件事实达到排除合理怀疑的程度。"排除合理怀疑"是指对于认定的事实已没有符合常理的、有根据的怀疑，实际上达到确信的程度。只有对案件已经不存在合理的怀疑，形成内心确信，才能认定案件"证据确实、充分"。[1]

第三，提起公诉的案件应当是"依法应当追究刑事责任"的案件。根据《刑事诉讼法》第16条的规定，有6种情形属于"不追究刑事责任"的情形，分别是情节显著轻微、危害不大，不认为是犯罪的；犯罪已过追诉时效期限的；经特赦令免除刑罚的；依照刑法告诉才处理的犯罪，没有告诉或者撤回告诉的；犯罪嫌疑人、被告人死亡的；其他法律规定免予追究刑事责任的。人民检察院在审查起诉时，只要有上述6种情形之一，则应作出不起诉决定。相应地，人民检察院作出起诉决定，便应排除这6种

---

[1] 参见王爱立主编：《中华人民共和国刑事诉讼法释义》，法律出版社2018年版，第118－119页。

不追究刑事责任的法定情形。

3. 检察机关退回补充调查或自行补充侦查

根据本条第 3 款的规定，人民检察院经审查，认为需要补充核实的，应当退回监察机关补充调查，必要时可以自行补充侦查。应当注意的是，从本款规定的具体表述来看，"退回监察机关补充调查"和"自行补充侦查"是有先后顺序的，即鉴于监察机关移送的案件比较敏感且政治性强，是故检察机关一般应先退回监察机关进行补充调查，唯有在必要时才由人民检察院自行补充侦查。①

首先，对于需要退回补充调查的案件，人民检察院应当出具补充调查决定书、补充调查提纲，写明补充调查的事项、理由、调查方向、需补充收集的证据及其证明作用等，连同案卷材料一并送交监察机关。人民检察院决定退回补充调查的案件，犯罪嫌疑人已被采取强制措施的，应当将退回补充调查情况书面通知强制措施执行机关。监察机关需要讯问的，人民检察院应当予以配合。需要注意的是，对于补充调查的案件，监察机关应在 1 个月内补充调查完毕，而且补充调查以 2 次为限。

其次，人民检察院自行补充侦查监察机关移送的案件，应当符合本条第 3 款规定的"必要时"条件。对此，《人民检察院刑事诉讼规则》第 344 条第 1 款明确列举了 3 种情形：一是证人证言、犯罪嫌疑人供述和辩解、被害人陈述的内容主要情节一致，个别情节不一致的；二是物证、书证等证据材料需要补充鉴定的；三是其他由人民检察院查证更为便利、更有效率、更有利于查清案件事实的情形。需要注意的是，人民检察院在自行补充侦查完毕后，应当将相关证据材料入卷，同时抄送监察机关。在自行补充侦查过程中，人民检察院还可以商请监察机关提供协助。

4. 检察机关依法作出不起诉决定

根据本条第 4 款的规定，对于监察机关移送的案件，人民检察院经审查认为具有《刑事诉讼法》规定的不起诉的情形，经上一级人民检察院批

---

① 参见中共中央纪律检查委员会中华人民共和国国家监察委员会法规室编写：《〈中华人民共和国监察法〉释义》，中国方正出版社 2018 年版，第 214 页。

准，依法作出不起诉的决定。较之于其他案件的不起诉决定，本款之所以要求"经上一级人民检察院批准"，主要是考虑到"反腐败案件特殊，一般是党委批准立案，作出不起诉决定应当更为慎重，程序上更加严格"①。具体来说，《刑事诉讼法》规定的不起诉情形有两种，分别是法定不起诉和酌定不起诉。

第一，法定不起诉情形。这规定在《刑事诉讼法》第 177 条第 1 款，即"犯罪嫌疑人没有犯罪事实，或者有本法第十六条规定的情形之一的，人民检察院应当作出不起诉决定"。其中，"没有犯罪事实"既包括犯罪行为并非本案犯罪嫌疑人所为，也包括犯罪嫌疑人没有犯罪事实。② 其中，对于犯罪事实并非犯罪嫌疑人所为，需要重新调查的，人民检察院应当在作出不起诉决定后书面说明理由，将案卷材料退回监察机关并建议重新调查。需要注意的是，既然是法定不起诉，就意味着只要符合法定情形，人民检察院必须作出不起诉决定。

第二，酌定不起诉情形。这规定在《刑事诉讼法》第 177 条第 2 款，即"对于犯罪情节轻微，依照刑法规定不需要判处刑罚或者免除刑罚的，人民检察院可以作出不起诉决定"。酌定不起诉又可区分为两种具体情形：一是犯罪情节轻微，依照《刑法》规定不需要判处刑罚。《刑法》第 37 条明确规定："对于犯罪情节轻微不需要判处刑罚的，可以免予刑事处罚，但是可以根据案件的不同情况，予以训诫或者责令具结悔过、赔礼道歉、赔偿损失，或者由主管部门予以行政处罚或者行政处分。"二是免除刑罚的。这是指《刑法》规定的"应当免除"及"可以免除"刑罚的情形，前者如《刑法》第 20 条第 2 款规定的，"正当防卫明显超过必要限度造成重大损害的，应当负刑事责任，但是应当减轻或者免除处罚"。后者如《刑法》第 19 条规定的，"又聋又哑的人或者盲人犯罪，可以从轻、减轻或者免除处罚"。

---

① 中共中央纪律检查委员会中华人民共和国国家监察委员会法规室编写：《〈中华人民共和国监察法〉释义》，中国方正出版社 2018 年版，第 215 页。

② 参见王爱立主编：《中华人民共和国刑事诉讼法释义》，法律出版社 2018 年版，第 370 页。

需要注意的是，监察机关认为不起诉的决定有错误的，应当在收到不起诉决定书后 30 日以内，依法向其上一级人民检察院提请复议。同时，监察机关应当将上述情况及时向上一级监察机关书面报告，便于上一级监察机关掌握有关情况，加强对案件办理的指导和监督。① 上一级人民检察院应当在收到提请复议意见书后 30 日以内，经检察长批准，作出复议决定，并通知提请复议的监察机关。

实务难点指引

退回补充调查活动中，监察机关应当具体补充调查哪些内容？

概言之，监察机关应当依据检察机关出具的补充调查决定书、补充调查提纲开展补充调查活动。这是因为根据《人民检察院刑事诉讼规则》第 343 条第 2 款的相关规定，需要退回补充调查的案件，人民检察院应当出具补充调查决定书、补充调查提纲，写明补充调查的事项、理由、调查方向、需补充收集的证据及其证明作用等，连同案卷材料一并送交监察机关。

典型案例

根据《监察法》第 54 条的规定，对于监察机关移送的案件，检察机关应当依法进行审查。认为需要补充核实的，检察机关应当退回监察机关补充调查，必要时可自行补充侦查。在近年召开的全国人大会议上，最高人民检察院所做的工作报告均会披露相关数据。例如，2024 年 3 月 8 日所做的《最高人民检察院工作报告》载明，全国各级检察机关"自行补充侦查 3020 件、退回补充调查 808 件"。2023 年 3 月 7 日所做的《最高人民检察院工作报告》载明，"检察机关提前介入职务犯罪案件从 2018 年 1470 件增至 2022 年 1.1 万件，自行补充侦查从 19 件增至 2913 件"。

如果检察机关认为案件存在《刑事诉讼法》规定的不起诉的情形，经

---

① 参见中共中央纪律检查委员会中华人民共和国国家监察委员会法规室编写：《〈中华人民共和国监察法实施条例〉释义》，中国方正出版社 2022 年版，第 384 页。

上一级人民检察院批准，依法作出不起诉的决定。例如，某县纪委监委依纪依法对该县公职人员A某涉嫌严重违纪违法问题立案调查。由于办案压力、期限紧迫以及其他一些因素，县纪委监委在很短的时间内完成了调查工作，依纪依法给予了A某党纪和政务处分，决定将A某涉嫌挪用公款犯罪问题移送人民检察院依法审查、提起公诉。在研究讨论是否将A某涉嫌挪用公款犯罪问题移送人民检察院时，县纪委监委有的工作人员对此表达了不同意见。最终县监察委员会还是将公职人员A某涉嫌挪用公款犯罪案件移送县人民检察院审查起诉。县人民检察院经依法审查，发现A某涉嫌挪用公款犯罪的行为发生在多年前，且挪用几个月即已归还，随后A某没有再对公款予以挪用，之前的挪用行为多年来也一直未被发现。A某挪用公款的行为前不久被发现时，已经超过刑法规定的追诉时效，符合《刑事诉讼法》第15条规定的不起诉的情形。经该县所在的市人民检察院批准，县人民检察院依法作出不起诉的决定。该县监察委员会没有提请复议。[①]

关联法条

《刑法》第37条；《刑事诉讼法》第16、55、176—178条；《监察法实施条例》第230—231条；《中国共产党纪律检查机关监督执纪工作规则》第57条；《人民检察院刑事诉讼规则》第63、142—146、343—344、346、355、365—389、505条。

第五十五条 监察机关在调查贪污贿赂、失职渎职等职务犯罪案件过程中，被调查人逃匿或者死亡，有必要继续调查的，应当继续调查并作出结论。被调查人逃匿，在通缉一年后不能到案，或者死亡的，由监察机关提请人民检察院依照法定程序，向人民法院提出没收违法所得的申请。

[①] 参见本书编写组编写：《〈中华人民共和国监察法〉案例解读》，中国方正出版社2018年版，第417-418页。

条文主旨

本条是关于没收违法所得程序的规定。

条文解读

根据本条的规定，在调查贪污贿赂、失职渎职等职务犯罪案件过程中，被调查人逃匿或者死亡，但仍然有必要继续调查的，监察机关应当继续调查并作出结论。同时，本条明确了监察案件中的没收违法所得程序，以保护国家和人民的利益。

1. 没收违法所得程序的启动条件

监察机关提请司法机关依法启动没收违法所得程序，须同时符合以下3个方面的条件。

一是所涉案件是涉嫌贪污贿赂、失职渎职等职务犯罪案件。此处的"贪污贿赂犯罪"，主要是指《刑法》分则第8章规定的贪污罪、挪用公款罪、受贿罪、巨额财产来源不明罪等；此处的"失职渎职犯罪"，则是指《刑法》分则第9章规定的滥用职权罪、玩忽职守罪、徇私枉法罪等。需要注意的是，根据《刑事诉讼法》第298条第1款的规定，对于贪污贿赂犯罪等重大犯罪案件，犯罪嫌疑人、被告人逃匿，在通缉1年后不能到案，或者犯罪嫌疑人、被告人死亡，依照《刑法》规定应当追缴其违法所得及其他涉案财产的，人民检察院可以向人民法院提出没收违法所得的申请。有关此处"贪污贿赂犯罪"范围的理解，《最高人民法院、最高人民检察院关于适用犯罪嫌疑人、被告人逃匿、死亡案件违法所得没收程序若干问题的规定》第1条有明确释明。

二是被调查人逃匿且通缉1年后不能到案，或者被调查人死亡的。此处的"逃匿"是指为逃避监察调查和刑事追究潜逃、隐匿，或者在监察调查过程中脱逃的。同时，逃匿的范围不限于国外，也可以是在国内但因没有线索等而不能将其抓捕归案的。此外，参照《最高人民法院、最高人民检察院关于适用犯罪嫌疑人、被告人逃匿、死亡案件违法所得没收程序若干问题的规定》第3条第2款的规定，被调查人因意外事故下落不明满2

年，或者因意外事故下落不明，经有关机关证明其不可能生存的，可以按"逃匿"处理。

三是经省级以上监察机关批准继续调查并作出结论的。对被调查人逃匿或者死亡的职务犯罪案件继续调查的批准权限，在省级以上监察机关。未经批准或者不属于省级以上监察机关批准权限的，均不得采取继续调查措施。需要作出结论的内容，主要包括对违法所得的一切财物应当予以追缴或者责令退赔；对被害人的合法财产，应当及时返还；违禁品和供犯罪所用的本人财物，应当予以没收。① 经过继续调查作出的结论，应当符合《刑法》第64条关于追缴违法所得及其他涉案财产的规定，即"犯罪分子违法所得的一切财物，应当予以追缴或者责令退赔；对被害人的合法财产，应当及时返还；违禁品和供犯罪所用的本人财物，应当予以没收。没收的财物和罚金，一律上缴国库，不得挪用和自行处理"。

2. 没收违法所得程序的启动手续

《监察法实施条例》第232条在本条的基础之上，对如何提出没收违法所得的具体要求予以明确，这主要包括两个方面：一方面，监察机关应当经集体审议，以监察委员会的名义向司法机关出具《没收违法所得意见书》。监察机关应连同案卷材料、证据等，一并移送人民检察院依法提出没收违法所得的申请。另一方面，监察机关将《没收违法所得意见书》移送人民检察院后，在逃的被调查人自动投案或者被抓获的，监察机关应当及时通知人民检察院。

3. 没收违法所得的范围

应当依法追缴的被调查人的违法所得及其他涉案财产，主要包括两类：第一类是"违法所得"。依据《人民检察院刑事诉讼规则》第515条的规定，"违法所得"包括：通过实施犯罪直接或者间接产生、获得的任何财产；违法所得已经部分或者全部转变、转化为其他财产的，转变、转化后的财产应当视为"违法所得"；违法所得转变、转化后的财产收益，

---

① 参见应惟捷、张剑峰：《严格案件范围 规范办理程序》，载《中国纪检监察》2022年第12期。

或者来自已经与违法所得相混合财产中违法所得相应部分的收益。第二类是"其他涉案财产"。依据《人民检察院刑事诉讼规则》第 516 条的规定，"其他涉案财产"是与被调查人在贪污贿赂、失职渎职等职务犯罪案件中获得的与非法利益有关联的财产，如非法持有的违禁品、供犯罪所用的本人财物。

实务难点指引

《监察法实施条例》第 232 条规定的《没收违法所得意见书》的使用，应具有准确性与规范性。

从准确性的角度而言，监察机关在《没收违法所得意见书》中应当详细载明需要追缴的财物，并且载明哪些属于被调查人违法所得，哪些属于其他涉案财物，需要对财物的属性作明确的说明。同时，在"其他涉案财物"中还要区分"违禁品和供犯罪所用的本人财物"与"被害人、第三人等相关人员的合法财产"，进而确保后续对涉案财产的处理不会影响到被害人、第三人的合法财产权益。

从规范性的角度而言，监察机关应当确保记录内容的完整，内容应当包括以下信息：一是被调查人的基本情况，包括姓名、性别、出生年月日、出生地、户籍地、公民身份号码、民族、文化程度、职业、工作单位及职务、住址等；二是案由及案件来源；三是被调查人的犯罪事实及相关证据材料；四是被调查人逃匿、被通缉或者死亡的情况；五是申请没收的财产种类、数量、价值、所在地以及查封、扣押、冻结财产清单和相关法律手续；六是申请没收的财产属于违法所得及其他涉案财产的相关事实及证据材料；七是提出没收违法所得申请的理由和法律依据；八是有无近亲属和其他利害关系人以及利害关系人的姓名、身份、住址、联系方式。同时，"由监察机关提请人民检察院依照法定程序，向人民法院提出"的表述体现了监察机关在刑事诉讼活动中与检察机关、法院之间的工作配合衔接关系。倘若《没收违法所得意见书》移送检察机关后出现在逃的被调查人自动投案或者被抓获的情形，监察机关应当通知检察机关。

典型案例

2006年至2007年，犯罪嫌疑人A利用担任武汉市某区区长的职务便利，与他人合谋，指使有关人员通过虚设土地平整工程、伪造相关工程材料等方式骗取国有资金人民币1.9793亿元，用于支付他人实际控制公司获取的780.67亩国有土地使用权的土地出让金。2006年至2009年，A利用担任武汉市某区区长的职务便利，为他人实际控制的公司在土地出让、商业项目等事项上提供帮助。2006年10月至2011年5月，A多次收受他人给予的财物共计人民币6381万余元、港元8887万余元、美元255万余元。其中部分款项用于购买8套房产、3个车位及1辆奥迪车。2011年5月19日，A逃往国外。2018年6月6日，中央追逃办发布关于部分外逃人员有关线索的公告，向社会通报了50名涉嫌职务犯罪和经济犯罪的外逃人员有关线索，A的名字赫然在列。

鉴于A逃匿不到案，武汉市人民检察院依法向武汉市中级人民法院申请没收A贪污国有资金获取的780.67亩国有土地使用权及A用受贿所得购买的上述房产、车位及车辆。2021年11月15日，A贪污、受贿违法所得没收申请一案在湖北省武汉市中级人民法院公开宣判。法院依法裁定没收某地块的国有土地使用权以及A受贿所得的8套房产、3个车位及1辆奥迪轿车。[①]

关联法条

《刑法》第64条；《刑事诉讼法》第298—300条；《监察法实施条例》第232条；《人民检察院刑事诉讼规则》第515—516条；《最高人民法院、最高人民检察院关于适用犯罪嫌疑人、被告人逃匿、死亡案件违法所得没收程序若干问题的规定》第1、3—5、8—9、11—12条。

---

① 参见王卓：《深度关注 | "百名红通人员"A违法所得没收案宣判　追逃追赃法治化再加力》，载中央纪委国家监委网，https://www.ccdi.gov.cn/toutiaon/202111/t20211120_153062.html。

> **第五十六条** 监察对象对监察机关作出的涉及本人的处理决定不服的，可以在收到处理决定之日起一个月内，向作出决定的监察机关申请复审，复审机关应当在一个月内作出复审决定；监察对象对复审决定仍不服的，可以在收到复审决定之日起一个月内，向上一级监察机关申请复核，复核机关应当在二个月内作出复核决定。复审、复核期间，不停止原处理决定的执行。复核机关经审查，认定处理决定有错误的，原处理机关应当及时予以纠正。

条文主旨

本条是关于复审和复核的规定。

条文解读

复审、复核制度是监察救济的重要一环。复审是指监察机关对原处理决定进行审查、核实并作出复审决定的活动。复核是指上一级监察机关对下一级监察机关作出的复审决定进行审查、核实并作出复核决定的活动。监察机关的案件处理结果直接关系到监察对象的利益，正所谓无救济则无权利，建立复审、复核制度是《监察法》对《宪法》所规定的公民享有的申诉权利的贯彻与落实，从而达到保障公民权利的效果。这也是我国《监察法》第 5 条所规定的"保障监察对象及相关人员的合法权益"的应有之义。同时，复审、复核制度所依托的复审权、复核权，都属于程序性权利。程序性权利是宪法人权保障原则的基本要求，监察对象无论是否有违法或犯罪行为，都享有监察救济的程序性权利，这是现代法治所追求的正当程序的基本要求。只有如此才能防止公权力的滥用和不当行使，避免出现冤假错案。具体而言，本条主要包含了 3 个方面的内容。

1. 复审、复核的期限

本条对复审复核的时间进行了限制。一方面，对申请复审复核的时间限定在 1 个月内，逾期则不具有申请复审复核程序的机会。复审的时间限定是收到处理决定之日起的 1 个月内，复核的时间限定是收到复审决定之日起 1 个月内。收到处理决定通常是指送达之日。另一方面，对受理复审复核的机关作出复审复核决定的时间进行限制。复审机关应当在受理后 1 个月内作出复审决定。复核机关应当在受理后 2 个月内作出复核决定。对作出复审复核决定的时间进行限制，是为了督促监察机关及时处理复审复核申请，提高监察机关的工作效率，避免出现因监察机关拖延工作而导致的监察对象正当权益受损。

2. 复审、复核的程序

监察复审复核制度实行所谓的"二审制"，这既可避免监察资源的浪费，亦可防止监察对象无理纠缠。首先，监察对象向作出处理决定的监察机关提出复审申请。也就是说，监察对象对监察处理决定不服，必须先通过原机关提出复审申请。其次，若监察对象对复审决定不服，监察对象向作出处理决定的监察机关的上一级监察机关申请复核。这一规定能够消减监察对象对作出决定的原监察机关"自我复审"而产生的不信任，从而增强监察调查与处置的权威性。① 经过复核的决定为最终决定。需要注意的是，考虑到国家监察委员会是《宪法》规定的最高监察机关，故根据《监察法实施条例》第 210 条的规定，国家监察委员会的复审、复核决定为最终决定。

具体来说，复审、复核机关承办部门应当成立工作组，调阅原案卷宗，必要时可以进行调查取证。调查取证意味着可以请原办案机关就有关问题进行说明、补充完善证据材料等，涉及专业技术问题等可以征求有关部门意见。② 复审、复核的承办部门应当集体研究，提出办理意见，经审批作出复审、复核决定。复审、复核决定应当送达申请人，抄送相关单位，并在一定范围内宣布。复审、复核机关经审查认定处理决定有错误或者不当的，应当依法撤销、变更原处理决定，或者责令原处理机关及时予以纠正。复审、复核机关经审查认定处理决定事实清楚、适用法律正确的，应当予以维持。需要注意的是，应当坚持复审、复核与调查、审理分

---

① 参见吴建雄主编：《监督、调查、处置法律规范研究》，人民出版社 2018 年版，第 246 页。
② 参见中共中央纪律检查委员会中华人民共和国国家监察委员会法规室编写：《〈中国共产党纪律检查机关监督执纪工作规则〉释义》，中国方正出版社 2019 年版，第 185 页。

离的原则,即原案调查、审理人员不得参与复审复核。

根据《监察法实施条例》第211条的规定,复审、复核机关经审查认定,依照不同情况分别进行处理。其中,"处理决定有错误"是指事实认定方面的错误与法律适用方面的错误。事实方面的错误是指认定处理决定事实不清楚,即出现证据无法印证事实的情况;法律适用方面的错误是指适用法律不正确,具体事实不符合原法律适用所依据的法律规范的构成要件,或具体事实应当适用其他法律规范作为法律依据的情形。处理决定"不当"是指处理决定不具有正当性,如不符合比例原则。针对经审查认定处理决定有错误或者不当的情况,该规定对复审、复核机关设定了两项义务:一是撤销原处理决定或变更原处理决定。二是责令原处理机关及时予以纠正,并且复审、复核机关负有监督义务。而若认定处理决定无误,则应当维持原处理决定。

3. 复审、复核期间原处理决定的效力

在复审、复核期间,不停止执行原处理决定。不停止执行原处理决定,有利于保障监察机关代表国家作出的处理决定、复审决定的效力,维护监察秩序与社会公共利益。因为复审、复核的结果可能是原处理决定有误,但也可能是原处理决定无误,若出现无误而停止执行,将破坏监察工作秩序,进而影响腐败治理效果。

尚需说明的是,对于国家机关给予的否定评价,相对人通常有一定的救济途径。不过,相对人未必敢于寻求救济,其最大的顾虑在于是否会因寻求救济而遭受打击报复。为了消除此种顾虑,现代法律制度中有相应的制度设计,比如刑事诉讼法律制度中的"上诉不加刑原则"等。对于受到政务处分的公职人员,其有权通过提出复审、复核来寻求救济,为了消除其思想顾虑,《公职人员政务处分法》第56条第2款规定了"公职人员不因提出复审、复核而被加重政务处分"的原则。正确理解该原则,需要注意以下两方面的问题:第一,对于公职人员提出复审、复核,监察机关不得加重其政务处分。但是,对于监察机关发现政务处分决定确有错误,从而主动启动的纠正程序,此时不应适用"公职人员不因提出复审、复核而被加重政务处分"的原则。第二,如果在复审、复核期间,监察机关发现公职人员存在其他违法行为，此时针对其他违法行为作出政务处分决定，并不违背"公职人员不因提出复审、复核而被加重政务处分"的原则。

典型案例

根据《监察法》第56条的规定，监察对象不服监察机关作出的涉及本人的处理决定，可依法申请复审及复查。例如，某市纪委监委经立案审查调查，于5月3日对严重违反党纪和职务违法的该市环保局副局长A作出撤销党内职务处分和撤职政务处分决定，撤销A现任所有职务，降低两个职务层级，确定为副主任科员，按照规定相应降低工资等待遇。政务处分决定自作出之日起交有关部门执行。A于5月4日收到政务处分决定书，对政务处分决定不服，经过几天的考虑，于5月10日依法向市监察委员会申请复审。市监察委员会于6月1日作出复审决定，维持原政务处分决定。A于6月4日收到复审决定书，仍不服，于6月8日依法向省监察委员会申请复核。省监察委员会于7月19日作出复核决定，认为原政务处分决定事实清楚、证据确实充分、适用法律法规正确、定性准确、处理恰当、程序合法，维持原政务处分决定。①

需要注意的是，复审、复核期间，不停止原处理决定的执行。例如，某县民政局职责范围内发生救济物资毁损、灭失事件，该事件的直接责任人是县民政局主任科员A，其与民政局局长B有利益关联。为逃避责任追究，在B的指使下，A与其下属C（非中共党员）商量，由原本与此事无关的C承担责任。在审查调查过程中，由于A、B以弄虚作假等方式加以干扰，以及C主动揽责，作出误导性陈述，致使县纪委监委作出错误结论，对C给予降级政务处分。政务处分决定作出后，相关部门降低了C的级别工资。收到政务处分决定后，C越想越气，向县监委申请复审，县监委复审维持了原政务处分决定。C于是向市监委申请复核。市监委经认真审查，认定原处理决定有错误，依法作出复核决定，责令县监委及时予以

---

① 参见《【案例解读监察法】被调查人不服处理决定可申请复审复核》，载中央纪委国家监委网站，https://www.ccdi.gov.cn/yaowenn/201812/t20181219_70338.html。

纠正。县监委认定对 C 作出政务处分决定所依据的事实不足，撤销了该政务处分决定，恢复了 C 的公务员级别和工资档次。由于在复审、复核期间不停止政务处分决定的执行，C 在这几个月期间的工资待遇都是按照降低后的档次发放的，因此相关部门补发了少发 C 的工资。①

关联法条

《公职人员政务处分法》第 55—60 条；《监察官法》第 64 条；《监察法实施条例》第 210—211 条；《中国共产党纪律处分条例》第 45 条；《中国共产党纪律检查委员会工作条例》第 39 条；《中国共产党纪律检查机关监督执纪工作规则》第 59 条。

---

① 参见本书编写组编写：《〈中华人民共和国监察法〉案例解读》，中国方正出版社 2018 年版，第 427－428 页。

第六章　反腐败国际合作

> 第五十七条　国家监察委员会统筹协调与其他国家、地区、国际组织开展的反腐败国际交流、合作，组织反腐败国际条约实施工作。

条文主旨

本条是关于国家监察委员会统筹协调反腐败国际合作的规定。

条文解读

加强反腐败国际合作是有效打击腐败、实现高效反腐的必由之路。在全球化时代，随着经济的发展和科技的进步以及通讯技术的发展，腐败分子利用制度漏洞或监管空隙，将非法所得财产转移至海外并潜逃出境的问题愈发严重。这不仅严重损害了国家和人民的利益，还破坏了社会的公平正义和法治秩序。于此背景下，加强反腐败国际合作、构建切实可行的反腐败国际合作机制极为迫切。

党的十八大以来，以习近平同志为核心的党中央高度重视反腐败国际合作。习近平总书记2018年1月11日在十九届中央纪委二次全会上发表重要讲话时指出，"要加强反腐败综合执法国际协作，强化对腐败犯罪分子的震慑。要强化不敢腐的震慑，扎牢不能腐的笼子，增强不想腐的自觉。要通过改革和制度创新切断利益输送链条，加强对权力运行的制约和监督，形成有效管用的体制机制"①。党的二十大报告强调，"深化反腐败国际合作，一体构建追逃防逃追赃机制"。上述决策部署和任务安排为反腐败国际合作指明了方向，更表明中国共产党和中国政府高压反腐的决心和意志。深化反腐败国际合作，将"天网"扩大，让腐败分子无处遁形。监察机关是肩负反腐败任务的国家机关，也是推进反腐败国际合作的重要主体。实践证明，我国的反腐败国际合作取得了良好的成绩，李希同志2024年1月8日在二十届中央纪委三次全会上的工作报告中指出了2023年的工作成绩，其中包括"举办第三届'一带一路'国际合作高峰论坛廉洁丝绸之路专题论坛，与6个国家签署反腐败合作谅解备忘录。集中力量查办跨境腐败案件，追赃挽损102亿元，'天网2023'行动追回外逃人员1624人"。②

本条规定的主要目的在于明确与其他国家、地区以及国际组织开展反腐败国际合作的主体，确定组织反腐败国际条约实施的国家机关。本条主要包括两层要义。

1. 统筹协调开展反腐败国际交流、合作属于国家监察委员会的职责

腐败治理作为一项多维度、跨领域的复杂系统工程，其国际合作层面更是涉及司法、执法、金融等多个部门及机构的深度协同，包括但不限于审判机关、检察机关、公安部门、审计部门、金融机构等。这些部门与机构虽在各自领域内拥有专业优势，但在实际操作过程中，由于工作性质、职能范围及工作方式的差异，可能会出现行动协调不畅、标准规范不统一等问题。因此，强化反腐败国际合作的统筹协调机制，不仅是反腐败国际合作的内在需要，也是提升反腐败国际合作效能的迫切需求。需要明确的是，国家监察委员会统筹协调反腐败国际合作并非由国家监察委员会"代为执行"，更非让国家监察委员会取代其他机构，而是在宏观层面进行整

---

① 《习近平在十九届中央纪委二次全会上发表重要讲话强调 全面贯彻落实党的十九大精神以永远在路上的执着把从严治党引向深入》，载《中国纪检监察》2018年第2期。

② 李希：《深入学习贯彻习近平总书记关于党的自我革命的重要思想 纵深推进新征程纪检监察工作高质量发展——在中国共产党第二十届中央纪律检查委员会第三次全体会议上的工作报告》，载《中国纪检监察》2024年第5期。

体规划与指导，相关工作仍由主管部门具体落实。

根据《监察法》第 58 条的规定，国际交流、合作的领域包括引渡、移管被判刑人、遣返、联合调查、调查取证、资产追缴和信息交流等执法司法合作和司法协助。这些合作形式共同构成了反腐败国际合作体系和反腐败国际合作机制。具体而言，反腐败执法领域的合作主要聚焦于调查腐败案件、抓捕外逃涉案人员等方面。引渡合作则是根据双边条约、多边条约等，向外逃涉案人员所在地提出将犯罪嫌疑人转移至我国境内的请求。被判刑人移管是指外逃人员所在国根据本国法和我国提供的证据对外逃人员进行定罪判刑后将外逃人员移交至我国服刑。资产追缴则是通过国际合作，追回犯罪嫌疑人转移至境外的涉案财产。而信息交流是指发展与共享有关腐败的统计数字、分析性专门知识和资料，以及有关预防和打击腐败最佳做法的资料等。①

2. 国家监察委组织反腐败国际条约实施工作

《监察法实施条例》第 234 条第 2 款对组织反腐败国际条约实施做了进一步明确，要求"国家监察委员会组织《联合国反腐败公约》等反腐败国际条约的实施以及履约审议等工作，承担《联合国反腐败公约》司法协助中央机关有关工作"。因此，《监察法》第 57 条规定"组织反腐败国际条约实施工作"的要义主要包括以下 3 个方面：

一是国家监察委员会应推进《联合国反腐败公约》等反腐败国际条约的实施工作，比如研究《联合国反腐败公约》等反腐败国际条约如何与我国法律制度衔接，探究国际条约与我国现行法律体系的融合路径；对比《联合国反腐败公约》等反腐败国际条约的要求与我国具体的反腐败制度建设之间的差距，并据此提出切实可行的改进建议与实施方案。

二是《联合国反腐败公约》等反腐败国际条约的履约审议，比如组织国内有关部门接受履约审议，督促有关部门做好自评工作，接受审议国对我国进行实地访问等。事实上，制定《监察法》和《监察法实施条例》，

---

① 参见中共中央纪律检查委员会中华人民共和国国家监察委员会法规室编写：《〈中华人民共和国监察法〉释义》，中国方正出版社 2018 年版，第 227 页。

对"反腐败国际合作"作出专章规定，亦是在实施《联合国反腐败公约》。

三是承担《联合国反腐败公约》司法协助的中央机关有关工作，即当其他国家的腐败分子逃至我国境内或将违法犯罪的涉案财产转移至我国境内，其他国家依据《联合国反腐败公约》请求我国提供司法协助时，国家监察委员会负责提供具体的协助，包括协助联系公安机关等部门进行追捕、要求地方监察委员会协助等。[①]

此外，根据《监察法实施条例》第234条第3款的规定，国家监察委员会组织协调有关单位建立集中统一、高效顺畅的反腐败国际追逃追赃和防逃协调机制，统筹协调、督促指导各级监察机关反腐败国际追逃追赃等涉外案件办理工作，具体履行下列职责：一是制定反腐败国际追逃追赃和防逃工作计划，研究工作中的重要问题；二是组织协调反腐败国际追逃追赃等重大涉外案件办理工作；三是办理由国家监察委员会管辖的涉外案件；四是指导地方各级监察机关依法开展涉外案件办理工作；五是汇总和通报全国职务犯罪外逃案件信息和追逃追赃工作信息；六是建立健全反腐败国际追逃追赃和防逃合作网络；七是承担监察机关开展国际刑事司法协助的主管机关职责；八是承担其他与反腐败国际追逃追赃等涉外案件办理工作相关的职责。

实践样本

2018年3月23日，国家监察委员会揭牌，以国家监察委员会的名义接续推进反腐败国际合作。《监察法》通过国家立法赋予国家监委会组织协调有关方面加强与有关国家、地区、国际组织在反腐败执法、司法协助等领域的合作。国家监察委员会成立后，向各国驻华使馆和国际组织驻华机构普发外交照会，通告国家监察委员会成立情况；以国家监察委员会名义，牵头成功举办中美反腐败工作组会议；等等。这些有效管用的措施增进了国际社会对我国监察体制改革的理解认同，保障了改革后反腐败国

[①] 参见中共中央纪律检查委员会中华人民共和国国家监察委员会法规室编写：《〈中华人民共和国监察法〉释义》，中国方正出版社2018年版，第225页。

际合作的顺利进行。中央纪委国家监委领导出访或会见外宾，均就加强反腐败和追逃追赃合作做对方工作，推动签署合作协议和有关重点案件；推动外交部把追逃追赃纳入外交工作格局，举办中国和加勒比地区国家反腐败执法合作会议并推动形成反腐败执法合作机制；将反腐败合作内容写入中非合作论坛、二十国集团、金砖国家等峰会成果文件。得益于这些措施，澳大利亚以澳联邦警察名义率先同国家监察委员会直接签署反腐败执法合作谅解备忘录。这是国家监察委员会成立后首次同西方国家签署反腐败执法合作文件。①

关联法条

《国际刑事司法协助法》第6条；《监察法实施条例》第234—237条。

> **第五十八条** 国家监察委员会会同有关单位加强与有关国家、地区、国际组织在反腐败方面开展引渡、移管被判刑人、遣返、联合调查、调查取证、资产追缴和信息交流等执法司法合作和司法协助。

条文主旨

本条是关于国家监察委员会会同有关单位加强反腐败国际合作的规定。

条文解读

本条是对《监察法》有关规定的进一步拓展和细化，明确了国家监察委员会会同国内有关单位加强反腐败合作的主体、对象、领域和方式等问题，有助于确保反腐败国际合作顺利推进。本条明确了反腐败执法司法合

---

① 参见代江兵：《2018年追回外逃人员1335人，追回赃款35.41亿元——监察体制改革助力国际追逃追赃实现新突破》，载中央纪委国家监委网站，https://www.ccdi.gov.cn/toutiaon/201901/t20190128_94653.html。

作的各领域,包括引渡、移管被判刑人、遣返、联合调查、调查取证、资产追缴和信息交流等不同形式的合作。从条文来看,本法第57条更侧重于宏观方面的规定,而本条是对本法第57条的细化和补充,明确了反腐败合作尤其是执法司法合作方面的具体事项。本条的核心内容主要包括以下几个方面。

1. 引渡

引渡是指一国把在该国境内而被他国指控为犯罪的人,根据有关国家的请求移交给请求国审判或处罚。引渡制度是国际司法协助中的重要制度,也是国家有效行使司法管辖权和惩治犯罪行为的重要保障。按照《监察法实施条例》的相关规定,引渡的适用规则有三。

其一,地方各级监察机关需要准备引渡请求书及其相关材料。引渡请求书的撰写应当按照《引渡法》,以及相关双边及多边国际条约的规定。例如,根据我国《引渡法》第11条的规定,在申请引渡时,引渡请求书应当载明4方面的信息,分别是:请求机关的名称;被请求引渡人的姓名、性别、年龄、国籍、身份证件的种类及号码、职业、外表特征、住所地和居住地以及其他有助于辨别其身份和查找该人的情况;犯罪事实,包括犯罪的时间、地点、行为、结果等;以及对犯罪的定罪量刑以及追诉时效方面的法律规定。此外,在出具引渡请求书的同时还需要提供相关材料:一是为了提起刑事诉讼而请求引渡的,应当附有逮捕证或者其他具有同等效力的文件的副本;为了执行刑罚而请求引渡的,应当附有发生法律效力的判决书或者裁定书的副本,对于已经执行部分刑罚的,还应当附有已经执行刑期的证明。二是必要的犯罪证据或者证据材料。三是请求国掌握的被请求引渡人照片、指纹以及其他可供确认被请求引渡人的材料。

其二,引渡请求书及相关材料逐级报送国家监察委员会审核。这是由我国监察体制的特征所决定的,因此地方各级监察机关的引渡请求应当经国家监察委员会审核。国家监察委员会审核属于实质审核,应当审核的内容包括引渡的必要性、引渡请求书的准确性、是否符合《引渡法》以及相关双边及多边国际条约的规定。

其三,通过外交等渠道提交引渡请求。虽然引渡的提出主体是国家监察委员会，但是引渡仍然需要借助外交渠道。根据《引渡法》第 4 条的规定，中华人民共和国和外国之间的引渡，通过外交途径联系。中华人民共和国外交部为指定的进行引渡的联系机关。

2. 移管被判刑人

移管被判刑人指的是外逃人员所在国依据本国法律和我国提供的证据，对我国外逃人员进行定罪判刑后，将该外逃人员移交我国服刑的行为。《联合国反腐败公约》第 45 条规定，"缔约国可以考虑缔结双边或多边协定或者安排，将因实施根据本公约确立的犯罪而被判监禁或者其他形式剥夺自由的人移交其本国服满刑期"。我国《国际刑事司法协助法》第 57 条规定，请求向外国移管被判刑人的，请求书及所附材料应当根据需要载明下列事项：一是请求机关的名称，二是被请求移管的被判刑人的姓名、性别、国籍、身份信息和其他资料，三是被判刑人的服刑场所，四是请求移管的依据和理由，五是被判刑人或者其代理人同意移管的书面声明，六是其他事项。被判刑人移管与引渡是两种不同的国际刑事司法协助制度，二者的区别首先体现在各自的目的上。引渡的目的是协助请求国维护其司法管辖权和判决效力，保护请求国的完整司法主权。在被判刑人移管方面，判刑国将在本国受到审判的被判刑行人移交给另一国是为被判刑人提供一个更为熟悉且更易获得亲友情感支持与社会帮助的环境，目的在于消除在国外服刑遇到的文化和语言以及生活习惯方面的困难，帮助被判刑人接受教育和改造，服刑期满后，被判刑人也可以更快地重新融入社会生活。①

3. 遣返

国际法上的遣返是指主权国家将违反本国法律的外国人遣返出境的行为，其具体的遣返种类或形式有三种，分别是禁止入境、限期离境、驱逐出境。② 我国《监察法》规定的遣返，是指在法定的办案机关（监察机关）协助下，逃犯所在国（所在地）根据本国（本地）法律规定，将职

---

① 参见江国华：《中国监察法学》，中国政法大学出版社 2022 年版，第 304 页。
② 参见王强军：《利用遣返实现境外追逃问题研究》，载《法学评论》2013 年第 6 期。

务犯罪人员移交给办案机关的行为。我国《刑法》第 35 条规定,"对于犯罪的外国人,可以独立适用或者附加适用驱逐出境"。遣返在实践中已经取得了一定的成效,如在 2015 年 5 月 9 日,在中央反腐败协调小组的统一部署下,百名红色通缉令名单位列第二位的江西省某县财政局经济建设股原股长 A 被遣返回国。① 遣返作为引渡的替代措施,主要优势在于遣返不需要条约作为法律依据,遣返程序相对比较简单,被遣返人对遣返措施的救济手段有限。

4. 联合调查

该措施是 2024 年《监察法》新增的内容。联合调查是指我国监察机关为了实现有效反腐,依据国际条约或者同其他国家、地区、国际组织签订的协定,对行为人涉嫌职务违法或者职务犯罪的事实,以组成联合调查组、成立联合调查机构等方式进行调查的行为。按照《监察法实施条例》第 13 条的规定,监察机构、监察专员可以按规定与地方监察委员会联合调查严重职务违法、职务犯罪,或者移交地方监察委员会调查。《监察法实施条例》第 49 条规定:工作单位在地方、管理权限在主管部门的公职人员涉嫌职务违法和职务犯罪,一般由驻在主管部门、有管辖权的监察机构、监察专员管辖;经协商,监察机构、监察专员可以按规定移交公职人员工作单位所在地的地方监察委员会调查,或者与地方监察委员会联合调查。可见,在国内的调查中,联合调查职务犯罪已经付诸实践。与国内调查不同的是,反腐败国际执法司法合作框架下的联合调查,需与相关国家、地区或国际组织签订条约或协定,明确联合调查的主体、方式、调查内容、实施程序等核心内容,以确保调查工作的规范性与有效性。

5. 调查取证

反腐败国际合作中的调查取证是 2024 年《监察法》新增的内容,指的是根据国际条约或者协定,我国监察机关和相关国家、地区或者国际组织中享有调查取证权的组织或个人为了查明案件事实的需要,向有关单位、个人进行调查、收集证据的行为。不同国家、地区和国际组织的法律

---

① 参见姜洁:《"鄱阳巨贪"被遣返回国》,载《人民日报》2015 年 5 月 10 日,第 4 版。

规定存在差异，如要充分取证，不仅要依照我国法律的规定进行，如不得对被调查人或者涉案人员逼供、诱供，或者侮辱、打骂、虐待、体罚或者变相体罚，还应当符合被调查人员所在国家、地区或国际组织的相关法律规定。这是顺利开展反腐败调查的必要条件，也是持续推进反腐败国际合作的内在要求。

6. 资产追缴

2024年《监察法》将原有"资产追回"的表述修改为"资产追缴"。资产追缴是指针对职务犯罪嫌疑人携款外逃的情形，通过与相关国家、地区、国际组织的合作，追查并勒令缴回其犯罪资产的行为。10年前，"国外资产追缴已经成为国际反腐败合作的一项重要措施，也是我国加强国际反腐败合作的紧迫课题。联合国禁毒署与世界银行最新统计数据显示，根据保守估计，全球发展中国家每年有200亿至400亿美元被非法转移，但在过去15年里全球被追回的资产仅为50亿美元"。① 依照《监察法实施条例》第250条的规定，监察机关对依法应当追缴的境外违法所得及其他涉案财产，应当责令涉案人员以合法方式退赔。涉案人员拒不退赔的，可以依法通过下列方式追缴：一是在开展引渡等追逃合作时，随附请求有关国家（地区）移交相关违法所得及其他涉案财产；二是依法启动违法所得没收程序，由人民法院对相关违法所得及其他涉案财产作出冻结、没收裁定，请有关国家（地区）承认和执行，并予以返还；三是请有关国家（地区）依法追缴相关违法所得及其他涉案财产，并予以返还；四是通过其他合法方式追缴。

7. 信息交流

在全球化时代，必要的信息交流是实现反腐败国际合作的基础和前提，也是反腐败执法司法合作的重要内容。本条所指的信息交流是我国反腐败机构与其他国家、地区以及国际组织就反腐败的信息、数据、专业知识、相关材料等方面的交流与分享。对此，《联合国反腐败公约》第61条

---

① 崔国华、阳平：《国外资产追缴常见的障碍及启示》，载《中国纪检监察》2014年第18期。

有比较详细的规定："1. 各缔约国均应当考虑在同专家协商的情况下，分析其领域内腐败方面的趋势以及腐败犯罪实施的环境。2. 缔约国应当考虑为尽可能拟订共同的定义、标准和方法而相互并通过国际和区域组织发展和共享统计数字、有关腐败的分析性专门知识和资料，以及有关预防和打击腐败的最佳做法的资料。3. 各缔约国均应当考虑对其反腐败政策和措施进行监测，并评估其效力和效率。"

典型案例

2018年11月30日，在中央反腐败协调小组国际追逃追赃工作办公室统筹协调下，中保两国执法部门密切合作，外逃保加利亚的职务犯罪嫌疑人A被引渡回国。这是2018年3月国家监察委员会成立后成功引渡第一案，也是我首次从欧盟成员国成功引渡涉嫌职务犯罪的国家工作人员。A曾任浙江省新昌县常务副县长，涉嫌利用职务之便多次收受他人巨额财物。2005年12月出逃。同月，浙江省办案机关对A涉嫌受贿犯罪立案侦查。2018年10月3日，国际刑警组织对A发布红色通缉令。同年10月17日，保加利亚警方根据红色通缉令抓获A。同年11月26日，保加利亚索菲亚地方法院作出裁决，同意向我引渡A。①

关联法条

《引渡法》第2—4、47—51条；《国际刑事司法协助法》第2、5、6、9—12、20—66条；《刑事诉讼法》第298—301条；《监察法实施条例》第245—250条。

第五十九条 国家监察委员会加强对反腐败国际追逃追赃和防逃工作的组织协调，督促有关单位做好相关工作：

（一）对于重大贪污贿赂、失职渎职等职务犯罪案件，被调查

---

① 参见《国家监委引渡第一案：外逃职务犯罪嫌疑人A被引渡回国》，载中央纪委国家监委网站，https://www.ccdi.gov.cn/toutiaon/201811/t20181130_94331.html。

> 人逃匿到国（境）外，掌握证据比较确凿的，通过开展境外追逃合作，追捕归案；
> 　　（二）向赃款赃物所在国请求查询、冻结、扣押、没收、追缴、返还涉案资产；
> 　　（三）查询、监控涉嫌职务犯罪的公职人员及其相关人员进出国（境）和跨境资金流动情况，在调查案件过程中设置防逃程序。

条文主旨

本条是关于反腐败国际追逃追赃和防逃工作的规定。

条文解读

反腐败国际追逃追赃和防逃涉及面广、工作复杂，需要在国家监察委员会的统筹协调下，发挥相关单位的职能作用。本条对于反腐败国际追逃的对象、开展追赃国际合作的手段、加强组织管理和干部监督等方面进行具体规定，以进一步明确国家监察委员会在反腐败国际追逃追赃和防逃工作中的应有职责。

党的十八大以来，以习近平同志为核心的党中央对反腐败国际追逃追赃工作作出重大决策部署，使之成为全面从严治党和反腐败斗争的重要一环。中央反腐败协调小组坚决贯彻落实中央决策部署，统筹协调、周密安排，不断推进追逃追赃工作。实践证明，我国的反腐败国际合作取得了良好的成绩。反腐败国际追逃追赃工作是遏制腐败蔓延的重要一环，是党风廉政建设和反腐败斗争的重要组成部分，是全面从严治党的重要举措，也是巩固反腐败斗争伟大胜利果实的坚强保障。根据《监察法实施条例》第236条第1款的规定，国家监察委员会国际合作局归口管理监察机关反腐败国际追逃追赃等涉外案件办理工作。地方各级监察委员会应当明确专责部门，归口管理本地区涉外案件办理工作。

本条的主要目的在于进一步明确国家监察委员会在反腐败国际追逃追赃和防逃工作中的组织协调、督促落实职责，推动国内有关单位积极履行反腐败国际合作相关职责。本条具体分为3项内容。

1. 国家监察委员会的追逃工作

"反腐败国际追逃"是指对于逃匿到国（境）外的涉嫌重大贪污贿赂、失职渎职等职务犯罪的被调查人，国家监察委员会在掌握证据比较确凿的情况下，通过开展境外追逃工作将其追捕归案。根据本条，反腐败国际追逃有以下几个构成要件：第一，追逃对象是涉嫌重大贪污贿赂、失职渎职等职务犯罪案件的被调查人。一般而言，重大贪污贿赂、失职渎职等职务犯罪案件包括涉案金额巨大、涉案人员级别高、案件社会影响大等因素。第二，被调查人逃匿到国（境）外。如果被调查人在境内，就无所谓追逃的合作。第三，掌握的证据比较确凿。办案机关应掌握被调查人一定的犯罪证据，办案机关既不能无中生有，没有证据就去追逃，也不能要求办案机关掌握的证据已经达到排除合理怀疑的程度，否则就模糊了执法的证明标准和刑事审判的证明标准。

2. 国家监察委员会的追赃工作

"反腐败国际追赃"是指对贪污贿赂等犯罪嫌疑人携款外逃的，国家监察委员会通过提请赃款赃物所在国查询、冻结、扣押、没收、追缴、返还涉案资产，追回犯罪资产。具体而言，开展追赃国际合作的手段主要有：一是在开展引渡、遣返等追逃合作的同时，随附请求移交赃款赃物。二是协助赃款赃物所在地国根据其国内法启动追缴程序，然后予以没收和返还。三是受害人或受害单位在赃款赃物所在地国，通过民事诉讼方式追回犯罪资产。四是在我国国内启动违法所得特别没收程序，由法院作出没收判决后，请求赃款赃物所在地国予以承认与执行。①

在具体的国内工作中，根据《监察法实施条例》第239、240、241条的规定，监察机关应当加强与同级人民银行、公安等单位的沟通协作，推动预防、打击利用离岸公司和地下钱庄等向境外转移违法所得及其他涉案财产，对涉及职务违法和职务犯罪的行为依法进行调查。国家监察委员会

---

① 参见中共中央纪律检查委员会中华人民共和国国家监察委员会法规室编写：《〈中华人民共和国监察法〉释义》，中国方正出版社2018年版，第231-233页。

派驻或者派出的监察机构、监察专员和地方各级监察委员会发现监察对象出逃、失踪、出走,或者违法所得及其他涉案财产被转移至境外的,应当将有关信息逐级报送至国家监察委员会国际合作局。监察机关追逃追赃部门统一接收巡视巡察机构、审计机关、行政执法部门、司法机关等单位移交的外逃信息。这些相关单位应配合国家监察委员会的反腐败国际追逃、追赃、防逃工作,积极履行相应的职责。

3. 国家监察委员会的防逃工作

"防逃"是指国家监察委员会通过加强组织管理和干部监督,查询、监控涉嫌职务犯罪的公职人员及其相关人员进出国(境)和跨境资金流动情况,完善防逃措施,防止涉嫌职务犯罪的公职人员外逃。根据《监察法实施条例》第237、238条的规定,监察机关应当建立追逃追赃和防逃工作内部联络机制,应当将防逃工作纳入日常监督内容,在监督、调查工作中,根据情况制定对监察对象、重要涉案人员的防逃方案,防范人员外逃和资金外流风险。还应督促相关机关、单位建立健全防逃责任机制,会同同级组织人事、外事、公安、移民管理等单位健全防逃预警机制,对存在外逃风险的监察对象早发现、早报告、早处置。

在实践中,要加强对公职人员的日常教育、监督和管理,查询、监控涉嫌职务犯罪的公职人员及其相关人员的进出国(境)和跨境资金流动情况,在调查案件过程中设置防逃程序。各级监察机关要加强对防逃工作的领导,统一部署防逃工作,协调各部门联合作战,加强对重大贪污贿赂、失职渎职案件的分析和研判,发现干部有可能外逃的蛛丝马迹,及时启动防范程序,采取防范措施。① 加强对重点嫌疑对象的监控,让企图外逃分子没有外逃的可能。发现有严重职务违法犯罪情节的公职人员企图外逃的,要立即报告、迅速处置,该采取措施的就要采取措施,该立案调查的就要立案调查,增强反腐败法律制度的刚性约束和威慑效力,守住犯罪分

---

① 参见中共中央纪律检查委员会中华人民共和国国家监察委员会法规室编写:《〈中华人民共和国监察法〉释义》,中国方正出版社2018年版,第234-235页。

子企图外逃的边境线。①

实践样本

2024年3月19日，中央反腐败协调小组国际追逃追赃和跨境腐败治理工作办公室召开会议，学习贯彻二十届中央纪委三次全会精神，研究部署2024年反腐败国际追逃追赃和跨境腐败治理工作，启动"天网2024"行动。从2015年首度撒下"天网"开始，2024年已是"天网行动"走过的第10个年头。不松劲、不停步，统筹推进反腐败国际追逃追赃和跨境腐败治理，昭示了我们党惩治腐败无禁区、全覆盖、零容忍的鲜明态度和坚定决心。② 此次会议决定推动一体构建追逃防逃追赃机制。其中，国家监察委员会牵头开展职务犯罪国际追逃追赃专项行动，公安部开展"猎狐"专项行动，中国人民银行会同公安部开展预防、打击利用离岸公司和地下钱庄向境外转移赃款专项行动，最高人民法院会同最高人民检察院开展犯罪嫌疑人、被告人逃匿、死亡案件追赃专项行动，中央组织部会同公安部等开展违规办理和持有证件专项治理等工作。③

关联法条

《监察法实施条例》第237—241条。

---

① 参见马怀德主编：《中华人民共和国监察法理解与适用》，中国法制出版社2018年版，第204-205页。

② 参见李鹃：《不松劲不停步　纵深推进追逃追赃》，载《中国纪检监察报》2024年3月21日，第3版。

③ 参见王卓：《纵深推进追逃追赃和跨境腐败治理　"天网2024"行动正式启动》，载中央纪委国家监委网站，https://www.ccdi.gov.cn/toutiaon/202403/t20240319_335478_m.html。

第七章 对监察机关和监察人员的监督

> 第六十条 各级监察委员会应当接受本级人民代表大会及其常务委员会的监督。
>
> 各级人民代表大会常务委员会听取和审议本级监察委员会的专项工作报告，组织执法检查。
>
> 县级以上各级人民代表大会及其常务委员会举行会议时，人民代表大会代表或者常务委员会组成人员可以依照法律规定的程序，就监察工作中的有关问题提出询问或者质询。

条文主旨

本条是关于人大监督监察机关的规定。

条文解读

党的二十届三中全会强调，"全面推进国家各方面工作法治化"。要让监察权在法治轨道上运行，离不开有效的监督机制。《监察法》建构起了内部监督与外部监督协同的完整架构。这是因为只依靠内部监督，即监察机关的自我监督，可能存在监督盲区或监督乏力等问题。法治化是国家监察体制改革的重要目标，按照现代法治国家的权力运行经验，异体监督可以避免权力滥用。从这个意义上来说，外部监督机制的建构有助于监察委员会摆脱"监督者何以监督自身"的同体监督困境，从而保障监督的实效性。

人大监督是党和国家监督体系的重要组成部分，也是监督监察权的重要外部监督机制设计。习近平总书记2024年9月14日在庆祝全国人民代表大会成立70周年大会上指出，"充分发挥人大监督在党和国家监督体系中的重要作用。各级人大及其常委会要担负起宪法法律赋予的监督职责，健全人大对'一府一委两院'监督制度"。① 在权力监督机制中，《监察法》之所以将人大监督放在"对监察机关和监察人员的监督"一章的开端，是因为根据我国《宪法》第3条第3款的规定，"国家行政机关、监察机关、审判机关、检察机关都由人民代表大会产生，对它负责，受它监督"。因此人大对监察机关的监督具有重大意义。党的二十届三中全会同样强调，"健全人大对行政机关、监察机关、审判机关、检察机关监督制度"。

人大常委会如何行使对"一府一委两院"的监督权，有一部专门的立法即《各级人民代表大会常务委员会监督法》。该法于2006年8月27日通过，当时尚无监察委员会。为了健全人大常委会对监察机关的监督制度，使人大及其常委会更好地行使《宪法》和法律赋予的监督权，全国人大常委会2024年11月8日对该法进行修改。此次修改"在有关条款中增加'监察委员会'及相关内容"，② 比如把"有计划地安排听取和审议本级人民政府、人民法院和人民检察院的专项工作报告"，修改为"有计划地安排听取和审议本级人民政府、监察委员会、人民法院和人民检察院的专项工作报告"，从而使人大常委会监督监察机关有了更具体的依据。

1. 各级人大及其常委会与本级监察委员会之间的监督与被监督关系

本条第1款规定，是对《宪法》第3条第3款和第126条的制度整合。我国《宪法》第3条第3款规定："国家行政机关、监察机关、审判机关、检察机关都由人民代表大会产生，对它负责，受它监督。"《宪法》第126条规定："国家监察委员会对全国人民代表大会和全国人民代表大会常务

---

① 习近平：《在庆祝全国人民代表大会成立70周年大会上的讲话》，载《人民日报》2024年9月15日，第2版。

② 武增：《关于〈中华人民共和国各级人民代表大会常务委员会监督法（修正草案）〉的说明——2023年12月25日在第十四届全国人民代表大会常务委员会第七次会议上》，载《中华人民共和国全国人民代表大会常务委员会公报》2024年第6期。

委员会负责。地方各级监察委员会对产生它的国家权力机关和上一级监察委员会负责。"上述规定共同指向了不同层级监察委员会与本级人大及其常委会之间的关系。这一监督具有较强的约束力。对于本级人大及其常委会的监督，监察机关及监察人员必须依法接受，如各级监察委员会要认真研究与办理本级人大常委会反馈的问题与意见。按照党中央印发的《关于新时代坚持和完善人民代表大会制度、加强和改进人大工作的意见》等相关要求，各级人大及其常委会要把宪法法律赋予的监督权用起来，寓支持于监督之中，确保各国家机关依法行使权力、依法落实相关工作责任。

2. 人大及其常委会监督监察委员会的具体方式

根据本条第2、3款的规定，人大及其常委会监督监察委员会的具体方式，主要包括"听取和审议本级监察委员会的专项工作报告""执法检查""询问""质询"等不同方式。

第一，"听取和审议本级监察委员会的专项工作报告"是指，各级人大常委会选择关系改革发展稳定大局、群众切身利益、社会普遍关注的重大问题，有计划地安排听取和审议本级监察委员会的专项工作报告。同时，监察委员会也可以向本级人大常委会要求报告专项工作。在主体方面，一般是由各级监察委员会主任在本级人大常委会全体会议上报告专项工作。在专项工作报告的议题设置方面，可以是本级人大常委会在执法检查中发现的突出问题，对监察委员会提出的建议、批评和意见集中反映的问题，常委会组成人员提出的比较集中的问题，本级人大专门委员会、常委会工作机构在调查研究中发现的突出问题，人民来信来访集中反映的问题，以及社会普遍关注的问题。

第二，"执法检查"是指，人大常委会根据工作需要对关系改革发展稳定大局、群众切身利益、社会普遍关注的重大问题，有计划地对涉及监察工作的有关法律、法规实施情况进行有组织的法律法规实施情况的检查。人大常委会的执法检查工作由本级人大有关专门委员会或者常委会有关工作机构组织实施。各级监察委员会应当积极接受与配合本级人大常委会组织的执法检查。各级监察委员会应当认真研究处理本级人大常委会的执法检查报告，并报告处理情况。执法检查报告一般包括对所检查的法律、法规实施情况进行评价，提出执法中存在的问题和改进执法工作的建议，以及对有关法律、法规提出修改完善的建议。早在 2018 年 5 月，山西省人大常委会围绕监察机关内部监督制约问题，赴大同、朔州、忻州、吕梁、长治、晋城等地开展《监察法》执法检查。①

第三，对于本级人大常委会提出的有关问题的询问，各级监察委员会应当派相关负责人到会听取本级人大常委会会议审议与监察工作有关的议案和报告时的意见，回答询问。"相关负责人"包括各级监察委员会的领导成员和部门负责人。相较于询问，质询的程序要求更加严格。在内容上，质询案应当写明质询对象、质询的问题和内容。在主体上，全国人大常委会组成人员 10 人以上联名，省、自治区、直辖市、自治州、设区的市人大常委会组成人员 5 人以上联名，县级人大常委会组成人员 3 人以上联名，可以向常委会书面提出对本级人民政府及其部门和监察委员会、人民法院、人民检察院的质询案。监察机关对交由其答复的质询案应当按照要求进行答复，提质询案的常委会组成人员的过半数对受质询机关的答复不满意的，可以提出要求，经委员长会议或者主任会议决定，由受质询机关再作答复。质询案的答复形式特定，分为口头答复与书面答复，两者的要求不同。口头答复的，一般要求监察机关主要负责人或者委派相关负责人到会答复；书面答复的，一般要求监察机关主要负责人签署。

实务难点指引

根据我国《各级人民代表大会常务委员会监督法》的规定，人大及其常委会监督的方式除了上述内容，还包括"备案审查""专题询问""特定问题调查"等，这在立法中并没有明确规定，但并非意味着否认实践空间，只是立法明确了一些重点的监督方式与方法，有利于实践中重点开展。例如，在备案审查方面，部分省份出台的各级人大常委会规范性文件备案审查条例中，要求县级以上监察委员会制定的监察规范性文件应当报

---

① 参见《李悦娥带队进行监察法执法检查》，载山西人大网 2018 年 5 月 21 日，https：//www.sxpc.gov.cn/rdyw/art/2021/art_0276937213c44dfc9a392276aa688d97.html。

送本级人大常委会备案。同时，上面列举的方式方法也是实践中经验积累较为丰富的方式与方法，其他方式与方法在"成长"中，因此可以在积累实践经验的基础上逐步探索，应当遵循"支持型监督"的原则，要尽可能减少对监察工作的影响，从而实现监察体制改革"权威高效"的制度目标。

此外，监察机关进行专项工作报告，需要注意报告前、报告中、报告后三个不同节点的实践要求。例如，在报告前，要注重与本级人大的沟通协商，配合开展调查研究工作。这体现了"支持型监督"的实践理念，有利于本级人大更加方便、深入地审议专项报告，提出更具有针对性的意见，更好地发挥监督效果。根据相关规定，在常委会举行会议的20日前，监察机关应当将专项工作报告送交本级人大有关专门委员会或常委会有关工作机构征求意见。在报告中，由主任在本级人大常委会全体会议上报告专项工作，且各级监察委员会应当根据要求派出领导成员列席，听取意见。需要注意的是，按照《各级人民代表大会常务委员会监督法》的规定，只有人民政府可以委托有关部门负责人向本级人大常委会报告。在报告后，针对审议意见，各级监察委员会应当认真研究办理，并按照要求书面报告办理情况。必要时，本级人大常委会可以对专项工作报告作出决议，规定执行决议期限。

典型案例

根据《监察法》和《各级人民代表大会常务委员会监督法》的规定，各级人大常委会听取和审议本级监察委员会的专项工作报告，是国家权力机关监督监察机关的重要方式。2020年8月10日，国家监察委员会向全国人大常委会做《关于开展反腐败国际追逃追赃工作情况的报告》，[①] 此系全国人大常委会首次听取国家监察委员会的专项工作报告。此后，愈来愈多的监察委员会向本级人大常委会做专项工作报告，报告主题也日渐多元

[①] 参见杨晓渡：《国家监察委员会关于开展反腐败国际追逃追赃工作情况的报告——2020年8月10日在第十三届全国人民代表大会常务委员会第二十一次会议上》，载《中华人民共和国全国人民代表大会常务委员会公报》2020年第4期。

化。比如在 2021 年 7 月 27 日，贵州省监察委员会向该省人大常委会做《关于加强监察工作制度建设情况的报告》。[1] 再如，山东省青岛市监察委员会于 2021 年 10 月 20 日向该市人大常委会做题为《关于开展廉政教育工作情况的报告》的专项工作报告。[2]

关联法条

《宪法》第 3、126 条；《各级人民代表大会常务委员会监督法》第 2、4—11、16—19、23—27 条；《监察法实施条例》第 251—254 条。

第六十一条 监察机关应当依法公开监察工作信息，接受民主监督、社会监督、舆论监督。

条文主旨

本条是关于监察工作信息公开的规定。

条文解读

监察机关依法公开相关监察工作信息，乃是现代法治国家的基本要求，体现了公共权力接受监督和透明度原则。随着国家监察体制改革的不断深入，监察机关的信息公开工作越来越受到重视。信息公开有助于提升监察机关的公信力和权威性，也是防止腐败、提高监察工作效率的重要手段，监察机关的信息公开成为必然趋势。近年来，全国纪检监察机关在信息公开方面取得了显著成效。例如，各地纪委监委公开了大量的案件审理信息、监察法规和政策解读以及举报指南等信息。在具体的实践中，监察

---

[1] 参见夏红民：《贵州省监察委员会关于加强监察工作制度建设情况的报告——2021 年 7 月 27 日在省十三届人大常委会第二十七次会议上》，载《贵州省人民代表大会常务委员会公报》2021 年第 5 期。

[2] 参见马立新：《关于开展廉政教育工作情况的报告——2021 年 10 月 20 日在市十六届人大常委会第三十六次会议上》，载《青岛市人民代表大会常务委员会公报》2021 年第 6 期。

机关通过官方网站、新闻发布会、传统媒体及新媒体等多种渠道公开信息，如中央纪委国家监委网站定期发布工作动态、政策法规和案件通报等工作信息。

1. 公开监察工作信息的初衷

习近平总书记 2021 年 10 月 13 日在中央人大工作会议上指出，"让权力在阳光下运行，用制度的笼子管住权力，用法治的缰绳驾驭权力"。① 监察机关同样需要秉持"阳光晒权"的理念，依法公开监察工作信息。首先，健全完善监察工作信息公开制度能够充分保障公民的知情权。我国《宪法》第 2 条第 1 款规定，"中华人民共和国的一切权力属于人民"。因此，在作为公共权力的监察权的运行过程中，公民自然有一定范围内的知情权。其次，公开监察工作信息是加强对权力运行制约和监督的重要手段，让权力在阳光下运行，有效防止权力滥用。最后，监察工作信息公开是民主监督、社会监督、舆论监督有效发挥作用的保障，以避免信息公开不足导致这三种监督的缺位。

从《监察法》第 61 条的规范结构来看，建立健全监察信息公开制度，目的是"设定监察机关自觉接受各方面监督的义务"，② 特别是接受民主监督、社会监督、舆论监督。民主监督、社会监督、舆论监督均属于党和国家监督体系的重要部分，形成了监察权监督体制机制的外在力量。民主监督是指人民政协或各民主党派等主体对党和国家机关及其工作人员的工作进行的监督。这种监督主要通过提出建议和批评来协助党和国家机关改进工作，提高工作效率，克服官僚主义。社会监督是指社会力量依据宪法和法律赋予的权利，对公权力进行监督。社会监督是一种最广泛的监督形式，涵盖了各级政协、民主党派和工会、共青团、妇联等组织的民主监督，以及网络、报刊、电视、电台的舆论监督。舆论监督是指公众和媒体借助大众传媒的力量，对国家机关及公职人员履行公共职责过程中出现的违法违纪等权力滥用行为和失德言论进行披露、批评和建议，进而形成舆

---

① 习近平：《在中央人大工作会议上的讲话》，载《求是》2022 年第 5 期。
② 中共中央纪律检查委员会中华人民共和国国家监察委员会法规室编写：《〈中华人民共和国监察法〉释义》，中国方正出版社 2018 年版，第 242 页。

论，督促相关机关人员及时回应和纠正，从而实现对公共权力的监督和制约。这种监督实质上是人民的监督，是人民群众通过新闻工具对党和政府的工作及其工作人员进行的监督。

2. 公开监察工作信息的范围

《监察法》第 61 条仅要求监察机关"依法公开监察工作信息"，至于要公开哪些监察工作信息，则未予以具体规定。为此，《监察法实施条例》第 255 条列举了 4 类应当公开的监察工作信息，初步明确了公开监察工作信息的范围。

一是监察法规。2019 年 10 月 26 日通过的《全国人民代表大会常务委员会关于国家监察委员会制定监察法规的决定》，明确国家监察委员会有权制定监察法规。并规定"监察法规应当经国家监察委员会全体会议决定，由国家监察委员会发布公告予以公布"。据此，监察法规是国家监察委员会应当公开的监察工作信息之一。在既往的实践中，国家监察委员会 2021 年 9 月 20 日公布了首部监察法规《监察法实施条例》。

二是依法应当向社会公开的案件调查信息。从现有的实践来看，各级纪检监察机关向社会公开的案件调查信息，主要是纪律检查和监察调查信息，以及党纪政务处分信息。事实上，公开案件调查信息是监察机关的一项法定义务。例如，《监察法实施条例》第 184 条第 2 款规定："对涉嫌严重职务违法或者职务犯罪的公职人员立案调查并采取留置措施的，应当按规定通知被调查人家属，并向社会公开发布。"

三是检举控告地址、电话、网站等信息。纪检监察机关应坚持"开门办案"的理念，《中国共产党纪律检查委员会工作条例》第 4 条把"践行党的根本宗旨和群众路线"作为各级纪委开展工作应遵循的原则之一。为此，监察机关应当公开检举控告地址、电话、网站等信息，便于人民群众通过各种渠道参与到纪检监察工作当中去。事实上，《纪检监察机关处理检举控告工作规则》第 8 条第 1 款亦规定，"县级以上纪检监察机关应当明确承担信访举报工作职责的部门和人员，设置接待群众的场所，公开检举控告地址、电话、网站等信息，公布有关规章制度，归口接收检举控告"。比如，2019 年 8 月，中央纪委国家监委机关向社会公布专项整治受理群众监督举报和反映问题方式。①

四是其他依法应当公开的信息。这是兜底性质的规定，以避免出现列举不全的问题。通常来说，各级监察机关召开重要会议，开展重要监察工作、组织专项活动，以及通报有关典型案例等，应当根据情况向社会公开。②

尚需说明的是，本条中"依法"的限定意味着，监察工作信息的公开有其限度。《监察法》第18条第2款规定，"监察机关及其工作人员对监督、调查过程中知悉的国家秘密、工作秘密、商业秘密、个人隐私和个人信息，应当保密"。因此，监察工作信息的公开需在保障公民知情权与保守秘密之间实现平衡。监察工作具有高度的政治性，国家秘密、工作秘密、商业秘密、个人隐私等也就构成了监察信息公开的边界。从信息公开的基本内容来看，监察法规，依法应当向社会公开的案件调查信息，检举控告地址、电话、网站等信息都被囊括其中。

监察机关与党的纪律检查机关实行合署办公的体制，而《中国共产党党务公开条例（试行）》第12条列举了纪律检查机关应当公开的党务信息：一是学习贯彻党中央大政方针和重大决策部署，坚决维护以习近平同志为核心的党中央权威和集中统一领导，贯彻落实本级党委、上级纪律检查机关工作部署情况；二是开展纪律教育、加强纪律建设，维护党章党规党纪情况；三是查处违反中央八项规定精神，发生在群众身边、影响恶劣的不正之风和腐败问题情况；四是对党员领导干部严重违纪涉嫌违法犯罪进行立案审查、组织审查和给予开除党籍处分情况；五是对党员领导干部严重失职失责进行问责情况；六是加强纪律检查机关自身建设情况；七是其他应当公开的党务。

3. 公开监察工作信息的途径

根据《监察法实施条例》第255条的规定，监察机关公开监察工作信

---

① 参见《公布专项整治漠视侵害　群众利益问题监督举报方式》，载《中国纪检监察报》2019年8月23日，第1版。

② 参见中共中央纪律检查委员会中华人民共和国国家监察委员会法规室编写：《〈中华人民共和国监察法实施条例〉释义》，中国方正出版社2022年版，第430页。

息的主要途径有互联网政务媒体、报刊、广播和电视等。与此不同的是，根据《中国共产党党务公开条例（试行）》第 16 条的规定，党的组织应当根据党务公开的内容和范围，选择适当的公开方式。其中，在党内公开的，一般采取召开会议、制发文件、编发简报、在局域网发布等方式。向社会公开的，一般采取发布公报、召开新闻发布会、接受采访，在报刊、广播、电视、互联网、新媒体、公开栏发布等方式，优先使用党报党刊、电台电视台、重点新闻网站等党的媒体进行发布。

实务难点指引

需要注意监察工作信息公开的及时性。各级监察委员会应当完善监察工作信息发布机制，公开工作流程，并自觉接受民主监督、社会监督、舆论监督等不同方式的监督。尤其需要注意的是，对于办理涉及人民群众切身利益、社会广泛关注的重大案件、疑难案件，需要及时向社会公开。监察工作信息公开受到不同因素影响。在监察工作信息公开过程中，要处理保障公民知情权、监督效能、保守秘密之间的关系。如果不加区分地将所有监察工作信息公开，将不利于监察工作的有效开展。因此，也需要健全完善相应的信息保护制度，防止国家秘密、商业秘密、个人隐私等信息的泄露。

实践样本

通报监督检查审查调查情况，是纪检监察机关公开工作信息的重要方面。据《中央纪委国家监委通报 2023 年全国纪检监察机关监督检查审查调查情况》，2023 年，全国纪检监察机关共接收信访举报 345.2 万件次，其中检举控告类信访举报 105.7 万件次。处置问题线索 173.3 万件，其中谈话函询 36.3 万件。立案 62.6 万件，其中立案中管干部 87 人、厅局级干部 3456 人、县处级干部 2.7 万人、乡科级干部 8.9 万人；立案现任或原任村党支部书记、村委会主任 6.1 万人。处分 61 万人，其中党纪处分 49.8 万人、政务处分 16.2 万人；处分省部级干部 49 人，厅局级干部 3144 人，县处级干部 2.4 万人，乡科级干部 8.2 万人，一般干部 8.5 万人，农村、企业等其他人员 41.7 万人。[①]

关联法条

《宪法》第 3、126 条；《监察官法》第 7、10 条；《监察法实施条例》第 255 条；《中国共产党党务公开条例（试行）》第 12 条；《纪检监察机关处理检举控告工作规则》第 8 条；《中国共产党纪律检查机关监督执纪工作规则》第 60 条。

第六十二条 监察机关根据工作需要，可以从各方面代表中聘请特约监察员。特约监察员按照规定对监察机关及其工作人员履行职责情况实行监督。

条文主旨

本条是关于特约监察员的规定。

条文解读

2018 年 8 月 24 日，为了深化国家监察体制改革，推动监察机关依法接受民主监督、社会监督、舆论监督，中央纪委国家监委印发了《国家监察委员会特约监察员工作办法》，建立了特约监察员制度。在此基础上，各地纪检监察机关也出台了相关的规范性文件。比如福建省厦门市纪委监委 2019 年 3 月 5 日印发的《厦门市监察委员会特约监察员工作办法》。特约监察员制度是在深化国家监察体制改革背景下设立的，旨在构建开放、动态、透明的监察制度体系。该办法对特约监察员的聘请范围、任职条件、聘请程序及任期、工作职责、权利义务和履职保障等内容作出了详细规定，为规范有序地组织开展特约监察员工作提供了重要的制度支撑，保

[①] 参见《中央纪委国家监委通报 2023 年全国纪检监察机关监督检查审查调查情况》，载中央纪委国家监委网站，https://www.ccdi.gov.cn/toutiaon/202401/t20240125_324375.html。

障了特约监察员制度的有效运行。

1. 特约监察员的选任和聘请

特约监察员是按照一定程序优选聘请，以兼职形式履行监督、咨询等相关职责的人士。一方面，特约监察员制度有助于完善党和国家监督体系。特约监察员制度的建立和完善，有助于健全党和国家监督体系，实现对公权力的有效监督。另一方面，特约监察员制度有助于深化国家监察体制改革。该制度充分发挥各行各业群众代表的优势，能够代表社会和人民群众对国家监察机关及其工作人员进行监督，充分发挥外部监察优势，推动监察机关依法接受外部监督，从而提升监察工作的透明度和公信力，进一步锻造忠诚干净担当的纪检监察队伍，推动纪检监察工作高质量发展。2024年《监察法》纳入特约监察员制度，通过国家立法把监察体制改革以来的新理念、新举措、新经验以法律形式固定下来，巩固国家监察体制改革成果，保障反腐败工作在法治轨道上行稳致远，构建系统完备的监察权监督体系，不断提高党和国家的监督效能。

特约监察员的选聘应根据工作需要决定，按照事先明确的选聘程序进行。选聘完成后，相关名单应当及时公布。本条所规定的"各方面代表"是全过程人民民主理念在监察监督工作中的体现，包括从全国人大代表，全国政协委员，中央和国家机关有关部门工作人员，各民主党派成员、无党派人士，企业、事业单位和社会团体代表，专家学者，媒体和文艺工作者，以及一线代表和基层群众中优选聘请。受到党纪处分、政务处分、刑事处罚的人员不得被聘请为特约监察员。特约监察员的选聘范围相当广泛，涵盖了更多社会领域和阶层，体现了社会监督的广泛性和代表性。在实际运行中，特约监察员制度面临一些挑战，例如，如何平衡特约监察员的独立性与监察机关的日常工作、如何确保特约监察员提出的意见和建议得到有效采纳等问题。为此，监察机关不断完善特约监察员工作机制，加强特约监察员的培训和管理，提高特约监察员制度的运行效率。

2018年12月17日，国家监察委员会发布《国家监察委员会关于聘请第一届特约监察员的决定》，聘任了50名特约监察员。根据《国家监察委员会特约监察员工作办法》第7条第1款的规定，特约监察员在国家监察委员会领导班子产生后换届。为此，国家监察委员会作出《国家监察委员会关于聘任第二届特约监察员的决定》，聘任了89名特约监察员。

2. 特约监察员的职责、权利和义务

特约监察员的职责集中表现为，按照规定对监察机关及其工作人员履行职责情况实行监督，具体有5个方面的内容：一是对纪检监察机关及其工作人员履行职责情况进行监督，提出加强和改进纪检监察工作的意见、建议；二是为制定纪检监察法律法规、出台重大政策、起草重要文件、提出监察建议等提供咨询意见；三是参加国家监察委员会组织的调查研究、监督检查、专项工作；四是宣传纪检监察工作的方针、政策和成效；五是办理国家监察委员会委托的其他事项。

特约监察员履行职责时享有诸多权利：一是了解国家监察委员会和各省、自治区、直辖市监察委员会开展监察工作、履行监察职责情况，提出意见、建议和批评；二是根据履职需要并按程序报批后，查阅、获得有关文件和资料；三是参加或者列席国家监察委员会组织的有关会议；四是参加国家监察委员会组织的有关业务培训；五是了解、反映有关行业、领域廉洁从政从业情况及所提意见建议办理情况；六是受国家监察委员会委托开展工作时，享有与受托工作相关的法定权限。

在享有权利的同时，特约监察员也应当履行相应的义务：一是模范遵守《宪法》和法律，保守国家秘密、工作秘密以及因履行职责掌握的商业秘密和个人隐私，廉洁自律、接受监督；二是学习、掌握有关纪检监察法律法规和业务；三是参加国家监察委员会组织的活动，遵守国家监察委员会有关工作制度，按照规定的权限和程序认真履行职责；四是履行特约监察员职责过程中，遇有利益冲突情形时主动申请回避；五是未经国家监察委员会同意，不得以特约监察员身份发表言论、出版著作，参加有关社会活动；六是不得以特约监察员身份谋取任何私利和特权。

实务难点指引

在特约监察员的聘请方面，聘请主体是各级监察机关，聘请应依照程序进行。聘请程序具体包括：第一，提出特约监察员推荐人选。根据工作需要，监察机关会同有关部门、单位提出特约监察员推荐人选，并征得被推荐人所在单位及本人同意。第二，进行考察。监察机关会同有关部门、单位对特约监察员推荐人选进行考察。第三，确定聘请人选。经监察机关对考察情况进行研究，确定聘请特约监察员人选。第四，抄送与组织部备案。聘请人选名单及意见抄送特约监察员所在单位及推荐单位，并在中央纪委国家监委组织部备案。第五，公布名单。召开聘请会议，颁发聘书，向社会公布特约监察员名单。需要注意的是，一方面，特约监察员受聘期满自然解聘；另一方面，特约监察员在国家监察委员会领导班子产生后换届，每届任期与本届领导班子任期相同，连续任职一般不得超过两届。

监察机关应当为特约监察员依法开展工作提供必要条件和便利。一是提供物质保障，包括工作场所、履职津贴等；二是协调有关部门，定期向特约监察员提供有关刊物、资料，组织开展特约监察员业务培训；三是积极创造条件，包括组织特约监察员参加有关会议或者活动，定期开展走访、通报工作，交流情况，听取意见、建议，帮助特约监察员更好地了解本地监察工作，为特约监察员更好发挥作用做好服务；四是提供安全保障，对妨碍特约监察员履职甚至打击报复的，依规依纪依法严肃处理。

实践样本

海南省监察委员会出台《海南省监察委员会建立办理特约监察员意见建议"绿色通道"工作办法》，聚焦发挥特约监察员监督作用，对特约监察员意见建议的受理、办理、反馈、回访等进行全流程规范，着力提升意见建议办理规范化水平和质效，助力纪检监察铁军建设、助推纪检监察工作高质量发展。该办法对特约监察员意见建议审批权限进行提格处理，全部呈报省纪委监委主要负责同志审批，有效增强办理的权威性，是把自觉接受监督落实到行动上的具体体现。同时，该办法将特约监察员意见建议分为工作建议、问题反映两大类，并明确办理工作分工。工作建议类，指的是对全面从严治党、党风廉政建设和反腐败斗争，以及推动纪检监察工作高质量发展等方面工作的意见建议，由省纪委监委办公厅受理。问题反映类，指的是对全省各级纪检监察机关、纪检监察干部履职不力，或苗头性倾向性问题，或涉嫌违规违纪违法犯罪的信访举报、检举控告，由纪检监察干部监督室受理。①

关联法条

《监察官法》第45条；《监察法实施条例》第256条；《国家监察委员会特约监察员工作办法》第4—11条。

第六十三条 监察机关通过设立内部专门的监督机构等方式，加强对监察人员执行职务和遵守法律情况的监督，建设忠诚、干净、担当的监察队伍。

条文主旨

本条是关于监察机关内部监督的规定。

条文解读

监察机关设立内部专门的监督机构，是加强其内部监督的重要方式。在监察全面覆盖的背景下，监察人员同样应当属于监督对象，不能有监督盲区。内部监督是纪检监察机关发扬彻底的自我革命精神，从严整肃队伍、永葆铁军本色的重要措施。只有纪检监察机关自身正自身硬自身廉，才能不辱使命，确保党和人民赋予的权力不被滥用，才能更好地推进反腐败工作。因此，在制度设计上才强调纪检监察机关刀刃向内，强化内部监督，从源头上防止权力滥用，避免"灯下黑"，最终目的是建设忠诚干净担当的监察队伍。相较于外部监督，内部监督的优势在于可以提高监督效率，能够减少信息不对称带来的监督困境，从而及时发现和纠正问题，避免问题扩大化。监察机关的内部监督方式较为多元，在制度设计上通常包

---

① 参见吕佳蓉：《建立意见建议办理"绿色通道"》，载《中国纪检监察报》2024年8月2日，第1版。

括以下方面。

1. 设立干部监督室等内部专门的监督机构

自 2014 年 3 月起，中央纪委坚决贯彻落实习近平总书记"谁来监督纪委"之问，逐步在全国建立健全相对独立、职能完整、覆盖系统的纪检监察干部监督机构，探索强化对纪检监察权力运行的监督制约。在 2014 年 4 月，中央纪委监察部设立了纪检监察干部监督室，专门负责对纪检监察干部的监督。① 到 2014 年 8 月，全国 31 个省、自治区、直辖市纪委全部设立了纪检监察干部监督室。2020 年 12 月，中央纪委国家监委专门印发《关于加强新时代纪检监察干部监督工作的意见》，明确要求各级纪检监察干部监督机构专职专责做好监督履职、规范用权、防范风险、惩治腐败工作，持续推动建设忠诚干净担当的高素质专业化纪检监察队伍，促进纪检监察工作高质量发展。从既往的实践来看，纪检监察干部监督室对解决纪检监察机关"灯下黑"的问题、提升纪检监察工作的公信力起到了非常重要的作用。②

2. 对监察权运行的关键环节进行经常性监督检查

基于风险节点的识别，对监察权运行的关键环节进行经常性监督检查，实现案件质量评查机制全覆盖。监察机关通过对历史案例的分析，识别出监察工作中的高风险环节，并针对这些环节明确具体的监督措施。经常性监督检查指的是定期或不定期地对监察人员的履职情况进行检查，包括对工作流程、案件办理质量、法律法规遵守情况等进行检查。根据实践，关键环节包括问题线索处置、调查措施使用、涉案财物管理等。这些风险节点与关键环节实际上涉及监察机关监督权、调查权、处置权等职权运行的不同环节，这些环节均可能涉及对公民人身自由、财产权利等的限制。若不开展经常性监督，就可能出现不合法或不合理限制公民基本权利的情况，也可能出现办案人员违规办案或办案质量低下的情况，不符合监察法治的要

---

① 参见邵志强、何艳：《为了更好地履职担当——纪检监察机关转职能、转方式、转作风工作纪实》，载《中国监察》2014 年第 7 期。

② 参见王立峰、徐天也：《纪检监察内部监督视域下干部监督室制度研究》，载《河南社会科学》2023 年第 12 期。

求,也很难及时纠正错误。同时,在风险节点与关键环节设置经常性监督检查机制,也可以减少内部监督的碎片化问题,确保内部监督常态化。

3. 实行上级监察机关对下级监察机关的监督

根据《监察法》的相关规定,上级监察委员会领导下级监察委员会的工作,因此上级监察机关对下级监察机关也具有监督责任,从而构成监察机关内部监督的另一种形式。上级对下级的监督具有近距离常态化的优势,能够及时掌握下级情况,形成自上而下的监督网络,确保监督工作的连续性和系统性。同时,这种监督弥补了同级内设机构监督的不足。一般而言,上级监察机关通过专项检查、业务考评、开展复查等方式强化对下级监察机关及监察人员的监督。"专项检查"是上级监察机关知悉、了解、监督下级监察机关工作的重要方式,往往会围绕一项或几项的重要议题,且具有周期性。"业务考评"侧重于监察人员的业务能力,重点是监察人员是否熟悉监察业务,是否具备运用法律、法规、政策的能力,是否具备调查取证能力。业务能力与监察官的等级确定相挂钩。"复查"是上级监察机关对下级监察机关执法活动的再次审核或者检查,从而确保上级监督的权威性、可靠性。

4. 其他具有内部监督职能的内设机构

设立内部监督机构,实现内部机构之间的互相制约、相互监督,"通过这些监督机制,可以有效管控风险点,防止出现将被审查调查人带离规定的谈话场所,中止关闭录音录像设备,打骂、非法取证等违规违纪违法问题的发生"。① 同时可以减少外部因素介入而产生的工作秘密泄露风险,减少监督机制可能产生的对抗性负面效应。例如,在制度设计上,监察机关分设监督检查和调查部门,监督检查部门负责联系地区、部门、单位的日常监督检查和对涉嫌一般违法问题线索处置,调查部门负责对涉嫌严重违纪或者职务违法、职务犯罪问题线索进行初步核实和立案审查调查。又如,设置案件监督管理部门,负责对监督检查、调查工作进行全过程监

---

① 中共中央纪律检查委员会中华人民共和国国家监察委员会法规室编写:《〈中国共产党纪律检查机关监督执纪工作规则〉释义》,中国方正出版社2019年版,第159页。

管。案件监督管理部门若发现监察人员在监督检查、调查中有违规办案行为的，应及时督促整改；涉嫌违纪违法的，则根据管理权限移交相关部门处理。再如，监察机关及其监督检查、调查部门负责人定期检查调查过程的录音录像、谈话笔录、涉案财物登记资料，发现问题及时纠正并报告。在监察办案中，录音录像、谈话笔录最为基本而且必要，因此是监督的重点。涉案财物涉及经济利益，容易出现"灯下黑"，因此也是监督重点。

实务难点指引

监察机关在完善与发展内部监督机制时，需要与党的纪律检查机关的监督执纪工作要求相衔接，建立起监督检查、审查调查、案件监督管理、案件审理相互协调、相互制约的工作机制。依据《中国共产党纪律检查机关监督执纪工作规则》的相关规定，除纪检监察干部监督部门外，纪检监察机关的内设监督机构还包括以下几类：一是监督检查部门，负责联系地区和部门、单位的日常监督检查；二是案件监督管理部门，负责对监督执纪工作全过程进行监督管理，做好线索管理、组织协调、监督检查、督促办理、统计分析等工作；三是党风政风监督部门，负责党风政风建设的综合协调，做好督促检查、通报曝光和综合分析等工作。由于不同内设机构的工作侧重点不同，需要做好各机构之间的衔接与协调工作。

实践样本

根据中央纪委国家监委网站的介绍，中央纪委国家监委内设纪检监察干部监督室。该室的主要职责是负责监督检查纪检监察系统干部遵守和执行党的章程和其他党内法规，遵守和执行党的路线方针政策和决议、国家法律法规等方面的情况；受理对有关纪检监察领导干部涉嫌违反党纪、职务违法和职务犯罪等问题的举报，提出处置意见并负责问题线索初步核实及立案审查调查工作等。[1] 地方各级纪委监委同样设置有纪检监察干部监

---

[1] 参见《组织机构》，载中央纪委国家监委网站，https：//www.ccdi.gov.cn/xxgkn/zzjg/202104/t20210412_40535.html。

督室，履行同样的内部监督职责。

2023年，全国各级纪检监察机关以自我革命精神从严整肃队伍，开展全国纪检监察干部队伍教育整顿，把纯洁思想、纯洁组织作为突出问题来抓，以最鲜明的态度、最有力的措施、最果断的行动，对执纪违纪、执法违法现象零容忍，坚决清除害群之马，坚决防治"灯下黑"。全国纪检监察系统共接收涉及纪检监察干部问题线索或反映4.65万余件次，处置涉及纪检监察干部问题线索4.37万余件，谈话函询纪检监察干部1.46万余人次，立案纪检监察干部8977人，处分7817人，移送司法机关474人，其中，处分厅局级干部207人、县处级1382人。各级纪检监察机关运用"四种形态"批评教育和处理纪检监察干部3.72万余人次。其中，运用第一种形态批评教育和处理2.87万余人次，运用第二种形态处理7031人次，运用第三种形态处理884人次，运用第四种形态处理562人。①

关联法条

《监察官法》第2、4、7、10、12—14、27、37条；《公务员法》第7、13条；《监察法实施条例》第257、258条；《中国共产党纪律检查机关监督执纪工作规则》第11、12、61—63条。

第六十四条　监察人员涉嫌严重职务违法或者职务犯罪，为防止造成更为严重的后果或者恶劣影响，监察机关经依法审批，可以对其采取禁闭措施。禁闭的期限不得超过七日。

被禁闭人员应当配合监察机关调查。监察机关经调查发现被禁闭人员符合管护或者留置条件的，可以对其采取管护或者留置措施。

本法第五十条的规定，适用于禁闭措施。

---

① 参见《中央纪委国家监委通报2023年对纪检监察干部监督检查审查调查情况》，载《人民日报》2024年1月26日，第3版。

条文主旨

本条是关于禁闭措施的规定。

条文解读

禁闭措施是 2024 年《监察法》新增的内部监督措施。禁闭措施的创制意义在于进一步加强对监察机关及其工作人员的监督与管理，体现了严厉打击监察人员严重职务违法或者职务犯罪行为的决心，是"刀刃向内"的措施。"刀刃向内"举措体现了从严监督原则，只有这样才能建设忠诚干净担当的监察队伍，推进反腐败事业持续深入，提高监察制度的公信力。一方面，我国对监察队伍建设提出了政治素质高、忠诚干净担当、专业化能力强、敢于善于斗争等方面的要求，因此需要采取更加严格的措施，维护纪检监察机关的廉洁形象。监察机关及其工作人员承担反腐败职能，了解反腐败机制的运作过程，在一定程度上知道诸多工作秘密，因此更容易逃避追责，理应采取更加严厉的措施。另一方面，按照习近平总书记在十九届中共中央政治局第十次集体学习时谈及的"严管就是厚爱"的要求，对监察人员采取禁闭措施本质就是对其采取的一种保护，有利于强化监察人员的责任意识与风险意识，使其按照规定行事，避免遭受不利后果。严厉的禁闭措施所释放的从严监督信号可以形成对腐败行为的震慑力。

在现代汉语的词义中，"禁闭"的字面意思是将犯错误的人关在特定的空间进行自我反省。《监察法》中的禁闭措施在属性上是一项内部监察行为，是具有惩罚性、教育性的强制措施。"强制性"意味着禁闭措施依靠国家强制力来保证实施。"惩罚性"意味着禁闭措施带有一定的限制性特征，如限制被禁闭对象的行动范围，禁止其与外部接触与交流。"教育性"意味着禁闭措施还具有教育的功能，而不仅是惩戒之功能，针对被禁闭人员的错误行为进行针对性纠正，使被禁闭人员对法律法规的认识和理解更为准确。被禁闭人员在禁闭期间进行自我反思，通过学习、忏悔、改造配合监察调查工作。

关于禁闭措施的性质，首先，该措施属于强化对监察机关及监察人员监督与管理的措施，是监察机关自身建设方面的措施之一。其次，禁闭措施属于对监察人员的"准调查"行为，其目的是便于监察机关对涉嫌严重职务违法或职务犯罪的监察人员作出及时、有效、强有力的管理，避免出现妨碍调查的情形。再次，禁闭措施属于对监察人员的内部惩戒措施。纪检监察机关是党的纪律部队，纪检监察机关队伍的纪律性决定了禁闭措施属于一种纪律性惩戒措施。对监察人员适用禁闭措施，是为制止、查处监察人员严重违法违纪行为，对违反纪律的监察人员在必要时采取的在一定期间内限制其人身自由的一种内部纪律措施。在有利于提高监察人员的专业性与廉洁性、增强监察队伍的公信力的同时，还能够督促监察人员依法办案、公正处理。最后，禁闭措施属于过渡性措施，目的是防止不利影响扩大，造成更为严重的不利后果，因此监察机关在7日内经调查发现被禁闭人员符合留置或者管护条件的，可以对其采取留置或者管护措施，解除禁闭措施的，应及时通知被禁闭人员及其所在单位与家属。

我国的法律体系中也有"禁闭"这一概念。事实上，"禁闭"在《看守所条例》《监狱法》《公安机关人民警察内务条令》等中已经有规定。禁闭制度最早见于1995年颁布的《人民警察法》（已被修改），其第48条第3款规定，"对违反纪律的人民警察，必要时可以对其采取停止执行职务、禁闭的措施"。《监狱法》第58条有类似规定，当罪犯破坏监管秩序时，监狱管理者可以给予禁闭。2011年修订后的《公安机关督察条例》规定了执行禁闭的法定程序，增加了禁闭的期限条文。《公安机关实施停止执行职务和禁闭措施的规定》对实施禁闭措施作出了更加详细的规定。具体列举了警察因违纪适用禁闭的6种情形。对于一般民警和公安机关领导的禁闭适用解除程序也作出了区分。与公安机关的禁闭措施相比，《监察法》中禁闭措施的适用应更加谨慎。监察机关适用禁闭措施的情形是"监察人员涉嫌严重职务违法或者职务犯罪"。公安机关与监察机关禁闭的期限相同，均为不超过7日。

在构成要件上，第一，禁闭的适用对象不是一般的职务犯罪人员，而是涉嫌严重职务违法和职务犯罪的监察人员。第二，禁闭的适用情形是涉嫌严重职务违法和职务犯罪的监察人员，若不采取禁闭措施，可能造成更为严重的后果或者恶劣影响，比如出逃、干预办案、泄露秘密、销毁证据、逃避调查、可能串供或者伪造隐匿证据、严重妨碍调查等，从而影响监察机关办理案件。从条文来看，监察机关具有裁量空间，本条用的是"可以"而非"应当"，这意味着在符合上述前置条件的情况下，在多种惩治性手段都能实现目标之时，可以经过综合考量，选择适用禁闭措施。第三，适用禁闭需要监察机关经过依法审批程序，通常是由监察机关领导人员集体研究决定。第四，被禁闭的人员有配合监察机关调查的义务，包括如实陈述、提供有关证据材料的义务。第五，禁闭措施可以与其他措施相衔接。监察机关经调查发现被禁闭人员符合留置或者管护条件的，可以对其采取留置或管护措施。

实务难点指引

在实践中，禁闭措施的适用需要进一步明确，从而确保其在法治轨道上运作，由于其是对人身自由采取限制的措施，因此有更高的要求。第一，禁闭措施的适用条件和场所要明确，对于监察人员的严重职务违法行为，只有在监察人员存在可能串供或者伪造、隐匿、毁灭证据、严重妨碍调查等重大嫌疑的情况下，才能采取此类措施。同时，适用时间应更加细化并明确限制，解除情形也应予以规定。第二，加强对禁闭措施的外部监督，确保其合法合规。我国《监察法》明确规定了人权保障原则，作为限制人身权利的措施，必须要配置相应的保障机制。当前，监察机关既负责调查，又负责决定是否实施关禁闭，监督不足将会对被关禁闭者的合法权益产生影响。还需要促进外部监督的介入，明确被关禁闭者在被关禁闭期间的合法权利。不能先入为主地认为适用禁闭措施的被禁闭人员一定有违纪行为，被举报、被检举的事实一定成立，而要掌握足够证据，若在证据不足的情况下先入为主进行判断，极有可能造成冤假错案。因此，调查人员要认真调查，仔细取证，发现内部矛盾的情况还应积极化解。第三，对于被错判的被禁闭人员，要在最短的时间内恢复声誉。不能一味惩罚，而要将严管与厚爱相结合、责任与权利同等重视，对于有错误之处要惩戒，对于其应有的权利更要重视与保护。

> 第六十五条 监察人员必须模范遵守宪法和法律，忠于职守、秉公执法、清正廉洁、保守秘密；必须具有良好的政治素质，熟悉监察业务，具备运用法律、法规、政策和调查取证等能力，自觉接受监督。

条文主旨

本条是关于监察人员的行为规范的规定。

条文解读

本条对监察人员的行为规范进行了基本规定，这是建设忠诚、干净、担当的高素质专业化监察队伍的必然要求，也是加强监察机关自身建设的必由之路。监察人员承担着监督、调查、处置的重要工作，是全面从严治党的重要保障，因此对其提出了较高的要求，唯有如此才能确保反腐败工作高质效开展，也有利于纪检监察事业高质量发展。《监察官法》第14条也作出了规定，明确监察官的选用要坚持德才兼备、以德为先，坚持五湖四海、任人唯贤，坚持事业为上、公道正派，突出政治标准，注重工作实绩。《监察官法》第37条还规定了监察官的考核标准，要求按照管理权限，全面考核监察官的德、能、勤、绩、廉，重点考核政治素质、工作实绩和廉洁自律情况。可见，对监察人员既有职业道德层面的要求，也有职业素养方面的要求，更有更高的政治标准要求。按照本条之规定，监察人员的行为规范包括几个方面。

1. 具有良好的政治素质

《监察官法》规定了担任监察官应当具备良好的政治素质，作为行使监察权的公职人员，监察人员应当具备更高的政治素质，这也是监察机关作为政治机关的应然要求。政治素质是指监察人员坚持中国共产党对监察工作的全面领导，有政治意识、大局意识、核心意识、看齐意识，坚定中国特色社会主义道路自信、理论自信、制度自信、文化自信，坚决维护习近平总书记党中央的核心、全党的核心地位，坚决维护党中央权威和集中统一领导。只有具备良好的政治素养，纪检监察工作才能把党的领导贯彻到监察工作各方面和全过程，坚持中国特色社会主义制度，贯彻落实党和国家路线方针政策、重大决策部署。

2. 模范遵守《宪法》和法律

我国《宪法》第5条第4、5款明确规定："一切国家机关和武装力量、各政党和各社会团体、各企业事业组织都必须遵守宪法和法律。一切违反宪法和法律的行为，必须予以追究。任何组织或者个人都不得有超越宪法和法律的特权。"《宪法》是我国的根本大法，法律是人民意志的体现，遵守《宪法》和法律不仅是监察人员的义务，也是全体公民的义务。监察人员所要遵守的法律还包括对其具体工作作出规范的相关法律。正人先正己，相较于普通公民，监察人员需要有更强的法治意识和办事能力，监察人员只有按照宪法与法律开展监督、调查、处置工作，才能提高监察工作的法治化、正规化程度。同时，监察人员在遵守《宪法》和法律过程中成为尊法、学法、守法、用法的楷模，起到引领与示范作用。需要说明的是，中国特色社会主义法治体系除了有国家法律体系，还有党内法规体系，因此在纪检监察合署办公的体制之下，监察机关还要遵守《中国共产党章程》等党内法规的相关规定。

3. 忠于职守、秉公执法，清正廉洁、保守秘密

在职业素养方面，监察人员要忠于职守、秉公执法，清正廉洁、保守秘密。这是对监察人员品行方面的要求，如《监察官法》第12条规定监察官应当具有良好的道德品行和廉洁作风。"忠于职守"要求监察人员在工作岗位上应当尽职尽责、兢兢业业，对党、对国家、对人民负责，具有高尚的职业情怀和高度的责任感，高质量完成各项监察工作。"秉公执法"要求监察人员坚持公平正义的基本要求，不偏不倚地执行法律。一旦监察人员出现执法不公的行为，就可能损害监察机关的形象与公信力，也会损害人民群众利益。"秉公执法"既是维护人民合法权益的必然要求，也是建设社会主义法治国家的必然要求。"清正廉洁"要求监察人员在监督、

调查、处置工作中都需要廉洁奉公，不得利用职权谋取个人私利，要保持自身的廉洁性。

党的十八大以来，全面从严治党和党风廉政建设都在强调干部队伍的廉洁性，纪检监察队伍也不例外。《中国共产党廉洁自律准则》对党员领导干部的廉洁自律作出要求，《公务员法》也对公务员的清正廉洁义务作出要求。"保守秘密"要求监察人员在工作中能够保守国家秘密、工作秘密、商业秘密、个人隐私等。纪检监察工作具有高度的政治性，因而有更高的保密要求。国家秘密是涉及国家安全和利益的事项，泄露后可能损害国家在政治、经济、国防、外交等领域的安全和利益；工作秘密是纪检监察机关监督、调查、处置中的具体案情、证据、数据，部分工作秘密的公开需要经过审批；纪检监察机关在办理案件过程中应当保障涉案企业的商业秘密不泄露，从而优化营商环境；纪检监察工作还要注意保障被调查人、证人、鉴定人员等主体的私密信息。

4. 熟悉监察业务

在业务能力方面，监察人员要熟悉监察法律法规和监察业务，具备运用法律、法规、政策的能力，具备调查取证的能力。监察工作具有很强的专业性，无论是监督工作，还是调查、处置工作，都需要具备相应的专业知识，掌握相关技术方法，因此要求监察人员具备扎实的业务能力，从而提高监察机关办案质量，高质量办好每一件案件，减少办案过程中的瑕疵，提高反腐败工作质效。监察对象覆盖范围广，涉及国家治理和社会生活的方方面面。随着社会主义市场经济的发展，监察对象更趋于专业化，监察人员需要适应专业化的需要，如果不具备基本的专业知识，往往无法发现腐败问题，难以进行有效监督。监察人员要熟悉我国的法律、法规、政策，具备法律、法规、政策的检索能力、分析能力，能应用法律、法规、政策进行说理，提高纪检监察工作的规范性。纪检监察机关在监督、调查、处置过程中要不断往返于规范与事实之间，高质量办好纪检监察案件，减少不规范取证带来的不利后果，避免后期证据瑕疵导致的案件补充调查。

5. 自觉接受监督

接受监督可以分为被动接受与主动接受，这里要求的是主动接受，也就是心甘情愿地接受监督，而非以各种借口、各种手段阻碍监察机关、其他部门对监察人员的监督工作。只有时刻明确自身始终受到监督的这一准则，才能从根源上促使监察机关"不敢腐"，对自身工作提出更高、更严的要求。自觉监督的方式可以包括依法公开监察工作中应当公开或可以公开的信息，自觉接受民主监督、社会监督和舆论监督等方式。值得注意的是，监察人员自觉接受监督绝不能与无理干扰、非法干涉相等同，接受监督也需要在法律规定的范围内进行。

实务难点指引

《监察法》对监察人员提出了各方面的严格要求。这些要求的落实需要依靠监察机关提供必要的组织保障，有计划地进行政治、理论和业务培训，落实培训责任，从而建设高素质专业化监察队伍。根据《干部教育培训工作条例》的规定，需要对纪检监察干部根据不同情况进行不同培训。根据《监察官法》第30条的规定，监察官的培训情况作为监察官考核的内容和任职、等级晋升的依据之一。监察人员培训原则是突出政治机关特色，坚持理论联系实际、按需施教、讲求实效。这既要求监察人员培训需要以政治标准为中心，也需要创新培训理念思路、方式方法，分级分类开展全员培训，围绕纪检监察工作的新要求、新形势开展政治理论学习、业务基本功培训，从而提升干部队伍的综合能力与整体素质。

由于纪检监察合署办公，监察人员不仅需要参照《监察法》及相关法律的要求，还要参照党内法规的相关要求，实现纪法衔接。例如，《中国共产党纪律检查机关监督执纪工作规则》第61条规定："纪检监察机关应当严格干部准入制度，严把政治安全关，纪检监察干部必须忠诚坚定、担当尽责、遵纪守法、清正廉洁，具备履行职责的基本条件。"《中国共产党纪律检查委员会工作条例》对监察队伍的建设也提出要求：要求监察干部坚持党的路线、党的领导，严守政治纪律和政治规矩，做遵守党的纪律和国家法律的模范，坚持实事求是，密切联系群众；严格执行纪检干部打听案情、过问案件、说情干预问题报告制度，有关情况应当登记备案；存在影响案件公正处理的实行回避；严格执行保密制度，严肃处理以案谋私、滥用职权的不当行为。

实践样本

2024年9月7日至12日，中央纪委国家监委"县级纪检监察干部执纪执法能力提升班"在中国纪检监察学院北戴河校区举办。开班第一课上，中央纪委国家监委案件审理室同志从理论、实践、制度三个维度，就纪检监察机关如何准确运用"四种形态"展开授课。此次培训班旨在解决基层纪检监察干部在执纪执法中存在的薄弱问题，提升执纪执法能力水平，实现全系统、各层级干部队伍素质整体提升。来自31个省（自治区、直辖市）以及新疆生产建设兵团的县（市、区）级纪委监委和中央纪委国家监委案件审理室审理工作联系点的350名业务骨干参加培训。此次培训班在课程设置上兼具政治性与业务性、理论性与实践性、普适性与针对性。在深入调研了解基层执纪执法过程中常见业务难题的基础上，培训班邀请最高人民检察院、最高人民法院、国家发展和改革委员会、中国社会科学院大学以及中央纪委国家监委相关厅室业内专家参与授课。课程内容涵盖审查调查中的证据审核与把关、涉案财物价格认定、纪律处分条例的理解与适用、准确运用"四种形态"、强化案件审理把关、职务犯罪案件办理等多个方面。①

关联法条

《监察官法》第12、14、29—32、37条；《公务员法》第14、59条；《保守国家秘密法》第5、8、13条；《干部教育培训工作条例》第14、19—23条；《中国共产党纪律检查机关监督执纪工作规则》第61条；《中国共产党廉洁自律准则》第1—8条；《中国共产党纪律检查委员会工作条例》第47—48、

---

① 参见陆丽环：《着力提升基层案件办理水平》，载《中国纪检监察报》2024年9月23日，第1版。

51—53、55 条。

> **第六十六条** 对于监察人员打听案情、过问案件、说情干预的，办理监察事项的监察人员应当及时报告。有关情况应当登记备案。
>
> 发现办理监察事项的监察人员未经批准接触被调查人、涉案人员及其特定关系人，或者存在交往情形的，知情人应当及时报告。有关情况应当登记备案。

条文主旨

本条是关于办理监察事项报告备案的规定。

条文解读

建立监察人员违规探听、干预监察案件的记录和报告制度，可以有效避免跑风漏气、以案谋私、办人情案等问题。[①] 对于监督约束监察人员权力行使、防治监察人员腐败、维护公平正义具有重要意义。

打听案情、过问案件、说情干预等行为本质是权力滥用行为，涉及超越职权违规过问、干预问题线索处置和案件处理，提出倾向性意见或具体要求对案件处理结果施加不当影响。按照《监察法》的规定，监察机关办案必须严格遵照宪法和法律，以事实为根据，以法律为准绳，在适用法律上一律平等。一旦办案过程中出现打听案情、过问案件、说情干预，将难以保证纪检监察案件办理结果的公正性，有损公信力，可能导致严重后果，如错案的发生，可能使一些违纪违法人员逍遥法外，得不到应有的惩罚，破坏法律的严肃性和权威性。正因如此，《监察官法》亦规定了监察官不得打听案情、过问案件、说情干预。对于监察工作中出现的打听案情、过问案件、说情干预等行为，办理监察事项的监察官应当及时向上级

[①] 参见中共中央纪律检查委员会中华人民共和国国家监察委员会法规室编写：《〈中华人民共和国监察法〉释义》，中国方正出版社 2018 年版，第 253 页。

报告，并将有关情况登记备案。同时，办理监察事项的监察官未经批准不得接触被调查人、涉案人员及其特定关系人，或者与其进行交往。发现上述行为的，知悉情况的监察官应当及时向上级报告，相关情况同样应当登记备案。

报告与登记备案均属于对监察机关工作的过程监管措施之一，主要是发生在监察人员之间的内部监督举措。根据本条之规定，"应当"实际上是指遇到打听案情、过问案件、说情干预，接触被调查人、涉案人员及其特定关系人，或与被调查人、涉案人员及其特定关系人接触等情形，相关人员均有义务报告，并且还要"及时"，也就是要第一时间报告。这有利于从源头上防止人情案、私案的产生，提高案件办理质量，从制度上震慑可能出现的打听案情、过问案件、说情干预等行为。

本条第1款明确了监察人员及时报告的情况，一般是向上级负责人作报告。这里的"上级负责人"指的是调查组的组长，负责监督检查、调查部门的主要责任人以及监察机关的负责人等人员。本条适用的情形是监察人员在非自己办理、参与、负责的监督、调查、处置等环节有打听案情、过问案件、说情干预等行为，这些均属于纪检监察案件办理过程中的违规操作。建立报告登记制度，有利于减少监察机关内部违规过问案件的情形，限制监察人员的不当行为，强化对监察人员的内部监督，督促监察人员正确行使监察权。

本条第2款明确了知情人报告的情形，尤其是知情的本案监察人员，一般是向上级负责人报告。本条中的知情人包括共同办理本案的其他监察人员、被调查人、涉案人员、其他特定关系人等，范围比较广泛。本条存在两种适用情形：一种是接触被调查人、涉案人员及其特定关系人，这里是指未经批准的接触，是非正常的隐蔽接触；另一种是与被调查人、涉案人员及其特定关系人存在交往情形，这里是指未经批准的非正常交往。这两种情形均可能导致串通、掩盖事实或影响结果的公正性。"严管就是厚爱"，严管一方面有利于督促监察权的正确行使，是对监察人员的严格要求；另一方面也是对监察人员的保护。

以上两种影响纪检监察案件办理公正性的情形，均需要在报告后登记备案，做到全面、如实记录，确保有据可查、全程留痕。登记备案制度是党的十八大以来我国反腐败工作规范化的表现形式之一，可以倒逼监察人员依法履职，在案件办理过程中严格遵守相关规定，公平公正履行职权，也可以为监察人员排除非法干扰提供制度支撑。

实务难点指引

对于打听案情、过问案件、说情干预的监察人员，未经批准接触被调查人、涉案人员及其特定关系人的监察人员，或未经批准与被调查人、涉案人员及其特定关系人交往的监察人员，应当给予政务处分，具有党员身份的还需要接受纪律处分，构成犯罪的需要追究刑事责任。结合《中国共产党纪律处分条例》的相关规定，追究党纪责任又可以分为不同情形处理。第一，针对纪检监察干部打听案情、过问案件、说情干预的，情节较轻的，给予严重警告处分；情节较重的，给予撤销党内职务或者留党察看处分；情节严重的，给予开除党籍处分。第二，泄露纪律审查中尚未公开事项或者其他应当保密内容的，给予警告或者严重警告处分；情节较重的，给予撤销党内职务或者留党察看处分；情节严重的，给予开除党籍处分。私自留存纪律审查资料，情节较重的，给予警告或者严重警告处分；情节严重的，给予撤销党内职务处分。第三，按照有关规定对干预和插手行为负有报告和登记义务的受请托人，但不按照规定报告或者登记，情节较重的，给予警告或者严重警告处分；情节严重的，给予撤销党内职务处分。

实践中需要将干预与正常的领导监督区分开来。要充分认识支持监察与干预监察的区别。《中共中央关于全面推进依法治国若干重大问题的决定》指出，党的领导必须依靠社会主义法治，必须坚持党领导立法、保证执法、支持司法、带头守法。党的支持绝不是干预。按照《监察法》的相关规定，上级监察机关有领导下级监察机关的责任，虽然干预案件办理和领导、监督案件办理之间在性质、行为方式、运行结果等方面存在诸多不同，但二者均是在特定情形下表现权力的影响力，实践中比较难以区分。区分时需要具体问题具体分析，把握要点，例如是否超越权限范围、是否为履行职务所需要、是否违反工作程序。

实践样本

北京市是国家监察体制改革首批试点的地区之一。尚在试点工作开展之初,北京市纪委监委出台《关于对打听过问干预监督执纪案件工作实行登记报告和责任追究办法》,对打听、过问、干预监督执纪案件工作的行为,实行登记报告和责任追究制度。该办法明确了打听、过问、干预监督执纪案件工作的9种情形:打听信访受理、问题线索处置方式、谈话函询及了结情况、初核及案件进展、涉案人员、事实认定、定性处理、领导批示、审议讨论以及其他尚未公开信息;非因履行工作职责或者有关规定过问正在办理的监督执纪案件工作;为涉案人员请托、说情、打招呼;干预、施压、阻挠监督执纪案件工作;威胁、利诱监督执纪案件工作人员及其家人;以听取汇报、开协调会、发文件、打电话等形式,超越职权对案件处理提出倾向性意见或者具体要求;安排涉案人员或其亲友、利害关系人私下约见监督执纪案件工作人员,或安排上述人员以电话、短信、微信、纸条方式打听案情和提出请托;违反工作程序为涉案人员及其关系人转递涉及监督执纪案件工作材料;其他影响依纪依法公正履职的打听、过问、干预行为。

该办法指出,全市纪检监察机关工作人员对于任何人员的干预、说情或者打探案件,应当坚决予以拒绝,并主动、及时登记报告,全面、如实填写《打听过问干预监督执纪案件工作报告表》,做到全程留痕,有据可查。打听、过问、干预监督执纪案件情况,将作为问题线索移送纪检监察机关案件监督管理部门处理。对打听过问干预监督执纪案件工作的个人,视其情节轻重以及造成的影响和后果,按相关规定给予组织处理或纪律处分;涉嫌犯罪的,移送有关部门追究刑事责任;对不属于纪检监察机关管辖的人员,视情节轻重予以制止或移交有关部门处理。对打听过问干预监督执纪案件工作的行为,纪检监察机关工作人员应当报告而未及时报告的、不如实报告或隐瞒不报的,视情节轻重给予谈话提醒、批评教育、责令检查、诫勉谈话、岗位或职务调整等处理;构成违纪的,给予纪律处分；涉嫌犯罪的，移送有关部门追究刑事责任。①

关联法条

《监察官法》第46条；《监察法实施条例》第262条；《中国共产党纪律处分条例》第142—144条；《中国共产党纪律检查机关监督执纪工作规则》第64条。

第六十七条 办理监察事项的监察人员有下列情形之一的，应当自行回避，监察对象、检举人及其他有关人员也有权要求其回避：

（一）是监察对象或者检举人的近亲属的；
（二）担任过本案的证人的；
（三）本人或者其近亲属与办理的监察事项有利害关系的；
（四）有可能影响监察事项公正处理的其他情形的。

条文主旨

本条是关于监察人员回避制度的规定。

条文解读

回避制度的设计有助于提高监察机关办案质量，防止监察人员因为利益关系、人情因素等影响监察工作，从而保障监察人员秉公用权、公正用权，严格遵照宪法和法律，以事实为根据，以法律为准绳，在适用法律上一律平等。同时，要求应当回避的监察人员回避，是监察对象、检举人及其他有关人员的法定权利，是一种程序性权利。因此，监察机关应当保障"申请回避"的权利，在办案过程中，要向监察对象、检举人及其他有关人员告知这一项权利，任何单位与个人均不得非法剥夺。

---

① 参见北京市纪委：《北京：严肃问责打听过问干预监督执纪工作行为》，载中央纪委国家监委网站，https：//www.ccdi.gov.cn/yaowenn/201710/t20171009_62304.html。

1. 回避人员的范围

本条对回避的人员做了限定，回避的监察人员限定在"办理监察事项的监察人员"，必须与回避所指向的具体案件相关。同时，回避的情形必须存在于特定的"监察事项"中。例如，若某一监察人员担任过其他监察案件的证人，这不构成回避的理由。需要注意的是，适用回避制度的监察人员主要是指调查人员，但线索处置、日常监督、审理等环节的纪检监察工作人员若存在可能影响案件办理的情形，也应当回避。监察人员回避后，不得参加有关调查、讨论、决定，也不得以任何形式施加影响。① 需要说明的是，《监察法实施条例》对回避人员的范围有所扩大，该条例第263条第2款规定，选用借调人员、看护人员、调查场所，应当严格执行回避制度。

2. 主动回避与依申请回避

回避分为两种：一种是主动回避，即办理监察事项的监察人员知道自己具有应当回避情形的，主动向所在机关提出回避的申请。办理监察事项的监察人员应当回避而没有提出的，其所在监察机关也应当依法决定其回避。另一种是依申请回避，即监察对象、检举对象或者其他相关人员认为办理监察事项的监察人员应当回避，则可以申请相关监察人员回避。主要是指监察人员明知自己应当回避而不自行回避或者不知道、不认为自己具有应当回避的情形，因而没有自行回避的，监察对象、检举人及其他有关人员均有权要求回避。对此，《监察法实施条例》第263条第1款有明确规定，即"没有自行提出回避的，监察机关应当依法决定其回避，监察对象、检举人及其他有关人员也有权要求其回避"。对于监察人员应当回避而拒不回避的，监察机关要依照有关规定、法律法规进行处理。

3. 回避的具体情形

回避的情形可以分为4类：一是办理监察事项的监察人员是监察对象或者检举人的近亲属。若监察事项办理过程中存在"近亲属"关系，很有

---

① 参见中共中央纪律检查委员会中华人民共和国国家监察委员会法规室编写：《〈中华人民共和国监察法〉释义》，中国方正出版社2018年版，第254–256页。

可能基于近亲属之间的情感关系或"面子"因素等，发生偏袒被审查调查人或检举人的情况，影响案件办理的客观性，也会使案件结果的权威性、公信力大大降低。二是办理监察事项的监察人员担任过本案的证人。之所以这类情形要进行回避，是因为担心出现主观臆断、先入为主的情况，从而影响对案件的客观判断。三是办理监察事项的监察人员本人或其近亲属与办理的监察事项有利害关系。若存在利害关系，同样会受到自身利益、他人利益、情感因素等主观因素影响，不利于案件的公正办理。① 四是有可能影响监察事项公正处理的其他情形。这种情形包括：监察对象、检举人及其他有关人员的朋友、亲戚，与监察对象有过恩怨，与监察对象有借贷关系等。上述情形只有在可能影响公正处理案件的情况下适用回避。例如，监察人员是监察对象的近亲属，应当无条件回避；若监察人员与监察对象属于远亲关系，则要考量其是否存在可能影响公正处理案件的情形，才能决定回避与否。②

4. 回避的有关程序

首先，关于监察人员回避的提出方式，有书面提出、口头提出两种方式。也就是说，监察人员自行提出回避，或监察对象、检举人及其他有关人员申请监察人员回避，应当通过书面或口头方式提出。但是，以口头方式提出的，应当形成书面记录，这既有利于保证监察工作的公正性，又有利于提高监察工作的效率。其次，关于回避的决定程序，分为本级监察机关主要负责人决定与上级监察机关主要负责人决定两种。一般而言，监察人员的回避，由本级监察机关主要负责人决定。而监察机关主要负责人的回避，则由上级监察机关主要负责人决定。之所以监察机关主要负责人的回避由其上级监察机关决定，是因为"任何人不能做自己案件的裁判"，坚持了回避程序设计上的程序正义要求，保证了回避决定的权威性。还需要注意的是，从干部管理权限来看，监察机关其他领导人员涉嫌违法犯罪

---

① 参见中共中央纪律检查委员会中华人民共和国国家监察委员会法规室编写：《〈中国共产党纪律检查机关监督执纪工作规则〉释义》，中国方正出版社2019年版，第206－207页。

② 参见中共中央纪律检查委员会中华人民共和国国家监察委员会法规室编写：《〈中华人民共和国监察法〉释义》，中国方正出版社2018年版，第254－256页。

的调查处置权，不属于本级监察机关，但其回避的决定仍由本级监察机关主要负责人作出。①

实务难点指引

本条中的"有可能影响监察事项公正处理的其他情形的"属于兜底条款，可以进行"等外等"解释，也就是包括任何会影响案件客观、公正办理的因素。例如，亲戚、亲密朋友、有过私人恩怨、有过借贷关系等有证据证明会影响案件公正办理的情形，需要具体问题具体分析，抓住回避制度的本质是利益冲突。

需要注意本条中的"近亲属"概念之范围。在我国，"近亲属"这一概念在法律中存在不同范围。1992年《监察机关实行回避制度暂行办法》规定，近亲属包括配偶、父母、子女、兄弟姐妹、祖父母、外祖父母、孙子女、外孙子女。根据《刑事诉讼法》之规定，"近亲属"包括夫、妻、父、母、子、女、同胞兄弟姊妹。基于监察工作的规范化、正规化要求，对"近亲属"的解释可以采用最广义的范围。

根据《中国共产党纪律检查机关监督执纪工作规则》的相关规定，选用借调人员、看护人员、调查场所同样需要贯彻回避原则，遵守回避制度的有关要求。在实际工作中，借调人员与监察人员一样直接参与监察工作，因此知晓监察案件有关工作事项。例如，《中国共产党纪律检查机关监督执纪工作规则》就明确要求借调人员实行"一案一借"，不得连续多次借调，并且加强对借调人员的管理监督。看护人员因为要与监察对象近距离接触，同样存在失密、泄密等风险，也需要遵守回避制度的要求。由于监察机关办理的监察案件中所涉及的被调查人此前属于行使公权力的公职人员，其在社会关系、工作经历等方面与当地存在关联，会影响监察工作的客观性，在选用调查场所时要充分考虑到上述各方面因素，综合决定。

---

① 参见秦前红主编：《〈中华人民共和国监察法实施条例〉解读与适用》，法律出版社2021年版，第402页。

典型案例

A 是全国五一劳动奖章获得者。2015 年的一天，A 接到某市报送的一起党员干部收受礼金违纪案件，需要自治区纪委案件审理室复核报批，涉案人员正是他以前在市里工作时的老领导。根据纪律中关于回避的规定，A 主动向领导讲明情况，申请了回避。① 特别是在基层纪检监察工作中，客观上存在圈子小、人情密等问题，此时，如何破除人情干扰，摆脱关系网带来的负面影响，构建严格的约束和监督机制，便显得尤为必要。近年来，多地纪检监察机关在实践中进行了探索。黑龙江省佳木斯市向阳区纪委监委严格按照案件实际情况采取回避措施。在组建专案组前，区纪委监委对涉案人员的社会关系网进行了充分的背景调查，结合办案人员廉政档案，对存在利害关系或其他可能影响办案的情形适用回避制度。②

关联法条

《监察官法》第 47 条；《公职人员政务处分法》第 47、48 条；《公务员法》第 77 条；《监察法实施条例》第 263、264 条；《中国共产党纪律检查机关监督执纪工作规则》第 65 条；《公务员回避规定》第 13—15 条。

第六十八条 监察机关涉密人员离岗离职后，应当遵守脱密期管理规定，严格履行保密义务，不得泄露相关秘密。

监察人员辞职、退休三年内，不得从事与监察和司法工作相关联且可能发生利益冲突的职业。

条文主旨

本条是关于监察人员脱密期管理和从业限制的规定。

---

① 参见杨博：《审查调查"把关员"——记全国五一劳动奖章获得者 A》，载《中国纪检监察报》2018 年 6 月 14 日，第 1 版。

② 参见李文峰：《破解熟人社会监督难题》，载《中国纪检监察报》2024 年 8 月 9 日，第 1 版。

条文解读

本条的主要目的是加强对监察人员的保密管理和从业限制,防止发生失泄密问题,避免利益冲突。

1. 监察人员的脱密期管理制度

本条第1款规定了监察人员脱密期管理制度。《公务员法》第86条规定,"在涉及国家秘密等特殊职位任职或者离开上述职位不满国家规定的脱密期限的",不得辞去公职。《保守国家秘密法》第46条规定,"涉密人员离岗离职应当遵守国家保密规定……实行脱密期管理。涉密人员在脱密期内,不得违反规定就业和出境,不得以任何方式泄露国家秘密"。鉴于监察工作涉及大量国家秘密和工作机制,必须严格防范人员流动导致的监察人员在工作中接触的秘密流失。一方面,监察机关涉密人员自身要注意遵循相关规定,严格履行保密义务,自觉遵守就业、出境等方面的限制性要求;另一方面,有关部门和单位也要切实担负起相关职责,加强对离岗离职的监察机关涉密人员的教育、管理和监督工作。参照《公务员法》《保守国家秘密法》等有关规定,对处在脱密期的涉密人员的管理,要区分不同情形:一是涉密人员离岗(离开涉密工作岗位,未离开本机关、本单位)的,脱密期管理由本机关、本单位负责;二是涉密人员离开原涉密单位,调入其他国家机关和涉密单位的,脱密期管理由调入单位负责;三是属于其他情况的,由原涉密单位、保密行政管理部门或者公安机关负责。①

2. 监察人员的从业限制要求

本条第2款规定了监察人员的从业限制要求,而监察人员从业限制的理由之一也就是在于避免泄露秘密。同时,避免监察人员辞职、退休后利用在职期间的信息优势或影响力为他人或自己谋取不当利益或经济回报。

首先,本条的适用对象是辞职、退休的监察人员。事实上,我国法律法规对公务员、法官、检察官,都规定了离任后的从业限制要求。例如,

---

① 参见中共中央纪律检查委员会中华人民共和国国家监察委员会法规室编写:《〈中国共产党纪律检查机关监督执纪工作规则〉释义》,中国方正出版社2019年版,第216页。

《公务员法》规定，公务员辞去公职或者退休的，原系领导成员、县处级以上领导职务的公务员在离职 3 年内，其他公务员在离职 2 年内，不得到与原工作业务直接相关的企业或者其他营利性组织任职，不得从事与原工作业务直接相关的营利性活动。此外，《中国共产党纪律处分条例》《中共中央办公厅关于党政领导干部辞职从事经营活动有关问题的意见》等党内法规和规范性文件也对党员领导干部和公务员辞去公职后的从业作出明确限制。如《中国共产党纪律处分条例》第 105 条规定，党员领导干部离职或者退（离）休后违反有关规定接受原任职务管辖的地区和业务范围内或与原工作业务直接相关的企业和中介机构等的聘用，或者个人从事与原任职务管辖业务或与原工作业务直接相关的营利活动要给予相应处分。《中共中央办公厅关于党政领导干部辞职从事经营活动有关问题的意见》要求，党政领导干部辞去公职后 3 年内，不得到原任职务管辖的地区和业务范围内的企业、经营性事业单位和社会中介组织任职，不得从事或者代理与原工作业务直接相关的经商、办企业活动。需要注意的是，被辞退或被开除的情形同样适用脱密期管理，但是不受从业限制规定的限制。因为本条规定的从业限制是针对主动离职人员，而被动离职人员实际上难以满足立法初衷中利用影响力获利的可能性，因为已经失去了信誉度。但是由于可能利用信息差，还需要遵守保密义务。①

其次，时间限定是 3 年内。脱密期一般需要根据所从事工作和工作岗位的具体情形确定，一般从机关、单位批准涉密人员离开涉密岗位之日起计算。

最后，关于何为"与监察和司法工作相关联且可能发生利益冲突的职业"，监察人员应当履行注意义务，在辞职、退休 3 年内，如果打算从事的职业与监察和司法工作有关，且可能引致他人怀疑与原工作内容产生利益冲突，应当事先征求原单位意见。适用条件有二：一是与监察和司法工作相关，如担任原任职监察机关办理案件的诉讼代理人或者辩护人，但是

---

① 参见中共中央纪律检查委员会中华人民共和国国家监察委员会法规室编写：《〈中华人民共和国监察法〉释义》，中国方正出版社 2018 年版，第 258 页。

作为当事人的监护人或者近亲属代理诉讼或者进行辩护的除外；二是可能发生利益冲突。防止利益冲突是许多国家治理腐败的重要措施。所谓的"利益冲突"是指，公职人员所代表的公共利益与其自身具有的私人利益之间冲突，从而陷入抉择困境。这种冲突源于经济利益、职业利益、个人声誉、情感生活、家庭或其他个人利益，从而造成私人利益与公共职责之间的矛盾。如果不防范利益冲突，就可能引发公职人员为了私人利益而牺牲公共利益，从而产生腐败。①

实务难点指引

本条的具体执行可参照国家相关规定。其一，在涉及国家秘密等特殊职位任职或者离开上述职位不满国家规定的脱密期限的，不得辞去公职。其二，脱密期内，相关涉密人员应当与本机关、单位签订离岗离职保密承诺书，及时归还所持的和使用的涉密信息设备，并按程序办理移交手续。其三，未经审查批准，相关涉密人员也不得擅自出境，不得为境外组织人员、外资企业提供劳务、咨询或者其他服务，不得到境外驻华机构、组织或者外资企业工作。② 其四，脱密期结束后，应当遵守国家保密规定，对知悉的国家秘密继续履行保密义务。其五，发现秘密已经泄露或者可能泄露时，应当立即采取补救措施，及时报告。

本条并未采用"列举＋兜底"的立法范式列举具体的从业限制适用情形，因此实践当中应该从严把握。根据本条的立法原意，目的是避免监察人员在从事与监察和司法工作相关联且可能发生利益冲突的职业时泄露在职期间的秘密，因为这种情况下可能会因为利益冲突而使相关人员有意或者无意地泄露秘密，从而获得一定利益。对于新出现的情形，判断时需要把握好本条的构成要件，也就是时间限定为离职、辞职、退休后的3年，从事的职业是与监察和司法工作相关联，适用的情形是可能发生利益冲

---

① 参见马怀德主编：《中华人民共和国监察法理解与适用》，中国法制出版社2019年版，第247页。

② 参见中共中央纪律检查委员会中华人民共和国国家监察委员会法规室编写：《〈中国共产党纪律检查机关监督执纪工作规则〉释义》，中国方正出版社2019年版，第216页。

突。在这种情况下，对于相关人员而言，若无法把握，应当事先征求原单位意见。①

对于保密纪律的贯彻，不仅要依靠监察人员严格遵守保密义务与纪律，相关单位也需要建立起相应的保密制度。首先，有关单位有义务加强对监察机关涉密人员的教育、管理和监督，尤其是离岗离职人员。其次，在众多的保密事项中，监察机关需要关注保密制度的具体建设，如监察机关应当建立健全检举控告保密制度。《纪检监察机关处理检举控告工作规则》第47条规定的保密要求包括：对检举控告人的姓名（单位名称）、工作单位、住址等有关情况以及检举控告内容必须严格保密；严禁将检举控告材料、检举控告人信息转给或者告知被检举控告的组织、人员；受理检举控告或者开展核查工作，应当在不暴露检举控告人身份的情况下进行；宣传报道检举控告有功人员，涉及公开其姓名、单位等个人信息的，应当征得本人同意。

典型案例

某省纪检监察工作人员A，毕业于某知名高校法律专业，毕业后通过了司法考试并得以到某市人民检察院工作，后调到省纪委监委工作，但其妻子仍在市里工作，两地分居，给家庭造成了较大困难。同时加班较多、工资待遇等不如意，A萌生辞职念头。经与从事律师行业的大学同学B等人商议，并征求家人意见后，A辞职并到B所在律师事务所工作，该所负责人对A表示欢迎，希望其加入并表示正好可以充分利用A这些年在检察机关、纪委监委工作中掌握的情况，更好地为一些职务犯罪案件当事人或其家属以及有关企业老板提供政策咨询、答疑解惑、出谋划策等。A的辞职申请提交给省纪委监委组织部门后，组织部门经认真研究并报领导审批，未同意A辞职申请，主要理由是A拟辞职后到律师事务所工作，所从事的工作很可能与纪检监察和司法工作相关联且发生利益冲突，既不符合

---

① 参见中共中央纪律检查委员会中华人民共和国国家监察委员会法规室编写：《〈中华人民共和国监察法〉释义》，中国方正出版社2018年版，第257-258页。

相关要求，也违反了《监察法》的相关规定。①

关联法条

《公务员法》第 86、107 条；《监察官法》第 10、48、49 条；《保守国家秘密法》第 46 条；《中国共产党纪律处分条例》第 144 条；《纪检监察机关处理检举控告工作规则》第 47 条；《中国共产党纪律检查机关监督执纪工作规则》第 67、68 条。

> 第六十九条　监察机关及其工作人员有下列行为之一的，被调查人及其近亲属、利害关系人有权向该机关申诉：
> （一）采取强制到案、责令候查、管护、留置或者禁闭措施法定期限届满，不予以解除或者变更的；
> （二）查封、扣押、冻结与案件无关或者明显超出涉案范围的财物的；
> （三）应当解除查封、扣押、冻结措施而不解除的；
> （四）贪污、挪用、私分、调换或者违反规定使用查封、扣押、冻结的财物的；
> （五）利用职权非法干扰企业生产经营或者侵害企业经营者人身权利、财产权利和其他合法权益的；
> （六）其他违反法律法规、侵害被调查人合法权益的行为。
> 受理申诉的监察机关应当在受理申诉之日起一个月内作出处理决定。申诉人对处理决定不服的，可以在收到处理决定之日起一个月内向上一级监察机关申请复查，上一级监察机关应当在收到复查申请之日起二个月内作出处理决定，情况属实的，及时予以纠正。

---

① 参见本书编写组编写：《〈中华人民共和国监察法〉案例解读》，中国方正出版社 2018 年版，第 506－507 页。

条文主旨

本条是关于申诉制度的规定。

条文解读

申诉制度的建立，一方面，保障了当事人的申诉权，我国《宪法》规定，公民对于任何国家机关和国家工作人员的违法失职行为，有向有关国家机关提出申诉的权利。《监察法》中的申诉权属于被调查人的合法权益之一，是我国《监察法》基本精神的体现。监察调查过程中会涉及被调查人的财产权、人身权等合法权益，只有被调查人有权申诉，才能维护自身权益的合法性与正当性。另一方面，申诉制度本身也是强化对监察机关及其工作人员监督管理的一种方式，通过申诉这一外部监督方式既可以定分止争，减少共识不足导致的对监察机关的信任降低，[1] 又可以及时发现监察工作中出现的不规范之处，从而倒逼监察工作规范化。事实上，我国不少法律都规定了申诉制度。比如《行政诉讼法》规定，当事人对已经发生法律效力的判决、裁定，认为确有错误的，可以向原审人民法院或者上一级人民法院提出申诉。《刑事诉讼法》同样规定，当事人及其法定代理人、近亲属，对已经发生法律效力的判决、裁定，可以向人民法院或者人民检察院提出申诉。《公务员法》规定，公务员具有申诉权，并明确了申诉事项、申诉受理机构、申诉期限以及申诉所遵循的原则。上述部门法中的申诉制度本质都是在保障相关人员的合法权益。

1. 申诉主体是被调查人及其近亲属、利害关系人

本条第 1 款规定被调查人及其近亲属的申诉权。申诉权的权利主体包括被调查人、被调查人的近亲属、被调查人的利害关系人。赋予被调查人之外的近亲属、利害关系人申诉权，实际上扩大了权利保障的范围，给被调查人的权利救济提供了更多方式。本条规定的"近亲属"是指夫、妻、

---

[1] 参见中共中央纪律检查委员会中华人民共和国国家监察委员会法规室编写：《〈中国共产党纪律检查机关监督执纪工作规则〉释义》，中国方正出版社 2019 年版，第 260 页。

父、母、子、女、同胞兄弟姊妹。本条中被调查人的利害关系人可以是被调查人私人民事活动而形成的利害关系人，也可以是被调查人的公务行为而形成的利害关系人，比如基于借贷关系而产生的利害关系人就是私人民事活动中形成的利害关系人。只要受到的权益影响与被调查人之间存在因果关系，就应当被认为与被调查人具有利害关系。

2. 对监察机关及其工作人员的相关行为提出申诉

监察机关有相关行为，或者监察人员有相关行为，被调查人及其近亲属、利害关系人都可以行使申诉权。申诉权的适用情形如下：

第一，采取强制到案、责令候查、管护、留置或者禁闭措施法定期限届满，不予以解除或者变更。之所以作出这一规定，是因为无论是采取强制到案、责令候查、管护、留置还是禁闭措施，均会对公民人身权利构成限制。法律的作用在于可预期性与建构边界。在依法监察原则下，强制到案、责令候查、管护、留置或者禁闭措施均要在法定期限内开展，不能随意超出法定期限，防止强制到案、责令候查、管护、留置或者禁闭等措施对公民人身权利的限制陷入不可预期，从而对基本权利产生不利影响。根据《监察法》的相关规定，监察机关根据案件情况，经依法审批，可以强制涉嫌严重职务违法或者职务犯罪的被调查人到案接受调查。这一规定使监察机关在面对不配合的被调查人时，强制其到案有法可依，增强了法律的执行力和威慑力。在时限上，强制到案持续的时间不得超过 12 小时；采取管护或者留置措施的，持续的时间不得超过 24 小时。这一规定为监察机关的执法行为设定了明确的边界，防止对被调查人权利的不当侵犯。同时，明确禁止以连续使用"强制到案"手段的方式对被调查人进行变相拘禁。责令候查最长不得超 12 个月。管护旨在解决在特定紧急情况下对未被留置人员的临时性管束问题。采取管护措施的，应当在 7 日以内依法作出留置或者解除管护的决定，特殊情况下可以延长 1 日至 3 日。值得注意的是，管护仅是留置前的临时措施。一般情况下留置时间不得超过 3 个月。在特殊情况下，可以延长一次，延长时间不得超过 3 个月。对涉嫌职务犯罪的被调查人可能判处 10 年有期徒刑以上刑罚，监察机关延长期限届满仍不能调查终结的，经国家监察委员会批准或者决定，可以再延长 2 个月。

省级以上监察机关在调查期间，发现涉嫌职务犯罪的被调查人另有与留置时的罪行不同种的重大职务犯罪或者同种的影响罪名认定、量刑档次的重大职务犯罪，经国家监察委员会批准或者决定，自发现之日起重新计算留置时间。留置时间重新计算以一次为限。

第二，查封、扣押、冻结与案件无关或者明显超出涉案范围的财物。从党的十八大以来的反腐败斗争实践来看，监察机关调查涉嫌贪污贿赂、失职渎职等严重职务违法或职务犯罪，相当一部分案件涉及单位和个人的存款、汇款、债券、股票、基金份额等财产。为了查清严重职务违法或职务犯罪事实，使收集、固定的证据确实、充分，《监察法》明确了监察机关查询、冻结的权限，同时规定了严格的程序，明确对相关人员的权利保障。根据相关规定，监察机关调查涉嫌贪污贿赂、失职渎职等严重职务违法或者职务犯罪，可以依照规定查询、冻结涉案单位和个人的存款、汇款、债券、股票、基金份额等财产。监察机关在调查过程中，可以调取、查封、扣押用以证明被调查人涉嫌违法犯罪的财物、文件和电子数据等信息。但财产权是公民的重要基本权利，财产权与人类文明的发展密切相关，它不仅是个人自由和权利的基础，也是社会进步的重要推动力。查封、扣押、冻结等行为都属于对公民财产权的临时限制，其目的是防止涉案当事人对财产进行处分、转移，从而对案件办理产生影响，这是采取的临时性措施。由于会对财产权产生影响，必须严格限制适用条件和程序，防止滥用。若超出上述法定范围，涉案财产与案件无关或者明显超出涉案范围，相关的查封、扣押、冻结行为就应当被禁止，以保障被调查人员的财产权益。

第三，应当解除查封、扣押、冻结措施而不解除。按照《监察法》之规定，冻结的财产经查明与案件无关的，应当在查明后3日内解除冻结，予以退还。查封、扣押的财物、文件经查明与案件无关的，同样应当在查明后3日内解除查封、扣押，予以退还。

第四，贪污、挪用、私分、调换或者违反规定使用查封、扣押、冻结的财物。"贪污"是指监察机关或监察人员将查封、扣押、冻结的财物等以非法方式占为己有；"挪用"是指将涉案财物私自挪为他用或挪为己用；

"私分"是指将涉案财物以秘密、不公开的方式私下瓜分,从中获取利益;"调换"是指更换查封、扣押、冻结的财物以获取利益,如将原物品以旧换新或换成次品、低档品;"违反规定使用查封、扣押、冻结的财物"是指未按照规定看管相关财物,违反规定擅自使用,如违规使用被扣押的车辆等。

第五,利用职权非法干扰企业生产经营或者侵害企业经营者人身权利、财产权利和其他合法权益的。这是为了更好地保护企业生产经营权以及企业经营者的合法权益。例如,根据《监察法实施条例》第271条第2款的规定,监察机关查封企业厂房、机器设备等生产资料,企业继续使用对该财产价值无重大影响的,可以允许其使用。对于正在运营或者正在用于科技创新、产品研发的设备和技术资料等,一般不予查封、扣押,确需调取违法犯罪证据的,可以采取拍照、复制等方式。

3. 申诉的处理程序

本条第2款是关于申诉处理程序的规定。针对申诉,本条确立了监察申诉制度的两级处理模式。首先,向原监察机关申诉。被调查人及其近亲属对于监察机关及其工作人员具有前述情形之一的,可以向该机关提出申诉。一般由监察机关案件监督管理部门依法受理,并按照法定的时限与程序进行办理,受理申诉的监察机关应当在受理申诉之日起1个月内作出处理决定。其次,向上一级监察机关申请复查。其前提是申诉人对前一申诉处理决定不服。按照我国的监察体制结构,上级监察机关领导下级监察机关,因此对前一申诉处理决定不服时可以向上级监察机关提请复查。时间是收到处理决定之日起1个月内向上一级监察机关申请复查。上一级监察机关应当在收到复查申请之日起2个月内作出处理决定。若是情况符合事实,则及时予以纠正。

实务难点指引

关于本条中的"其他违反法律法规、侵害被调查人合法权益的行为"之理解。本条在性质上属于兜底条款,是为了避免实践中出现新情况、新问题,以至于无法对监察机关或监察人员的失范行为进行约束,体现了保障被调查人合法权益的立法目的。可以对兜底条款进行"等外等"解释，也就是不一定要与上述情形具有同类属性，只要是监察机关与监察人员的行为对被调查人的合法权益产生负面影响，且属于违法违规的情形，就可以提出申诉。监察机关并非行政机关，被调查人及其近亲属对于上一级监察机关的处理结果不服，不具有诉权，不能提请诉讼救济的方式。申诉权需要与申请复查权相区别。需要注意申诉程序的顺序性，原监察机关的处理是前置程序，后是上级监察机关的处理，从而对原监察机关的处理决定进行实质判断。因此，申诉人不能直接向上级监察机关提请申诉，上级监察机关是进行复查，复查决定具有最终效力。

实践样本

江苏省南京市纪检监察机关规范申诉复查工作，对申诉复查复审案件办理流程进行梳理分析研究，规范办理程序和文书模板，专门指定一名副主任牵头的调研指导组具体负责申诉复查工作。凝聚工作合力，将关口前移，积极主动与信访室配合，第一时间化解信访矛盾，通过与相关单位协调，与信访人沟通示证、释纪释法、当面答复。①

关联法条

《监察法实施条例》第107、108条；《中国共产党纪律检查机关监督执纪工作规则》第72、73条。

第七十条 对调查工作结束后发现立案依据不充分或者失实，案件处置出现重大失误，监察人员严重违法的，应当追究负有责任的领导人员和直接责任人员的责任。

---

① 参见江苏省南京市纪委监委案件审理室：《守牢案件质量生命线》，载《中国纪检监察报》2024年9月19日，第7版。

条文主旨

本条是关于"一案双查"的规定。

条文解读

"一案双查"是纪检监察机关工作中的重要原则，其目的是对失职失责行为进行问责。也就是说，在案件查办过程中，既查处违纪违法问题，又查处执纪执法过程中的违规行为。既要追究不遵守监督执纪工作纪律、违规违纪违法的监察人员的直接责任，也要追究有关负有责任的领导人员的责任。

"一案双查"制度既是办案质量责任机制，又是监督机制，还是问责机制，能够有效推动纪检监察机关落实主体责任和监督责任，促进党风廉政建设和反腐败斗争的深入开展。制度核心在于强化对监察机关调查与处置工作的监督与管理，以责任倒逼监察人员严格自律，提高纪检监察案件的办理质量与监察人员的办案能力，避免冤假错案的发生。换句话说，没有责任追究，监督管理就形同虚设。在立案审查前做实调查工作，在立案审查后严格依法处置，避免监察工作中出现立案依据不充分或者失实，以及案件处置出现重大失误，因为失误不仅对监察对象的权益产生影响，还会影响监察机关的公信力。

"一案双查"制度的背后是权责统一原则。按照我国《监察法》之规定，"权责统一"，有权必有责。在法律赋予监察机关具有监督、调查、处置等公共权力的同时，也需要承担由公共权力行使不当而产生的相应责任。并且，责任的承担不仅指向案件的直接办理人员，按照"谁办案谁负责，谁决定谁负责"的基本逻辑，监察官对其职权范围内就案件作出的决定负责；还指向负有责任的领导人员，监察委员会集体领导对案件作出决定的，也要承担相应责任。这是因为权力越大，责任也越大。领导干部作为"关键少数"，只有"关键少数"敬畏纪律与规矩，才能做到以上率下、气正风清，也只有抓住"关键少数"，才能管好"绝大多数"，因此需要聚焦领导干部的领导责任，突出对"关键少数"的监督，推动全面从严治党向纵深发展。

"一案双查"有 3 种情形。一是立案依据不充分或失实。按照《监察法》的相关规定，监察机关主要负责人依法批准立案后，应当主持召开专题会议，研究确定调查方案，决定需要采取的调查措施。这强化了监察机关负责人的监管责任，加强对立案工作的把关，若立案依据不充分或失实还通过批准进入调查环节，耗费监察资源，那么监察机关负责人自然需要被问责。[①] 同时，无论是失实还是立案依据不充分都违反了严格遵照宪法和法律、以事实为根据、以法律为准绳的监察工作原则，直接责任人同样需要接受问责。二是案件处置出现重大失误。追究领导人和责任人员在处置决策失误上的责任，实际上是为处置决策上了两道检验关口。处置环节直接关系到监察对象的权利义务，若出现重大失误既可能导致监察对象的合法权益遭受损害，也可能导致国家利益和人民利益遭受损害，该受到处罚的行为没有受到处罚。[②] 三是监察人员严重违法。监察人员的违法行为包括：未经批准、授权处置问题线索，发现重大案情隐瞒不报，或者私自留存、处理涉案材料；利用职权或者职务上的影响干预调查工作、以案谋私；违法窃取、泄露调查工作信息，或者泄露举报事项、举报受理情况以及举报人信息；对被调查人或者涉案人员逼供、诱供，或者侮辱、打骂、虐待、体罚或者变相体罚；违反规定处置查封、扣押、冻结的财物；违反规定发生办案安全事故，或者发生安全事故后隐瞒不报、报告失实、处置不当；违反规定采取留置措施；违反规定限制他人出境，或者不按规定解除出境限制；滥用职权、玩忽职守、徇私舞弊。

本条中的"直接责任人员"是指在职责范围内，不履行或者不正确履行自己的职责，对造成的损失或者后果起决定性作用的监察人员。而"领导责任"又要区别对待。依据《中国共产党纪律处分条例》之规定，可以分为主要领导责任与重要领导责任。"主要领导责任者"是指在职责范围

[①] 参见马怀德主编：《中华人民共和国监察法理解与适用》，中国法制出版社 2018 年版，第 252 页。

[②] 参见马怀德主编：《中华人民共和国监察法理解与适用》，中国法制出版社 2018 年版，第 253 页。

内，对主管的工作不履行或者不正确履行职责，对造成的损失或者后果负直接领导责任的领导干部；"重要领导责任者"是指在职责范围内，对应管的工作或者参与决定的工作不履行或者不正确履行职责，对造成的损失或者后果负次要领导责任的党员领导干部。依据本条之规定，要追究领导人员的责任，适用条件有二：一是监察人员调查工作中发生违纪违法问题，或案件处置出现重大失误。二是领导人员负有责任。例如，若监察委员会在集体决策时，某位领导人员对监察人员办案中的违规违法行为表示反对，但反对意见未被采纳，便不应该追究表示反对意见的领导人员的责任。

实务难点指引

《中国共产党问责条例》第 16 条规定："实行终身问责，对失职失责性质恶劣、后果严重的，不论其责任人是否调离转岗、提拔或者退休等，都应当严肃问责。"因此，监察机关应当建立办案质量责任制，对滥用职权、失职失责造成严重后果的，实行终身责任追究。问责包含两种情况：一是对机关的问责，二是对人的问责。《中国共产党问责条例》对于党的问责工作，也区分了对机关的问责和对人的问责。该条例第 4 条第 1 款规定："党委（党组）应当履行全面从严治党主体责任，加强对本地区本部门本单位问责工作的领导，追究在党的建设、党的事业中失职失责党组织和党的领导干部的主体责任、监督责任、领导责任。"该条款"一案双查"主要指的是对人的问责，也就是对涉嫌严重职务违法、职务犯罪或者对案件处置出现重大失误的监察人员与领导干部，以及审查调查组组长、室主任及分管领导等问责。还有一种是对机关的问责，即针对监察机关存在"维护监督执法工作纪律方面失职失责"的情形而采取的问责。

关联法条

《监察官法》第 54 条；《监察法实施条例》第 273、279 条；《中国共产党问责条例》第 4—6、16 条；《中国共产党纪律处分条例》第 39 条；《中国共产党纪律检查机关监督执纪工作规则》第 71—73 条。

第八章 法律责任

> 第七十一条 有关单位拒不执行监察机关作出的处理决定，或者无正当理由拒不采纳监察建议的，由其主管部门、上级机关责令改正，对单位给予通报批评；对负有责任的领导人员和直接责任人员依法给予处理。

条文主旨

本条是关于有关单位拒不执行监察机关处理决定或者无正当理由拒不采纳监察建议给予处理的规定。

条文解读

根据《监察法》的规定，监察机关依法履行监督、调查、处置职责，且有权根据监督、调查的结果作出相应的处置。对于监察机关针对监察对象依法作出的处理决定，或者针对监察对象所在单位廉政建设和履行职责存在的问题等依法提出的监察建议，有关单位拒不执行或者拒不采纳则应承担相应的法律责任。规定本条的目的在于保障监察机关作为国家专责监察机关行使监察职能的权威性，保障监察活动顺利开展。本条规定主要包括以下3个方面的内容。

1. 对有关单位拒不执行监察机关作出的处理决定的处理

监察机关作出的处理决定，一般是指监察机关依据本法第52条的规定，根据监督、调查结果对监察对象所作出的处置决定。这些处理决定具体包括政务处分决定，问责决定，谈话提醒、批评教育、责令检查或者予以诫勉的决定，采取调查措施的决定，复审、复核决定，监察机关依法作出的其他处理决定等。

政务处分决定，是指监察机关在监督、调查的基础上，对违法的公职人员依照法定程序作出警告、记过、记大过、降级、撤职、开除等有关政务处分的决定。问责决定，是指监察机关在监督、调查的基础上，对不履行或者不正确履行职责负有责任的领导人员，按照管理权限对其直接进行有关问责的决定。谈话提醒、批评教育、责令检查或者予以诫勉的决定，是指监察机关在监督、调查的基础上，对有职务违法行为但情节较轻的公职人员，按照管理权限，直接或者委托有关机关、人员，进行有关谈话提醒、批评教育、责令检查或者予以诫勉的决定。采取调查措施的决定，是指监察机关经初步核实，对监察对象涉嫌职务违法犯罪，需要追究法律责任所采取的有关讯问、询问、留置、搜查、调取、查封、扣押、勘验检查等调查措施的决定。复审、复核决定，是指监察对象对监察机关作出的涉及本人的处理决定不服，依法向监察机关申请复审、复核，并由监察机关所作出的有关复审、复核的决定。监察机关依法作出的其他处理决定，是指监察机关在监察职能范围内可以作出的除上述所列处理决定之外的其他处理决定。上述这些处理决定一经监察机关依法作出，即产生法律效力，监察对象及有关单位必须执行，并且要将执行的情况及时通报监察机关。

2. 对有关单位无正当理由拒不采纳监察建议的处理

监察机关提出的监察建议，一般是指监察机关依据本法第52条的规定，在监督、调查、处置的基础上，对监察对象所在单位廉政建设和履行职责存在的问题等提出的监察建议。监察建议不同于一般的工作建议，具有法律效力，被提出监察建议的有关单位必须履行监察建议要求其履行的义务，除非有正当理由，否则就要承担相应的法律责任，并且需要将采纳监察建议的情况及时通报监察机关。对有关单位无正当理由拒不采纳监察建议的，由主管部门、上级机关责令改正，对单位给予通报批评，对负有责任的领导人员和直接责任人员依法给予处理。事实上，《公职人员政务处分法》对此亦有规定，其第61条规定，"有关机关、单位无正当理由拒不采纳监察建议的，由其上级机关、主管部门责令改正，对该机关、单位给予通报批评,对负有责任的领导人员和直接责任人员依法给予处理"。

3. 具体的处理方式

根据本条的规定,有关单位拒不执行监察机关作出的处理决定,或者无正当理由拒不采纳监察建议,对其处理方式有三:一是由该单位的主管部门、上级机关责令改正;二是对该单位给予通报批评;三是对负有责任的领导人员和直接责任人员依法给予处理。这些处理方式既可以单独运用,也可以综合运用。

实务难点指引

监察机关依法作出的处理决定或者提出的监察建议,具有强制性,监察对象及有关单位必须执行,并且要将执行的情况通报监察机关。实践中,监察机关应重视"重处理、轻执行"的问题,综合运用好处理决定和监察建议两类处置方式,强化监察效能。例如,监察机关可以根据《公职人员政务处分法》的规定,对公职人员任免机关、单位应当给予处分而未给予,或者给予的处分违法、不当等情况提出监察建议;也可以通过提出监察建议的方式加强对处理决定执行情况的督促和检查。应当注意的是,对于监察机关依法作出的处理决定或者提出的监察建议,监察对象及有关单位如有异议,应当依照法定程序提出。有关单位未按照法定程序向监察机关提出异议,又拒不执行处理决定或者拒不采纳监察建议的,应当承担相应的法律责任。而一旦有关单位发生拒不执行处理决定或者拒不采纳监察建议的行为,不但要对有关单位给予通报批评,对负有责任的领导人员和直接责任人员也要依法给予处理。

实践样本

贵州省毕节市织金县纪委监委督查组在开展纪检监察建议"回头看"工作中,就县教育局执行相关纪律检查建议存在问题进行现场反馈并督促整改,针对该单位对纪检监察建议执行落实不到位等问题,该市纪委监委对执行单位提出整改建议和时限,并印发纪检监察建议"回头看"情况通报,进一步压实执行单位直接责任、党委主体责任和纪检监察机关监督责任。2021年12月以来,毕节市纪委监委组织全市各级纪检监察机关对2017年以来制发的纪检监察建议开展"回头看",杜绝责任"挂空挡"、整改"走过场"、落实"打折扣",切实发挥纪检监察建议书监督"利器"实效。通过"督导+督查"相结合,市县两级同步组建督查组开展纪检监察建议"回头看",重点查看执行单位是否按照纪检监察建议提出的意见建议开展工作、提出的问题是否整改落实到位、是否针对存在的问题从制度层面堵塞漏洞等,力求以督促改、以督促建。通过纪检监察建议"回头看",督促各执行单位解决问题的同时改进工作,推进完善制度,督促执行单位提出切实可行的方案堵塞制度漏洞,推动形成"治本"效应,着力巩固建议成果。①

关联法条

《公职人员政务处分法》第61、62条;《监察法实施条例》第274条;《中国共产党纪律处分条例》第45条;《中国共产党纪律检查委员会工作条例》第37条;《中国共产党纪律检查机关监督执纪工作规则》第56条。

第七十二条 有关人员违反本法规定,有下列行为之一的,由其所在单位、主管部门、上级机关或者监察机关责令改正,依法给予处理:

(一)不按要求提供有关材料,拒绝、阻碍调查措施实施等拒不配合监察机关调查的;

(二)提供虚假情况,掩盖事实真相的;

(三)串供或者伪造、隐匿、毁灭证据的;

(四)阻止他人揭发检举、提供证据的;

(五)其他违反本法规定的行为,情节严重的。

---

① 参见王卓:《"回头看"推动真改实改》,载《中国纪检监察报》2024年9月26日,第1版。

条文主旨

本条是关于对阻碍、干扰监察工作的行为进行处理的规定。

条文解读

从广义上讲，监察机关开展监察活动涉及多类人员，有关人员并不限于监察对象，还包括与案件直接相关的行贿人、共同违法犯罪人、受害人、控告人、检举人、证人等涉案人员，以及有义务为监察机关开展监察活动予以必要协助的其他人员等。对于有关人员阻碍、干扰监察工作的行为，由有关单位依据管理权限责令改正，依法给予处理。规定本条的目的在于克服和排除有关人员对监察机关依法履职用权的各种阻碍和干扰，保障监察活动顺利进行。本条共明确列举了5种有关人员阻碍、干扰监察工作的行为。

1. 不按要求提供有关材料，拒绝、阻碍调查措施实施等拒不配合监察机关调查

在监察活动中，监察机关行使调查权，有权依法向监察对象、有关单位或者个人了解情况，以收集、调取证据，监察对象、有关单位或者个人应当予以配合并如实提供。比如，《监察法》第28条第1款规定，"监察机关在调查过程中，可以调取、查封、扣押用以证明被调查人涉嫌违法犯罪的财物、文件和电子数据等信息"，涉案单位及相关人员有义务配合并提供与监察事项有关的文件、资料、财物账目及其他材料等，不得无故拖延履行或者拒绝履行，阻碍调查措施实施，否则需要承担相应的法律责任。

2. 提供虚假情况，掩盖事实真相

这主要指的是监察对象在面对调查时，故意提供与违法犯罪行为事实不符的虚假情况或提供虚假证明，意图掩盖违法犯罪事实真相，逃避法律追究。当然，也不排除有关单位或者个人为帮助监察对象逃避法律追究而提供虚假情况、掩盖事实真相的情形。如果是中共党员实施该行为，还将受到相应的党纪处分。此即《中国共产党纪律处分条例》第80条规定的：

"在党组织纪律审查中，依法依规负有作证义务的党员拒绝作证或者故意提供虚假情况，情节较重的，给予警告或者严重警告处分；情节严重的，给予撤销党内职务、留党察看或者开除党籍处分。"

3. 串供或者伪造、隐匿、毁灭证据

在监察活动中，串供一般是指监察对象与涉案人员相互串通，通过捏造虚假口供的方式意图逃避法律追究的行为，具备主观恶性，必须予以打击。《监察法》第 18 条第 3 款规定："任何单位和个人不得伪造、隐匿或者毁灭证据。"凡是有关人员伪造、隐匿、毁灭证据的，都必须追究其法律责任，构成犯罪的，还要依法追究其刑事责任。概言之，此处的"串供"主要是指监察对象与他人相互串通，通过捏造虚假口供，以期逃避处罚的行为。"伪造、隐匿、毁灭证据"既包括编造虚假证据，也包括变造及篡改证据，还包括将能够证明案件事实情况的证据予以毁灭或隐藏。①

4. 阻止他人揭发检举、提供证据

这主要指的是监察对象通过种种方式为他人揭发检举、提供证据材料等人为设置障碍，如恐吓、恫吓、威胁等，也包括其他涉案人员为协助监察对象共同逃避法律追究而实施的阻止他人揭发检举、提供证据的行为。特别是根据《监察法》第 35 条的规定，职务违法犯罪的涉案人员如果揭发有关被调查人职务违法犯罪行为，经查证属实，监察机关可依法向检察机关提出从宽处罚的建议。于此情形下，不少涉案人员其实有揭发的动力，假若被调查人施以阻扰，无疑有碍于案件顺利办理。

5. 其他违反本法规定情节严重的行为

本项规定属于兜底条款。由于实践中可能出现的有关人员阻碍、干扰监察工作顺利进行的行为多种多样，在立法上难以穷尽，有必要设置兜底条款以查缺补漏。对于前 4 项行为之外的其他阻碍、干扰监察工作的行为，只要达到情节严重的程度，也要追究相应的法律责任。

---

① 参见中共中央纪律检查委员会中华人民共和国国家监察委员会法规室编写：《〈中华人民共和国监察法〉释义》，中国方正出版社 2018 年版，第 270 页。

实务难点指引

本条规定在实施过程中面临"有关人员"的范围厘定问题。对此，为保障监察活动顺利进行，尽可能减少阻碍、干扰监察工作的情形出现，可以作相对宽泛的理解和界定。有关人员的范围大致包括3大类：一是最为直接的监察对象；二是所有与案件相关的涉案人员，既包括被调查人、行贿人等，也包括协助、参与实施职务违法犯罪行为的其他人员，以及受害人、证人等；三是依照规定有义务为监察机关开展监察活动予以必要协助的人员，如调查措施实施中可能会涉及的公安机关中的民警、金融机构中的职员等。

典型案例

2023年4月，中国铁路成都局集团有限公司原党委书记、董事长A涉嫌违纪违法，接受中央纪委国家监委驻中国国家铁路集团有限公司纪检监察组纪律审查和江苏省南京市监委监察调查。经前期调查了解，A曾在沪昆铁路公司、中国铁路成都局和云南局担任"一把手"，其社会关系盘根错节，贪腐时间达20多年，而且通过办理假身份证玩"障眼法"、安排亲友充当"白手套"等方式，千方百计规避组织调查。

随着案件调查的深入，A也感受到了压力，但仍心存侥幸、负隅顽抗。他一边施"缓兵之计"，主动提出要向组织说明问题；另一边加紧与亲属、老板进行串供，伪造、隐匿证据，企图蒙混过关。同时，四处托关系，企图探听消息、打通关节，为自己脱罪"消灾"。感觉脱罪无望后，A刻意切断了与外界的联系，隐匿了行踪。专案组果断决策对A采取留置措施。很快，躲藏在广州、惶惶不可终日的A，以及3名行贿人、1名关联人相继被控制。但直到此时，A和其"白手套"依然执迷不悟、满嘴谎言，甚至采取过激行为对抗组织审查调查。但经专案组半个月的努力，终于逐一瓦解了A以及有关行贿人的心理防线，促使他们彻底转变态度、放弃抵抗，真诚认错悔罪。①

关联法条

《监察法》第18、35、44、63条；《刑法》第307条；《公职人员政务处分法》第13、32、42条；《监察法实施条例》第59、89、120、275、276条；《中国共产党纪律处分条例》第63、80、88条；《中国共产党纪律检查机关监督执纪工作规则》第46条。

第七十三条 监察对象对控告人、检举人、证人或者监察人员进行报复陷害的；控告人、检举人、证人捏造事实诬告陷害监察对象的，依法给予处理。

条文主旨

本条是关于报复陷害和诬告陷害责任追究的规定。

条文解读

控告、检举和作证是法律赋予和规定的公民权利与义务，控告人、检举人和证人应当正确行使权利和履行义务，不得采取捏造事实、伪造材料等方式对监察对象进行诬告陷害。对于控告人、检举人和证人对监察对象所进行的诬告陷害行为，控告人、检举人、证人应承担相应的法律责任。同样，监察人员依法履行职责受到法律严格保护，对于监察人员因依法履行职责遭受不实举报、诬告陷害、侮辱诽谤，致使名誉受到损害的，监察机关应当会同有关部门及时澄清事实，消除不良影响，并依法追究相关单位或者个人的责任。规定本条的目的便在于保障监察对象在监察活动中的合法权益，保障监察人员依法行使职权不受非法侵害。

---

① 参见翁宏业、肖智恬：《从"小线头"抽出"大线索"》，载《中国纪检监察报》2024年9月14日，第7版。

1. 监察对象报复陷害控告人、检举人、证人或者监察人员的责任追究

《宪法》第 41 条第 2 款规定："对于公民的申诉、控告或者检举，有关国家机关必须查清事实，负责处理。任何人不得压制和打击报复。"然而在实践当中，监察对象为了逃避制裁或者出于受到制裁后的怨恨，可能会对触动其利益的相关人员进行报复陷害。这些相关人员主要包括控告人、检举人、证人和监察人员。根据《监察法实施条例》第 275 条的规定，报复陷害的手段主要有打击和压制等。所谓"打击"，是指监察对象出于报复陷害的目的，直接或者间接损害控告人、检举人、证人和监察人员合法权益的行为，如殴打谩骂、威逼恐吓、围攻阻挠等行为。所谓"压制"，是指监察对象出于报复陷害的目的，直接或者间接损害控告人、检举人、证人和监察人员合法权益的行为，如在工作中进行各种形式的刁难、迫害或者搁置等压制行为。①

如果监察对象为上述行为，则须承担相应的责任。相应责任既包括受到政务处分，即根据《公职人员政务处分法》第 32 条的规定，对依法行使批评、申诉、控告、检举等权利的行为进行压制或者打击报复的，将受到警告、记过或者记大过；情节较重的，予以降级或者撤职；情节严重的，予以开除。也包括承担刑事责任，比如《刑法》第 254 条规定了报复陷害罪，即"国家机关工作人员滥用职权、假公济私，对控告人、申诉人、批评人、举报人实行报复陷害的，处二年以下有期徒刑或者拘役；情节严重的，处二年以上七年以下有期徒刑"。还包括承担党内纪律责任，特别是根据《中国共产党纪律处分条例》第 88 条第 2 款的规定，对批评人、检举人、控告人、证人及其他人员打击报复的，将要从重或者加重处分。

2. 控告人、检举人、证人捏造事实诬告陷害监察对象的责任追究

《宪法》第 41 条第 1 款规定："中华人民共和国公民对于任何国家机关和国家工作人员，有提出批评和建议的权利；对于任何国家机关和国家

---

① 参见秦前红主编：《〈中华人民共和国监察法实施条例〉解读与适用》，法律出版社 2021 年版，第 414－415 页。

工作人员的违法失职行为，有向有关国家机关提出申诉、控告或者检举的权利，但是不得捏造或者歪曲事实进行诬告陷害。"据此规定，提出申诉、控告或者检举的权利，乃是公民的一项基本权利。同时，该基本权利的行使要受到一定的限制，集中表现为"不得捏造或者歪曲事实进行诬告陷害"。为此，监察机关既应保障检举控告人的监督权利，又要查处诬告陷害行为。中共中央政治局常委会会议2020年1月2日审议批准的《纪检监察机关处理检举控告工作规则》，设专章对诬告陷害行为的查处作出规定，不仅对诬告陷害行为作出界定，还明确对诬告陷害的严肃处理，同时提出建立健全澄清正名机制。

控告人、检举人和证人对监察对象进行诬告陷害，会严重浪费监察机关的精力与资源，应当予以责任追究。这有利于营造风清气正的政治生态，保护广大公职人员队伍干事创业的积极性。所谓"诬告陷害"，是指控告人、检举人、证人故意通过捏造虚构事实、伪造虚假材料等方式向监察机关告发，意图使监察对象受到名誉损害或者党纪国法等责任追究的行为。监察活动中的控告人、检举人、证人，并不一定具有公职人员的身份。因而，如果诬告陷害人本人是公职人员，则由监察机关依法给予政务处分；如果诬告陷害人本人不是国家公职人员，则移送诬告陷害人单位或其他有关机关处理。对于控告人、检举人、证人的诬告陷害行为，构成犯罪的，应当依法追究刑事责任。《刑法》第243条第1款规定："捏造事实诬告陷害他人，意图使他人受刑事追究，情节严重的，处三年以下有期徒刑、拘役或者管制；造成严重后果的，处三年以上十年以下有期徒刑。"

实务难点指引

本条所规定的监察对象对控告人、检举人、证人或者监察人员进行报复陷害，并不意味着情节严重才承担法律责任受到政务处分，情节较重也应承担法律责任受到政务处分。根据《公职人员政务处分法》第32条的规定，对依法行使批评、申诉、控告、检举等权利的行为进行压制或者打击报复的，情节严重的，予以开除；而情节较重的，予以降级或者撤职。本条所规定之监察对象的违法情形，往往不仅是违法行为，也是违纪行为。故在责任追究方面，还应当注意政务责任与党纪责任追究的衔接；如果构成犯罪，还要受到刑罚的严厉制裁。另外，实践中应当正确区分诬告陷害和报复陷害行为，以及诬告陷害和错告、检举失实行为。就诬告陷害行为和报复陷害行为而言，两者在主观上同为故意，但在客观上诬告陷害行为主要表现为意图通过捏造虚构事实、伪造虚假材料等方式使监察对象受到名誉损害或者党纪国法等责任追究，而报复陷害行为在客观上主要表现为滥用职权、以权谋私。就诬告陷害行为和错告、检举失实行为而言，两者在主观上存在不同，诬告陷害行为是一种故意通过捏造虚构事实、伪造虚假材料等方式侵犯他人正当权利，应受责任追究的违法行为，而错告、检举失实行为并不具备这样的主观故意。还应当注意，在责任追究方面，刑事责任、政务责任与党纪责任追究的衔接。

典型案例

2023年1月，黑龙江省某县居民A、B因对县纪委监委处置其举报问题线索的结果不满，举报承办人，即县纪委监委第二监督检查室负责人、某镇纪工委书记C存在包庇袒护犯罪人等问题。对此，县纪委监委高度重视，立即组织对相关人员进行谈话，并组织人员进行调查。经纪委监委调查，A、B反映问题不属实。2023年4月，县公安局认定A、B构成诬告陷害，依据《治安管理处罚法》相关规定，对A、B分别作出行政拘留5日的处罚。①

关联法条

《宪法》第41条；《公职人员政务处分法》第32、53、62条；《监察官法》第43、57、58、65条；《刑法》第243、245、254条；《公务员法》第99条；《刑事诉讼法》第111条；《治安管理处罚法》第20、42条；《监察法实施条例》第275、276条；《中国共产党纪律处分条例》第88条；《中国共产

---

① 参见《黑龙江通报9起惩治诬告陷害案例》，载中央纪委国家监委网站，https://www.ccdi.gov.cn/yaowenn/202305/t20230506_262703.html。

党党员权利保障条例》第 11、32、34、46 条；《纪检监察机关处理检举控告工作规则》第 39—45 条。

> 第七十四条　监察机关及其工作人员有下列行为之一的，对负有责任的领导人员和直接责任人员依法给予处理：
> （一）未经批准、授权处置问题线索，发现重大案情隐瞒不报，或者私自留存、处理涉案材料的；
> （二）利用职权或者职务上的影响干预调查工作、以案谋私的；
> （三）违法窃取、泄露调查工作信息，或者泄露举报事项、举报受理情况以及举报人信息的；
> （四）对被调查人或者涉案人员逼供、诱供，或者侮辱、打骂、虐待、体罚或者变相体罚的；
> （五）违反规定处置查封、扣押、冻结的财物的；
> （六）违反规定发生办案安全事故，或者发生安全事故后隐瞒不报、报告失实、处置不当的；
> （七）违反规定采取强制到案、责令候查、管护、留置或者禁闭措施，或者法定期限届满，不予以解除或者变更的；
> （八）违反规定采取技术调查、限制出境措施，或者不按规定解除技术调查、限制出境措施的；
> （九）利用职权非法干扰企业生产经营或者侵害企业经营者人身权利、财产权利和其他合法权益的；
> （十）其他滥用职权、玩忽职守、徇私舞弊的行为。

条文主旨

本条是对监察机关及其工作人员违法履职责任的规定。

条文解读

"善禁者，先禁其身而后人；不善禁者，先禁人而后身。"习近平总书记 2018 年 12 月 13 日在十九届中共中央政治局第十一次集体学习时指出：
"纪检监察机关要马克思主义手电筒既照别人更照自己，不能只照他人、不照自己。在这里，我要再次提醒，纪检监察机关不是天然的保险箱，监察权是把双刃剑，也要关进制度的笼子，自觉接受党和人民监督，行使权力必须十分谨慎，严格依纪依法。"① 正因如此，党内法规和国家法律对纪检监察机关及其工作人员提出了严格的要求。作为反腐败斗争的中坚力量，纪检监察机关及其工作人员决不能滥用职权、以权谋私，特别是不能出现选择性监督、随意调查、任性处置等情形，必须要严格依法秉公履职用权。规定本条的目的在于强化对监察机关及其工作人员依法行使职权的监督管理，维护监察机关及其工作人员的形象和威信。基于此，本条共列举了 9 项监察机关及其工作人员在履行职责中违法行使职权的行为。

1. 未经批准、授权处置问题线索，发现重大案情隐瞒不报，或者私自留存、处理涉案材料

监察机关对具体案件查办中的问题线索、涉案材料应当按照有关规定严格管理。所谓"问题线索"，是指监察机关在具体案件查办过程中，有关涉案人员交代、检举、揭发的被调查人以外的其他监察对象违法犯罪问题线索，以及被调查人交代、检举、揭发的其他监察对象不涉及本案的违法犯罪问题线索等。所谓"涉案材料"，是指在具体案件查办过程中形成的，与案件有关的所有书面资料、图片影像资料，以及留存在电脑、移动硬盘等存储介质中的电脑资料。②

问题线索是纪检监察机关开展监督检查、审查调查工作的源头和基础，对问题线索进行处置是纪检监察工作的重要内容。当然，线索处置有着严格的程序要求，不得随意为之。例如，《监察法实施条例》第 176 条规定："监察机关对具有可查性的职务违法和职务犯罪问题线索，应当按规定报批后，依法开展初步核实工作。"《中国共产党纪律检查机关监督执纪工作规则》第 4 章更是关于"线索处置"的专门规定。如果监察机关及

---

① 习近平：《在新的起点上深化国家监察体制改革》，载《求是》2019 年第 5 期。
② 参见秦前红主编：《〈中华人民共和国监察法实施条例〉解读与适用》，法律出版社 2021 年版，第 420 页。

其工作人员未经批准、授权处置问题线索，便应承担相应的责任。比如，根据《公职人员政务处分法》第63条的规定，"违反规定处置问题线索的"，对负有责任的领导人员和直接责任人员依法给予处理。

涉案材料的处理同样有严格的要求，如《监察法实施条例》第67条规定："对收集的证据材料及扣押的财物应当妥善保管，严格履行交接、调用手续，定期对账核实，不得违规使用、调换、损毁或者自行处理。"对于监察办案过程中获取的涉案材料，必须严格管理、及时移送或者按规定予以销毁。如果监察机关及其工作人员私自留存、处理涉案材料，则应承担相应的责任。

2. 利用职权或者职务上的影响干预调查工作、以案谋私

监察机关及其工作人员应当依法行使职权，不得利用职权或者职务上的影响干预调查工作。监察机关及其工作人员利用职权或者职务上的影响干预调查工作的情形，主要包括监察人员利用职权或者职务上的影响力，在线索处置、日常监督、调查审理等各个环节中打听案情、过问案件、干预说情等。需要注意的是，根据《监察法实施条例》第278条第4项的规定，监察人员在履行职责中"利用职权或者职务上的影响干预调查工作的"，依法严肃处理；构成犯罪的，依法追究刑事责任。通过将此规定与《监察法》第74条第2项进行对比，可以发现《监察法实施条例》不再强调是否"以案谋私"，只要是利用职权或者职务上的影响干预调查工作的行为，均应依法作出相应处理。①

干预调查工作不仅包括"利用职权"，而且包括"利用职务上的影响"。其背后的逻辑同"受贿罪"及"利用影响力受贿罪"颇为类似。具体来说，"利用职权"既包括利用本人职务上主管、负责、承办某项监察工作的职权，也包括利用职务上有隶属、制约关系的其他监察人员的职权。而"利用职务上的影响"，则是指行为人与被其利用的公职人员之间在职务上虽然没有隶属、制约关系，但是行为人利用了本人职权或者地位

---

① 参见王建超：《如何理解和把握监察法实施条例对监察人员违法行使职权进行责任追究的细化规定　自觉接受最严格的约束和监督》，载《中国纪检监察》2022年第13期。

产生的影响和一定的工作联系。①

3. 违法窃取、泄露调查工作信息，或者泄露举报事项、举报受理情况以及举报人信息

纪检监察工作有着极高的保密要求。根据《监察官法》第 10 条第 6 项的规定，"保守国家秘密和监察工作秘密，对履行职责中知悉的商业秘密和个人隐私、个人信息予以保密"，乃是监察官应当履行的义务之一。《中国共产党纪律检查委员会工作条例》第 53 条第 1 款同样明确要求："纪检干部应当严格执行保密制度，不准私自留存、隐匿、查阅、摘抄、复制、携带问题线索和涉案资料，严禁泄露审查工作情况。"正因如此，根据《监察法》第 74 条第 3 项的规定，监察机关及其工作人员存在违法窃取、泄露调查工作信息，或者泄露举报事项、举报受理情况以及举报人信息行为，要依法进行处理。

一是违法窃取、泄露调查工作信息的行为。所谓"违法窃取调查工作信息"，指的是监察人员违法获取其不应掌握的调查工作信息。调查工作事项高度敏感、重要，关系案件进展、成效甚至成败，知悉范围应严加控制。哪些人能知道案情、哪些人不能知道案情，知道案情的人能知道到什么程度，要求要明确，满足工作需要的情况下范围越小越好，不能随意扩大。② 正是基于此种考量，《中国共产党纪律检查机关监督执纪工作规则》第 67 条第 1 款明确规定，"监督执纪人员应当严格执行保密制度，控制审查调查工作事项知悉范围和时间"。至于"违法泄露调查工作信息"，则是指监察人员违法向被调查人等不应掌握相关信息的人员告知调查工作信息。

二是泄露举报事项、举报受理情况以及举报人信息的行为。这主要是指监察机关及其工作人员，向被举报人及其他相关人员泄露举报事项、举报受理情况以及举报人信息等。为了扩宽问题线索的来源，纪检监察机关

---

① 参见中共中央纪律检查委员会中华人民共和国国家监察委员会法规室编写：《〈中华人民共和国监察法实施条例〉释义》，中国方正出版社 2022 年版，第 460 页。

② 参见中共中央纪律检查委员会中华人民共和国国家监察委员会法规室编写：《〈中国共产党纪律检查机关监督执纪工作规则〉释义》，中国方正出版社 2019 年版，第 213 页。

应当畅通来信、来访、来电和网络等举报渠道，但是，如果违法泄露了相关举报信息，将给纪检监察工作带来极其不利的影响。特别是向被举报人泄露举报人的个人信息，极易致使被举报人对举报人实施打击报复。为此，《纪检监察机关处理检举控告工作规则》第47条明确要求，"纪检监察机关应当建立健全检举控告保密制度，严格落实保密要求"。其中，就包括对检举控告人的姓名（单位名称）、工作单位、住址等有关情况以及检举控告内容必须严格保密，并严禁将检举控告材料、检举控告人信息转给或者告知被检举控告的组织、人员等。

4. 对被调查人或者涉案人员逼供、诱供，或者侮辱、打骂、虐待、体罚或者变相体罚

根据《监察法》第5条的规定，"尊重和保障人权"，"保障监察对象及相关人员的合法权益"，均是国家监察工作应遵循的原则和基本要求。为此，《监察法》第74条第4项明确要求，监察机关及其工作人员不得对被调查人或者涉案人员进行逼供、诱供，也不得对被调查人或者涉案人员进行侮辱、打骂、虐待、体罚或者变相体罚，否则将要承担相应的法律责任。对监察机关及其工作人员提出上述要求，亦可保障监察工作依法顺利进行。这是因为根据《监察法》第36条第2款的规定，监察机关在收集、固定、审查、运用证据时，应当与刑事审判关于证据的要求和标准相一致。而我国刑事诉讼中有"非法证据排除"的要求，即《刑事诉讼法》第56条第1款要求的，采用刑讯逼供等非法方法收集的犯罪嫌疑人、被告人供述和采用暴力、威胁等非法方法收集的证人证言、被害人陈述，应当予以排除。

5. 违反规定处置查封、扣押、冻结的财物

对财物进行查封、扣押、冻结，是纪检监察机关履行调查职责的重要措施。为了使相关措施的运用尽可能得当，《监察法》《监察法实施条例》等国家法律，以及《中国共产党纪律检查机关监督执纪工作规则》等党内法规，对查封、扣押、冻结财物的保管、调用等提出了很多具体要求。例如，根据《中国共产党纪律检查机关监督执纪工作规则》第47条第3款的规定，纪检监察机关应当设立专用账户、专门场所，指定专门人员保管

涉案财物，严格履行交接、调取手续，定期对账核实。严禁私自占有、处置涉案财物及其孳息。对于那些查封、扣押、冻结的财物，如果监察机关及其工作人员违反规定加以处置，便应承担相应的责任。

例如，据青海省西宁市纪委监委消息，该市城中区纪委监委第二派驻纪检监察组副组长、四级调研员 A，违反国家法律法规，利用职务便利，非法占有案件暂扣款，并用于个人支出，涉嫌贪污犯罪。经西宁市纪委常委会研究决定，给予 A 开除党籍处分；经西宁市监委委务会研究决定给予 A 开除公职处分，其涉嫌职务犯罪问题移送检察机关依法审查起诉，所涉财物随案移送。[①]

6. 违反规定发生办案安全事故，或者发生安全事故后隐瞒不报、报告失实、处置不当

办案安全于纪检监察工作而言至关重要。十八届中央纪委三次全会即明确要求，"严格遵守审查程序和保密纪律，依纪依法安全办案。全面排查、消除安全隐患，加强对基层办案工作的指导，认真落实办案安全工作责任制。对办案安全事故必须严肃追责，既要追究相关人员的直接责任，也要追究党委和纪委有关领导的责任。加强教育、提醒、警示，守住不发生严重安全事故的底线"。正因如此，既需要不断完善纪检监察安全办案的规章制度，也应明确纪检监察办案安全的责任者。根据《监察法》第 74 条第 6 项的规定，违反规定发生办案安全事故，或者发生安全事故后隐瞒不报、报告失实、处置不当，监察机关及其工作人员将要承担相应的责任。《监察法实施条例》第 277 条第 1 款对办案安全责任制作出了具体规定，明确"监察机关应当建立健全办案安全责任制。承办部门主要负责人和调查组组长是调查安全第一责任人。调查组应当指定专人担任安全员"。

一方面，违反规定发生办案安全事故，应对负有责任的领导人员和直接责任人员依法给予处理。当前，有关办案安全的规定可谓比较健全，假

[①] 参见《西宁市城中区纪委监委第二派驻纪检监察组副组长、四级调研员 A 严重违纪违法被开除党籍和开除公职》，载青海省纪委监委网站 2023 年 6 月 19 日，http：//www.qhjc.gov.cn/Detail_ BBFE4A9F137865F4.html。

若违反了这些规定以致发生了安全事故，相关主体便应承担责任。例如，《中国共产党纪律检查机关监督执纪工作规则》第 28 条第 2 款规定，"谈话应当在具备安全保障条件的场所进行"。如果纪检监察机关在缺乏安全保障的场所进行谈话，导致被谈话人受伤或逃跑进而引发办案安全事故，便属于此处的"违反规定发生办案安全事故"。

另一方面，发生安全事故后隐瞒不报、报告失实、处置不当，应对负有责任的领导人员和直接责任人员依法给予处理。即便严格遵循了相关规定，亦难以确保办案安全事故绝不发生。但是，一旦发生办案安全事故，相关责任人应及时报告和处置，否则将接受相应的处理。例如，《监察法实施条例》第 103 条第 2 款规定："留置期间发生被留置人员死亡、伤残、脱逃等办案安全事故、事件的，应当及时做好处置工作。相关情况应当立即报告监察机关主要负责人，并在二十四小时以内逐级上报至国家监察委员会。"据此规定，如果监察机关在对被调查人采取留置措施时，发生了被留置人员死亡、伤残、脱逃等办案安全事故，监察机关工作人员须立即报告监察机关主要负责人，并在 24 小时内逐级上报至国家监察委员会，否则就属于此处规定的"隐瞒不报、报告失实、处置不当"。

7. 违反规定采取强制到案、责令候查、管护、留置或者禁闭措施，或者法定期限届满，不予以解除或者变更

诸如强制到案、责令候查、管护、留置或者禁闭等措施，对被调查人的人身自由造成了一定的限制，因而在实践中不得随意运用，而应遵循严格的规定。特别是其中的强制到案、责令候查、管护、禁闭，乃是 2024 年《监察法》新增的调查措施，各级监察机关在运用时更应严格遵循相关规定。《监察法》第 44、46、49、69 条等对责令候查措施的运用问题作出了规定，假若违反这些规定采取责令候查措施，就属于此处规定的"违反规定采取责令候查措施"。需要注意的是，仅从《监察法》第 74 条第 7 项的文义来看，应当承担责任的行为既包括违反规定采取强制到案、责令候查、管护、留置或者禁闭措施，也包括法定期限届满时不予以解除或者变更的行为。《监察法》第 48 条第 1 款规定，"监察机关发现采取留置措施不当或者不需要继续采取留置措施的，应当及时解除或者变更为责令候查

措施",因此,如果存在留置措施采取不当的情形,监察机关并未及时解除或变更,亦属于此处规定的"违反规定采取留置措施"。

8. 违反规定采取技术调查、限制出境措施,或者不按规定解除技术调查、限制出境措施

关于技术调查和限制出境措施的采取,《监察法》和《监察法实施条例》都有明确的规定。(1)程序性规定。根据《监察法》第31条的规定,技术调查措施应交由有关机关执行。(2)实体性规定。根据《监察法》第33条的规定,限制出境措施仅得运用于可能逃匿境外的被调查人及相关人员。(3)禁止性规定。比如,《监察法实施条例》第55条第1款规定,"设区的市级以下监察机关在初步核实中不得采取技术调查措施"。因而,假如监察机关及其工作人员违反《监察法》和《监察法实施条例》的规定,对被调查人及相关人员采取了技术调查和限制出境措施,负有责任的领导人员和直接责任人员便应依法受到处理。

需要注意的是,《监察法》第74条第8项还规定,不按规定解除技术调查、限制出境措施,同样需要追究负有责任的领导人员和直接责任人员的责任。《监察法实施条例》第166条规定:"对于不需要继续采取限制出境措施的,应当按规定报批,及时予以解除。承办部门应当出具有关函件,与《解除限制出境措施决定书》一并送交移民管理机构执行。"此时,假如不需要对被调查人及相关人员采取限制出境措施,而监察机关及其工作人员未按规定报批解除,或者未按规定将《解除限制出境措施决定书》送交移民管理机构,同样要对负有责任的领导人员和直接责任人员进行处理。

9. 利用职权非法干扰企业生产经营或者侵害企业经营者人身权利、财产权利和其他合法权益

企业正常的生产经营行为,企业经营者的人身权利、财产权利和其他合法权益,受到《宪法》和法律的保护。习近平总书记2018年11月1日在民营企业座谈会上指出:"纪检监察机关在履行职责过程中,有时需要企业经营者协助调查,这种情况下,要查清问题,也要保障其合法的人身和财产权益,保障企业合法经营。对一些民营企业历史上曾经有过的一些

不规范行为，要以发展的眼光看问题，按照罪刑法定、疑罪从无的原则处理，让企业家卸下思想包袱，轻装前进。"① 如果监察机关及其工作人员的行为影响企业正常的生产经营行为，或是侵害了企业经营者的合法权益，那么依法对负有责任的领导人员和直接责任人员进行处理。需要说明的是，此处的"企业"既包括国有企业、集体企业，也包括民营企业、外资企业。②

10. 其他滥用职权、玩忽职守、徇私舞弊的行为

本条前9项规定了各类行为，均属于滥用职权、玩忽职守、徇私舞弊的行为。不过，本条无法对所有相关行为进行全面列举，只能对实践中常见的、典型的行为作出规定。正因如此，《监察法》第74条第10项是关于监察机关及其工作人员其他滥用职权、玩忽职守、徇私舞弊行为的兜底性规定，目的是避免前9项的列举不全。所谓"滥用职权"，主要是指监察人员超越法定职权违法处理无权决定的事项，致使国家、集体和人民利益遭受损失的行为。所谓"玩忽职守"，主要是指监察人员严重不负责任、不履行或者不正确履行法定职责，致使国家、集体和人民利益遭受损失的行为。所谓"徇私舞弊"，主要是指监察人员以权谋私，采用欺骗、虚构事实等非法手段弄虚作假，致使国家、集体和人民利益遭受损失的行为。除了前9项规定的情形外，对于监察机关及其工作人员在行使职权中的其他滥用职权、玩忽职守、徇私舞弊的行为，也应当追究其相应的法律责任。

实务难点指引

本条所强调的"违反规定"的行为，主要指的是违反监察法律法规相关规定的行为。另外，在监察机关及其工作人员违法窃取、泄露调查工作信息，或者泄露举报事项、举报受理情况以及举报人信息的情形中，窃取调查工作信息在主观上只能是故意，而泄露调查工作信息、举报事项、举

---

① 习近平：《在民营企业座谈会上的讲话》，载《人民日报》2018年11月2日，第2版。

② 参见中共中央纪律检查委员会中华人民共和国国家监察委员会法规室编写：《〈中华人民共和国监察法实施条例〉释义》，中国方正出版社2022年版，第449页。

报受理情况以及举报人信息在主观上则有故意和过失两种。过失是指监察人员由于疏忽大意或者过于自信，致使其自身掌握的调查工作信息、举报事项、举报受理情况以及举报人信息等泄露给不应知悉的人，或者由于疏忽大意或过于自信而没能避免因其履行职责而掌握的上述信息被不应知悉者知悉。还需注意的是，监察机关及其工作人员在履职用权过程中一旦发生上述违法行使职权的行为，不但要对直接责任人员依法给予处理，还要对负有责任的领导人员依法追究法律责任。另外，在责任追究方面，还应当注意刑事责任、政务责任与党纪责任追究的衔接。

典型案例

经中共江西省委批准，江西省纪委监委决定给予 A 开除党籍处分、按规定取消其享受的待遇、收缴其违纪违法所得，将其涉嫌犯罪问题移送检察机关依法审查起诉。A 曾任江西省纪委信访室主任，江西省供销合作社党组成员、省纪委驻省供销合作社纪检组组长，其违纪违法行为就包括"违反工作纪律，泄露纪律审查工作秘密，谋取个人利益"。[①] 与此案类似，经中国农业银行党委研究决定，中国农业银行陕西省分行原党委副书记、纪委书记、副行长 B 被开除党籍。其违纪违法行为有"执纪违纪，泄露信访举报内容"。[②]

关联法条

《监察法》第 5、31、36、39—41、43、44、46、48、49、69、74 条；《公职人员政务处分法》第 39、42、63 条；《监察官法》第 10、46、48、52 条；《刑法》第 308 条之一； 《监察法实施条例》第 6、13、55、64、65、67、70—72、75、100、103、166、168—178、262、267、268、277、278 条；《中国

[①] 参见《江西省供销合作社原党组成员、省纪委驻省供销合作社纪检组原组长 A 重违纪违法被开除党籍》，载中央纪委国家监委网站，https：//www.ccdi.gov.cn/scdc/sggb/djcf/202010/t20201024_227847.html。

[②] 参见《中国农业银行陕西省分行原党委副书记、纪委书记、副行长 B 被开除党籍》，载中央纪委国家监委网站，https：//www.ccdi.gov.cn/scdcn/zyyj/djcf/202407/t20240728_364451.html。

共产党纪律处分条例》第142条；《中国共产党纪律检查委员会工作条例》第51、53、54条；《中国共产党纪律检查机关监督执纪工作规则》第20—25、43、47、64、67、69—71条；《纪检监察机关处理检举控告工作规则》第29、47、49、52条。

第七十五条　违反本法规定，构成犯罪的，依法追究刑事责任。

条文主旨

本条是关于构成犯罪追究刑事责任的规定。

条文解读

通常而言，犯罪行为是指违反刑事法律应受刑事处罚的行为。依靠刑罚同一切犯罪行为作斗争，是践行法治理念和法治精神的基本要求。规定本条的目的，在于强化监察活动中各类主体的责任意识，强调对违反本法规定构成犯罪的行为予以严厉打击，这有利于保障监察活动顺利开展，维护《监察法》的权威性。具体来说，违反本法规定，构成犯罪应当依法追究刑事责任的情形按监察活动中不同主体来划分，主要包括以下3种。

1. 监察机关及其工作人员违反本法规定构成犯罪的情形

监察机关及其工作人员违反本法规定构成犯罪的情形，通常与其自身履职用权相关联。比如，监察机关及其工作人员滥用职权、玩忽职守、徇私舞弊等行为，可能涉嫌触犯《刑法》第397条。[①] 需要注意的是，《中国共产党纪律检查机关监督执纪工作规则》还明确了"一案双查"机制，即

---

① 《刑法》第397条规定："国家机关工作人员滥用职权或者玩忽职守，致使公共财产、国家和人民利益遭受重大损失的，处三年以下有期徒刑或者拘役；情节特别严重的，处三年以上七年以下有期徒刑。本法另有规定的，依照规定。国家机关工作人员徇私舞弊，犯前款罪的，处五年以下有期徒刑或者拘役；情节特别严重的，处五年以上十年以下有期徒刑。本法另有规定的，依照规定。"

根据第 73 条第 1 款的规定，"对案件处置出现重大失误，纪检监察干部涉嫌严重违纪或者职务违法、职务犯罪的，开展'一案双查'，既追究直接责任，还应当严肃追究有关领导人员责任"。

2. 监察对象及有关人员违反本法规定构成犯罪的情形

监察对象违反本法规定构成犯罪的情形，通常与权力或权利滥用相关联。比如，监察对象捏造事实诬告陷害和滥用职权报复陷害的行为，可能涉嫌触犯《刑法》第 243 条规定的"捏造事实诬告陷害他人，意图使他人受刑事追究，情节严重的，处三年以下有期徒刑、拘役或者管制；造成严重后果的，处三年以上十年以下有期徒刑。国家机关工作人员犯前款罪的，从重处罚"；《刑法》第 254 条规定的"国家机关工作人员滥用职权、假公济私，对控告人、申诉人、批评人、举报人实行报复陷害的，处二年以下有期徒刑或者拘役；情节严重的，处二年以上七年以下有期徒刑"。有关人员违反本法规定构成犯罪的情形，通常与阻碍、干扰监察机关及其工作人员履职用权相关联。比如，有关人员串供或者伪造、隐匿、毁灭证据的，可能涉嫌触犯《刑法》第 307 条规定的"以暴力、威胁、贿买等方法阻止证人作证或者指使他人作伪证的，处三年以下有期徒刑或者拘役；情节严重的，处三年以上七年以下有期徒刑。帮助当事人毁灭、伪造证据，情节严重的，处三年以下有期徒刑或者拘役"。

3. 控告人、检举人、证人等违反本法规定构成犯罪的情形

控告人、检举人、证人等违反本法规定构成犯罪的情形，通常与权利滥用相关联。比如，控告人、检举人、证人等捏造事实诬告陷害监察对象，可能涉嫌触犯《刑法》第 243 条规定的"捏造事实诬告陷害他人，意图使他人受刑事追究，情节严重的，处三年以下有期徒刑、拘役或者管制；造成严重后果的，处三年以上十年以下有期徒刑。国家机关工作人员犯前款罪的，从重处罚"。

实务难点指引

违反《监察法》之外的其他法律规定，构成犯罪的，也应当依法追究刑事责任。就监察人员而言，其在履行职责过程中除构成犯罪需要追究刑

事责任的行为之外的违法行为，也要给予处理，但可以根据情节轻重，运用不同的处理方式。谈话提醒、批评教育、责令检查、诫勉并不是严格意义上的组织处理方式，但在监察执法工作中的作用与政务处分同等重要。有鉴于监察人员基本上都具备党员身份，其违法行为往往也是违纪行为，应当同时适用党纪处分和政务处分，且应注意处分种类与幅度之间的衔接匹配。构成犯罪的，还应当注意刑事责任、政务责任与党纪责任追究的衔接。

典型案例

2016年3月，襄阳市某开发区人民法院原干部A，因犯伪造国家机关证件罪被开发区法院开除公职。2017年3月，宜城市人民法院判处其有期徒刑1年3个月，A对院领导及相关人员怀恨在心。2020年5月以来，A捏造某区法院原院长B、原副院长C等为其在伪造证件中提供便利、收受贿赂等问题，多次向中央、省、市各职能部门和纪委监委举报。经襄阳市纪委监委核查，A所反映问题均不属实或查无实据，涉嫌诬告陷害。2022年5月，襄阳市监委将A涉嫌诬告陷害问题线索移送公安机关依法处理。2023年6月，A因犯诬告陷害罪及其他违法犯罪被宜城市人民法院判处有期徒刑4年。①

关联法条

《公职人员政务处分法》第64条；《监察法实施条例》第275、276、278、279条；《中国共产党纪律检查机关监督执纪工作规则》第71、73条；《中国共产党纪律检查委员会工作条例》第55条；《刑法》第238、243、245—247、254、307、308、310、385、390、397、398、417条。

---

① 参见《典型案例通报丨省纪委监委关于诬告陷害、恶意举报典型案例的通报（一）》，载湖北省纪委监委网站2023年8月8日，https://www.hbjwjc.gov.cn/xwtt/144310.htm。

> **第七十六条** 监察机关及其工作人员行使职权，侵犯公民、法人和其他组织的合法权益造成损害的，依法给予国家赔偿。

条文主旨

本条是关于监察赔偿的规定。

条文解读

《宪法》第41条第3款规定："由于国家机关和国家工作人员侵犯公民权利而受到损失的人，有依照法律规定取得赔偿的权利。"据此，获得国家赔偿乃是公民的一项基本权利。早在1994年5月12日，全国人大常委会便制定了《国家赔偿法》。此后，全国人大常委会先后于2010年4月29日和2012年10月26日，对《国家赔偿法》进行了两次部分修改。监察机关及其工作人员自然属于《宪法》第41条第3款规定的"国家机关和国家工作人员"，因此，当其行使职权时侵犯了公民、法人和其他组织的合法权益造成损害，应当进行国家赔偿。不过，《监察法》只对监察赔偿问题作出概括规定，制度设计的具体细节则未涉及。为此，有观点认为应适时修改《监察法》，以便对监察赔偿制度进行专门规定。[①] 为了实施《监察法》对监察赔偿制度的原则性规定，《监察法实施条例》在第280、281条对监察赔偿制度作出相对细致的安排。

1. 监察赔偿的情形

根据《监察法实施条例》第280条的规定，监察机关及其工作人员在行使职权时，若有以下5类情形之一，监察机关应当承担国家赔偿责任。

一是采取留置措施后，决定撤销案件的情形。留置是监察机关针对涉嫌职务违法或职务犯罪的被调查人所采取的调查措施。若留置之后的调查结果表明没有证据证明被调查人存在违法犯罪行为，根据《监察法》第52条第2款的规定，"监察机关经调查，对没有证据证明被调查人存在违法

[①] 参见王青斌：《论监察赔偿制度的构建》，载《政法论坛》2019年第3期。

犯罪行为的，应当撤销案件，并通知被调查人所在单位"。监察机关即应当实事求是地撤销案件，纠正错误，并通知被调查人所在单位，恢复其名誉和合法权益。对此，受害人可以在法定范围和期限内依照法定程序提出国家赔偿请求。

二是违法没收、追缴或者违法查封、扣押、冻结财物造成损害的情形。根据《监察法》第28条的规定，监察机关在调查过程中，可以调取、查封、扣押用以证明被调查人涉嫌违法犯罪的财物、文件和电子数据等信息；对调取、查封、扣押的财物、文件，监察机关应当设立专用账户、专门场所，确定专门人员妥善保管，严格履行交接、调取手续，定期对账核实，不得毁损或者用于其他目的。违法没收、追缴或者违法查封、扣押、冻结财物造成财物损害的，属于违反规定处置查封、扣押、冻结财物的行为，受害人可以在法定范围和期限内依照法定程序提出国家赔偿请求。

三是违法行使职权，造成被调查人、涉案人员或者证人身体伤害或者死亡的情形。监察机关及其工作人员在办案期间要严格依规依纪依法，保障办案安全，对于发生被调查人、涉案人员或者证人身体伤害或者死亡等安全事故的，应当认真应对、妥善处置、及时报告。对于监察机关及其工作人员在办案过程中违法行使职权，导致被调查人、涉案人员或者证人身体伤害的，应当依照有关规定追究有关单位领导和相关责任人员的法律责任，受害人可以在法定范围和期限内依照法定程序提出国家赔偿请求；导致被调查人、涉案人员或者证人死亡的，其继承人和其他有扶养关系的亲属可以在法定范围和期限内依照法定程序提出国家赔偿请求。

四是非法剥夺他人人身自由的情形。人身自由权是《宪法》赋予公民的基本权利，任何组织或个人不得非法剥夺他人人身自由，否则应承担相应的法律责任。监察机关及其工作人员行使职权应严格依规依纪依法。监察机关及其工作人员非法剥夺他人人身自由的行为，构成犯罪的，应当依法追究其刑事责任。受害人可以在法定范围和期限内依照法定程序提出国家赔偿请求。

五是其他侵犯公民、法人和其他组织合法权益造成损害的情形。此项规定是关于监察机关及其工作人员行使职权对公民、法人或者其他组织合法权益造成损害,受害人可以申请国家赔偿的兜底性规定。除了前 4 项规定的情形外,对于监察机关及其工作人员在行使职权中的其他侵权情形,受害人可依法提出国家赔偿请求。①

应予说明的是,监察机关承担国家赔偿责任,前提是公民、法人或者其他组织受到的损害是监察机关或者监察人员违法行使职权所造成的,二者之间存在因果关系。监察人员从事与职权无关的个人活动,给公民、法人或者其他组织造成损害的,监察机关不承担国家赔偿责任。需要追究法律责任的,应当由监察人员个人承担。②

2. 监察赔偿的赔偿请求人

赔偿请求人是指因国家机关及其工作人员的违法行使职权行为而受到损害,有权向国家提出赔偿请求的公民、法人和其他组织。赔偿请求人通常是受害人,而且本条所规定的"受害人"包括公民、法人和其他组织。在实践中,受害人往往是监察对象及涉案人员。当然,根据《监察法实施条例》第 280 条第 2 款的规定,受害人死亡的,其继承人和其他有扶养关系的亲属有权要求赔偿;受害的法人或者其他组织终止的,其权利承受人有权要求赔偿。这与《国家赔偿法》第 6 条的规定保持了一致。

3. 监察赔偿的赔偿义务机关

根据《国家赔偿法》第 2 条第 2 款的规定,赔偿义务机关是指应当依法及时履行赔偿义务的主体。《监察法实施条例》第 281 条第 1 款明确了监察赔偿的赔偿义务机关,即监察机关及其工作人员违法行使职权侵犯公民、法人和其他组织的合法权益造成损害的,该机关为赔偿义务机关。而在具体的赔偿工作当中,如果赔偿请求人向赔偿义务机关申请了国家赔偿,则由该机关负责复审复核的部门受理。

由《监察法》第 56 条的规定可知,复审、复核是监察救济的基本形式,即监察对象对监察机关作出的涉及本人的处理决定不服的,可依法向

---

① 参见秦前红主编:《〈中华人民共和国监察法实施条例〉解读与适用》,法律出版社 2021 年版,第 423－424 页。

② 参见中共中央纪律检查委员会中华人民共和国国家监察委员会法规室编写:《〈中华人民共和国监察法实施条例〉释义》,中国方正出版社 2022 年版,第 466 页。

作出该决定的监察机关申请复审，以及向上一级监察机关申请复核。《监察法实施条例》第 281 条第 1 款之所以规定监察机关负责复审复核工作的部门受理赔偿请求，一是考虑到办理国家赔偿案件涉及对监察机关行使职权合法性的审查判断，与复审复核工作职责密切相关。二是因为监察机关坚持复审复核与调查审理分离，原案调查、审理人员不得参与复审复核，由负责复审复核工作的部门受理赔偿申请，有利于客观公正办理赔偿事项。①

4. 监察赔偿的方式

《国家赔偿法》第 4 章对赔偿方式和计算标准作出专门规定。于其中的赔偿方式而言，国家赔偿以支付赔偿金为主要方式；能够返还财产或者恢复原状的，予以返还财产或者恢复原状。此外，全国人大常委会 2010 年 4 月 29 日对《国家赔偿法》进行修改，新增了精神损害赔偿的规定，即"致人精神损害的，应当在侵权行为影响的范围内，为受害人消除影响，恢复名誉，赔礼道歉；造成严重后果的，应当支付相应的精神损害抚慰金"。根据《监察法实施条例》第 281 条第 2 款的规定，监察赔偿以支付赔偿金为主要方式；能够返还财产或者恢复原状的，予以返还财产或者恢复原状。

实务难点指引

公民、法人和其他组织依法申请国家赔偿，需要满足以下 5 个条件：一是公民、法人或者其他组织合法权益遭受的损害必须是监察机关及其工作人员违法行使职权所造成的。二是合法权益遭受损害的事实与违法行使职权的行为之间存在因果关系。三是合法权益的损害必须是现实已经发生的，是直接的而非间接的。四是损害造成法人或者其他组织终止的，其权利承受人依法享有赔偿请求权。五是公民、法人和其他组织申请国家赔偿必须符合法定条件，参照《国家赔偿法》的有关规定进行。

---

① 参见中共中央纪律检查委员会中华人民共和国国家监察委员会法规室编写：《〈中华人民共和国监察法实施条例〉释义》，中国方正出版社 2022 年版，第 467 页。

需要特别注意的是，监察机关予以赔偿的损失必须是"公民、法人和其他组织的合法权益"，如果是贪污、受贿所得的非法财物，在监察机关及其工作人员履职时受损，自然是不应赔偿的。再者，致损行为必须是监察机关及其工作人员行使职权的行为，假若是监察机关工作人员实施的与监察职权无关的行为，造成公民、法人和其他组织合法权益受损，同样不应由监察机关承担国家赔偿责任。与此类似，根据《国家赔偿法》第5、19条的规定，行政机关和刑事司法机关工作人员与行使职权无关的个人行为，以及因公民自伤、自残等故意行为所造成的损害，国家不承担赔偿责任。

典型案例

A系某市纪委监委副主任科员。B系A的表弟、该市某区街道办事处工作人员。某天A与B酒后聊天，B提到其所在街道办事处工作人员C经常对其进行打压，怀疑单位中关于自己的风言风语都是C编造和传播的，请求A一起前往同C理论。A和B遂前往C宿舍，对C进行侮辱谩骂，C不堪其扰，与二人发生肢体冲突。其间，C被A和B打伤。事后，C觉得自己受到了欺负，并得知A是市纪委监委工作人员后，认为A作为纪检监察干部，不仅未对B的无理行为进行劝阻，反而与B一起对自己进行人身伤害和人格侮辱，其行为严重侵害了自己的合法权益。于是，C向该市纪委监委提出国家赔偿，并要求A向其道歉。市纪委监委收到C请求后，研究认为，此事A确实涉嫌违纪违法，但A的行为与其纪检监察干部身份无关，并不是在行使职权的过程中对C进行了侵害，不符合国家赔偿的适用条件，遂对C进行了回复并充分说明了理由。同时，市纪委监委也对A酒后闹事并故意伤害他人的行为进行了严肃批评，将相关问题移交公安机关处理。在公安机关作出相关处理后，纪委监委依纪依法对A作出了相应党纪政务处分，并将其调离纪检监察系统。[①]

[①] 参见本书编写组编写：《〈中华人民共和国监察法〉案例解读》，中国方正出版社2018年版，第566页。

关联法条

《国家赔偿法》第1、2、5、19、31—40条;《监察官法》第65条;《监察法实施条例》第280、281条。

第九章 附 则

> **第七十七条** 中国人民解放军和中国人民武装警察部队开展监察工作，由中央军事委员会根据本法制定具体规定。

条文主旨

本条是关于中央军事委员会制定具体规定的规定。

条文解读

《宪法》第 5 条第 4 款明确规定，"一切国家机关和武装力量、各政党和各社会团体、各企业事业组织都必须遵守宪法和法律"。《监察法》作为全国人大制定的适用于全国的基本法律，武装力量自然必须严格遵守。不过，在行为规范的具体设计上，武装力量有着一定的特殊之处，中国人民解放军和中国人民武装警察部队的监察工作同样如此。[①] 正因如此，无论是国家监察领域的国家法律，还是纪律检查领域的党内法规，均授权中央军事委员会制定具体的规定。例如，《公职人员政务处分法》第 66 条规定，"中央军事委员会可以根据本法制定相关具体规定"。《中国共产党纪律检查委员会工作条例》第 57 条亦规定，"中央军事委员会可以根据本条例，制定相关规定"。基于同样的逻辑，对于中国人民解放军和中国人民武装警察部队的监察工作开展问题，《监察法》第 77 条授权"由中央军事

[①] 参见中共中央纪律检查委员会中华人民共和国国家监察委员会法规室编写：《〈中华人民共和国监察法〉释义》，中国方正出版社 2018 年版，第 286 页。

委员会根据本法制定具体规定"。

为了贯彻落实依法治军的要求，中央军事委员会根据《监察法》所制定的具体规定，在形式上同样表现为一种法律。《立法法》第 117 条第 1 款明确规定，"中央军事委员会根据宪法和法律，制定军事法规"。对于中国人民解放军和中国人民武装警察部队的监察工作，中央军事委员会制定了《军队监察工作条例（试行）》，自 2020 年 2 月 1 日起施行。该条例共 10 章 62 条，涵盖军队监察委员会设置、监察范围和管辖、监督、调查、处置、监察工作协作配合、对监察委员会和监察人员的监督等各个方面。[1] 与此类似，对于中国人民解放军和中国人民武装警察部队的纪律检查工作，中央军事委员会同样出台有《中国共产党军队纪律检查委员会工作规定》。

关联法条

《现役军官法》第 34—36 条；《人民武装警察法》第 29、40—42 条；《公职人员政务处分法》第 66 条；《中国共产党纪律处分条例》第 156 条；《中国共产党纪律检查委员会工作条例》第 57 条；《中国共产党纪律检查机关监督执纪工作规则》第 74 条；《纪检监察机关处理检举控告工作规则》第 56 条；《纪检监察机关派驻机构工作规则》第 54 条。

第七十八条 本法自公布之日起施行。《中华人民共和国行政监察法》同时废止。

条文主旨

本条是关于本法施行日期的规定。

---

[1] 参见《中央军委主席习近平签署命令发布〈军队监察工作条例（试行）〉》，载《解放军报》2020 年 1 月 21 日，第 1 版。

条文解读

《立法法》第 61 条明确规定，"法律应当明确规定施行日期"。此处的"施行日期"就是"法律的生效时间，是指法律何时开始生效"。① 可以说，有关生效时间的规定，乃是我国法律文本的必备内容和重要组成部分。在全国人大及其常委会制定的法律中，常见的法律生效时间规定方式有以下两种：一是规定"自公布之日起施行"，即法定主体依照法定程序公布法律后便生效；二是明确规定自何时起施行，即为法律的生效设定一个具体的日期。通常来说，假若实践中的法规范需求尤为紧迫，立法者便会把法律生效时间确定为"自公布之日起施行"，或是在通过数天后施行，促使所立之法尽快生效以满足迫切的法规范需求。

1. 《监察法》及其修改决定的施行日期

十三届全国人大一次会议 2018 年 3 月 20 日通过了《监察法》，并在同日以中华人民共和国主席令的形式予以公布，故《监察法》自 2018 年 3 月 20 日起施行。十四届全国人大常委会第十三次会议于 2024 年 12 月 25 日通过《关于修改〈中华人民共和国监察法〉的决定》，以决定的形式对《监察法》进行部分补充和修改。该决定同样载明"本决定自 2025 年 6 月 1 日起施行"。为此，《关于修改〈中华人民共和国监察法〉的决定》中的内容，即 2024 年修改《监察法》新增的内容，原则上不具有溯及既往的效力，仅对 2025 年 6 月 1 日生效后发生的行为有效。

2. 《行政监察法》同时废止

习近平总书记指出，"统筹立改废释纂，增强立法系统性、整体性、协同性、时效性"②。国家监察体制改革使得行政监察为国家监察所取代，故而在《监察法》施行的同时，《行政监察法》也应随之废止。应予注意的是，为给《监察法》的施行扫清障碍，除了废止《行政监察法》，还应

---

① 全国人大常委会法制工作委员会国家法室编著：《中华人民共和国立法法释义》，法律出版社 2015 年版，第 178 页。

② 习近平：《谱写新时代中国宪法实践新篇章——纪念现行宪法公布施行 40 周年》，载《人民日报》2022 年 12 月 20 日，第 1 版。

对《刑事诉讼法》等相关法律进行修改，以及要及时清理根据《行政监察法》制定的行政法规、地方性法规和行政规章。例如，国务院总理李强2024年12月6日签署国务院令，决定废止《行政机关公务员处分条例》。不过在实践中，仍有部分法律、法规和规章未及时修改或清理。比如，现行《道路交通安全法》是全国人大常委会2021年4月修改的，但其第84条第1款依然规定"公安机关交通管理部门及其交通警察的行政执法活动，应当接受行政监察机关依法实施的监督"。

关联法条

《立法法》第61条。

附录

《监察法》修改前后对照表

（条文黑体字部分为修改或新增的内容，阴影部分为删除的内容）

2018 年《监察法》	2024 年《监察法》
第一章 总 则	第一章 总 则
第一条 为了~~深化国家监察体制改革~~，加强对所有行使公权力的公职人员的监督，实现国家监察全面覆盖，~~深入开展反腐败工作~~，推进国家治理体系和治理能力现代化，根据宪法，制定本法。	第一条 为了**深入开展廉政建设和反腐败工作**，加强对所有行使公权力的公职人员的监督，实现国家监察全面覆盖，**持续深化国家监察体制改革**，推进国家治理体系和治理能力现代化，根据宪法，制定本法。
第二条 坚持中国共产党对国家监察工作的领导，以马克思列宁主义、毛泽东思想、邓小平理论、"三个代表"重要思想、科学发展观、习近平新时代中国特色社会主义思想为指导，构建集中统一、权威高效的中国特色国家监察体制。	第二条 坚持中国共产党对国家监察工作的领导，以马克思列宁主义、毛泽东思想、邓小平理论、"三个代表"重要思想、科学发展观、习近平新时代中国特色社会主义思想为指导，构建集中统一、权威高效的中国特色国家监察体制。
第三条 各级监察委员会是行使国家监察职能的专责机关，依照本法对所有行使公权力的公职人员（以下称公职人员）进行监察，调查职务违法和职务犯罪，开展廉政建设和反腐败工作，维护宪法和法律的尊严。	第三条 各级监察委员会是行使国家监察职能的专责机关，依照本法对所有行使公权力的公职人员（以下称公职人员）进行监察，调查职务违法和职务犯罪，开展廉政建设和反腐败工作，维护宪法和法律的尊严。
第四条 监察委员会依照法律规定独立行使监察权，不受行政机关、社会团体和个人的干涉。 监察机关办理职务违法和职务犯罪案	第四条 监察委员会依照法律规定独立行使监察权，不受行政机关、社会团体和个人的干涉。 监察机关办理职务违法和职务犯罪案

2018 年《监察法》	2024 年《监察法》
件，应当与审判机关、检察机关、执法部门互相配合，互相制约。 监察机关在工作中需要协助的，有关机关和单位应当根据监察机关的要求依法予以协助。	件，应当与审判机关、检察机关、执法部门互相配合，互相制约。 监察机关在工作中需要协助的，有关机关和单位应当根据监察机关的要求依法予以协助。
第五条 国家监察工作严格遵照宪法和法律，以事实为根据，以法律为准绳；在适用法律上一律平等，保障**当事人**的合法权益；权责对等，严格监督；惩戒与教育相结合，宽严相济。	**第五条** 国家监察工作严格遵照宪法和法律，以事实为根据，以法律为准绳；权责对等，严格监督；**遵守法定程序，公正履行职责；尊重和保障人权**，在适用法律上一律平等，保障监察对象及相关人员的合法权益；惩戒与教育相结合，宽严相济。
第六条 国家监察工作坚持标本兼治、综合治理，强化监督问责，严厉惩治腐败；深化改革、健全法治，有效制约和监督权力；加强法治教育和道德教育，弘扬中华优秀传统文化，构建不敢腐、不能腐、不想腐的长效机制。	**第六条** 国家监察工作坚持标本兼治、综合治理，强化监督问责，严厉惩治腐败；深化改革、健全法治，有效制约和监督权力；加强法治教育和道德教育，弘扬中华优秀传统文化，构建不敢腐、不能腐、不想腐的长效机制。
第二章 监察机关及其职责	**第二章 监察机关及其职责**
第七条 中华人民共和国国家监察委员会是最高监察机关。 省、自治区、直辖市、自治州、县、自治县、市、市辖区设立监察委员会。	**第七条** 中华人民共和国国家监察委员会是最高监察机关。 省、自治区、直辖市、自治州、县、自治县、市、市辖区设立监察委员会。
第八条 国家监察委员会由全国人民代表大会产生，负责全国监察工作。 国家监察委员会由主任、副主任若干人、委员若干人组成，主任由全国人民代表大会选举，副主任、委员由国家监察委员会主任提请全国人民代表大会常务委员会任免。 国家监察委员会主任每届任期同全国人民代表大会每届任期相同，连续任职不得超过两届。	**第八条** 国家监察委员会由全国人民代表大会产生，负责全国监察工作。 国家监察委员会由主任、副主任若干人、委员若干人组成，主任由全国人民代表大会选举，副主任、委员由国家监察委员会主任提请全国人民代表大会常务委员会任免。 国家监察委员会主任每届任期同全国人民代表大会每届任期相同，连续任职不得超过两届。

续表

2018 年《监察法》	2024 年《监察法》
国家监察委员会对全国人民代表大会及其常务委员会负责，并接受其监督。	国家监察委员会对全国人民代表大会及其常务委员会负责，并接受其监督。
第九条　地方各级监察委员会由本级人民代表大会产生，负责本行政区域内的监察工作。 　　地方各级监察委员会由主任、副主任若干人、委员若干人组成，主任由本级人民代表大会选举，副主任、委员由监察委员会主任提请本级人民代表大会常务委员会任免。 　　地方各级监察委员会主任每届任期同本级人民代表大会每届任期相同。 　　地方各级监察委员会对本级人民代表大会及其常务委员会和上一级监察委员会负责，并接受其监督。	**第九条**　地方各级监察委员会由本级人民代表大会产生，负责本行政区域内的监察工作。 　　地方各级监察委员会由主任、副主任若干人、委员若干人组成，主任由本级人民代表大会选举，副主任、委员由监察委员会主任提请本级人民代表大会常务委员会任免。 　　地方各级监察委员会主任每届任期同本级人民代表大会每届任期相同。 　　地方各级监察委员会对本级人民代表大会及其常务委员会和上一级监察委员会负责，并接受其监督。
第十条　国家监察委员会领导地方各级监察委员会的工作，上级监察委员会领导下级监察委员会的工作。	**第十条**　国家监察委员会领导地方各级监察委员会的工作，上级监察委员会领导下级监察委员会的工作。
第十一条　监察委员会依照本法和有关法律规定履行监督、调查、处置职责： 　　（一）对公职人员开展廉政教育，对其依法履职、秉公用权、廉洁从政从业以及道德操守情况进行监督检查； 　　（二）对涉嫌贪污贿赂、滥用职权、玩忽职守、权力寻租、利益输送、徇私舞弊以及浪费国家资财等职务违法和职务犯罪进行调查； 　　（三）对违法的公职人员依法作出政务处分决定；对履行职责不力、失职失责的领导人员进行问责；对涉嫌职务犯罪的，将调查结果移送人民检察院依法审查、提起公诉；向监察对象所在单位提出监察建议。	**第十一条**　监察委员会依照本法和有关法律规定履行监督、调查、处置职责： 　　（一）对公职人员开展廉政教育，对其依法履职、秉公用权、廉洁从政从业以及道德操守情况进行监督检查； 　　（二）对涉嫌贪污贿赂、滥用职权、玩忽职守、权力寻租、利益输送、徇私舞弊以及浪费国家资财等职务违法和职务犯罪进行调查； 　　（三）对违法的公职人员依法作出政务处分决定；对履行职责不力、失职失责的领导人员进行问责；对涉嫌职务犯罪的，将调查结果移送人民检察院依法审查、提起公诉；向监察对象所在单位提出监察建议。

续表

2018 年《监察法》	2024 年《监察法》
第十二条　各级监察委员会可以向本级中国共产党机关、国家机关、法律法规授权或者委托管理公共事务的组织和单位以及**所管辖的行政**区域、国有企业等派驻或者派出监察机构、监察专员。 监察机构、监察专员对派驻或者派出它的监察委员会负责。	第十二条　各级监察委员会可以向本级中国共产党机关、国家机关、**中国人民政治协商会议委员会机关**、法律法规授权或者委托管理公共事务的组织和单位以及**辖区内特定**区域、国有企业、**事业单位**等派驻或者派出监察机构、监察专员。 经国家监察委员会批准，国家监察委员会派驻本级实行垂直管理或者双重领导并以上级单位领导为主的单位、国有企业的监察机构、监察专员，可以向驻在单位的下一级单位再派出。 经国家监察委员会批准，国家监察委员会派驻监察机构、监察专员，可以向驻在单位管理领导班子的普通高等学校再派出；国家监察委员会派驻国务院国有资产监督管理机构的监察机构，可以向驻在单位管理领导班子的国有企业再派出。 监察机构、监察专员对派驻或者派出它的监察委员会**或者监察机构、监察专员**负责。
第十三条　派驻或者派出的监察机构、监察专员根据授权，按照管理权限依法对公职人员进行监督，提出监察建议，依法对公职人员进行调查、处置。	第十三条　派驻或者派出的监察机构、监察专员根据授权，按照管理权限依法对公职人员进行监督，提出监察建议，依法对公职人员进行调查、处置。
第十四条　国家实行监察官制度，依法确定监察官的等级设置、任免、考评和晋升等制度。	第十四条　国家实行监察官制度，依法确定监察官的等级设置、任免、考评和晋升等制度。
第三章　监察范围和管辖	第三章　监察范围和管辖
第十五条　监察机关对下列公职人员和有关人员进行监察： （一）中国共产党机关、人民代表大会及其常务委员会机关、人民政府、监察委员会、人民法院、人民检察院、中国人	第十五条　监察机关对下列公职人员和有关人员进行监察： （一）中国共产党机关、人民代表大会及其常务委员会机关、人民政府、监察委员会、人民法院、人民检察院、中国人

续表

2018 年《监察法》	2024 年《监察法》
民政治协商会议各级委员会机关、民主党派机关和工商业联合会机关的公务员，以及参照《中华人民共和国公务员法》管理的人员； （二）法律、法规授权或者受国家机关依法委托管理公共事务的组织中从事公务的人员； （三）国有企业管理人员； （四）公办的教育、科研、文化、医疗卫生、体育等单位中从事管理的人员； （五）基层群众性自治组织中从事管理的人员； （六）其他依法履行公职的人员。	民政治协商会议各级委员会机关、民主党派机关和工商业联合会机关的公务员，以及参照《中华人民共和国公务员法》管理的人员； （二）法律、法规授权或者受国家机关依法委托管理公共事务的组织中从事公务的人员； （三）国有企业管理人员； （四）公办的教育、科研、文化、医疗卫生、体育等单位中从事管理的人员； （五）基层群众性自治组织中从事管理的人员； （六）其他依法履行公职的人员。
第十六条 各级监察机关按照管理权限管辖本辖区内本法第十五条规定的人员所涉监察事项。 上级监察机关可以办理下一级监察机关管辖范围内的监察事项，必要时也可以办理所辖各级监察机关管辖范围内的监察事项。 监察机关之间对监察事项的管辖有争议的，由其共同的上级监察机关确定。	**第十六条** 各级监察机关按照管理权限管辖本辖区内本法第十五条规定的人员所涉监察事项。 上级监察机关可以办理下一级监察机关管辖范围内的监察事项，必要时也可以办理所辖各级监察机关管辖范围内的监察事项。 监察机关之间对监察事项的管辖有争议的，由其共同的上级监察机关确定。
第十七条 上级监察机关可以将其所管辖的监察事项指定下级监察机关管辖，也可以将下级监察机关有管辖权的监察事项指定给其他监察机关管辖。 监察机关认为所管辖的监察事项重大、复杂，需要由上级监察机关管辖的，可以报请上级监察机关管辖。	**第十七条** 上级监察机关可以将其所管辖的监察事项指定下级监察机关管辖，也可以将下级监察机关有管辖权的监察事项指定给其他监察机关管辖。 监察机关认为所管辖的监察事项重大、复杂，需要由上级监察机关管辖的，可以报请上级监察机关管辖。
第四章 监察权限	**第四章 监察权限**
第十八条 监察机关行使监督、调查职权，有权依法向有关单位和个人了解情况，收集、调取证据。有关单位和个人应	**第十八条** 监察机关行使监督、调查职权，有权依法向有关单位和个人了解情况，收集、调取证据。有关单位和个人应

续表

2018年《监察法》	2024年《监察法》
当如实提供。 监察机关及其工作人员对监督、调查过程中知悉的国家秘密、商业秘密、个人隐私，应当保密。 任何单位和个人不得伪造、隐匿或者毁灭证据。	当如实提供。 监察机关及其工作人员对监督、调查过程中知悉的国家秘密、**工作秘密**、商业秘密、个人隐私**和个人信息**，应当保密。 任何单位和个人不得伪造、隐匿或者毁灭证据。
第十九条　对可能发生职务违法的监察对象，监察机关按照管理权限，可以直接或者委托有关机关、人员进行谈话或者要求说明情况。	第十九条　对可能发生职务违法的监察对象，监察机关按照管理权限，可以直接或者委托有关机关、人员进行谈话，或者**进行函询**，要求说明情况。
第二十条　在调查过程中，对涉嫌职务违法的被调查人，监察机关可以要求其就涉嫌违法行为作出陈述，必要时向被调查人出具书面通知。 对涉嫌贪污贿赂、失职渎职等职务犯罪的被调查人，监察机关可以进行讯问，要求其如实供述涉嫌犯罪的情况。	第二十条　在调查过程中，对涉嫌职务违法的被调查人，监察机关可以**进行谈话**，要求其就涉嫌违法行为作出陈述，必要时向被调查人出具书面通知。 对涉嫌贪污贿赂、失职渎职等职务犯罪的被调查人，监察机关可以进行讯问，要求其如实供述涉嫌犯罪的情况。
	第二十一条　监察机关根据案件情况，经依法审批，可以强制涉嫌严重职务违法或者职务犯罪的被调查人到案接受调查。
第二十一条　在调查过程中，监察机关可以询问证人等人员。	第二十二条　在调查过程中，监察机关可以询问证人等人员。
	第二十三条　被调查人涉嫌严重职务违法或者职务犯罪，并有下列情形之一的，经监察机关依法审批，可以对其采取责令候查措施： （一）不具有本法第二十四条第一款所列情形的； （二）符合留置条件，但患有严重疾病、生活不能自理的，系怀孕或者正在哺乳自己婴儿的妇女，或者生活不能自理的人的唯一扶养人；

续表

2018年《监察法》	2024年《监察法》
	（三）案件尚未办结，但留置期限届满或者对被留置人员不需要继续采取留置措施的； （四）符合留置条件，但因为案件的特殊情况或者办理案件的需要，采取责令候查措施更为适宜的。 　　被责令候查人员应当遵守以下规定： （一）未经监察机关批准不得离开所居住的直辖市、设区的市的城市市区或者不设区的市、县的辖区； （二）住址、工作单位和联系方式发生变动的，在二十四小时以内向监察机关报告； （三）在接到通知的时候及时到案接受调查； （四）不得以任何形式干扰证人作证； （五）不得串供或者伪造、隐匿、毁灭证据。 　　被责令候查人员违反前款规定，情节严重的，可以依法予以留置。
第二十二条　被调查人涉嫌贪污贿赂、失职渎职等严重职务违法或者职务犯罪，监察机关已经掌握其部分违法犯罪事实及证据，仍有重要问题需要进一步调查，并有下列情形之一的，经监察机关依法审批，可以将其留置在特定场所： （一）涉及案情重大、复杂的； （二）可能逃跑、自杀的； （三）可能串供或者伪造、隐匿、毁灭证据的； （四）可能有其他妨碍调查行为的。 　　对涉嫌行贿犯罪或者共同职务犯罪的涉案人员，监察机关可以依照前款规定采取留置措施。	第二十四条　被调查人涉嫌贪污贿赂、失职渎职等严重职务违法或者职务犯罪，监察机关已经掌握其部分违法犯罪事实及证据，仍有重要问题需要进一步调查，并有下列情形之一的，经监察机关依法审批，可以将其留置在特定场所： （一）涉及案情重大、复杂的； （二）可能逃跑、自杀的； （三）可能串供或者伪造、隐匿、毁灭证据的； （四）可能有其他妨碍调查行为的。 　　对涉嫌行贿犯罪或者共同职务犯罪的涉案人员，监察机关可以依照前款规定采取留置措施。

续表

2018 年《监察法》	2024 年《监察法》
留置场所的设置、管理和监督依照国家有关规定执行。	留置场所的设置、管理和监督依照国家有关规定执行。
	第二十五条　对于未被留置的下列人员，监察机关发现存在逃跑、自杀等重大安全风险的，经依法审批，可以进行管护： （一）涉嫌严重职务违法或者职务犯罪的自动投案人员； （二）在接受谈话、函询、询问过程中，交代涉嫌严重职务违法或者职务犯罪问题的人员； （三）在接受讯问过程中，主动交代涉嫌重大职务犯罪问题的人员。 采取管护措施后，应当立即将被管护人员送留置场所，至迟不得超过二十四小时。
第二十三条　监察机关调查涉嫌贪污贿赂、失职渎职等严重职务违法或者职务犯罪，根据工作需要，可以依照规定查询、冻结涉案单位和个人的存款、汇款、债券、股票、基金份额等财产。有关单位和个人应当配合。 冻结的财产经查明与案件无关的，应当在查明后三日内解除冻结，予以退还。	第二十六条　监察机关调查涉嫌贪污贿赂、失职渎职等严重职务违法或者职务犯罪，根据工作需要，可以依照规定查询、冻结涉案单位和个人的存款、汇款、债券、股票、基金份额等财产。有关单位和个人应当配合。 冻结的财产经查明与案件无关的，应当在查明后三日内解除冻结，予以退还。
第二十四条　监察机关可以对涉嫌职务犯罪的被调查人以及可能隐藏被调查人或者犯罪证据的人的身体、物品、住处和其他有关地方进行搜查。在搜查时，应当出示搜查证，并有被搜查人或者其家属等见证人在场。 搜查女性身体，应当由女性工作人员进行。 监察机关进行搜查时，可以根据工作	第二十七条　监察机关可以对涉嫌职务犯罪的被调查人以及可能隐藏被调查人或者犯罪证据的人的身体、物品、住处和其他有关地方进行搜查。在搜查时，应当出示搜查证，并有被搜查人或者其家属等见证人在场。 搜查女性身体，应当由女性工作人员进行。 监察机关进行搜查时，可以根据工作

续表

2018年《监察法》	2024年《监察法》
需要提请公安机关配合。公安机关应当依法予以协助。	需要提请公安机关配合。公安机关应当依法予以协助。
第二十五条 监察机关在调查过程中，可以调取、查封、扣押用以证明被调查人涉嫌违法犯罪的财物、文件和电子数据等信息。采取调取、查封、扣押措施，应当收集原物原件，会同持有人或者保管人、见证人，当面逐一拍照、登记、编号，开列清单，由在场人员当场核对、签名，并将清单副本交财物、文件的持有人或者保管人。 　　对调取、查封、扣押的财物、文件，监察机关应当设立专用账户、专门场所，确定专门人员妥善保管，严格履行交接、调取手续，定期对账核实，不得毁损或者用于其他目的。对价值不明物品应当及时鉴定，专门封存保管。 　　查封、扣押的财物、文件经查明与案件无关的，应当在查明后三日内解除查封、扣押，予以退还。	第二十八条 监察机关在调查过程中，可以调取、查封、扣押用以证明被调查人涉嫌违法犯罪的财物、文件和电子数据等信息。采取调取、查封、扣押措施，应当收集原物原件，会同持有人或者保管人、见证人，当面逐一拍照、登记、编号，开列清单，由在场人员当场核对、签名，并将清单副本交财物、文件的持有人或者保管人。 　　对调取、查封、扣押的财物、文件，监察机关应当设立专用账户、专门场所，确定专门人员妥善保管，严格履行交接、调取手续，定期对账核实，不得毁损或者用于其他目的。对价值不明物品应当及时鉴定，专门封存保管。 　　查封、扣押的财物、文件经查明与案件无关的，应当在查明后三日内解除查封、扣押，予以退还。
第二十六条 监察机关在调查过程中，可以直接或者指派、聘请具有专门知识、资格的人员在调查人员主持下进行勘验检查。勘验检查情况应当制作笔录，由参加勘验检查的人员和见证人签名或者盖章。	第二十九条 监察机关在调查过程中，可以直接或者指派、聘请具有专门知识的人在调查人员主持下进行勘验检查。勘验检查情况应当制作笔录，由参加勘验检查的人员和见证人签名或者盖章。 　　必要时，监察机关可以进行调查实验。调查实验情况应当制作笔录，由参加实验的人员签名或者盖章。
第二十七条 监察机关在调查过程中，对于案件中的专门性问题，可以指派、聘请有专门知识的人进行鉴定。鉴定人进行鉴定后，应当出具鉴定意见，并且签名。	第三十条 监察机关在调查过程中，对于案件中的专门性问题，可以指派、聘请有专门知识的人进行鉴定。鉴定人进行鉴定后，应当出具鉴定意见，并且签名。

续表

2018 年《监察法》	2024 年《监察法》
第二十八条　监察机关调查涉嫌重大贪污贿赂等职务犯罪，根据需要，经过严格的批准手续，可以采取技术调查措施，按照规定交有关机关执行。 批准决定应当明确采取技术调查措施的种类和适用对象，自签发之日起三个月以内有效；对于复杂、疑难案件，期限届满仍有必要继续采取技术调查措施的，经过批准，有效期可以延长，每次不得超过三个月。对于不需要继续采取技术调查措施的，应当及时解除。	第三十一条　监察机关调查涉嫌重大贪污贿赂等职务犯罪，根据需要，经过严格的批准手续，可以采取技术调查措施，按照规定交有关机关执行。 批准决定应当明确采取技术调查措施的种类和适用对象，自签发之日起三个月以内有效；对于复杂、疑难案件，期限届满仍有必要继续采取技术调查措施的，经过批准，有效期可以延长，每次不得超过三个月。对于不需要继续采取技术调查措施的，应当及时解除。
第二十九条　依法应当留置的被调查人如果在逃，监察机关可以决定在本行政区域内通缉，由公安机关发布通缉令，追捕归案。通缉范围超出本行政区域的，应当报请有权决定的上级监察机关决定。	第三十二条　依法应当留置的被调查人如果在逃，监察机关可以决定在本行政区域内通缉，由公安机关发布通缉令，追捕归案。通缉范围超出本行政区域的，应当报请有权决定的上级监察机关决定。
第三十条　监察机关为防止被调查人及相关人员逃匿境外，经省级以上监察机关批准，可以对被调查人及相关人员采取限制出境措施，由公安机关依法执行。对于不需要继续采取限制出境措施的，应当及时解除。	第三十三条　监察机关为防止被调查人及相关人员逃匿境外，经省级以上监察机关批准，可以对被调查人及相关人员采取限制出境措施，由公安机关依法执行。对于不需要继续采取限制出境措施的，应当及时解除。
第三十一条　涉嫌职务犯罪的被调查人主动认罪认罚，有下列情形之一的，监察机关经领导人员集体研究，并报上一级监察机关批准，可以在移送人民检察院时提出从宽处罚的建议： （一）自动投案，真诚悔罪悔过的； （二）积极配合调查工作，如实供述监察机关还未掌握的违法犯罪行为的； （三）积极退赃，减少损失的； （四）具有重大立功表现或者案件涉及国家重大利益等情形的。	第三十四条　涉嫌职务犯罪的被调查人主动认罪认罚，有下列情形之一的，监察机关经领导人员集体研究，并报上一级监察机关批准，可以在移送人民检察院时提出从宽处罚的建议： （一）自动投案，真诚悔罪悔过的； （二）积极配合调查工作，如实供述监察机关还未掌握的违法犯罪行为的； （三）积极退赃，减少损失的； （四）具有重大立功表现或者案件涉及国家重大利益等情形的。

续表

2018 年《监察法》	2024 年《监察法》
第三十二条　职务违法犯罪的涉案人员揭发有关被调查人职务违法犯罪行为，查证属实的，或者提供重要线索，有助于调查其他案件的，监察机关经领导人员集体研究，并报上一级监察机关批准，可以在移送人民检察院时提出从宽处罚的建议。	第三十五条　职务违法犯罪的涉案人员揭发有关被调查人职务违法犯罪行为，查证属实的，或者提供重要线索，有助于调查其他案件的，监察机关经领导人员集体研究，并报上一级监察机关批准，可以在移送人民检察院时提出从宽处罚的建议。
第三十三条　监察机关依照本法规定收集的物证、书证、证人证言、被调查人供述和辩解、视听资料、电子数据等证据材料，在刑事诉讼中可以作为证据使用。 监察机关在收集、固定、审查、运用证据时，应当与刑事审判关于证据的要求和标准相一致。 以非法方法收集的证据应当依法予以排除，不得作为案件处置的依据。	第三十六条　监察机关依照本法规定收集的物证、书证、证人证言、被调查人供述和辩解、视听资料、电子数据等证据材料，在刑事诉讼中可以作为证据使用。 监察机关在收集、固定、审查、运用证据时，应当与刑事审判关于证据的要求和标准相一致。 以非法方法收集的证据应当依法予以排除，不得作为案件处置的依据。
第三十四条　人民法院、人民检察院、公安机关、审计机关等国家机关在工作中发现公职人员涉嫌贪污贿赂、失职渎职等职务违法或者职务犯罪的问题线索，应当移送监察机关，由监察机关依法调查处置。 被调查人既涉嫌严重职务违法或者职务犯罪，又涉嫌其他违法犯罪的，一般应当由监察机关为主调查，其他机关予以协助。	第三十七条　人民法院、人民检察院、公安机关、审计机关等国家机关在工作中发现公职人员涉嫌贪污贿赂、失职渎职等职务违法或者职务犯罪的问题线索，应当移送监察机关，由监察机关依法调查处置。 被调查人既涉嫌严重职务违法或者职务犯罪，又涉嫌其他违法犯罪的，一般应当由监察机关为主调查，其他机关予以协助。
第五章　监察程序	第五章　监察程序
第三十五条　监察机关对于报案或者举报，应当接受并按照有关规定处理。对于不属于本机关管辖的，应当移送主管机关处理。	第三十八条　监察机关对于报案或者举报，应当接受并按照有关规定处理。对于不属于本机关管辖的，应当移送主管机关处理。

续表

2018 年《监察法》	2024 年《监察法》
第三十六条　监察机关应当严格按照程序开展工作，建立问题线索处置、调查、审理各部门相互协调、相互制约的工作机制。 监察机关应当加强对调查、处置工作全过程的监督管理，设立相应的工作部门履行线索管理、监督检查、督促办理、统计分析等管理协调职能。	第三十九条　监察机关应当严格按照程序开展工作，建立问题线索处置、调查、审理各部门相互协调、相互制约的工作机制。 监察机关应当加强对调查、处置工作全过程的监督管理，设立相应的工作部门履行线索管理、监督检查、督促办理、统计分析等管理协调职能。
第三十七条　监察机关对监察对象的问题线索，应当按照有关规定提出处置意见，履行审批手续，进行分类办理。线索处置情况应当定期汇总、通报，定期检查、抽查。	第四十条　监察机关对监察对象的问题线索，应当按照有关规定提出处置意见，履行审批手续，进行分类办理。线索处置情况应当定期汇总、通报，定期检查、抽查。
第三十八条　需要采取初步核实方式处置问题线索的，监察机关应当依法履行审批程序，成立核查组。初步核实工作结束后，核查组应当撰写初步核实情况报告，提出处理建议。承办部门应当提出分类处理意见。初步核实情况报告和分类处理意见报监察机关主要负责人审批。	第四十一条　需要采取初步核实方式处置问题线索的，监察机关应当依法履行审批程序，成立核查组。初步核实工作结束后，核查组应当撰写初步核实情况报告，提出处理建议。承办部门应当提出分类处理意见。初步核实情况报告和分类处理意见报监察机关主要负责人审批。
第三十九条　经过初步核实，对监察对象涉嫌职务违法犯罪，需要追究法律责任的，监察机关应当按照规定的权限和程序办理立案手续。 监察机关主要负责人依法批准立案后，应当主持召开专题会议，研究确定调查方案，决定需要采取的调查措施。 立案调查决定应当向被调查人宣布，并通报相关组织。涉嫌严重职务违法或者职务犯罪的，应当通知被调查人家属，并向社会公开发布。	第四十二条　经过初步核实，对监察对象涉嫌职务违法犯罪，需要追究法律责任的，监察机关应当按照规定的权限和程序办理立案手续。 监察机关主要负责人依法批准立案后，应当主持召开专题会议，研究确定调查方案，决定需要采取的调查措施。 立案调查决定应当向被调查人宣布，并通报相关组织。涉嫌严重职务违法或者职务犯罪的，应当通知被调查人家属，并向社会公开发布。

续表

2018 年《监察法》	2024 年《监察法》
第四十条 监察机关对职务违法和职务犯罪案件，应当进行调查，收集被调查人有无违法犯罪以及情节轻重的证据，查明违法犯罪事实，形成相互印证、完整稳定的证据链。 严禁以威胁、引诱、欺骗及其他非法方式收集证据，严禁侮辱、打骂、虐待、体罚或者变相体罚被调查人和涉案人员。	**第四十三条** 监察机关对职务违法和职务犯罪案件，应当进行调查，收集被调查人有无违法犯罪以及情节轻重的证据，查明违法犯罪事实，形成相互印证、完整稳定的证据链。 **调查人员应当依法文明规范开展调查工作。**严禁以**暴力、**威胁、引诱、欺骗及其他非法方式收集证据，严禁侮辱、打骂、虐待、体罚或者变相体罚被调查人和涉案人员。 **监察机关及其工作人员在履行职责过程中应当依法保护企业产权和自主经营权，严禁利用职权非法干扰企业生产经营。需要企业经营者协助调查的，应当保障其人身权利、财产权利和其他合法权益，避免或者尽量减少对企业正常生产经营活动的影响。**
第四十一条 调查人员采取讯问、询问、留置、搜查、调取、查封、扣押、勘验检查等调查措施，均应当依照规定出示证件，出具书面通知，由二人以上进行，形成笔录、报告等书面材料，并由相关人员签名、盖章。 调查人员进行讯问以及搜查、查封、扣押等重要取证工作，应当对全过程进行录音录像，留存备查。	**第四十四条** 调查人员采取讯问、询问、**强制到案、责令候查、管护、**留置、搜查、调取、查封、扣押、勘验检查等调查措施，均应当依照规定出示证件，出具书面通知，由二人以上进行，形成笔录、报告等书面材料，并由相关人员签名、盖章。 调查人员进行讯问以及搜查、查封、扣押等重要取证工作，应当对全过程进行录音录像，留存备查。
第四十二条 调查人员应当严格执行调查方案，不得随意扩大调查范围、变更调查对象和事项。 对调查过程中的重要事项，应当集体研究后按程序请示报告。	**第四十五条** 调查人员应当严格执行调查方案，不得随意扩大调查范围、变更调查对象和事项。 对调查过程中的重要事项，应当集体研究后按程序请示报告。

续表

2018年《监察法》	2024年《监察法》
	第四十六条　采取强制到案、责令候查或者管护措施，应当按照规定的权限和程序，经监察机关主要负责人批准。 　　强制到案持续的时间不得超过十二小时；需要采取管护或者留置措施的，强制到案持续的时间不得超过二十四小时。不得以连续强制到案的方式变相拘禁被调查人。 　　责令候查最长不得超过十二个月。 　　监察机关采取管护措施的，应当在七日以内依法作出留置或者解除管护的决定，特殊情况下可以延长一日至三日。
第四十三条第一款　监察机关采取留置措施，应当由监察机关领导人员集体研究决定。设区的市级以下监察机关采取留置措施，应当报上一级监察机关批准。省级监察机关采取留置措施，应当报国家监察委员会备案。	第四十七条　监察机关采取留置措施，应当由监察机关领导人员集体研究决定。设区的市级以下监察机关采取留置措施，应当报上一级监察机关批准。省级监察机关采取留置措施，应当报国家监察委员会备案。
第四十三条第二款　留置时间不得超过三个月。在特殊情况下，可以延长一次，延长时间不得超过三个月。省级以下监察机关采取留置措施的，延长留置时间应当报上一级监察机关批准。监察机关发现采取留置措施不当的，应当及时解除。	第四十八条　留置时间不得超过三个月。在特殊情况下，可以延长一次，延长时间不得超过三个月。省级以下监察机关采取留置措施的，延长留置时间应当报上一级监察机关批准。监察机关发现采取留置措施不当**或者不需要继续采取留置措施**的，应当及时解除**或者变更为责令候查措施**。 　　对涉嫌职务犯罪的被调查人可能判处十年有期徒刑以上刑罚，监察机关依照前款规定延长期限届满，仍不能调查终结的，经国家监察委员会批准或者决定，可以再延长二个月。 　　省级以上监察机关在调查期间，发现涉嫌职务犯罪的被调查人另有与留置时的

续表

2018 年《监察法》	2024 年《监察法》
	罪行不同种的重大职务犯罪或者同种的影响罪名认定、量刑档次的重大职务犯罪，经国家监察委员会批准或者决定，自发现之日起依照本条第一款的规定重新计算留置时间。留置时间重新计算以一次为限。
第四十三条第三款 监察机关采取留置措施，可以根据工作需要提请公安机关配合。公安机关应当依法予以协助。	第四十九条 监察机关采取强制到案、责令候查、管护、留置措施，可以根据工作需要提请公安机关配合。公安机关应当依法予以协助。 省级以下监察机关留置场所的看护勤务由公安机关负责，国家监察委员会留置场所的看护勤务由国家另行规定。留置看护队伍的管理依照国家有关规定执行。
第四十四条 对被调查人采取留置措施后，应当在二十四小时以内，通知被留置人员所在单位和家属，但有可能毁灭、伪造证据，干扰证人作证或者串供等有碍调查情形的除外。有碍调查的情形消失后，应当立即通知被留置人员所在单位和家属。 监察机关应当保障被留置人员的饮食、休息和安全，提供医疗服务。讯问被留置人员应当合理安排讯问时间和时长，讯问笔录由被讯问人阅看后签名。 被留置人员涉嫌犯罪移送司法机关后，被依法判处管制、拘役和有期徒刑的，留置一日折抵管制二日，折抵拘役、有期徒刑一日。	第五十条 采取管护或者留置措施后，应当在二十四小时以内，通知被管护人员、被留置人员所在单位和家属，但有可能伪造、隐匿、毁灭证据，干扰证人作证或者串供等有碍调查情形的除外。有碍调查的情形消失后，应当立即通知被管护人员、被留置人员所在单位和家属。解除管护或者留置的，应当及时通知被管护人员、被留置人员所在单位和家属。 被管护人员、被留置人员及其近亲属有权申请变更管护、留置措施。监察机关收到申请后，应当在三日以内作出决定；不同意变更措施的，应当告知申请人，并说明不同意的理由。 监察机关应当保障被强制到案人员、被管护人员以及被留置人员的饮食、休息和安全，提供医疗服务。对其谈话、讯问的，应当合理安排时间和时长，谈话笔录、讯问笔录由被谈话人、被讯问人阅看后签名。

续表

2018年《监察法》	2024年《监察法》
	被管护人员、被留置人员涉嫌犯罪移送司法机关后，被依法判处管制、拘役或者有期徒刑的，管护、留置一日折抵管制二日，折抵拘役、有期徒刑一日。
	第五十一条　监察机关在调查工作结束后，应当依法对案件事实和证据、性质认定、程序手续、涉案财物等进行全面审理，形成审理报告，提请集体审议。
第四十五条　监察机关根据监督、调查结果，依法作出如下处置： （一）对有职务违法行为但情节较轻的公职人员，按照管理权限，直接或者委托有关机关、人员，进行谈话提醒、批评教育、责令检查，或者予以诫勉； （二）对违法的公职人员依照法定程序作出警告、记过、记大过、降级、撤职、开除等政务处分决定； （三）对不履行或者不正确履行职责负有责任的领导人员，按照管理权限对其直接作出问责决定，或者向有权作出问责决定的机关提出问责建议； （四）对涉嫌职务犯罪的，监察机关经调查认为犯罪事实清楚，证据确实、充分的，制作起诉意见书，连同案卷材料、证据一并移送人民检察院依法审查、提起公诉； （五）对监察对象所在单位廉政建设和履行职责存在的问题等提出监察建议。 　　监察机关经调查，对没有证据证明被调查人存在违法犯罪行为的，应当撤销案件，并通知被调查人所在单位。	第五十二条　监察机关根据监督、调查结果，依法作出如下处置： （一）对有职务违法行为但情节较轻的公职人员，按照管理权限，直接或者委托有关机关、人员，进行谈话提醒、批评教育、责令检查，或者予以诫勉； （二）对违法的公职人员依照法定程序作出警告、记过、记大过、降级、撤职、开除等政务处分决定； （三）对不履行或者不正确履行职责负有责任的领导人员，按照管理权限对其直接作出问责决定，或者向有权作出问责决定的机关提出问责建议； （四）对涉嫌职务犯罪的，监察机关经调查认为犯罪事实清楚，证据确实、充分的，制作起诉意见书，连同案卷材料、证据一并移送人民检察院依法审查、提起公诉； （五）对监察对象所在单位廉政建设和履行职责存在的问题等提出监察建议。 　　监察机关经调查，对没有证据证明被调查人存在违法犯罪行为的，应当撤销案件，并通知被调查人所在单位。

2018 年《监察法》	2024 年《监察法》
第四十六条　监察机关经调查，对违法取得的财物，依法予以没收、追缴或者责令退赔；对涉嫌犯罪取得的财物，应当随案移送人民检察院。	第五十三条　监察机关经调查，对违法取得的财物，依法予以没收、追缴或者责令退赔；对涉嫌犯罪取得的财物，应当随案移送人民检察院。
第四十七条　对监察机关移送的案件，人民检察院依照《中华人民共和国刑事诉讼法》对被调查人采取强制措施。 人民检察院经审查，认为犯罪事实已经查清，证据确实、充分，依法应当追究刑事责任的，应当作出起诉决定。 人民检察院经审查，认为需要补充核实的，应当退回监察机关补充调查，必要时可以自行补充侦查。对于补充调查的案件，应当在一个月内补充调查完毕。补充调查以二次为限。 人民检察院对于有《中华人民共和国刑事诉讼法》规定的不起诉的情形的，经上一级人民检察院批准，依法作出不起诉的决定。监察机关认为不起诉的决定有错误的，可以向上一级人民检察院提请复议。	第五十四条　对监察机关移送的案件，人民检察院依照《中华人民共和国刑事诉讼法》对被调查人采取强制措施。 人民检察院经审查，认为犯罪事实已经查清，证据确实、充分，依法应当追究刑事责任的，应当作出起诉决定。 人民检察院经审查，认为需要补充核实的，应当退回监察机关补充调查，必要时可以自行补充侦查。对于补充调查的案件，应当在一个月内补充调查完毕。补充调查以二次为限。 人民检察院对于有《中华人民共和国刑事诉讼法》规定的不起诉的情形的，经上一级人民检察院批准，依法作出不起诉的决定。监察机关认为不起诉的决定有错误的，可以向上一级人民检察院提请复议。
第四十八条　监察机关在调查贪污贿赂、失职渎职等职务犯罪案件过程中，被调查人逃匿或者死亡，有必要继续调查的，<mark>经省级以上监察机关批准</mark>，应当继续调查并作出结论。被调查人逃匿，在通缉一年后不能到案，或者死亡的，由监察机关提请人民检察院依照法定程序，向人民法院提出没收违法所得的申请。	第五十五条　监察机关在调查贪污贿赂、失职渎职等职务犯罪案件过程中，被调查人逃匿或者死亡，有必要继续调查的，应当继续调查并作出结论。被调查人逃匿，在通缉一年后不能到案，或者死亡的，由监察机关提请人民检察院依照法定程序，向人民法院提出没收违法所得的申请。
第四十九条　监察对象对监察机关作出的涉及本人的处理决定不服的，可以在收到处理决定之日起一个月内，向作出决定的监察机关申请复审，复审机关应当在	第五十六条　监察对象对监察机关作出的涉及本人的处理决定不服的，可以在收到处理决定之日起一个月内，向作出决定的监察机关申请复审，复审机关应当在

续表

2018 年《监察法》	2024 年《监察法》
一个月内作出复审决定；监察对象对复审决定仍不服的，可以在收到复审决定之日起一个月内，向上一级监察机关申请复核，复核机关应当在二个月内作出复核决定。复审、复核期间，不停止原处理决定的执行。复核机关经审查，认定处理决定有错误的，原处理机关应当及时予以纠正。	一个月内作出复审决定；监察对象对复审决定仍不服的，可以在收到复审决定之日起一个月内，向上一级监察机关申请复核，复核机关应当在二个月内作出复核决定。复审、复核期间，不停止原处理决定的执行。复核机关经审查，认定处理决定有错误的，原处理机关应当及时予以纠正。
第六章　反腐败国际合作	第六章　反腐败国际合作
第五十条　国家监察委员会统筹协调与其他国家、地区、国际组织开展的反腐败国际交流、合作，组织反腐败国际条约实施工作。	第五十七条　国家监察委员会统筹协调与其他国家、地区、国际组织开展的反腐败国际交流、合作，组织反腐败国际条约实施工作。
第五十一条　国家监察委员会**组织协调有关方面**加强与有关国家、地区、国际组织在反腐败**执法**、引渡、司法协助、被判刑人的移管、资产追**回**和信息交流等**领域**的合作。	第五十八条　国家监察委员会**会同**有关**单位**加强与有关国家、地区、国际组织在反腐败**方面开展**引渡、**移管被判刑人、遣返、联合调查、**调查取证、资产追**缴**和信息交流等**执法司法**合作和司法协助。
第五十二条　国家监察委员会加强对反腐败国际追逃追赃和防逃工作的组织协调，督促有关单位做好相关工作： （一）对于重大贪污贿赂、失职渎职等职务犯罪案件，被调查人逃匿到国（境）外，掌握证据比较确凿的，通过开展境外追逃合作，追捕归案； （二）向赃款赃物所在国请求查询、冻结、扣押、没收、追缴、返还涉案资产； （三）查询、监控涉嫌职务犯罪的公职人员及其相关人员进出国（境）和跨境资金流动情况，在调查案件过程中设置防逃程序。	第五十九条　国家监察委员会加强对反腐败国际追逃追赃和防逃工作的组织协调，督促有关单位做好相关工作： （一）对于重大贪污贿赂、失职渎职等职务犯罪案件，被调查人逃匿到国（境）外，掌握证据比较确凿的，通过开展境外追逃合作，追捕归案； （二）向赃款赃物所在国请求查询、冻结、扣押、没收、追缴、返还涉案资产； （三）查询、监控涉嫌职务犯罪的公职人员及其相关人员进出国（境）和跨境资金流动情况，在调查案件过程中设置防逃程序。

续表

2018 年《监察法》	2024 年《监察法》
第七章　对监察机关和监察人员的监督	第七章　对监察机关和监察人员的监督
第五十三条　各级监察委员会应当接受本级人民代表大会及其常务委员会的监督。 　　各级人民代表大会常务委员会听取和审议本级监察委员会的专项工作报告，组织执法检查。 　　县级以上各级人民代表大会及其常务委员会举行会议时，人民代表大会代表或者常务委员会组成人员可以依照法律规定的程序，就监察工作中的有关问题提出询问或者质询。	第六十条　各级监察委员会应当接受本级人民代表大会及其常务委员会的监督。 　　各级人民代表大会常务委员会听取和审议本级监察委员会的专项工作报告，组织执法检查。 　　县级以上各级人民代表大会及其常务委员会举行会议时，人民代表大会代表或者常务委员会组成人员可以依照法律规定的程序，就监察工作中的有关问题提出询问或者质询。
第五十四条　监察机关应当依法公开监察工作信息，接受民主监督、社会监督、舆论监督。	第六十一条　监察机关应当依法公开监察工作信息，接受民主监督、社会监督、舆论监督。
	第六十二条　监察机关根据工作需要，可以从各方面代表中聘请特约监察员。特约监察员按照规定对监察机关及其工作人员履行职责情况实行监督。
第五十五条　监察机关通过设立内部专门的监督机构等方式，加强对监察人员执行职务和遵守法律情况的监督，建设忠诚、干净、担当的监察队伍。	第六十三条　监察机关通过设立内部专门的监督机构等方式，加强对监察人员执行职务和遵守法律情况的监督，建设忠诚、干净、担当的监察队伍。
	第六十四条　监察人员涉嫌严重职务违法或者职务犯罪，为防止造成更为严重的后果或者恶劣影响，监察机关经依法审批，可以对其采取禁闭措施。禁闭的期限不得超过七日。 　　被禁闭人员应当配合监察机关调查。监察机关经调查发现被禁闭人员符合管护或者留置条件的，可以对其采取管护或者留置措施。 　　本法第五十条的规定，适用于禁闭措施。

续表

2018 年《监察法》	2024 年《监察法》
第五十六条 监察人员必须模范遵守宪法和法律，忠于职守、秉公执法，清正廉洁、保守秘密；必须具有良好的政治素质，熟悉监察业务，具备运用法律、法规、政策和调查取证等能力，自觉接受监督。	**第六十五条** 监察人员必须模范遵守宪法和法律，忠于职守、秉公执法，清正廉洁、保守秘密；必须具有良好的政治素质，熟悉监察业务，具备运用法律、法规、政策和调查取证等能力，自觉接受监督。
第五十七条 对于监察人员打听案情、过问案件、说情干预的，办理监察事项的监察人员应当及时报告。有关情况应当登记备案。 发现办理监察事项的监察人员未经批准接触被调查人、涉案人员及其特定关系人，或者存在交往情形的，知情人应当及时报告。有关情况应当登记备案。	**第六十六条** 对于监察人员打听案情、过问案件、说情干预的，办理监察事项的监察人员应当及时报告。有关情况应当登记备案。 发现办理监察事项的监察人员未经批准接触被调查人、涉案人员及其特定关系人，或者存在交往情形的，知情人应当及时报告。有关情况应当登记备案。
第五十八条 办理监察事项的监察人员有下列情形之一的，应当自行回避，监察对象、检举人及其他有关人员也有权要求其回避： （一）是监察对象或者检举人的近亲属的； （二）担任过本案的证人的； （三）本人或者其近亲属与办理的监察事项有利害关系的； （四）有可能影响监察事项公正处理的其他情形的。	**第六十七条** 办理监察事项的监察人员有下列情形之一的，应当自行回避，监察对象、检举人及其他有关人员也有权要求其回避： （一）是监察对象或者检举人的近亲属的； （二）担任过本案的证人的； （三）本人或者其近亲属与办理的监察事项有利害关系的； （四）有可能影响监察事项公正处理的其他情形的。
第五十九条 监察机关涉密人员离岗离职后，应当遵守脱密期管理规定，严格履行保密义务，不得泄露相关秘密。 监察人员辞职、退休三年内，不得从事与监察和司法工作相关联且可能发生利益冲突的职业。	**第六十八条** 监察机关涉密人员离岗离职后，应当遵守脱密期管理规定，严格履行保密义务，不得泄露相关秘密。 监察人员辞职、退休三年内，不得从事与监察和司法工作相关联且可能发生利益冲突的职业。

续表

2018年《监察法》	2024年《监察法》
第六十条　监察机关及其工作人员有下列行为之一的,被调查人及其近亲属有权向该机关申诉: （一）留置法定期限届满,不予以解除的; （二）查封、扣押、冻结与案件无关的财物的; （三）应当解除查封、扣押、冻结措施而不解除的; （四）贪污、挪用、私分、调换以及违反规定使用查封、扣押、冻结的财物的; （五）其他违反法律法规、侵害被调查人合法权益的行为。 受理申诉的监察机关应当在受理申诉之日起一个月内作出处理决定。申诉人对处理决定不服的,可以在收到处理决定之日起一个月内向上一级监察机关申请复查,上一级监察机关应当在收到复查申请之日起二个月内作出处理决定,情况属实的,及时予以纠正。	第六十九条　监察机关及其工作人员有下列行为之一的,被调查人及其近亲属、**利害关系人**有权向该机关申诉: （一）**采取强制到案、责令候查、管护、**留置**或者禁闭措施**法定期限届满,不予以解除**或者变更**的; （二）查封、扣押、冻结与案件无关**或者明显超出涉案范围**的财物的; （三）应当解除查封、扣押、冻结措施而不解除的; （四）贪污、挪用、私分、调换**或者**违反规定使用查封、扣押、冻结的财物的; （五）**利用职权非法干扰企业生产经营或者侵害企业经营者人身权利、财产权利和其他合法权益的;** （六）其他违反法律法规、侵害被调查人合法权益的行为。 受理申诉的监察机关应当在受理申诉之日起一个月内作出处理决定。申诉人对处理决定不服的,可以在收到处理决定之日起一个月内向上一级监察机关申请复查,上一级监察机关应当在收到复查申请之日起二个月内作出处理决定,情况属实的,及时予以纠正。
第六十一条　对调查工作结束后发现立案依据不充分或者失实,案件处置出现重大失误,监察人员严重违法的,应当追究负有责任的领导人员和直接责任人员的责任。	第七十条　对调查工作结束后发现立案依据不充分或者失实,案件处置出现重大失误,监察人员严重违法的,应当追究负有责任的领导人员和直接责任人员的责任。
第八章　法　律　责　任	第八章　法　律　责　任
第六十二条　有关单位拒不执行监察机关作出的处理决定,或者无正当理由拒	第七十一条　有关单位拒不执行监察机关作出的处理决定,或者无正当理由拒

续表

2018 年《监察法》	2024 年《监察法》
不采纳监察建议的，由其主管部门、上级机关责令改正，对单位给予通报批评；对负有责任的领导人员和直接责任人员依法给予处理。	不采纳监察建议的，由其主管部门、上级机关责令改正，对单位给予通报批评；对负有责任的领导人员和直接责任人员依法给予处理。
第六十三条　有关人员违反本法规定，有下列行为之一的，由其所在单位、主管部门、上级机关或者监察机关责令改正，依法给予处理： （一）不按要求提供有关材料，拒绝、阻碍调查措施实施等拒不配合监察机关调查的； （二）提供虚假情况，掩盖事实真相的； （三）串供或者伪造、隐匿、毁灭证据的； （四）阻止他人揭发检举、提供证据的； （五）其他违反本法规定的行为，情节严重的。	第七十二条　有关人员违反本法规定，有下列行为之一的，由其所在单位、主管部门、上级机关或者监察机关责令改正，依法给予处理： （一）不按要求提供有关材料，拒绝、阻碍调查措施实施等拒不配合监察机关调查的； （二）提供虚假情况，掩盖事实真相的； （三）串供或者伪造、隐匿、毁灭证据的； （四）阻止他人揭发检举、提供证据的； （五）其他违反本法规定的行为，情节严重的。
第六十四条　监察对象对控告人、检举人、证人或者监察人员进行报复陷害的；控告人、检举人、证人捏造事实诬告陷害监察对象的，依法给予处理。	第七十三条　监察对象对控告人、检举人、证人或者监察人员进行报复陷害的；控告人、检举人、证人捏造事实诬告陷害监察对象的，依法给予处理。
第六十五条　监察机关及其工作人员有下列行为之一的，对负有责任的领导人员和直接责任人员依法给予处理： （一）未经批准、授权处置问题线索，发现重大案情隐瞒不报，或者私自留存、处理涉案材料的； （二）利用职权或者职务上的影响干预调查工作、以案谋私的； （三）违法窃取、泄露调查工作信息，或者泄露举报事项、举报受理情况以及举	第七十四条　监察机关及其工作人员有下列行为之一的，对负有责任的领导人员和直接责任人员依法给予处理： （一）未经批准、授权处置问题线索，发现重大案情隐瞒不报，或者私自留存、处理涉案材料的； （二）利用职权或者职务上的影响干预调查工作、以案谋私的； （三）违法窃取、泄露调查工作信息，或者泄露举报事项、举报受理情况以及举

续表

2018年《监察法》	2024年《监察法》
报人信息的； （四）对被调查人或者涉案人员逼供、诱供，或者侮辱、打骂、虐待、体罚或者变相体罚的； （五）违反规定处置查封、扣押、冻结的财物的； （六）违反规定发生办案安全事故，或者发生安全事故后隐瞒不报、报告失实、处置不当的； （七）违反规定采取留置措施的； （八）违反规定限制他人出境，或者不按规定解除出境限制的； （九）其他滥用职权、玩忽职守、徇私舞弊的行为。	报人信息的； （四）对被调查人或者涉案人员逼供、诱供，或者侮辱、打骂、虐待、体罚或者变相体罚的； （五）违反规定处置查封、扣押、冻结的财物的； （六）违反规定发生办案安全事故，或者发生安全事故后隐瞒不报、报告失实、处置不当的； （七）违反规定采取**强制到案、责令候查、管护**、留置**或者禁闭**措施，或者**法定期限届满，不予以解除或者变更**的； （八）违反规定**采取技术调查、限制出境**措施，或者不按规定解除**技术调查、限制出境**措施的； （九）利用职权非法干扰企业生产经营或者侵害企业经营者人身权利、财产权利和其他合法权益的； （十）其他滥用职权、玩忽职守、徇私舞弊的行为。
第六十六条 违反本法规定，构成犯罪的，依法追究刑事责任。	第七十五条 违反本法规定，构成犯罪的，依法追究刑事责任。
第六十七条 监察机关及其工作人员行使职权，侵犯公民、法人和其他组织的合法权益造成损害的，依法给予国家赔偿。	第七十六条 监察机关及其工作人员行使职权，侵犯公民、法人和其他组织的合法权益造成损害的，依法给予国家赔偿。
第九章 附 则	第九章 附 则
第六十八条 中国人民解放军和中国人民武装警察部队开展监察工作，由中央军事委员会根据本法制定具体规定。	第七十七条 中国人民解放军和中国人民武装警察部队开展监察工作，由中央军事委员会根据本法制定具体规定。

续表

2018 年《监察法》	2024 年《监察法》
第六十九条 本法自公布之日起施行。《中华人民共和国行政监察法》同时废止。	**第七十八条** 本法自公布之日起施行。《中华人民共和国行政监察法》同时废止。